KB204012

보리도차제의
마르티 일체지로 나아가는 지름길

뻰첸라마 롭상예쎄 པཎ་ཆེན་བླ་མ་བློ་བཟང་ཡེ་ཤེས།

보리도차제의
마르티 일체지로 나아가는 지름길

뻰첸라마 롭상예쎼 지음, 법장 옮김

운주사

옮긴이의 말

불교에 입문한 우리들은 흔히 '완전한 자유'〔해탈〕와 '영원한 안락'〔열반〕을 얻어 일체중생을 제도하겠다고 서원을 밝힙니다. 저 역시도 그러했습니다. 그런데 시간이 지날수록 광대하고 심오한 부처님의 가르침을 어떻게 익혀야 자신의 심성 정화는 물론 이타적 삶을 실현할 수 있을까? 하는 의구심이 커져만 갔습니다. 자신이 지향하는 바를 향해 흔들림 없는 확신 하나를 얻기까지 또 얼마나 많은 시간과 노력이 필요한가? 부처님께서 설하신 가르침 하나하나에 대한 진정한 의미를 바르게 이해하는 데에도 마음이 숯검정이 되고 심장에 불덩어리 하나가 든 것 같은 숱한 과정을 겪어야만 하는가? 더욱이 우리에게 주어진 시간은 그다지 많지 않은데 교학과 수행을 병행하는 그 길, 즉 부처님께서 걸어가신 그 길을 누구에게 물어야 하는가? 하는 물음만큼은 더욱 깊어져 갔습니다.

그러던 중 지금으로부터 20년 전쯤, 티벳 출신 초펠 스님이 편역한 주머니속 대장경 『깨달음으로 가는 올바른 순서』를 처음 만나게 되었고, '순서'라는 표현에 시선이 갔습니다. 깨달음으로 나아가는 순서라니… 참으로 신선하고 희망적이었습니다. 이렇게 한 수행자가 완전한 깨달음의 경지로 나아가는 도道〔수행과제〕의 순서, 즉 보리도차제菩提道次第의 가르침에 점점 눈을 뜨게 되었고, 처음으로 보리도 차제의 수행체계를 세워주신 쫑카빠 대사의 은혜를 마음속 깊이 느 끼기에 이르렀을 때 티벳 임시정부가 있는 북인도의 다람싸라행을 결심하게 되었습니다. 그렇게 다람싸라에서 공부한 지 어언 십여 년, 출가 후 줄곧 벗어나지 못했던 조급함과 답답함, 특히 부처님 가르침 을 공부하면서 수없이 일어나는 저의 의문들을 해소하기 위해 부단 히 노력해 왔던 시간이었습니다. 부처님께서 걸으신 그 길을 누구에 게 물어야 하는가?에 대하여 감사하게도 저는 보리도차제의 가르침 에서 그 해답을 찾은 듯합니다. 왜냐하면 보리도차제의 주요 내용은 염리심厭離心, 보리심菩提心, '공성空性을 요해하는 지혜'〔정견〕이기 때문에 공부를 하면 할수록 이 길이야말로 부처님의 경지로 나아가 는 데 있어 반드시 익혀야 할 도의 핵심이자 길잡이라는 확신이 들었 기 때문입니다. 인도에서는, 티벳 게룩빠 여성출가자 강원에서 정규 과목을 공부하는 틈틈이 본문의 저본인『보리도차제의 마르티 일체 지로 나아가는 지름길བྱང་ཆུབ་ལམ་གྱི་རིམ་པའི་དམར་ཁྲིད་ཐམས་ཅད་མཁྱེན་པར་བགྲོད་ པའི་མྱུར་ལམ།』과 같은 보리도차제에 관한 여러 논서들을 배울 기회를 만 들었습니다.

본서의 본문은 제5대 뻰첸라마 롭상예쎼께서 저술하신『보리도차 제의 마르티 일체지로 나아가는 지름길』을 저본으로 하였으며, 한국 에는 처음 소개되는 책입니다. 이 논서는 보리도차제에 관한 수많은 논서 가운데 8대 논서로 손꼽히는 것 중의 하나입니다. 쫑카빠 대사 의『대보리도차제ལམ་རིམ་ཆེན་མོ།』에서 말씀하신 내용 중에 실천 수행해야 할 과제들을 어떤 순서와 방법으로 익혀 가야 하는지를 상세하게 안내해 주는 논서이기 때문에, 보리도차제의 가르침에 관심을 가지고 배우는 내내 제가 갈 길을 잘 안내해 주는 것이 마치 길을 헤매는 자에게 한 장의 지도와 같았고, 모든 수행자에게 반드시 필요한 수행의 길과 경론의 핵심들을 잘 담고 있는 것이 마치 한 통의 종합 비타민과 같다고 생각했습니다. 특히 경론의 말씀을 바탕으로 수행체계를 세웠다는 점에서 오래 전부터 제가 찾아 왔던, 보배가 담긴 항아리가 여기에 있다는 반가움과 경이로움마저 느끼기까지 했습니다. 이러한 인연을 바탕으로, 이미 한국에서도 티벳 불교에 대한 관심과 함께 쫑카빠 대사의 보리도차제와 관련된 서적들 또한 소개되고 있기에, 보리도차제의 핵심을 실천 수행의 측면에서 좀 더 심화할 수 있지 않을까 하는 염원으로, 오래 전부터 본문의 저본을 비롯한 관련된 논서들을 반복해 배우면서 한글로 옮길 준비를 하게 되었습니다.

본서의 구성은 『보리도차제의 마르티 일체지로 나아가는 지름길』을 중심으로 전반부와 후반부로 나누었습니다. 전반부에는 쫑카빠 대사의 『대보리도차제』를 비롯하여 보리도차제를 밝힌 논서들의 보편적이면서도 전반적인 이해를 돕고자 '보리도차제의 해제'를 정리하여 실었고 본문 저본의 저자이신 제5대 '뻰첸라마 롭상예셰의 전기'를 한글로 옮겨 실었습니다. 또한 본문이 수행의 지침서라는 점에 비추어 본문에 들어가기 전에 '보리도차제를 전승한 스승들에 대한 간청문'도 함께 한글로 옮겨 실었습니다. 설법자 석가모니께서는 광대한 보살행과 심오한 공성의 견해 이 두 가르침을 설하셨습니다. 그리고 각각의 이 가르침이 석가모니 후대의 위대한 스승들께 면면히 전승되어 왔습니다. 그렇기 때문에 쫑카빠 대사께서는 『대보리도차제』에서 보리도차제의 가르침을 실천 수행하는 이들은 이러한 가르침을 전승해 주신 스승들께 간청해야 한다고 말씀하셨습니다. 따라서 본서에서도 이러한 전승의 맥을 살려나가는 전통을 그대로 따랐습니다. 후반부에는 쫑카빠 대사께서 『대보리도차제』의 저술을 원만 성취하고 나서 쓰신 '『대보리도차제』 저술 회향 서원문'을 한글로 옮겨 실었습니다. 이는 쫑카빠 대사의 후학들이 오늘날까지도, 보리도차제의 가르침이 오랫동안 성행하여 보리도차제의 도[수행과제] 각각에 대한 깨우침이 마음에 생기게 하고 세세생생 부처님의 가르침을 여의지 않게 하는 기도를 올리는 전통을 따른 것입니다. 그밖에 부록으로는 본문의 수행과제와 관련하여 널리 염송되고 있는 '간청문과 서원문', 그리고 '다라니와 만뜨라'도 한글로 옮겨 실었습니다.

쫑카빠 대사의 『대보리도차제』는 내용이 매우 상세하며 상당한 분량의 경론에서 인용한 문장과 논리적인 여러 증거들을 들고 있습니다. 그러므로 반야, 중관, 인명, 비내야, 아비달마, 즉 오부대경론五部大經論을 폭넓게 배운 이가 아니라면 이해하기 어려운 점도 있습니다. 그에 비해서 『보리도차제의 마르티 일체지로 나아가는 지름길』은 『대보리도차제』 전체의 핵심적인 내용이 다 응축되어 있으면서도 체계적이고 일목요연하게 정리되어 있습니다. 뿐만 아니라 문장이 간결하여 이해하기 쉬우며 현장학습처럼 당면한 자리에서 가르침의 핵심을 바로 지시해 보이는 '마르티'의 전수방식으로 해설되어 있어, 기억하기 쉽고 초학자들도 쉽게 배우고 익힐 수 있는 장점이 있습니

다. 아울러 한마디의 법문, 한 주제의 가르침이라도『보리도차제의
마르티 일체지로 나아가는 지름길』에서 제시한 방식대로 익혀 간다
면 들어서 아는 것에 그치지 않고 실천 수행으로 들어갈 수 있는 방
법들을 여기서 터득할 수 있다고 자신있게 말씀드릴 수 있습니다. 따
라서 보리도차제의 가르침을 통해 마음을 변화시키고자 하는 분들
께서『대보리도차제』,『중보리도차제ལམ་རིམ་འབྲིང་པོ།』,『입보리행론སྤྱོད་
འཇུག』등의 수행의 지침서들을 이론적 근거로,『보리도차제의 마르티
일체지로 나아가는 지름길』에서 제시한 삼사 각각의 수행과제들을
실수實修 경험이 풍부한 스승들의 지도를 받아 익혀 간다면 공부에
큰 성취를 얻으리라 믿어 의심치 않습니다. 본서도 이에 조그마한 도
움이 되기를 간절히 희망합니다.

　옮긴이는 경론을 보는 눈이 밝지 못하고 언어적인 능력도 부족합
니다. 그럼에도 불구하고 한글로 옮기는 용기를 낼 수 있었던 것은,
보리도차제의 가르침은 대소승의 핵심적인 교리, 불교의 핵심적인
수행의 방편들이 망라된 가르침이므로 불교에 입문하여 실천하고자
하는 의지가 있는 분들이라면 누구에게라도 다양한 측면에서 그 결
실을 얻을 수 있게 하는 보배 창고와 같다는 확신이 들었기 때문입
니다.
　그밖에도 저 개인적으로는 인도에서 공부하는 동안 정성을 다해
지도해 주신 티벳 강사 스님들의 권유 또한 거절할 수 없었으며, 지
금까지 제 공부에 아낌없는 성원과 지지를 보내준 한국에 계시는 분
들의 은혜를 생각하니 차마 빈손으로 돌아갈 수 없었기 때문입니다.

10

또한 힘들고 어려운 시간들이었지만, 오랜 옛날부터 오늘날에 이르기까지 불법의 횃불을 밝혀주신 세계 불교국가의 큰 스승들과 세간의 눈이 되어 주신 로짜와〔역경사〕들의 난행고행難行苦行을 백천만분의 일이나마 느낄 수 있었던 은혜로운 시간이었기에 그분들에 대한 저의 작은 보답의 의미이기도 하며, 굳건히 전승되어 온 그분들의 맥을 저 또한 실오라기만큼이라도 이어가고자 하는 마음 간절하였기 때문입니다.

끝으로 제가 인도에 와서 공부하는 동안 티벳어본 경론에 대한 열성적인 강의는 물론 많은 서적과 자료들을 구해 주시고 안내해 주신 툽뗀남닥 스님, 잠양닥빠 스님, 쐬남규르메 스님, 출팀갸초 스님, 예쎄다와 스님을 비롯한 여러 강사 스님들의 은혜를 항상 잊지 못할 것입니다. 그리고 본서의 발행을 기꺼이 승락해 주신 도서출판 운주사 대표님과 관계자 분들께 감사드립니다. 특히 한글 교정과 윤문을 도와 주시는 내내 간절한 기도와 정성, 기꺼운 마음으로 열정을 고스란히 담아 주신 일본 시마네현립대학 종합정책학부 정세환鄭世桓 교수님〔혜안慧眼〕, 아낌없는 조언을 주신 문정섭 선생님, 이순득 선생님, 그리고 귀한 시간을 내어 그림을 손수 그려주신 탕카 불모 민둑왕뒤 님을 비롯한 여러 분들께 두 손 모아 감사드립니다.

2019년 가을 어느날, 북인도 다람싸라의 히말라야 아랫 동네에서

법장法藏

옮긴이의 안내

1. 용어의 정의

▪ '본서'란 '보리도차제의 마르티 일체지로 나아가는 지름길' 전체를 가리킨다.

▪ '본 역서'란 뻰첸라마 롭상예쎄의 전기 등 본서 가운데 티벳어본을 한글로 옮겨 실은 부분들을 가리킨다.

▪ '본문'이란 본서 가운데 가장 중심이 되는 부분으로, 뻰첸 롭상예쎄께서 저술하신 『보리도차제의 마르티 일체지로 나아가는 지름길 དང་ཆུབ་ལམ་གྱི་རིམ་པའི་དམར་ཁྲིད་ཐམས་ཅད་མཁྱེན་པར་བགྲོད་པའི་མྱུར་ལམ།』을 한글로 옮겨 실은 부분을 가리킨다. 이하는 주로 『보리도차제 마르티 지름길ལམ་རིམ་དམར་ཁྲིད་མྱུར་ལམ།』이라는 통칭을 사용하였다.

2. 주註

주註는 각주脚註를 원칙으로 하되 의미 파악의 용이도를 고려하여 해당 내용 옆에 작은 글씨로 주註를 달기도 하였다. 또한 인용문의 경우 문장의 내용에 따라 직역, 의역 이 두 가지를 병행함을 원칙으로

하고 출처를 밝혔으나, 사전을 참고하였거나 강의를 듣고 이해한 내용 등은 별도로 출처를 밝히지 않은 부분도 있다.

3. 전개 방식

티벳어본 경론의 전개 방식은, 한역본과 한글본과는 달리 본문에 앞서 저술의 경우 저자의 서두예찬문과 저자에 따라서는 저술에 있어서의 다짐하는 글이 들어가기도 하며, 번역서의 경우 서두에 저본의 명칭과 번역자의 예경문이 들어간다. 말미에는 저자 또는 역자의 회향 기원문과 저술 또는 번역 기록문으로 마무리한다. 따라서 본문에서도 이러한 티벳어본 경론의 전개방식을 그대로 따랐다.

4. 과목과 단락 및 순서매김

1) 본문의 과목과 단락의 구분은 대체로 저본을 따랐으나 한국어의 문장구조와 판이하게 다르거나, 전체적인 흐름과 내용 파악을 도울 필요가 있을 때에는 극히 일부분의 문장을 옮긴이의 판단으로 바꾸어 옮기기도 하였다.

2) 본문의 저본에서 단락을 분류해 놓은 것 외에 내용의 중요도와 내용 파악에 도움이 된다고 생각되는 부분은 좀 더 세분화하고 본문 가운데 ○로 표시하였다. 예컨대 저본에는 d) 정진수행으로만 되어 있는 것을, ○(a) 갑옷정진 ○(b) 섭선법정진 ○(c) 섭중생정진(요익중

생정진〕으로 세분화한 것과 같은 경우다.

3) 티벳어본 경론의 서술 방식의 하나로서, 한 과목 안에 상위과목과 하위과목이 존재할 경우 본 내용에 들어가기에 앞서 바로 이어지는 하위과목 전부를 순서 매김과 함께 미리 제시하는 경향이 있다. 이때 상위과목과 하위과목의 순서 매김이 모두 첫째, 둘째…와 같이 일률적으로 전개되어 있어서 상위와 하위의 관계를 구분하기 어려운 경우가 있다. 따라서 본문에서는 확실한 상위과목과 하위과목의 구분은 물론 내용 파악의 용이성을 꾀하기 위하여, 큰 번호에서 작은 번호로, 알파벳 대문자에서 소문자 등으로 순서 매김을 하여 독자들의 이해를 돕고자 하였다.

5. 생략된 내용 채워 넣기

1) 다른 경론에서 기도문과 간청문 등을 인용한 경우 본문의 저본에서는 게송의 전체가 아닌 일부만 인용된 곳이 많다. 하지만 본문에서는 내용 전체가 모두 중요한 만큼 해당 출처를 찾아 생략된 내용 전체를 채워 넣었다. 채워 넣은 부분은 저본의 문장과 구분하기 위해 ► ◄로 표시하였다.

2) 본문의 다른 저본에서도 마찬가지지만 관상 부분에 있어서 ㉮ '쌰꺄능인〔석가모니〕께서 몸 빛깔은 순금과 같고… 금강가부좌로 앉아 계신다'와 같은 몇 군데의 문장 ㉯ '정수리의… 다섯 가지 감로가…

청정淸淨 무구無垢해졌다'와 같이 각각의 관상과제마다 주요 관상과제만 바뀌고 동일한 문장이 서술되는 부분은 맨 처음 제시된 글에서 유추하여 관상하도록 생략되어 있다. 그러나 본문에서는 관상을 좀 더 용이하게 익히도록 하기 위해 제4대 뻰첸라마의『보리도차제 마르티 쉬운 길ལམ་རིམ་དམར་ཁྲིད་བདེ་ལམ།』등을 참고하여 생략된 해당 내용들을 모두 채워 넣었고, 주요 관상과제만 바뀌는 부분은 * *로 표시하여 해당되는 주요 관상과제가 무엇인지 알기 쉽게 구분할 수 있도록 하였다.

6. 문장의 길이 조정

티벳어본 경론의 산문 문장의 경우 대체로 만연체로 서술되어 있어 한 문장이 상당히 긴 편이다. 따라서 한글로 옮김에 있어 내용의 이해를 돕기 위해 임의로 문장을 끊어서 간결하게 편집하기도 하였다.

7. 각 명칭에 관한 원칙

1) 인명人名

인명은 티벳어의 음역을 원칙으로 하되 한역본과 한글본 경론에서 이전부터 고착화된 명칭은〔 〕속에 함께 표기하기도 하였다.

(1) 불보살과 스승들 명호 앞의 수식어와 뒤의 존칭
불보살이나 스승들의 명호에 있어서 한역본과 한글본 경론에서는 석가모니불, 관세음보살, 문수보살, 미륵보살, 용수보살, 세친보살, 월칭보살 등과 같이 일률적이면서도 간략하다. 그러나 티벳어본 경론에서는 다음과 같이 명호의 앞뒤에 그분들의 공덕을 나타내는 다양한 수식어를 사용하고 있는 것이 특징이라 할 수 있다. 예컨대

▪ 석가모니불: '우리들의 설법자 불세존' '싸꺄족의 최고봉' 등
▪ 미륵보살: '지존 미륵' '성인 미륵' '주된 본존 미팜괸' 등
▪ 용수보살: '구호자 용수' '성인 용수' '빼어난 구호자 용수' 등
▪ 세친보살: '아사리 세친' '성인 세친' 등
▪ 월칭보살: '위덕을 갖춘 월칭' '아사리 월칭' 등
▪ 뻰첸라마 롭상예쎼뺄상뽀〔한글 '님'의 극존칭〕
▪ 게뒨갸초의 수장

등과 같은 경우다.

따라서 본서에서도 티벳어본 경론의 이러한 특징들을 가급적 그대로 살려 옮겼다.

(2) 불보살과 스승들의 명호
한역본과 한글본 경론의 경우 대부분 한 인물에 한 명호로 통일해서 사용하는 경향이 있는 반면, 티벳어본 경론에서는 다음과 같이 동일인물에 여러 가지 존칭이자 별칭을 사용하고 있다. 예컨대

16

- 석가모니불: '승리자' '싸꺄능인' '설법자' '설법자 불세존' '능인왕' 등
- 문수보살: '지존 잠뺄양' '성인 잠양' '잠뻬양' 등
- 미륵보살: '잠빠' '잠빠괸뽀' '미팜괸' '미팜괸뽀' 등
- 아띠쌰 존자: '빼어난 마르메제' '조오' '조오제' 등
- 쫑카빠 대사: '롭상닥빠' '제 린뽀체' '제 쫑카빠' 등

과 같은 경우다.

따라서 본서에서도 티벳어본 경론의 이러한 다양한 명호들을 가급적 살리되 동일 인물을 다른 인물로 오인하는 것을 막기 위해 〔 〕속에 한국에서 널리 통용되는 명호를 함께 표기하기도 하였다.

2) 경론명經論名

(1) 본서의 정문正文과 주註 가운데 경론명의 표기는 한글로 옮긴 명칭과 티벳어본의 명칭을 함께 표기하기도 하였다. 예컨대 『보리도등론ᨪᨪᨪᨪᨪᨪᨪᨪᨪ』과 같은 표기 방식이다.

(2) 한역본과 한글본 경론의 명칭으로서 이전부터 고착화된 명칭은 그대로 사용하고 나머지는 직역과 의역을 병행하였다.

(3) 일반적으로 티벳어본 경론의 명칭은 한역본과 한글본에 비해 상당히 긴 편이다. 또한 동일 저자와 동일 경론임에도 불구하고 후대로 오면서 본래 명칭, 별칭, 통칭, 총칭, 약칭 등 다양한 명칭들을 사용하

고 있다. 예컨대『보리도차제 깨달음의 노래བྱང་ཆུབ་ལམ་རིམ་ཉམས་མགུར།』
의 경우

- 『도차제 깨달음의 노래ལམ་རིམ་ཉམས་མགུར།』
- 『보리도차제 증도가證道歌བྱང་ཆུབ་ལམ་རིམ་ཉམས་མགུར།』
- 『소보리도차제བྱང་ཆུབ་ལམ་ཆུང་བ།』
- 『도차제섭의ལམ་རིམ་བསྡུས་དོན།』
- 『보리도차제의 수행체계 요약본 제 린뽀체이자 일체지자이신 쫑카
  빠의 증도가證道歌의 방식으로 저술한 것བྱང་ཆུབ་ལམ་གྱི་རིམ་པའི་ཉམས་ལེན་
  གྱི་རྣམ་གཞག་མདོར་བསྡུས་རྗེ་ཐམས་ཅད་མཁྱེན་པ་ཙོང་ཁ་པའི་ཉམས་མགུར་གྱི་ཆུལ་དུ་མཛད་པ།』

등과 같이 다양한 명칭을 사용하고 있다. 따라서 본서에서도 가급적
저본의 경론의 명칭을 그대로 살려 옮겼으며, 인용문에 있어 저자만
표기된 곳은 최대한 출처를 찾아 경론의 명칭과 품명까지 함께 표기
하되 현재 티벳 사회 또는 티벳 불교계에서 널리 통용되는 명칭을 주
로 사용하였다. 그밖에 주註를 단 경우에도 마찬가지로 주로 통칭을
사용하였다. 그러나 참고 문헌에는 티벳어본 경론의 본래 명칭 등도
함께 제시하였다.

3) 지명地名
지명도 역시 티벳어의 음역을 원칙으로 하였다.

4) 한글 표기법

(1) 본서 가운데 인명 등 티벳어의 음역의 경우 위짱말དབུས་གཙང་སྐད།,
즉 티벳의 수도를 중심으로 한, 중부지방과 짱지방의 발음을 기준으
로 자음과 모음 철자를 중심으로 조합하여 표기하였다. 다만 지방의
이름인 ཨ་མདོ།의 경우 '아도'가 아닌 '암도'로, 인명에 가장 많이 들어
가는 ཟླ་བ་ཟང་།의 경우 '로상'이 아닌 '롭상'으로, 밀교의 승보의 하나인
མཁའ་འགྲོ།의 경우 '카도'가 아닌 '칸도'로 표기한 것 등, 이전부터 고착
화된 발음은 부득이 발음 중심으로 표기할 수밖에 없었다.

(2) 티벳어에는 '~와'로 끝나는 인명이나 명사, 술어 등이 매우 많다.
이러한 경우 한국어의 접속조사 '~와'와 구별하기 위해 용어 부분에
홑따옴표 ' '로 표기하였다.

8. 티벳어의 경어敬語

1) 티벳어도 한국어처럼 높임말이 발달되어 있다. 특히 티벳의 위짱
말དབུས་གཙང་སྐད།의 경우 명사의 높임말이 한국어보다 훨씬 더 발달되
어 있다. 예컨대 스승이나 윗사람의 경우 그분들의 의복, 집, 방, 미숫
가루, 수제비, 신체부위의 각 명칭, 스승의 가족, 심지어 스승이 키우
는 개에 이르기까지 다양한 높임말이 있다. 그러나 본 역서에서는 저
본에서 높임말로 되어 있다 하더라도 한국어에 없는 경우는 부득이
예사말로 옮길 수밖에 없었다.

2) 반대로 본문의 앞뒤, 본문, 부록에 있는 간청문과 서원문 등은 저본에서 예사말로 되어 있더라도 불보살님들과 스승들에 대한 공경심과 신심을 북돋우기 위해 가급적 높임말로 바꾸어 옮겼다.

9. 허사

티벳어본 경론의 경우 주해註解와 구분하기 위해 본송 또는 근본송이라는 명칭이 붙을 정도로 게송 형식의 글이 많다. 게송의 경우 한역본 경론에서도 운율과 글자 수를 중시하는 것과 같이 티벳어본 경론에서도 운율을 맞추기 위해 한국어 조사 '~은/는'에 해당하는 'ནི'나 복수접사 '~들'에 해당하는 'རྣམས' 등이 허사로 쓰이는 경우가 많다. 따라서 저본 그대로 옮겼을 때 일반적인 한국어 문장으로는 매우 어색한 부분에 한하여 부득이 빼고 옮길 수밖에 없었다.

10. 용어 사용 원칙

1) 본서 가운데 불교용어의 경우 한역본과 한글본 경론의 용어로서 이전부터 고착화된 용어들은 가급적 그대로 사용하였다. 예컨대 삼보, 사성제, 사섭법, 사무량심, 육바라밀, 오온 등의 경우다.

2) 다만 이전부터 고착화된 용어라 하더라도 티벳어본 경론의 용어의 의미나 그 용어가 속하는 계위의 범위 등에 있어 현저하게 차이가 나는 경우 가급적 티벳어본 경론의 의미를 그대로 살려 옮겼다. 예컨

대 한역본 경론에서 십불선 가운데 열 번째 어리석음 또는 치암癡
闇이라 한 것을 본 역서에서는 '사견邪見'으로, 그리고 삼학 가운데 정
학定學을 '삼매학三昧學'으로 옮긴 경우다.

3) 기존의 한역본과 한글본 경론의 용어 중에 그 의미가 명확하게 드
러나지 않거나 이해에 어려움이 있다고 생각되는 경우는 풀어서 옮
겼다. 예컨대 장한대사전藏漢大辭典에서 천신과 인간의 생을 증상
생增上生이라 한 것을 '명확히 더 높은 생'으로, 삼승의 해탈을 결정
승決定勝이라 한 것을 '수승한 해탈'로, 부처님의 다른 명칭의 하나인
정변지正遍知를 '올바르게 구족하신 부처님'으로, '스승이신 수승한
본존'(라마학빼하)을 '자신의 스승과 본성이 다를 바 없는 주된 본존'
으로 옮긴 경우다.

4) 장한대사전藏漢大辭典 등의 한문 용어의 개념과 별 차이가 없다 하
더라도 티벳어 용어의 개념을 자세히 살펴본 뒤에, 조금 바꿀 필요가
있다고 판단되는 경우는 새로운 용어를 만들어 옮기기도 하였다. 예
컨대 장한대사전藏漢大辭典에서 안주수습﹝족곰﹞이라 한 것을
'전력적 집중수습'으로, 관찰수습﹝쬐곰﹞이라 한 것을 '분별적
사유수습'으로 옮긴 경우다.

5) 한국에서 출판된 불교사전 등에서 적합한 용어를 찾지 못한 경우
새로운 용어를 만들어 사용하였다. 예를 들면 사-﹝﹞를 '행성行星'
으로, 학쌈﹝﹞을 '이타적 발원'으로 옮긴 경우다.

6) 일부의 용어는 티벳어를 그대로 음역한 뒤, 그 의미에 대해 주註를 달았으며, 일부의 용어는 티벳어를 함께 표기하기도 하였다. 예컨대 '환생라마의 경전 스승'〔경사經師〕을 '용진ཡོངས་འཛིན།'으로, 현장학습과 같은 전수방법을 '마르티དམར་ཁྲིད།'로, 그밖에 장한대사전藏漢大辭典 등에서 지혜라 한 것을 '예쎄ཡེ་ཤེས།'로, 지혜자량이라 한 것을 '예쎄자량ཡེ་ཤེས་ཀྱི་ཚོགས།'으로, 지혜살타智慧薩埵라 한 것을 '예쎄쎔빠ཡེ་ཤེས་སེམས་དཔའ།'로 음역한 경우다. 다만 티벳어를 함께 표기한 용어는 본존, 불보살, 스승들을 포함한 인명과 지명을 제외한 나머지 일부 용어에 한하였다.

11. 표기 부호

► ◄	본문 가운데 다른 경론에서 인용한 문장의 경우 일부 문구만 인용하고 '~등'으로 생략된 내용을 출처를 찾아 채워 넣은 부분
〔 〕	동의어, 본디말, 준말, 낱말 풀이 등
( )	본 역서의 저본의 문장과 게송이 너무 함축적이어서 내용 이해가 어려운 경우 첨가한 부분
─ ─	단락과 게송의 요지 등을 해당 부분 옆에 주註 형식으로 단 부분
㉮ ㉯ … ㉠ ㉡ …	정문正文과 주註의 문장 중에 열거되는 세부조항이 많을 경우의 순서매김
* *	삼사 각각의 주요 관상과제를 알기 쉽게 구분할 수 있도록 한 부분

ལམ་རིམ་བཀའ་ཁྲིད་སྒྲོ་ཁ་པའི་མཆན་འགྲེལ་དང་ཨ།

보리도차제의 해제

쫑카빠 대사께서 『대보리도차제ལམ་རིམ་ཆེན་མོ།』(『보리도차제광론ལམ་རིམ་
ཆེན་མོ།』)를 저술한 이후 오늘날에 이르기까지 보리도차제에 관한 수많
은 교본들이 저술되었다. 그리고 이러한 교본들은 상세한 해설인가,
간략한 해설인가, 어떤 전수방법을 중심으로 해설하였는가 등에서
다소 차이는 있다. 그렇지만 보리도차제의 전반적인 수행[1]체계와 개
념, 주요 내용, 수행방법, 전개 순서 등에 있어서는 별다른 차이가 없
다. 따라서 이러한 보리도차제의 전반적인 구성과 내용을 파악한 후
에 본문을 접하는 것이 그 내용을 보다 쉽게 이해할 수 있으리라고
생각하여, 본문에 들어가기 전에 보리도차제의 해제를 제시하고자
한다.

본 해제는『대보리도차제』를 비롯한 여러 종류의 보리도차제 교본
전반에 걸쳐 보편적이면서도 중요하다고 생각되는 주제들에 관하여
소개하고자 집필하였다. 다만 해제의 후반부로 갈수록 내용이 어려

---

1   일반적으로 수행은 몸〔身〕, 말〔口〕, 뜻〔意〕, 즉 삼문三門으로 실천하는 행 모두
     를 말한다.

워지기 때문에 본문 등과 함께 보기를 권한다. 특히 이 해제의 내용
은 주로 2017년부터 현재까지 게쎄하람빠[2] 잠양닥빠 스님으로부터
보리도차제에 관한 강의를 들을 때 나름대로 중요하다고 생각되는
부분들에 대해 반복적인 질의와 관련 경론들을 참고해 가면서 정리
한 것이다. 따라서 상당 부분 강의를 통해 이해한 것들이기 때문에
완전한 논문형식과 같이 일일이 출처를 밝히지 못한 부분도 있음을
양해하여 주기 바란다. 그러나 이것은 옮긴이의 개인적인 견해로서
서술한 것은 결코 아님을 미리 밝혀 둔다.

1. '보리도차제'라는 용어의 의미와 쓰임

'보리菩提'란 보통 '깨달음'을 가리키는데, 크게 소승의 깨달음과 대
승의 깨달음 이 두 가지로 나눈다. 소승의 깨달음은 성문아라한이나
연각아라한의 공덕에 해당하는 것으로서 도성제道聖諦의 측면에서
는 이분들에게 있는 공성空性[3], 보특가라補特伽羅[4]무아, 사성제四聖諦[5]

---

2   티벳 불교 게룩빠 대사원에서 20여년에 걸쳐 티벳어와 오부대경론 등 전 교과
    과정을 마친 승려들 가운데 응시 자격을 갖춘 승려들을 별도로 선발하여 6년
    에 걸쳐 매년 시험을 봐서 최종 통과한 승려들에게 주는 불교 학위의 명칭으
    로, 일반 대학원에서의 박사학위와 유사한 것이다.

3   공성空性은 '일체법이 자성으로 존재하지 않는 그 자체'라는 의미이다. 즉 일
    체법이 오직 자성이 공한 그것뿐이라는 것이다. 예컨대 항아리, 집, 보특가라,
    오온 등이 자성으로 존재하는 것이 공한 것과 같은 것이다.

4   본서에서는 보특가라에 대하여 사람 등과 생명이 있는 모든 존재 이 두 가지
    의 의미로 사용하고 있다. 후자의 경우는 음사 그대로 옮겨 사용하였다. 좀 더
    자세한 것은 '보리도차제의 해제 15. 1) 보특가라아집과 법아집法我執의 의미

등을 요해하는 변지遍知[6]의 공덕 등이, 멸성제滅聖諦의 측면에서는 번
뇌장을 남김없이 소멸한 공덕이 이에 속한다. 반면 대승의 깨달음은
부처님의 공덕에 해당하는 것으로서 도성제의 측면에서는 일체법[7]
을 남김없이 요해하는 일체종지一切種智[8]의 공덕이, 멸성제의 측면에

편'(p.89~90)을 참고하기 바란다.

5 석가모니께서는 『이만오천송반야경ཤེར་ཕྱིན་སྟོང་ཕྲག་ཉེར་ལྔ་པའི་མདོ།』에서 '고성제는
   알아야 할 바, 집성제는 소멸해야 할 바, 멸성제는 실현해야 할 바, 도성제는
   수습해야 할 바'라고 말씀하셨다. 불선업의 경우 번뇌의 동기를 가지고 쌓은
   불선업에 의해 발생한 기세간器世間과 중생세간衆生世間 모두는 고성제다. 그
   러한 고성제의 원인인 번뇌와 그 번뇌에 의해 쌓은 업은 집성제다. 그러한 번
   뇌와 업이 소멸된 상태인 열반은 멸성제다. 번뇌를 소멸하고 멸성제를 증득하
   는 방편인 무아를 눈으로 사물을 보듯 직관적으로 요해하는 성인에게 있는 변
   지遍知 등은 도성제다. 고성제는 병고, 집성제는 병의 원인, 멸성제는 병이 깨
   끗하게 치유된 상태, 도성제는 병을 치료하는 약에 비유한다. 사성제는 고성
   제와 집성제를 통해 윤회에 드는 방식과 멸성제와 도성제를 통해 윤회에서 벗
   어나 해탈을 증득하는 방식을 현시한 가르침이다. 여기서『이만오천송반야경』
   은 티벳장경 불설부 데게까규르 반야이만송부와 장까규르 제2반야양만오천
   송부에 수록되어 있다.
6 변지遍知는 일체법을 눈으로 사물을 보듯 직관적으로, 명확하게 꿰뚫어 아는
   성인의 지혜다.
7 일반적으로 일체법은 크게 유위법과 무위법 두 가지로 나눈다. 용진 푸르쪽빠
   출팀잠빠갸초의『섭류학攝類學བསྡུས་གྲྭ།』에서는 '변하는 것은 유위법이며 변하지
   않는 것은 무위법의 개념'이라 말씀하신 것과 같이, 유위법은 인연화합에 의해
   찰나찰나 생·주·이·멸하는 법이며 무위법은 인연화합에 의해 생·주·이·멸
   하지 않는 법이다. 유위법은 무상과, 무위법은 항상恒常과 동의어다.
8 일체종지一切種智에 대하여 쫑카빠 대사의『중론의 고견을 매우 명확히 밝힌 것
   དབུ་མ་དགོངས་པ་རབ་གསལ།』「제6품」에서 '일체법을 눈으로 사물을 보듯 직관적으로
   요해하는 본질'이라 한 바와 같이, 일체종지는 부처님께만 있는 특수한 공덕으
   로 일체법을 눈으로 사물을 보듯 직관적으로, 남김없이 철저하게, 동시에, 꿰뚫

서는 번뇌장뿐만 아니라 소지장까지 남김없이 소멸한 공덕이 이에 속한다. 보리도차제에서 말하는 보리는 후자인 대승의 깨달음, 즉 부처님의 공덕으로서의 완전한 깨달음을 가리킨다.

'도차제道次第ལམ་རིམ'란 도를 성취함에 있어 순서가 있음을 나타내는 것으로서, 여기서 순서는 한 수행자가 부처님의 경지로 나아가기 위해서는 반드시 삼사도三士道, 즉 하사도下士道, 중사도中士道, 상사도上士道 각각의 세부적인 수행과제를 차례대로 실천 수행해 가야 함을 말한다. 즉 보리도차제란 '완전한 깨달음'(대승의 보리)의 경지에 이르기 위해 반드시 배우고 익혀야 하는 도道(람림)9의 순서를 의미하는 것이다. 보리도차제는 쫑카빠 대사10께서 저술하신 『대보리도차제』를 비롯하여 심오하고 광대한 보리도차제를 해설한 논서들을 지칭하는 용어로 쓰이기도 한다. 또한 티벳어본에서는 보리도차제에 관한 논서들을 '~론'이라 지칭하기보다 '~교본'이라는 말로 더 많이 통용되는 경향이 있다. 그 이유는 이러한 보리도차제에 관한 논서들이 이전부터 티벳 큰 스승들의 강의와 법문, 구전口傳11의 교재로

어 보는 구경의 예쎄(ཡེ་ཤེས)'를 말한다. 일체종지를 부처님께 존재하는 예쎄, 도道, 변지遍知, 현관現觀 등으로 표현하기도 한다.

9   도道(람림)는 해탈로 나아가는 방편으로서의 길을 말한다. 본서에서 말하는 도는 삼사 각각이 실천해야 할 수행과제인 기초수행도, 하사도, 중사도, 상사도를 말한다. 즉 해탈과 부처님의 경지로 나아가는 방편의 도라는 의미다.

10 법명은 롭상닥빠이며 존칭이자 별칭으로는 제 린뽀체, 제 쫑카빠, 닥니첸뽀, 제 닥니첸뽀, 제라마, 제 탐제켄빠, 잠괸라마 등이 있다.

11 티벳 불교의 전통에서는 이전부터 경론을 스승이 제자에게 전수하는 구전口傳 전통이 오늘날까지 이어져 오고 있다. 구전口傳이라 하는 것은 경교전승(ལུང)을 말한다. 전수해 주시는 분이 경론의 내용을 별도로 해설해 주지 않더라도 스

널리 활용되어 왔기 때문이다.

2. 『대보리도차제』의 형성과정과 보리도차제의 전승

1) 『보리도등론』과 『대보리도차제』의 형성

『대보리도차제』를 논하기에 앞서 우선 아띠쌰 존자[12]의 『보리도등론』을 논하지 않을 수 없다. 보리도차제 교본의 주요 내용은 염리심厭離心, 보리심菩提心, '공성을 요해하는 지혜'[정견] 이 세 가지로 요약된다. 물론 석가모니의 말씀, 즉 팔만사천의 모든 경전의 내용 또한 이러한 것들이다. 그렇지만 팔만사천이라는 수많은 경전 전체를 다 읽고 그 의미를 모두 꿰뚫어 실천 수행에 옮기는 것은 불가능한 일이 아닐 수 없다. 그러한 이유로 아띠쌰 존자께서 초학자들을 위하여 『보리도등론』을 저술하였다. 이는 모든 불경의 요지를 모아 불경 전체의 의미를 그릇됨 없이 이해하여 실천 수행하는 방법과 마음을 길들이는 순서에 관하여 중점적으로 저술한 것이다. 용진ཡོངས་འཛིན།[13]

승께서 독송하는 그 소리를 한 음도 놓치지 않고 또렷하게 들음으로써 처음 설하신 석가모니와 해당 논서의 저자, 해당 경론을 바탕으로 수행하신 선대의 성현들의 특별한 가피가 있다고 믿는 것이다. 이와 같이 스승으로부터 다시 제자들에게 면면히 이어지는 것이다. 제자에게 전수할 수 있는 스승의 자격은 역시 그분의 스승으로부터 구전을 받은 분이어야 한다. 그렇게 해야만 설할 때 제자에게 그 의미를 이해시킬 수 있기 때문이다.

12 아띠쌰 존자의 존칭이자 별칭으로는 마르메제, 빼어난 마르메제, 조오, 조오제, 조오제 아띠쌰, 산스크리트어로는 디빰까라씨라자냐나 등이 있다.

13 용진은 환생 라마의 경전 스승을 높여 부르는 말이다. 이것의 본래의 의미는 윤회와 악도에 떨어지는 중생들을 모두 섭수하여 해탈과 부처님의 경지로 이

티장 린뽀체의『손에 쥔 해탈의 보리도차제ལམ་རིམ་རྣམ་གྲོལ་ལག་བཅངས།』
에서는

　　"최상의 도道인『대교차제བསྟན་རིམ་ཆེན་མོ།』등 모든 해설한 바의
　　뿌리는『보리도등론』이다"

라고 말씀하셨다. 이와 같이『보리도등론』을 근간으로 까담བཀའ་
གདམས།[14]의 스승이신 도룽빠 로되중네는『대교차제』를, 쫑카빠 대사
는『대보리도차제』를 저술하였다. 이후에도 부처님의 말씀 전체를
문聞·사思·수修의 순서에 따라 수행하는 방법을 해설한 보리도차제
에 관한 수많은 논서들이 저술되었다.

2) 보리도차제의 전승[15]

보리도차제의 전승은 크게는 광대한 행의 전승과 심오한 견해의 전
승 이 두 갈래로 나눌 수 있다.

　광대한 행은 보리심과 보리심의 동기를 가지고 행하는 보시수행을
비롯한 육바라밀수행과 사섭법수행 등의 보살행을 가리킨다. 마음

　　끄는 분이라는 의미다.

14　까담은 부처님의 팔만사천법문 모두 한 사람의 수행자가 부처님의 경지로 나
　　아가는 방편의 가르침으로 받아들이는 교계敎誡를 말한다. 이러한 수행자를 까
　　담빠བཀའ་གདམས་པ།라 한다.

15　보리도차제의 전승에 관하여는 본문과 함께『손에 쥔 해탈의 보리도차제』,『보
　　리도차제(를 전승한 스승들에 대한) 간청문 최상의 문을 여는 (차제)ལམ་རིམ་
　　གསོལ་འདེབས་ལམ་མཆོག་སྒོ་འབྱེད།』를 참고하였다.

동기, 수행의 목적, 그 결과 등 모든 방면에서 광대하기 때문에 광대한 행이라는 것이다. 예를 들면 광대한 행의 도차제는 일체중생을 어머니로 아는 마음, 은혜를 기억하는 마음 등 인과칠요결因果七要訣[16]의 순서대로 보리심을 익히고, 이러한 마음동기를 가지고 보시수행을 비롯한 육바라밀수행과 사섭법수행을 자량도, 가행도, 견도, 수도로 갈수록 향상시키는 차제를 말한다.

심오한 견해는 공성을 요해了解하는 마음과 공성을 요해하는 지혜 등을 말한다. 공성을 말할 때 '심오한'이라는 수식어가 많이 붙는 이유는 공성을 깨닫는 견해는 매우 깊어 깨닫기 어렵기 때문이다. 따라서 심오한 견해의 도차제는 공성을 요해하는 지혜와 공성을 요해하는 마음을 자량도, 가행도, 견도, 수도로 갈수록 향상시키는 차제를 말한다.

광대한 행과 심오한 견해는 모두 석가모니로부터 비롯된 것이다. 대승에 입문한 수행자가 부처님의 경지로 나아가기 위한 핵심적인 수행의 방편이며, 도의 핵심적인 내용과 수행의 방법 등을 한 분의 스승이 한 사람의 제자에게 전수하는 것이기에 전승傳承이라 하는 것이다. 이 두 가지 전승은 다음과 같다.

▪ 광대한 행의 전승은 광대한 행의 도가 석가모니로부터 지존至尊[17]

---

16 쫑카빠 대사의 『대보리도차제』에서는 인과칠요결因果七要訣은 라마 쎄르링빠의 긴요한 가르침과 아띠쌰 존자의 전통에 의지해서 보리심을 익히는 방법이라 말씀하셨다.

17 지존至尊은 몸, 말, 뜻, 즉 삼문의 허물을 조복 받은 분이라는 의미다.

잠빠뀐뽀(미륵)[18], 성인 톡메(무착), 아사리[19] 익녠(세친) 등으로 이어
지는 전승을 말한다.

▪심오한 견해의 전승은 심오한 견해의 도가 석가모니로부터 지존 잠
뻴양(문수), 구호자 루듭(용수), 위덕을 갖춘 다와닥빠(월칭) 등으로
이어지는 전승을 말한다.

  이와 같이 두 갈래의 전승으로 이어져 오다가 아띠쌰 존자에 이르
러 광대한 행의 전승은 라마 쎄르링빠로부터, 심오한 견해의 전승은
아우 릭뻬쿠죽으로부터 전수받음으로서 하나의 강물로 합쳐지게 되
었다. 그 후 아띠쌰 존자께서는 이 두 갈래 전승을 까담의 개창자 돔
뙨빠에게 전수하였고, 돔뙨빠는 다시 뽀또와, 꿘빠와, 쩬아와[20]에게
각각 전수하였다. 돔뙨빠는 보리도차제의 가르침을 듣고(聞), 사유
(思)하고, 수습(修)[21]함에 있어, 의거하는 경론의 범위, 관상주제 등의
상세하고 간략한 정도 등에 따라 다음과 같이 까담슝빠와, 까담람림
빠, 까담맹악빠(까담담악빠) 이 세 갈래로 나누어 전수하였다.

---

18 잠빠, 잠꿘, 잠빠뀐뽀, 미팜뀐, 미팜뀐뽀는 동일 인물로 미륵을 가리킨다.

19 『Monlam대사전ཀ᷍ᩁ᷍ᩃ᷍ᩈ᷍ᩈᩢᩔ᷍ᨲᩣᩔ᷍』에 따르면 아사리는 '삼학에 머물고 특별
    히 경교와 현관의 원만한 공덕을 지닌 분이 제자들의 번뇌를 없애기 위해 재물,
    이익, 명예에 끄달리지 않고 대연민심으로 미묘법을 설함에 피로함이 없는 분'
    이라 정의하였다.

20 쩬아와, 출팀바르, 쩬아와 출팀바르는 동일 인물이다.

21 수습(修習)은 주로 마음(뜻)으로, 수습대상을 전력적 집중수습이나 분별적 사유
    수습에 의해 마음에 거듭거듭 익히는 것이다.

▪ 까담슝빠와는 돔뙨빠로부터 뽀또와, 쌰라와로 이어지는 것으로, 반야般若, 중관中觀, 인명因明, 비내야毘奈耶[22], 아비달마阿毘達磨[23]와 같은 오부대경론[24]을 익혀 이것을 보리도차제의 가르침에 접목해서 듣고 사유하고 수습하는 전승이다.

▪ 까담람림빠는 돔뙨빠로부터 괸빠와, 네우수르빠로 이어지는 것으로, '까담슝빠와'와 같이 광범위하게 익히지는 못하더라도 슬기와 정진으로써 『대보리도차제』와 쫑카빠 대사의 『중보리도차제ལམ་རིམ་འབྲིང་པོ།』(『보리도차제약론ལམ་རིམ་ཆུང་བ།』[25]) 등에 의거하여 듣고 사유하고

---

22 비내야毘奈耶는 '마음을 길들인다, 번뇌를 조복 받는다'는 뜻이 있다. 또한 부처님께서 제정하신 계율의 총칭이기도 하며, 별해탈율의를 수지하는 방법과 수지한 것을 쇠퇴하지 않게 지키는 방법 등을 현시한 것으로, 율의에 관한 경론의 총칭이기도 하다.

23 아비달마阿毘達磨라 하면 크게 아사리 익녠〔세친〕이 설일체유부의 견해로서 저술한『아비달마구사론ཆོས་མངོན་པ་མཛོད།』과 성인 톡메〔무착〕가 대승 유식학파의 견해로서 저술한『대승아비달마집론ཆོས་མངོན་པ་ཀུན་ལས་བཏུས་པ།』이 두 가지로 나눈다. 전자를 하분대법下分對法, 후자를 상분대법上分對法이라고도 한다. 여기서의 아비달마는 이 두 논서를 통틀어 일컫는 말이다.

24 현재 티벳 불교 게룩빠 강원의 교과과정은 이 오부대경론을 중심으로 편성되어 있다.

25 일반적으로 쫑카빠 대사의 보리도차제론의 요약본인『보리도차제 깨달음의 노래ལམ་རིམ་ཉམས་མགུར།』를 제외한, 대·소 두 가지로 분류할 경우 한역에서는 주로 대는『보리도차제광론ལམ་རིམ་ཆེན་མོ།』, 소는『보리도차제약론ལམ་རིམ་ཆུང་བ།』이라는 명칭을 사용한다. 한편 대·중·소 세 가지로 분류할 경우 대는『대보리도차제ལམ་རིམ་ཆེན་མོ།』, 중은『중보리도차제ལམ་རིམ་འབྲིང་པོ།』, 소는『소보리도차제ལམ་རིམ་ཆུང་བ།』라는 명칭을 사용한다. 따라서 본서에서는 최근 티벳 불교계에서 널리 통용되는 대·중·소 세 가지의 분류 방식에 의거하여 표기하였다. 다만 본문의 정

40

수습하는 전승이다.

▪ 까담맹악빠〔까담담악빠〕는 돔뙨빠로부터 쩬아와, 자율와로 이어지
는 것으로, 까담슝빠와, 까담람림빠와 같이 광범위하게 익히지는 못
하더라도 제4대 뻰첸라마[26] 롭상최끼곌첸의『보리도차제 마르티 쉬
운 길ལམ་རིམ་དམར་ཁྲིད་བདེ་ལམ།』과 제5대 뻰첸라마 롭상예쎼의『보리도
차제 마르티 지름길ལམ་རིམ་དམར་ཁྲིད་མྱུར་ལམ།』 등과 같이 간략한 보리도
차제 교본들에 의해 기초수행도, 하사도, 중사도, 상사도의 수행과제
들을 모두 갖추어 듣고 사유하고 수습하는 전승이다.

　쫑카빠 대사는 까담람림빠의 전승과 까담맹악빠〔까담담악빠〕의 전
승은 '호닥 대성취자 남카곌첸'으로부터, 까담슝빠와의 전승은 '다꼬
르 대주지 최꺕상뽀'로부터 전수 받았다. 이렇게 까담의 세 갈래 전

─────────

　　문正文만은 저본의 두 가지 분류 방식에 의거하여『중보리도차제ལམ་རིམ་འབྲིང་པོ།』
　　가 아닌『보리도차제약론ལམ་རིམ་ཆུང་བ།』(『중보리도차제ལམ་རིམ་འབྲིང་པོ།』)로 표기하였
　　다. 요약하면『대보리도차제ལམ་རིམ་ཆེན་མོ།』와『보리도차제광론ལམ་རིམ་ཆེན་མོ།』,『중
　　보리도차제ལམ་རིམ་འབྲིང་པོ།』와『보리도차제약론ལམ་རིམ་ཆུང་བ།』,『소보리도차제ལམ་
　　རིམ་ཆུང་བ།』와『보리도차제 깨달음의 노래ལམ་རིམ་ཉམས་མགུར།』와『도차제섭의ལམ་
　　རིམ་བསྡུས་དོན།』는 동일한 논서 다른 명칭이다.
26　뻰첸라마는 달라이라마와 함께 티벳 불교 게룩빠의 대표적인 큰 스승이다. 이
　　두 분 모두 환생자를 찾는 전통이 오늘날까지 이어져 오고 있다. 우리에게 친
　　근한 달라이라마는 A.D 14~15세기 쫑카빠 대사의 제자인 제1대 달라이라마
　　게뒨둡을 시작으로 현 제14대 달라이라마 뗀진갸초에 이르고 있다. 뻰첸라마
　　는 A.D 14~15세기 쫑카빠 대사의 제자 케둡게렉 뺄상뽀를 시작으로 오늘날까
　　지 이어져 오고 있다.

승은 쫑카빠 대사에 이르러 하나의 강물로 합쳐지게 된 것이다.

3. 보리도차제의 가르침을 전수하는 방법[27]

경교를 구전전승하는 전통은 석가모니 당시에는 따로 없었다. 후대에 이르러 제자들이 경교의 내용을 잘 알지 못하게 되자 부차적으로 이루어진 방식이라고 한다. 스승이 제자에게 보리도차제의 가르침을 전수하는 방법은 크게 네 가지로 나눈다.

▪ 쎼티 བཤད་ཁྲིད།는 석문釋文, 즉 보리도차제 교본의 문장 하나하나를 풀이해 나가면서 특히 중요한 의미들에 대해서는 상세하게 해설하는 방법이다.

▪ 마르티དམར་ཁྲིད།는 보리도차제 교본의 문장을 구구절절 설명하기보다는 현장학습과 같이 당면한 그 자리에서 긴요한 가르침의 핵심을 바로 지시해 보이는 방법이다. 마치 의술이 뛰어난 의사가 자신의 제자에게 시체를 해부하여 오장육부와 혈관 등의 상태와 형성과정 등을 직접 보여 주면서 병이 어떻게 생겼는가, 금해야 할 음식은 무엇인가 등에 관하여 여지없이 다 드러내어 가르치는 것과 같은 방법이다. 예를 들면 마르티 전수방법을 취하고 있는『보리도차제 마르티 지름길』의 경우 보리도차제의 삼사 각각의 관상과제마다 일과시간

---

27 이 부분은 주로 용진 티장 린뽀체의『손에 쥔 해탈의 보리도차제』를 참고하여 정리하였다.

42

과, 그 외 여가시간에는 어떻게 해야 하는가와, 또한 일과시간의 경우 관상 준비, 본 관상, 마무리 관상으로 세분화하여 간결한 문장으로써 내용을 명확하게 해설하는 방법이다.

▪ 냠티ནམས་ཁྲིད།는 스승 자신이 보리심과 공성을 요해하는 지혜 등의 도를 수행해서 깨우친 경험에 근거하여, 제자의 근기와 마음상태 등에 맞추어 가르치는 방법이다.

▪ 뇽티ཉོང་ཁྲིད།는 스승이 수행하는 장소 근처에 제자를 머물도록 하여 제자에게 수행과제 하나하나를 가르쳐서 그것에 대한 경험, 즉 한 과제에 대한 깨우침이 생기기 전까지는 다음 수행과제를 가르치지 않고 계속 익히게 하여 그것에 대한 경험이 생긴 다음에야 그 다음 단계를 가르치는 방법이다. 예를 들면 선지식을 의지하는 방법을 가르쳐 그것에 대한 경험이 생기고 난 후, 다음 단계인 유가有暇와 원만圓滿이 의미가 크다고 관상하는 것으로 넘어가 가르치는 방법이다. 뇽티에 대하여 『보리도차제 마르티 지름길』 마지막 부분에서도 밝힌 바와 같이 보리도차제의 수행에 풍부한 경험이 없는 초보자라도 경험이 풍부한 스승의 뇽티를 바탕으로 실천하면 보리도차제의 핵심을 취하는 최상의 방편이 된다고 한다.

4. 삼사 각각의 개념과 특징

보리도차제 교본은 제자의 마음동기, 수행목표, 실천 수행할 수 있는
능력, 실천해야 할 수행과제 등의 크기에 따라 삼사, 즉 하사, 중사,
상사의 수행체계로 구성되어 있다.

1) 삼사 각각의 개념

① 하사下士는 금생의 안락 정도를 얻고자 하는 것이 아닌, 주로 다음
생에 명확히 더 높은 생인 천신과 인간의 안락을 얻기 위해 살생 등
십불선을 끊고 십선을 짓는 것 등에 게으르지 않는 수행자들이니, 아
띠쌰 존자의 『보리도등론』에서는

> "어떤 이는 모든 방편들을 써서
> 윤회[28]의 안락 정도를

---

[28] 일반적으로 윤회는 업과 번뇌에 의해 받은 윤회하는 존재의 유루의 오취온을
말한다. 윤회하는 존재라 하면 업과 번뇌에 의해 삼계 안의 육도중생, 즉 지옥,
아귀, 축생, 아수라, 인간, 천신 가운데 하나의 생을 받는 중생을 말한다. 윤회하
는 존재들이 속하는 범위는 계위에 오르지 못한 일반 범부로부터 성문과 연각
의 자량도, 가행도, 견도, 수도에 머무는 분들과 대승의 자량도, 가행도에 머무
는 분들까지이다. 즉 성문아라한과 연각아라한, 보살성인, 부처님을 제외한 모
든 분들을 말한다. 여기서 윤회하는 존재와 육도중생과는 차이가 있다. 예컨대
육도중생 가운데 한 부류인 인간이면서 성문과 연각의 아라한의 경우 번뇌장
을 완전히 소멸하여 해탈을 이루었기에 윤회하는 존재에 속하지 않는다. 또한
티벳장경 논소부 데게뗀규르 아비달마부에 수록되어 있는 아사리 익녠〔세친〕
의 『아비달마구사론 해설서ཆོས་མངོན་པའི་མཛོད་ཀྱི་འགྲེལ་པ།』에서는 '바르도와〔중유의

44

　　자신만을 위해 희구하는

　　그 사람을 하사下士로 알아야 한다네"

라고 말씀하셨다.

② 중사中士는 천신과 인간의 행복마저도 의미가 없다고 여겨 자신
만을 위해 윤회의 고통에서 벗어나 해탈의 안락을 얻고자 하는 수행
자들이니, 『보리도등론』에서는

　　"어떤 이는 생사윤회의 안락을 뒤로 하고

　　죄업〔불선업〕과는 반대로 자신만을 위해

　　자신의 적정〔열반〕 정도를 희구하는

　　그 사람을 중사中士라 한다네"

라고 말씀하셨다.

③ 상사上士는 보리심의 동기를 가지고 일체중생²⁹의 고통을 남김없
이 없애기 위해 부처님의 경지를 얻고자 육바라밀수행과 사섭법수

　　존재 또는 중음신〕의 경우 육도중생 어디에도 속하지는 않지만 윤회하는 존재에
　　속한다'고 말씀하셨다.
29　중생의 범위는 계위에 오르지 못한 일반 범부로부터 삼계와 육도윤회하는 존
　　재뿐만 아니라 성문, 연각의 측면에서의 자량도로부터 무학도에 머무는 성문
　　아라한과 연각아라한, 그리고 대승의 자량도로부터 대승 수도 최후의 무간도
　　에 머무는 보살에 이르기까지의 모든 생명이 있는 존재를 말한다.

행 등을 배우고 익히는 수행자들이니, 『보리도등론』에서는

"어떤 이는 자신에게 내재된 고통에 비추어
다른 이의 모든 고통이
영원히 다하기를 마음속 깊이 바라는
그 사람을 상사上士라 한다네"

라고 말씀하셨다.

2) 삼사 각각의 수행목표

보리도차제 교본에서의 삼사 각각의 마음동기는 수행목표에 초점이 맞추어져 있다. 즉 수행목표를 어떻게 설정하느냐에 따라 출발점인 마음동기의 무게와 깊이, 크기 또한 달라지는 것이다. 따라서 마음동기에 따라 수행과제가 달라지며 결실도 달라지게 된다.

① 하사下士는 자신이 금생의 안락보다 다음 생에 삼악도의 고통에서 벗어나 천신과 인간의 안락을 성취하고자 하는 마음동기를 가지고 이를 목표로 실천 수행하는 이를 가리킨다.
② 중사中士는 자신만이 윤회의 고통 전체로부터 영원히 벗어나 해탈과 열반의 안락을 증득하고자 하는 마음동기를 가지고 이를 목표로 실천 수행하는 이를 가리킨다.
③ 상사上士는 자신뿐만 아니라 일체중생을 위해 위없는 부처님의 경지를 증득하고자 하는 마음동기를 가지고 이를 목표로 실천 수행하

는 이를 가리킨다.

3) 삼사의 범위

삼사가 속하는 범위는 다음과 같다.

① 다음 생에 명확히 더 높은 생을 성취하고자 하는 강렬한 마음을 가지고 있는, 아직 계위[30]에 오르지 못한 일반 범부[31]를 '하사下士'라 한다.

② 윤회의 고통에서 벗어나 자신만의 해탈을 희구하는 염리심이 어떤 의도적 조작에 의한 것이 아니라 저절로 일어나는, 성문[32]이나 연각의 자량도로부터 무학도까지의 계위에 오른 수행자를 '중사中士'라 한다.

③ 일체중생을 향한 보리심이 어떤 의도적 조작에 의한 것이 아니라 저절로 일어나는, 대승의 자량도로부터 무학도까지의 계위에 오른 수행자를 '상사上士'라 한다.

4) 삼사에 있어서 공통의 수행과제와 각각의 수행과제

① 삼사 공통의 기초 수행과제[기초수행도]

삼사에 있어서 본 수행과제를 익히기 전에 반드시 선행해야 할 공통

---

30 일반적으로 계위라 하면 주로 삼승의 오도, 즉 삼승의 자량도, 가행도, 견도, 수도, 무학도를 말한다.

31 범부라 하면 계위에 오르지 못한 일반 범부로부터 삼승의 자량도, 가행도에 머무는 수행자까지를 말한다. 즉 멸성제와 도성제를 성취하지 못한 이, 모두 가 여기에 포함된다.

32 성문은 부처님의 법을 듣고 수행하여 아라한의 경지에 오른 분이다.

의 기초 수행과제를 '관상 준비육법'이라 한다. 여기에는

㉮ 머무는 집을 쓸고 닦고 부처님의 몸(불신佛身)[33]과 말씀과 마음의 (공덕을 수념하는) 토대(인 불단)을 장엄하기
㉯ 공양은 정직하고 장엄한 것으로 마련하여 아름답게 배치하기
㉰ 편안한 방석에 앉는 자세 여덟 가지 또는 행行·주住·좌坐·와臥에 가장 편안한 자세로 머물러 귀의[34]와 발보리심, 사무량심四無量心[35]을

---

33 제쭌 최끼곌첸의『현관장엄론의 총의』「제8품」에 따르면 부처님의 몸(불신佛身) 은 크게 법신과 색신으로 나눈다. 또한 법신은 자성신과 예쎼법신(일체종지) 두 가지로 나눈다. 자성신은 인과 연에 의해 새롭게 생긴 것이 아닌 그 자체로써 청정한 부처님의 몸(불신佛身)으로, 자성청정자성신과 객진청정자성신 두 가지 로 나눈다. 자성청정자성신은 부처님께 존재하는 공성, 객진청정자성신은 부처 님께 존재하는 멸성제가 그 예다. 예쎼법신(일체종지)에 대한 자세한 설명은 일 체종지에 관한 주註(p.33 註 8)를 참고하기 바란다. 또한 색신은 보신과 화신으 로 나눈다. 보신의 예로는 톱빠남낭강쩬초ᡆᡆᡆ(변조설해불遍照 雪海佛) 등이며, 화신의 예로는 사업화신, 수행화신, 수승화신 등이 있다. 여기서 부처님의 몸(불신佛身)은 화신으로 이해하면 된다.

34 자신의 마음에 삼보에 대한 귀의가 생기면 불교도의 일원에 속하게 된다. 실 제적인 귀의는 계위에 오르지 못한 일반 범부로부터 부처님에 이르기까지 다 생길 수 있다. 귀의의 의미에 대하여 제쭌 최끼곌첸의『현관장엄론의 총의』 「제1품」에서는 '㉮ 자신이 윤회와 악도의 고통을 두려워하는 것 ㉯ 그로부터 구제할 능력이 삼보께 있다는 것에 대해 한치의 의심도 없는 강한 믿음 이 두 가지 원인에 의해 삼보께서 나 자신을 윤회와 악도의 고통으로부터 구제하여 주시기를 마음 깊이 바람을 일으키는 것이 귀의의 개념이다'라고 말씀하셨다.

35 사무량심四無量心에 대해 게쎼 롭상진빠의『친우서소 성인의 고견高見을 명확 히 밝히는 것ᡆᡆᡆ』에서는 '㉮ 일체 중생이 안락을 지니게 되기를 원하는 자애심(자무량심慈無量心) ㉯ 고통을 여의 기를 원하는 연민심(비무량심悲無量心) ㉰ 안락을 지님으로써 마음이 편안한 희

48

수습하기

㉣ 자량전資糧田을 또렷하게 떠올리기

㉤ 자량[36]을 쌓고 죄업과 장애를 소멸하는 핵심이 응집된 칠지공양을 멘델མཎྜལ[37]과 함께 올리기

㉥ 간청하는 것은 긴요한 가르침과 같이 반드시 마음과 합일되게 하기

이 여섯 가지가 있다. 관상 준비육법은 도의 근본인 선지식을 의지하는 방법, 유가有暇와 원만圓滿의 (몸을 받은 이때에) 정수精髓를 취하기로부터 삼사가 익혀야 할 각각의 수행과제마다 반드시 선행해야 할 관상 준비다. 이와 같이 기초수행도를 철저히 익힌 연후에 하사도의 수행과제로 넘어가 익히도록 한다. 왜냐하면 제대로 익히지 않고 급히 다음 수행과제를 익히려 해도 제대로 익혀질 리가 없기 때문이다. 따라서 조금 오랜 시간이 걸리더라도 기초수행도를 철저히 익히는 것이 매우 중요하다.

열(희무량심喜無量心) ㉢ 멀고 가까운 이를 애착하고 성내는 것을 여읜 평등(사무량심捨無量心)'이라 정의하였다. 티벳장경 논소부 데게뗀규르 유식부에 수록되어 있는 아사리 겔쎄의 『대승아비달마집론소མངོན་པ་ཆོས་ཀུན་ལས་བཏུས་པའི་རྣམ་པར་བཤད་པ།』에 따르면 사무량심은 이교도, 성문, 보살, 즉 이교도와 불교도, 대승과 소승의 수행자가 공통적으로 증득할 수 있는 것이라 한 것과 같이, 보리심을 일으키기 위해 사무량심을 익히는 것은 매우 중요한 일이 아닐 수 없다.

36 자량은 위없는 보리菩提의 열매를 거두게 하는 참된 방편이다. 대승의 경우는 대연민심, 보리심, 공성을 요해하는 지혜와 같은 것이다.

37 멘델은 불보살님 등께 공양 올리는 사물의 하나이며, 티벳어로는 낄코르དཀྱིལ་འཁོར라고도 한다. 이것은 핵심을 얻는다는 의미다.

② 하사의 주요 수행과제

하사는 기초수행도와 함께 죽음무상[38]을 관상하기, 악도의 고통을 관상하기, 귀의의 대상인 삼보에 대한 귀의를 익히기, 업과에 대해 믿는 신심을 일으키기 등을 철저히 익혀야 한다. 이러한 하사도를 철저히 익혀야 하는 것은 다음 생에 명확히 더 높은 생인 천신과 인간의 생을 받는 주된 방편이기 때문이다.

③ 중사의 주요 수행과제

중사는 기초수행도와 함께 하사도를 철저히 익힌 다음, 계율을 청정하게 지키는 토대 위에서 무상 등 십육행상이나 무아를 요해하는 삼매와 지혜, 즉 삼학三學[39]을 익히기, 윤회의 일반적인 고통과 윤회 각

---

38 '불교 경론'에서의 죽음의 정의는 업과 번뇌로 받은 이 몸〔오온 각각〕과 의식이 분리되어 이 둘의 관계가 완전히 끊어지는 것을 말한다. 여기서 '죽음무상'을 관상한다는 것은 찰나찰나 변하는 무상이라는 상황에 의해 죽음을 관상할 때 죽음은 반드시 오며, 언제 죽을지도 모른다는 사실 등을 마음에 익히는 것이다. 즉 죽음과 무상 이 두 가지를 결부시켜 관상하는 방식이다. 여기서 ㉮ '죽음의 무상'이라 하면 죽음 그것이 무상이라는 의미다. ㉯ '죽음과 무상'이라 하면 두 가지 의미가 별개의 것이 된다. 따라서 위의 두 가지 의미와는 차이가 있기에 본문에서는 하나의 관상용어로 정착된 '죽음무상'으로 옮겼다.

39 여기서 삼학이란 증상삼학增上三學, 즉 불교도의 귀의의 동기에 의한 삼학을 가리키며, 이교도들에게도 있는 삼학과는 구별된다. 증상삼학은 증상계학, 증상삼매학, 증상혜학 이 세 가지다. 티벳장경 논소부 데게뗀규르 율부에 수록되어 있는 아사리 욘뗀외〔공덕광〕의 『근본율경론འདུལ་བའི་མདོ་རྩ་བ།』 등의 주석서인 꾼켄ཀུན་མཁྱེན〔일체지자〕 초나와 쎄랍상뽀의 『율경律經 초나와주소 햇빛འདུལ་བ་མཚོ་ཊ་ཀ་ཉི་མའི་འོད་ཟེར།』에서는 '증상계학은 증상삼매학이 생기는 토대가 되고, 증상삼매학은 증상혜학이 생기는 토대가 되며, 증상계학은 일체 번뇌를 소멸하는 대치다'라고 말씀하셨다. 따라서 증상삼학은 불교도의 삼학이다. 증상계학은 별해

각의 고통을 관상함으로써 해탈을 희구하는 마음을 일으키기, 해탈
로 가는 도의 자성을 확정하기 등을 철저히 익혀야 한다. 이러한 중
사도를 철저히 익혀야 하는 것은 해탈을 증득하는 주된 방편이기 때
문이다.

④ 상사의 주요 수행과제

상사는 기초수행도와 함께 하사도와 중사도를 철저히 익힌 다음 인
과칠요결因果七要訣 또는 자타평등상환법自他平等相換法[40]에 의해 보
리심을 일으키는 방법, 발보리심을 의궤에 의해 수지受持하는 방법,
보리심의 동기를 가지고 자신의 마음을 성숙하게 하는 육바라밀수
행, 타인의 마음을 성숙하게 하는 사섭법수행 등을 철저히 익혀야 한
다. 이러한 상사도를 철저히 익혀야 하는 것은 위없는 부처님의 경지
로 나아가는 주된 방편이기 때문이다.

⑤ 사마타(止)와 위빠사나(觀)[41]

탈계와 같은 것이고, 증상삼매학은 별해탈계에 의해 생긴 사마타(止)와 같은 것
이며, 증상혜학은 사마타(止)와 위빠사나(觀)의 쌍운에 의해 무아를 직관하는
지혜와 같은 것이다.

40 쫑카빠 대사의 『대보리도차제』에서는 자타평등상환법自他平等相換法은 구호자
루둡(용수)과 성인 시와하(적천)의 전적에 의지하여 보리심을 익히는 것이라 하
였다. 여기서 전적은 구호자 루둡(용수)의 『중관보만론དབུ་མ་རིན་ཆེན་ཕྲེང་བ།』과 시와
하(적천)의 『입보리행론』 등이 주가 된다.

41 사마타(止)는 오별경심소 가운데 삼매에, 위빠사나(觀)는 오별경심소 가운데
지혜에 속한다. 참고로 심소에는 마음(심왕)이 일어날 때 반드시 함께 일어나
는 오변행심소, 즉 수受, 상想, 사思, 촉觸, 작의作意와 자신의 대상경계를 바르

『대보리도차제』등 보리도차제 교본에서 육바라밀수행에 관한 일반적인 해설은 상사도에서 하지만, 특히 육바라밀수행의 마지막 두 가지, 즉 선정수행인 사마타(止)를 익히는 방법과 지혜수행인 위빠사나(觀)를 익히는 방법에 대해서는 별도로 해설하고 있다. 그 이유는 이 두 가지는 반드시 상사도의 수행과제를 익히는 것에만 국한된 것은 아니며, 이 두 가지의 중요도를 고려하여 좀 더 자세히 해설해야 하기 때문이다. 여기서 선정수행인 사마타(止)를 성취하는 주된 방편으로는

- 다섯 가지 과실을 끊는 여덟 가지 대치對治
- 사마타(止)를 성취하는 방편 아홉 단계(구주심九住心)

이 두 가지가 있다. 이 가운데 어느 것에 의해 익혀도 무방하다. 지혜수행인 위빠사나(觀)를 성취하는 방편으로는 반드시 ㉮ 보특가라[42]무아를 확정 짓는 여러 가지 방편 가운데 하나인 찍두델기뗀칙 གཅིག་དུ་བྲལ་གྱི་གཏན་ཚིགས།, 즉 자성으로 존재하는 하나도, 자성으로 존재하는 다른 것도 아닌 바른 이유 등에 의해 보특가라무아를 '확정 짓고'[요해하고] 나서 수습하는 방법과 ㉯ 찍두델기뗀칙 등에 의해 보특

게 판단하는 역할을 하는 오별경심소, 즉 욕락欲樂, 승해勝解, 억념憶念, 삼매三昧, 지혜智慧가 있다.

42 중관귀류논증파의 견해에 따르면 사온四蘊 또는 오온五蘊에 의지하여 나다라고 이름 붙이는 토대[명명처命名處], 즉 사온 또는 오온에 의지하여 나다라고 인식하는 그 정도를 보특가라라고 한다. 따라서 오온은 보특가라라고 이름 붙이는 토대이며, 보특가라는 오온에 의지해서 이름 붙인 법이다.

가라를 제외한 법, 즉 유위법과 무위법이 자성이 공하다는 것을 확정 짓고 나서 수습하는 방법 이 두 가지에 대해 해설하고 있다. 이 두 가지 무아를 반드시 수습해야 하는 것은 해탈과 부처님의 경지를 증득하는 데 장애가 되는 번뇌장과 소지장을 소멸하는 주된 방편이기 때문이다.

5. 보리도차제 교본의 주요 내용

1) 복덕자량과 예쎄자량

금생에 십불선十不善을 끊고 십선十善을 실천 수행하여 다음 생에 명확히 더 높은 생을 받게 되더라도 윤회의 고통에서 벗어나 '완전한 자유'〔해탈〕와 '영원한 안락'〔열반〕을 이루었다고 말할 수는 없다. 성문과 연각의 해탈과 열반, 즉 구경의 자리自利는, 윤회에서 벗어나 해탈을 증득하고자 하는 염리심의 동기를 가지고 계戒·정定·혜慧 삼학 등과 공성을 요해하는 지혜를 익혀 번뇌장煩惱障을 끊음으로써 성취할 수 있는 것이다. 그러나 이것만으로는 대승보살의 궁극적인 수행목표인 자리의 완성과 함께 이타적 삶을 실현하지는 못한다. 이것에 대하여 『대보리도차제』 등에서는 '보리심의 동기를 가지고 보시수행을 비롯한 육바라밀수행과 사섭법수행 등의 보살행을 통해 부처님의 경지를 증득하는 데 유리한 조건을 갖추는 복덕자량〔방편방면〕을 쌓아야 하고, 또한 공성을 요해하는 지혜 등을 익힘으로써 해탈과 부처님의 경지를 증득하는 데 불리한 조건〔역경계〕을 소멸하는 예쎄자량〔지혜방면〕을 쌓아야 한다'고 말씀하셨다.

위덕威德을 갖춘 다와닥빠〔월칭〕께서는 『입중론의 자주自註དབུ་མ་ལ་
འཇུག་པའི་རང་འགྲེལ།』 「제3품」에서 '복덕자량은 주로 부처님의 색신인 화
신化身과 보신報身을 증득하는 원인〔방편〕이다. 예쎼자량은 주로 부
처님의 법신法身, 즉 자성신自性身과 예쎼법신〔일체종지〕을 증득하는
원인〔방편〕이다. 보시수행布施修行, 지계수행持戒修行, 인욕수행忍辱修
行은 복덕자량이며, 선정수행禪定修行과 지혜수행智慧修行은 예쎼자
량이다. 정진수행精進修行의 일부는 복덕자량에, 일부는 예쎼자량에
속한다'고 말씀하셨다.

예컨대 복덕자량은 보시수행, 지계수행, 인욕수행과 보시수행, 지
계수행, 인욕수행 이 세 가지 가운데 어느 하나에 힘쓰는 정진수행과
보시섭布施攝, 애어섭愛語攝, 이행섭利行攝, 동사섭同事攝, 즉 사섭법수
행이 여기에 속한다. 이러한 복덕자량을 일체중생을 위해 부처님의
경지를 증득하겠다는 보리심의 동기를 가지고 실천 수행하면 대승
의 복덕자량을 쌓는 것이고, 자신만의 해탈과 적정을 구하고자 하는
마음동기를 가지고 실천 수행하면 소승의 복덕자량을 쌓는 것이다.
복덕자량은 보시하는 것, 예불하는 것, 절하는 것, 계율을 지키는 것
등 어느 것이라도 선행을 하는 일반 범부로부터 부처님의 경지에 이
르기까지 존재한다.

예쎼자량은 기쁜 마음으로 공성을 요해하는 정진수행, 공성을 요
해하는 사마타〔止〕수행에 힘쓰는 정진수행과 선정수행, 지혜수행 등
이다. 이러한 예쎼자량을 보리심의 동기를 가지고 실천 수행하면 대
승의 예쎼자량을 쌓는 것이고, 자신만의 해탈과 적정을 증득하고자
하는 마음동기를 가지고 실천 수행하면 소승의 예쎼자량을 쌓는 것

이다. 소승의 예쎼자량은 계위에 오르지 못한 공성을 수습하는 일반 범부로부터 성문아라한과 연각아라한에 이르기까지 존재한다. 대승의 예쎼자량은 계위에 오르지 못한 공성을 수습하는 일반 범부로부터 부처님에 이르기까지 존재한다.

2) 『세 가지 긴요한 도ལམ་གཅོ་རྣམ་གསུམ།』와 그 외

쫑카빠 대사께서는 『세 가지 긴요한 도』에서 염리심, 보리심, '공성을 요해하는 지혜'[정견]를 별도로 말씀하신 바와 같이, 세 가지 긴요한 도는 보리도차제의 핵심이자 불교의 핵심 중의 핵심이다. 따라서 불교의 궁극적 목표인 해탈과 부처님의 경지로 나아가는 데 있어서 반드시 실천 수행해야 할 주된 도[수행과제]이자 주된 방편이다. 중관귀류논증파의 견해에 따르면 '염리심과 공성을 요해하는 지혜는 성문, 연각의 주된 수행과제이자 삼승의 공통적인 수행과제이며 보리심과 공성을 요해하는 지혜는 대승 보살의 주된 수행과제'다. 또한 『대보리도차제』 등에서는 '성문과 연각은 염리심의 동기를 가지고 공성을 요해하는 지혜 등을 수습하여 해탈과 아라한의 경지를 증득하며, 보살은 보리심의 동기를 가지고 공성을 요해하는 지혜를 수습하여 부처님의 경지에 이르게 된다'고 말씀하셨다. 따라서 이러한 세 가지 긴요한 도는 실제로 수행을 하기에 앞서 반드시 알아야 할 필요가 있기에 여기서 간단히 서술하고자 한다. 아울러 이타적 발원, 대연민심은 보리심이 일어나는 토대[원인]가 되기 때문에 '반야부 논서' 등을 참고하여 염리심에 이어서 소개하고자 한다.

▪ 염리심厭離心

염리심은 출리심出離心이라고도 한다. 윤회를 고통 그 자체로 알고 윤회에서 벗어나고자 하는 마음이다. 염리심은 조금도 인위적인 조작이 아닌, 저절로 우러나는 절박한 마음이어야 한다. 자리自利의 완성인 성문아라한과 연각아라한의 경지와 해탈을 증득하기 위해서는 반드시 염리심을 일으켜야 한다. 이것은 일시적 비관이나 일이 잘 안 풀려서 일어나는 괴로움에서 벗어나고자 하는 정도가 아니다. 아무리 높은 지위와 명예, 많은 재물을 얻었다 하더라도 윤회에서 벗어나지 못하는 한, 고통 그 자체라는 것을 뼈저리게 느끼고 지긋지긋한 윤회에서 벗어나고자 하는 마음인 것이다. 실제적 의미에서의 염리심은 삼승 오도에 오른 성문, 연각, 보살, 부처님에 이르기까지 존재하는 마음이다.

▪ 이타利他적 발원

이타적 발원은 일체중생을 고통에서 구제하는 그 짐을 내가 기꺼이 짊어지겠다는 마음이다. 이타적 발원도 인위적인 조작이 아닌, 저절로 우러나는 강한 사명감이어야 한다. 일반적으로 이타적 발원은 대연민심에 포함되어 있다. 이타적 발원은 일반 범부로부터 부처님에 이르기까지 존재하는 마음이다.

▪ 대연민심大憐憫心

대연민심은 앞의 이타적 발원과 함께 일체중생을 외동자식과 같이 어여삐 여기는 자애심의 동기를 가지고 고통으로 핍박 당하는 일체중생이 모든 고통에서 벗어나기를 원하는 마음이다. 대연민심도 인위적인 조작이 아닌, 저절로 우러나는 간절한 마음이어야 한다. 이것은 일반 범부로부터 부처님에 이르기까지 존재하는 마음이다. 여기서의 대연민심은 상사도의 인과칠요결에 속하는 연민심과는 구분된다. 대연민심은 앞서 소개한 바와 같이 보리심을 일으키는 주된 원인, 즉 이타적 발원이 포함된 마음인 반면 인과칠요결의 연민심은 이타적 발원이 포함되어 있지 않은 마음이다.

■ 보리심菩提心

보리심은 발보리심 또는 발심이라고도 하며 '마음의 폭을 넓힌다'는 의미이다. 상사도의 인과칠요결의 순서에 따르면 보리심은 앞에서 소개한 염리심과 이타적 발원, 대연민심이 생긴 후에 일어난다는 것을 알 수 있다. 부처님의 사신四身 가운데 세속제世俗諦[43]인 부처님의 몸〔불신佛身〕, 즉 일체중생을 위해 예쎄법신〔일체종지〕과 색신인 보신과 화신을 증득하기를 희구하는 심왕을 대승세속발보리심 또는 대

---

43 세속제世俗諦는 위덕을 갖춘 다와닥빠〔월칭〕의 『입중론』에서는 '가상假像을 보는 심식 또는 명칭 정도 혹은 일시적인 대상을 분석하는 인식〔량量〕의 주된 요해 대상 모두를 세속제'라 하였다. 즉 공성을 눈으로 사물을 보듯 직관적으로 꿰뚫어 아는 변지遍知를 갖춘 삼승 성인의 마음에 비추어지는 그대로 진실로 존재하지 않는 법을 말한다. 중관귀류논증파의 경우 공성을 제외한 나머지 모든 법은 세속제에 포함시킨다. 예컨대 연꽃, 식탁, 의자, 그릇, 자동차, 집 등과 같은 것이다. 마음이 세속제를 요해하는 방식은 예컨대 어떤 사람이 입은 옷 색깔은 무엇인지, 남성인지 여성인지, 얼굴은 검은지 흰지 등 그의 특징에 대하여 명칭 정도로만 살피거나 분석하는 정도이지 이름 붙인 의미가 무엇인지 등을 세밀히 살피거나 상세히 분석하지 않는 마음의 주된 대상이다.

승발보리심이라고도 하며, '상사도편'에서 말하는 보리심과 같은 개념이라 할 수 있다. 『현관장엄론現觀莊嚴論의 총의總義པར་ཤེན་ཏེག་དོན།』「제1품」에서는 '대승세속발보리심을 본질적인 입장에서 나누면 원보리심과 행보리심 이 두 가지'라고 말씀하셨다.

　원보리심은 일체중생이 고통에서 벗어나 안락을 얻도록 하기 위해 부처님의 경지를 얻겠다는 마음이 인위적인 조작이 아닌, 저절로 일어나는 지고지순至高至順한 마음이다. 이것은 보시수행을 비롯한 육바라밀수행과 사섭법수행 등의 보살행에 실제로 들기 전의 보리심을 가리킨다. 행보리심은 부처님의 경지를 증득하기 위해 보시수행을 비롯한 육바라밀수행과 사섭법수행 등의 보살행에 실제로 든 때의 보리심을 가리킨다. 원보리심이 행보리심의 본성으로 바뀌는 시점에 대하여 여러 주장이 있다. 대표적으로 아사리 까마라씨라(연화계蓮華戒)의 『수습차제སྒོམ་རིམ།』에서는

　　"'일체중생을 이롭게 하기 위해 성불하게 하소서'라고 맨 처음 희구하는 마음은 원보리심이다. (일체중생을) 이롭게 하기 위해 보살계를 수지하고 자량(선업)을 쌓기 시작할 때의 마음은 행보리심이다."

라고 말씀하신 것과 같이, 원보리심이 생긴 후에 보살계를 수지하고 실제 육바라밀수행과 사섭법수행 등의 보살행을 실천할 때 이전의 원보리심이 행보리심의 본성으로 바뀌게 된다는 의미다. 또한 『현관장엄론의 총의』「제1품」에서는 '원보리심은 대승의 자량도에서 대승

수도 최후의 무간도[44]에 머무는 보살에게 존재하는 마음이다. 원보리심은 대승의 자량도를 성취함과 동시에 성취한다. 행보리심은 대승의 자량도에 머무는 보살로부터 무학도에 오른 부처님에 이르기까지 존재한다'고 말씀하셨다.

▪ '공성을 요해하는 지혜'〔정견〕

공성을 요해하는 지혜는 일체법이 자성으로 존재하지 않는다는 것을 요해하는 지혜를 말한다. 염리심의 동기를 가지고 공성을 요해하는 지혜를 수습하지 않으면 탐욕, 성냄, 어리석음과 같은 근본번뇌와 분노, 혼침, 도거와 같은 수번뇌隨煩惱, 보특가라아집, 법아집 등 번뇌장을 뿌리째 뽑지 못하며 결국 해탈을 증득하지 못한다. 더 나아가 보리심의 동기를 가지고 공성을 요해하는 지혜를 수습하지 않으면 일체존재〔소지所知〕[45]의 실상〔공성〕을 눈으로 사물을 보듯 직관적으로, 동시에, 남김없이 철저하게 꿰뚫어 아는 것에 방해가 되는 보특가라아집의 습기와 법아집의 습기 등의 소지장을 뿌리째 뽑지 못한다. 일체중생의 근기와 각자가 사용하는 언어, 원하는 바 등을 알고 그에 맞는 선교방편善巧方便을 써서 제도할 수 없기 때문에 궁극적인 목표인 이타적 삶을 실현하지 못하는 것이다. 따라서 소지장을 끊지

---

44 제쭌 최끼겔첸의 『현관장엄론의 총의』「제1품」에 따르면 대승 수도 최후의 무간도는 대승보살의 마지막 계위이며 그 다음의 계위는 대승 무학도라 한다.

45 불교 논리학 가운데 하나인 용진 푸르쪽빠 출팀잠빠갸초의 『섭류학』에서는 '일체존재〔소지所知〕, 실유, 소량所量, 일체법, 대경對境 등은 모두 동의어'라 하였다.

못하면 일체종지와 부처님의 경지에 나아가지 못하니, 반드시 번뇌장과 소지장을 남김없이 끊어야 하는 이유가 여기에 있다.

요약하면 염리심이 없이는 해탈을 증득하지 못하며, 이타적 발원, 대연민심이 없이는 보리심을 일으키지 못한다. 즉 염리심은 대연민심이 일어나는 토대〔원인〕이며, 이타적 발원, 대연민심은 보리심이 일어나는 토대〔원인〕라 할 수 있다. 공성을 요해하는 지혜는 번뇌장煩惱障과 소지장所知障을 끊는 대치이며 해탈과 부처님의 경지를 증득하기 위해서는 반드시 실천 수행해야 할 과제다. 공성을 눈으로 사물을 보듯 직관적으로, 동시에, 남김없이 철저하게 꿰뚫어 알기 위해서는 반드시 사마타〔止〕와 위빠사나〔觀〕의 쌍운에 의해 성취할 수 있음을 보리도차제 교본의 '사마타〔止〕와 위빠사나〔觀〕편'에서 밝히고 있다.

6. 보리도차제법의 가치와 수행해야 하는 이유

석가모니의 팔만사천 언교를 모두 모으면 일체중생의 일시적인 이익과 궁극적인 안락을 얻도록 하기 위한 것 이 두 가지에 포함되지 않는 것은 하나도 없다. 일시적인 이익은 악도의 고통에서 구제하여 천신과 인간의 안락을 얻는 것이다. 궁극적인 안락은 윤회 전체의 고통으로부터의 해탈과 함께 모든 허물, 즉 번뇌장과 소지장을 끊고 모든 공덕[46]을 남김없이 증득한 '올바르게 구족하신 부처님'〔정변지正遍知〕의 경지에 안착하는 것이다. 즉 중생의 일시적인 이익은 명확히 더 높은 생을 성취하는 방편이며, 궁극적인 안락은 수승한 해탈[47]과 부처님의 경지로 나아가는 방편인 것이다. 따라서 승리자의 모든 경전의 내용을 전부 모으면 삼사도 안에 포함되지 않는 것은 없으며, 그 세 가지의 개념과 순서, 어떻게 실천 수행해야 하는가에 대한 방법 등이 보리도차제 교본에서 '상세한 해석'〔광석廣釋〕 또는 '간략한 해석'〔약석略釋〕으로 설해져 있기 때문에, 보리도차제의 가르침에는 승리자의 모든 경전의 요지가 담겨 있다고 할 수 있다.

또한 삼사 각각의 수행과제인 삼사도를 순서대로 익히는 것은 석가모니의 가르침 전부를 마음에 익히는 것이며 또한 부처님의 경지로 나아가는 모든 종류의 방편의 가르침을 익히는 것이 된다. 만약 일부분의 방편의 가르침만을 수행한다면 석가모니의 가르침 전부를 익힌다고 할 수 없는 것이다. 따라서 보리도차제 교본에서 말씀한 대로 수행하면 석가모니의 가르침 전부를 수행하는 것이고 석가모니의 말씀 전체를 요해하는 것이며, 그렇게 하지 않으면 석가모니의 말씀 전부를 수행하는 것이 아니라고 여러 보리도차제 교본에서 한결같이 말씀하셨다.

한편 『대보리도차제』는 현교의 핵심이 주가 되지만 밀교의 핵심까지 전체가 잘 갖추어져 있어 수행의 성취를 위한 내용이 두루 구족되어 있고 마음을 길들이는 순서를 중점적으로 제시하였기 때문에 실천하기가 용이하다. 또한 석가모니의 가르침을 전도됨 없이 명확하

---

46 여기서 모든 공덕은 부처님의 몸〔불신佛身〕, 즉 자성신, 예쎄법신〔일체종지〕, 보신, 화신을 증득한 것과 같은 것이다.

47 성문, 연각, 대승보살의 해탈 모두를 가리킨다.

게 밝혀서 대승의 교학을 후대에 성행시킨 대개창자[48] 구호자 루둡
(용수)과 성인 톡메(무착) 두 분이 설하신 법 수행 전통에 따라 저술
되어 다른 어떤 학설보다 특별하다. 보리도차제 교본은 그 내용을 해
설하는 방법에 있어서도 이론적 지식을 갖추는 방편이라기보다 주
로 마음을 길들이는 방편을 가려 뽑아 해설한 것이기 때문에 초학자
들이 문聞·사思·수修의 방법으로 익힐 수 있도록 체계화된 수행의
지침서라 할 수 있다.

　요약하면 불경에서 말씀하신 방편의 도를 한 사람이 수행해 나가
는 방법에 대해 여러 보리도차제 교본에서 자세히 해설하고 있다. 따
라서 이러한 방법을 제대로 알지 못하면 불경 전체의 의미를 어떻게
수행해야 하는지 그 방법을 알기 어렵다는 것이다. 따라서 불경에 담

────────

48 대개창자에 대하여 제쭌 최끼겔첸의 『현관장엄론의 총의』「제1품」에서는 '석
　가모니께서 열반에 드신 후 쇠퇴한 대승불교의 전통을 부흥시킨 분은 구호자
　루둡(용수)과 성인 톡메(무착)다. 불멸 후 400년경에 출현하신 구호자 루둡(용
　수)은 대승 중관학파의 개창자다. 그는 부처님의 언교를 대승 중관학파의 견해
　로서 요의경과 불요의경으로 구분하였다. 『성聖 대승입능가경འཕགས་པ་ལང་ཀར་
　གཤེགས་པའི་ཐེག་པ་ཆེན་པོའི་མདོ།』에서는 석가모니께서 구호자 루둡(용수)에 대하여 이
　미 예언하신 내용이 담겨 있다. 또한 불멸 후 900년경에 출현하신 성인 톡메(무
　착)는 대승 유식학파의 개창자다. 부처님의 언교를 대승 유식학파의 견해로서
　요의경과 불요의경으로 구분하였다. 『성聖 잠뻴(문수)사리 근본 (의궤) 밀교경
　འཕགས་པ་འཇམ་དཔལ་གྱི་རྩ་བའི་རྒྱུད།』에서는 석가모니께서 성인 톡메(무착)에 대하여 예
　언하신 내용이 담겨 있다'고 말씀하셨다. 위의 『성聖 대승입능가경』은 티벳장
　경 불설부 데게까규르 경부와 장까규르의 경부에 수록되어 있으며 『성聖 잠뻴
　(문수)사리 근본 (의궤) 밀교경』은 티벳장경 불설부 데게까규르 십만탄트라부
　와 장까규르 밀속부에 수록되어 있다.

긴 진정한 의미를 수행하고자 하는 이들에게 있어서 보리도차제 교본은 매우 중요한 수행의 지침서가 아닐 수 없다.

7. 삼사의 수행과제와 이를 순서대로 익혀야 하는 이유와 방법

1) 삼사의 수행과제

보리도차제 교본에서는 크게 선행과제와 본 수행과제 이 두 가지로 나눈다. 선행과제는 삼사 공통의 기초 수행과제다. 본 수행과제는 다시 삼사 각각의 본 수행과제와 중사와 상사가 선행해야 하는 전단계 수행과제로 나눈다.

① 하사는 삼사 공통의 기초 수행과제인 기초수행도와 본 수행과제인 하사도를 반드시 함께 익혀야 한다.

② 중사는 삼사 공통의 기초 수행과제인 기초수행도와 전단계 수행과제인 하사도와 본 수행과제인 중사도를 반드시 함께 익혀야 한다.

③ 상사는 삼사 공통의 기초 수행과제인 기초수행도와 전단계 수행과제인 하사도와 중사도, 본 수행과제인 상사도를 반드시 함께 익혀야 한다.

2) 이를 순서대로 익혀야 하는 이유와 방법

삼사는 반드시 기초수행도 → 하사도 → 중사도 → 상사도의 수행과제를 순서대로 익혀야 한다. 그 이유에 대하여 『대보리도차제』와 『보리도차제 마르티 지름길』에서는 '삼사도로 구분한 까닭은 실제로 하사도나 중사도까지만 이끌기 위함이 아니다. 상사가 자량을 쌓고 죄업과 장애를 소멸하여 부처님의 경지로 나아가도록 하는 것이 궁극적인 목적이다. 이렇게 삼사도를 순서대로 익히도록 하는 이유는 전단계 수행과제인 하사도와 중사도를 철저히 익히지 않은 채로 바로 상사의 수행과제를 익히게 될 경우 자신을 상사라고 그릇 인정하여 아만심을 내는 것 등의 부작용이 있을 수 있기 때문이다. 또한 선행과제들을 제대로 익히지 않고 상사도부터 실천 수행하면 수행에 진전이 없으며 결국 기초수행도로부터 상사도에 이르기까지 어느 하나의 결실도 얻지 못하게 된다. 뿐만 아니라 하사와 중사의 단계에서 각각의 선행과제와 본 수행과제를 철저히 익힌다면 비록 상사도의 수행에 입문하지 못하더라도 각자의 수행목표는 이룬 것이 되기 때문에 따라서 삼사도를 순서대로 밟아 나아가는 것은 삼사 모두에게 이익이 있다'고 말씀하셨기 때문이다.

그밖에 삼사 각각의 수행과제인 삼사도와 그 방법에 대해서도 본문인 『보리도차제 마르티 지름길』에서는 '일과시간에는 어떻게 해야 하는가와 여가시간에는 어떻게 해야 하는가로 나눈다. 일과시간에 있어서도 관상 준비 → 본 관상 → 마무리 관상의 순서대로 익혀야 한다'고 말씀하셨다. 이것뿐만 아니라 먹는 시간, 수면에 드는 시간, 휴식을 취하는 시간 등의 여가시간에도 몸[身], 말[口], 뜻[意], 즉 삼문三門을 제멋대로 해서는 안 된다는 것을 강조하고 있다. 그 이유는 그 직전의 일과시간에 정진했던 그 힘을 여가시간에도 이어가야 또다시 그 다음의 일과시간에도 산란하지 않고 수행을 잘 이어갈 수 있기 때문이다. 따라서 여가시간에도 마음가짐과 행동거지를 각별히 조심하고 잘 단속해야 하는 것은 매우 중요한 일이 아닐 수 없다. 더

64

나아가 기초수행도 → 하사도 → 중사도 → 사마타(止)와 위빠사나(觀)를 포함한 상사도에 이르기까지의 모든 수행과제는 밀교수행에 입문하는 이에게는 반드시 익혀야 하는 기초 수행과제와 전단계 수행과제이기도 하다. 이와 같이 순서대로 익히도록 하는 것에 대하여는 다음과 같다.

'기초수행도편'에서 도의 근본인 선지식을 의지하는 방법, 유가有暇와 원만圓滿의 (몸을 받은 이때에) 정수를 취하기에 관하여 해설한 것과 '하사도편'에서 죽음무상을 관상하기, 악도의 고통을 관상하기에 관하여 해설한 것은 주로 다음 생의 안락을 추구하는 마음을 일으키도록 하는 방편을 현시한 것이다. 삼보에 대한 귀의를 익히기, 업과에 대해 믿는 신심을 일으키기에 관하여 해설한 것은 다음 생의 안락을 얻도록 하는 방편을 현시한 것이다.

'중사도편'에서 윤회의 허물을 관상하기, 번뇌와 업으로 인해 윤회에 드는 방식과 순서를 관상하기 이 두 가지에 의해 해탈을 희구하는 마음을 일으키는 것과 삼학의 측면에서 해탈로 나아가는 도의 자성을 확정하기에 관하여 해설한 것은 해탈을 증득하는 방편을 현시한 것이다.

'상사도편'에서 일체중생이 고통에서 벗어나 안락을 얻도록 하기 위해 부처님의 경지를 얻겠다는 마음, 즉 보리심을 일으키는 방법과 보리심을 일으켜서 보살행을 실천 수행하는 방법과 사마타(止)와 위빠사나(觀)에 이르기까지 수습하는 방법에 관하여 해설한 것은 부처님의 경지를 증득하는 방편을 현시한 것이다.

이와 같이 부처님의 경지로 나아가는 방편들을 하나하나 순서대로 익혀 나가야 하는 이유는 이전 또 이전의 마음을 익히지 않으면 다음 또 다음의 마음이 생길 리 없기 때문이다. 인도에서 티벳으로 전해진 부처님의 가르침을 수행하는 분들이 보리도차제 교본에 의거하여 수행하는 것을 중요하게 인정하는 것이 이와 같다고 보여진다.

8. 티벳의 불교수행자들이 보리도차제 교본에 의해 수행하는 전통

티벳 불교에서는 대경론을 광범위하게 듣고 사유하는 것에 의해 그러한 대경론에서 말씀하신 경교와 논증들을 보리도차제 교본의 수행과제와 접목시켜 수행하는 전통이 있다. 설령 광범위한 경론을 듣고 사유할 수 없는 이들도 보리도차제 교본에서 말씀하신 것과 같이 유가와 원만이 의미가 크고, 얻기 어려운 것과 죽음무상 등을 순서대로 마음에 익혀서 염리심과 대연민심, 보리심 등을 일으키도록 수행 정진하는 것이다. 예컨대 구호자 루둡(용수)의 『중관근본송반아족집
 쭉ㆍ쉐ㆍ랍ㆍ빠』[49]와 위덕을 갖춘 다와닥빠(월칭)의 『입중론ㄷ둡ㆍ마ㆍ라ㆍ벋ㆍ빠ㆍ』 등에서 말씀하신 중관의 논리적인 증거들을 중점적으로 보리도차제 교본에서 해설한 위빠사나(觀)를 익히도록 이끈 것, 또는 아사리 시

---

49 티벳장경 논소부 데게뗀규르 중관부에 수록되어 있다.

와하(적천)의 『입보리행론ꊧ꜅ꐪꘒꆞ꜅ꋧ』과 지존 잠빠괸뽀(미륵)의 『현관장
엄론現觀莊嚴論ꑀꐨꐮꆞꑫꕠꆤꑫ』 등에서 말씀하신 보리심을 배우는 방법
을 상사도에서의 보리심을 익히는 방법들과 접목시킨 것, 경론에서
삼보의 공덕을 말씀하신 것들을 귀의의 대상과 연결시켜 익히도록
한 것 등과 같은 것이다.

심지어 보리도차제의 가르침을 수행하는 티벳 수행자들은 어디를
가더라도 보리도차제 교본의 과목을 몸에 지니고 다니면서 보리도
차제의 각 수행과제들을 관상할 정도로 보리도차제의 가르침에 의
지하여 수행해 오고 있으며, 지금도 달라이라마와 여러 스승들로부
터 구전과 법문을 청하여 듣고 수행하는 전통을 면면히 이어가고
있다.

9. 『보리도차제 마르티 지름길』이 다른 보리도차제 교본들과 다른 특징

『보리도차제 마르티 지름길』은 석가모니의 언교의 핵심이 응축되어
있는 긴요한 가르침으로서, 쫑카빠 대사의 『대보리도차제』의 수행체
계와 수행과제, 전개 순서 등과 그 맥을 같이 한다. 그러나 『대보리도
차제』는 분량과 내용면에서 매우 광범위하며 특히 여러 논리적인 증
거들을 인용하고 있어 오부대경론을 배운 이가 아니면 이해하기 힘
든 부분도 있다. 따라서 『보리도차제 마르티 지름길』이 『대보리도차
제』를 비롯한 다른 보리도차제론과 다른 특징을 다음과 같이 정리해
볼 수 있다.

㉮『대보리도차제』는 주로 쎼티의 전수방법을 취하고 있는 반면『보리도차제 마르티 쉬운 길』과『보리도차제 마르티 지름길』은 시종일관 현장학습과 같은 마르티의 전수방법을 취하고 있다.

㉯『대보리도차제』에서 해설한 삼사가 익혀야 할 삼사도〔삼사의 수행과제〕의 핵심적인 내용이 응축되어 있으면서도『대보리도차제』에 비해 문장이 간결하여 이해하기 쉽고 마음에 떠올려 익히기 쉽도록 인도하고 있다.

㉰『보리도차제 마르티 지름길』은『대보리도차제』의 서술방식인 여타의 경론의 인용, 바른 이유, 타파他派의 견해를 반박하는 내용 등은 대부분 배제하고『대보리도차제』에서 말씀하신 기초수행도, 하사도, 중사도, 상사도 각각의 관상과제를, 일과시간에는 어떻게 해야 하는가와 여가시간에는 어떻게 해야 하는가로 나누어 해설하고 있다. 다시 일과시간에도 관상 준비, 본 관상, 마무리 관상으로 나누어 일목요연하게 해설하고 있다.

㉱『보리도차제 마르티 지름길』은『대보리도차제』의 핵심이 잘 간추려져 있어 방대한『대보리도차제』의 내용 전체를 수습하지 못하더라도『보리도차제 마르티 지름길』에서 해설한 대로 수습한다면『대보리도차제』의 내용 전체를 수습하는 것과 마찬가지라 할 수 있다.

㉲『손에 쥔 해탈의 보리도차제』에서는 '『보리도차제 마르티 쉬운

길』과『보리도차제 마르티 지름길』은 보리도차제를 밝힌 논서이지
만 밀교와 관련이 있다'고 말씀하셨다. 이와 같이『보리도차제 마르
티 지름길』은 현교의 도차제이면서도 용어선정 등에 있어 밀교적 색
채를 띠고 있다. 예를 들어 '기초수행도편'의 스승께 공양 올리는 전
통의 자량전을 수습하는 방법과 자량전에 간청하는 게송 등과 같은
경우다. 또한 본문에서도 다른 보리도차제 교본에 비해 밀교 경론들
을 상당히 많이 인용하고 있다. 이는 현교를 철저히 배운 뒤에 밀교
수행에 들어가는 티벳 불교의 수행전통과 무관하지 않다고 볼 수 있
다. 또한『보리도차제 마르티 지름길』은 삼사 공통의 기초 수행과제
인 기초수행도와 본 수행과제인 하사도, 중사도, 상사도를 순서대로
잘 배우고 익힘으로써 밀교 경론을 배우고 밀교수행에 입문하는 가
교로서의 역할을 하고 있다. 따라서 보리도차제의 가르침을 실천 수
행하고자 하는 이들에게 있어서 매우 중요한 수행의 지침서라 할 수
있다.

10. 문聞 · 사思 · 수修

1) 문 · 사 · 수의 의미와 삼혜三慧가 생기는 순서
『대보리도차제』에서는 문 · 사 · 수에 대하여 다음과 같이 해설하고
있다.

▪ 들음〔聞〕은
경론의 의미들에 대하여 정통한 스승을 통해 듣거나 자신이 서적 등

을 자세히 살펴보는 것, 또는 그밖에 여러 방편을 간구하여 듣고 보는 것을 말한다. 심지어 책을 읽거나 암기하는 것 등의 공부도 모두 여기에 속한다. 그리고 들음에 의해 '현재 배우고 있는 말씀의 의미가 이와 같다'라고 개괄적으로 이해하고, 자신의 마음으로 판단하는 것을 통틀어 '들음에서 생긴 바'〔문소생聞所生〕라 하며, 그와 같은 마음을 '들음에서 생긴 마음'〔문소생심聞所生心〕 또는 '들음에서 생긴 심식'〔문소생심식聞所生心識〕이라 하며, 그와 같은 지혜를 '들음에서 생긴 지혜'〔문소생혜聞所生慧〕라 한다.

▪ 사유〔思〕는
들음〔聞〕을 통하여 경론에서 말씀하신 의미가 '~이와 같다'라고 아는 정도에 대해, '~이와 같다, ~이와 같지 않다, 그것과 그것이 어떤 관련이 있는지 등'을 바른 이유로써 마음에 떠올려 사유하고 분석하는 것을 말한다. 더 나아가 그와 같이 떠올려 사유하고 분석한 것으로써 '~이와 같다'라고 마음 깊이 확정 짓는 것을 '사유에서 생긴 바'〔사소생思所生〕라 하고, 그와 같은 심식을 '사유에서 생긴 마음'〔사소생심思所生心〕 또는 '사유에서 생긴 심식'〔사소생심식思所生心識〕이라 하며, 그와 같은 지혜를 '사유에서 생긴 지혜'〔사소생혜思所生慧〕라 한다.

▪ 수습〔修〕은
사유에 의해 확정 지은 의미를 '전력적 집중수습'〔족곰〕 또는 '분별적 사유수습'〔죄곰〕에 의해 그 의미〔사유할 바〕를 거듭거듭 마음에 익히는 것을 말한다. 그와 같이 수습하여 생긴 익숙해진 그 의미에 관하여 하나의 경험이 마음에 생기는 것을 '수습에서 생긴 바'〔수소생修所生〕라 하고, 그와 같은 심식을 '수습에서 생긴 마음'〔수소생심修所生心〕또는 '수습에서 생긴 심식'〔수소생심식修所生心識〕이라 하며, 그와 같은 지혜를 '수습에서 생긴 지혜'〔수소생혜修所生慧〕라 한다.

2) 문·사·수를 통한 보리도차제 수행법

보리도차제의 가르침을 마음에 익히는 순서에 대하여 쫑카빠 대사의 『대보리도차제』에서는 "문 → 사 → 수의 순서대로 실천하는 것이 가장 바람직하며, 경론의 의미에 대하여 '들음에서 생긴 바'〔문소생聞所生〕, 즉 들음에서 생긴 앎을 얻는다. 이를 토대로 거듭거듭 사유하여 '사유에서 생긴 바'〔사소생思所生〕, 즉 사유에 의해 허구〔날조〕의 사견을 끊는다. 이를 토대로 거듭거듭 수습하여 '수습에서 생긴 바'〔수소생修所生〕, 즉 수습에 의해 수습의 경험이 생긴다"고 말씀하셨다. 또한 아사리 익녠〔세친〕께서는 『아비달마구사론ཆོས་མངོན་པ་མཛོད།』「제6품」에서

"(청정한) 계율에 머물러서 듣고〔聞〕 사유〔思〕하며
수습〔修〕하는 것에 매우 힘써야 한다네"

라고 말씀하신 것과 같이 계율을 바탕으로 하여 문·사·수의 순서와 방법에 따라 실천 수행해야 함을 강조하였다. 좀 더 자세히 살펴보면, 일곱 가지 별해탈율의[50] 가운데 하나를 수지하고 이를 청정하게 지키는 토대 위에 수행할 바 그것에 대해 먼저 들어서 알도록 하고, 그

속의 의미에 대하여 거듭거듭 사유를 통해 '~이것이다'라고 확정 짓
도록 해야 하며, 그것에 그치지 않고 확정 지은 그 자체를 거듭거듭
수습해서 하나의 경험이 생기도록 해야 한다. 그 이후에도 거듭거듭
수습을 해나가는 것보다 더 나은 수습의 방법은 없다.

3) 문·사·수 세 가지의 측면에서 수행해야 하는 이유

들어서 이해한 의미를 분석하고 사유하는 것에 의해 '~이다, ~아니
다' 등을 자신 스스로가 확정 지을 필요가 있다. 그러므로 '어떠한 이
유가 있고 없는 것' 등으로써 거듭거듭 분석하고 사유해서 '~이다'라
고 확정 짓는 하나가 필요하다. 확정 지은 그 의미를 거듭거듭 수습
하지 않으면 자신의 마음을 길들이거나 자신의 마음의 탐착과 성냄,
어리석음 등의 번뇌를 없앨 수 없기 때문에 거듭거듭 수습하여 반드
시 수습에서 생긴 경험 하나를 얻어야 한다. 하나의 예로, 사마타〔止〕
나 위빠사나〔觀〕와 같은 삼매의 경우 수습에 의해 한 경험을 얻게 되

---

50 초나와 쎄랍상뽀의 『율경 초나와주소 햇빛』에서는 '계율을 지키는 각자 각자
가 윤회와 악도의 고통에서 해탈하기 때문에 별해탈율의라 한다'고 정의한 바
와 같이, 자신이 지켜 타인이 해탈하게 되는 방편도, 타인이 지켜 자신이 해탈
하게 되는 방편도 아닌 율의라는 의미다. 일반적으로 출가자가 받는 사미계,
사미니계, 식차마나계, 비구계, 비구니계와 재가자인 우바새와 우바이가 받는
오계도 별해탈율의에 속하며, 어떤 '논서'의 경우 하루 낮과 밤 동안 지키는 재
가자의 재계〔근주율의〕, 즉 팔관재계〔팔관근주율의〕를 별해탈율의에 포함시키
기도 한다. 따라서 별해탈율의는 자신이 윤회의 고통에서 벗어나고자 하는 염
리심의 동기를 가지고 수지하는 율의인 반면 대승율의, 즉 대승포살계, 보살
계, 밀교계는 보리심의 동기를 가지고 수지하는 율의다. 따라서 별해탈율의와
대승율의의 차이는 수계자의 마음동기의 차이라 할 수 있다.

면 자신에게 사마타(止)와 위빠사나(觀)가 생기게 되는 것이다. 그로 인해 오랫동안 견고하게 머물 수 있게 되며 몸과 마음의 경안을 얻게 되면서 이전보다 수습하기가 훨씬 쉬워진다고 보리도차제 교본들의 '사마타(止)와 위빠사나(觀)편'에서 공통적으로 해설하고 있다. 따라서 삼사 공통의 기초수행도 → 하사도 → 중사도 → 상사도의 전 과정에 이르기까지 각각의 수행과제마다 문 → 사 → 수의 순서와 방법에 따라 익혀 나가는 것을 매우 중요하게 인식해야 한다.

또한 수행을 빨리 완성하겠다는 성급함이 앞서 경론의 말씀과 스승의 가르침을 가치 있게 듣지 않고 그 의미에 대해 사유하는 과정을 무시한 채로 바로 수행에 뛰어 든다든가, 들어서 아는 정도 또는 조금의 사유 정도에 만족한 채로 바로 수행에 뛰어 들었을 때는 올바른 실천의 힘이 나오기가 어렵다. 단순히 듣고 암기하는 정도가 아닌, 사유를 거듭거듭 할수록 들어서 아는 것을 쉽게 잊어 버리지 않고 사유의 범위가 점점 깊고 넓어져서 일체존재를 바라보는 인식의 전환을 가져오게 되는 것이다. 더 나아가 들어서 알고 사유하는 데 그치지 않고 거듭거듭 익혀야만 비로소 윤회의 뿌리인 무명과 번뇌를 없애는 대치의 힘이 점점 강해져 심성의 정화도 가능하게 될 것이다. 그리고 문·사·수의 '관상이 정교할수록 공덕과 관법이 넓어진다'라고 티벳 출신 초펠 스님 편역의 『티벳 스승들에게 깨달음의 길을 묻는다면』에서 언급한 바와 같이, 문·사·수의 과정을 중요하게 여기고 실천할 때 비로소 심성의 정화와 일체존재를 꿰뚫어 보는 안목이 깊고 넓어지면서 수행이 향상되어 간다는 사실을 간과해서는 안 될 것이다.

따라서 해탈과 부처님의 경지를 증득하기 위해서는 부처님의 말씀을 반드시 문→사→수의 순서에 의해 실천 수행해야 하며, 이는 삼사도 각각의 수행과제를 익히는 세부적인 방법론이자 부처님의 가르침을 수행해 나가는 데 있어 필수적인 수행방법이 아닐 수 없다. 또한 이는 자리의 완성뿐 아니라 일체중생을 위한 이타적 삶을 실현하고자 하는 대승불교의 궁극적인 수행목표를 완성하는 데에도 반드시 필요한 실천적인 방법이 아닐 수 없다. 결국 불교의 수행방법은 문·사·수 이 세 가지에서 벗어나지 않으며 절대 벗어나서도 안 된다.

11. '전력적 집중수습'〔족곰འཛིག་སྒོམ〕과 '분별적 사유수습'〔쬐곰དཔྱད་སྒོམ〕의 의미

보리도차제의 수행과제를 마음에 익히는 방법은 크게 전력적 집중수습과 분별적 사유수습 이 두 가지로 나눌 수 있다. 여기서 티벳어의 족곰과 쬐곰에서의 곰སྒོམ은 수습하는 행위와 수습하는 마음 이 두 가지의 의미로 쓰인다. 전력적 집중수습은 수습할 바의 대상에 대하여 경론을 인용하거나 바른 이유 등으로써 분석하거나 사유하지 않고 마음을 하나의 수습대상에 오롯이 집중시키는 것을 말한다. 분별적 사유수습은 수습할 바의 대상에 마음을 오롯이 집중시킴과 동시에 경론 등에서 말씀하신 의미가 ~그와 같다면 그 이유와, 역할, 방향 등을 바른 이유로써 거듭거듭 분석하거나 사유하는 것을 말한다.

사마타〔止〕의 수습 방법은 오직 전력적 집중수습뿐이다. 따라서 수습대상에 대하여 전력적 집중수습을 하는 것은 사마타〔止〕를 수습하는 것이다. 전력적 집중수습의 삼매이면서 흔들림 없는 경안의 안락의 힘을 지닌 삼매는 사마타[止]다. 사마타[止]를 수습할 때 전적으로 전력적 집중수습에 의해 수습대상을 익혀야 하는 이유는, 수습할 때 처음부터 분석과 사유를 하게 되면 마음이 하나의 수습대상에 오롯이 머무는 삼매가 생기기 어렵기 때문이다. 따라서 마음이 하나의 수습대상에 오롯이 집중되는 삼매를 성취하기 위해서는 반드시 전력적 집중수습에 의해 수습대상을 익혀야 한다. 그 예로는, 정원의 큰 나무 한 그루를 수습대상으로 할 때 큰 나무 주위에 꽃이 있든 화분이 있든 전혀 시선과 마음을 두지 않고 큰 나무 하나에 오롯이 집중하는 것과 같은 것이다.

위빠사나[觀]는 분별적 사유수습의 결실이기는 하나 반드시 전력적 집중수습인 사마타[止]가 바탕이 되어야 한다. 위빠사나[觀]는 수승한 분별적 사유수습에 속한다. 따라서 분별적 사유수습의 결실이 위빠사나[觀]이고, 위빠사나[觀]의 수습 방법은 분별적 사유수습이다. 분별적 사유수습의 지혜이면서 흔들림 없는 경안의 안락의 힘을 지닌 지혜가 위빠사나[觀]다. 그 예로는, 정원의 큰 나무 한 그루를 수습대상으로 할 때 이 나무의 이름이 무엇인가, 심은 지가 얼마나 되었을까, 꽃이 피면 예쁜가, 열매는 주렁주렁 열리는가, 열매의 영양은 풍부한가 등을 분석하고 사유하는 것을 말한다. 경론을 연구하는 것 등도 모두 분별적 사유수습에 해당된다. 따라서 『대보리도차제』에서는

'보리도차제의 어떤 수행과제는 분별적 사유수습이 더 효과

적이며 어떤 수행과제는 전력적 집중수습이 더 효과적이다. 보리도차제 교본의 삼사 공통의 기초수행도인 선지식을 의지하는 방법으로부터 '사마타(止)편' 이전까지와 '위빠사나(觀)편'의 수습 방법은 주로 분별적 사유수습을 통해 익히는 것이 효과적이다. 그 이유는 예컨대 선지식을 의지하는 방법 등을 관상할 경우 관상과제를 언제라도 마음에 떠올릴 수 있고, 오랫동안 마음에 강하게 일어나게 하기 위해서는 반복적인 분별적 사유수습이 효과적이기 때문이다. 또한 반드시 죽게 된다고 관상할 때 이것이 자신의 마음에 쉽게 떠오르고, 오랫동안 강하게 일어나게 하기 위함이다. 염리심과 보리심을 관상하는 경우도 마찬가지다. '사마타(止)편'의 수습 방법은 전적으로 전력적 집중수습에 의해야 한다'

고 말씀하셨다. 따라서 문·사·수 가운데 들음(聞)과 분석과 사유(思)를 하는 것, 즉 분별적 사유수습과 전력적 집중수습 이 두 가지를 수행과제에 따라 병행해야 한다. 여기서 하나 기억해야 할 것은 예컨대 보리심을 일으키는 방법을 관상할 경우 '~일체중생이 나의 어머니가 되지 않은 분은 아무도 없다…'라는 등은 주로 분별적 사유수습에 의한다. 그러나 수습을 마무리할 때에는 매우 간절하게 '그러므로 내가 이분들을 위해 어떻게 해서라도 부처님의 경지를 증득해야 한다'라고 단 30초나 1분 정도만이라도 마음을 오롯이 집중시키는 전력적 집중수습을 조금씩 병행하는 것이 매우 중요하다. 그 이유는 이후에 전력적 집중수습에 의해 사마타(止)를 익히는 데 도움이 될 뿐만 아니라 사마타(止)를 성취하는 데 생길 수 있는 장애를 없애기 위함이다. 따라서 보리도차제의 수행과제를 마음에 거듭거듭 익히는 방법은 전력적 집중수습과 분별적 사유수습 이 두 가지 외에는 없다. 더 나아가 모든 불교의 가르침을 마음에 익히는 방법 또한 전력적 집중수습과 분별적 사유수습 이 두 가지에서 벗어나지 않는다.

 이러한 두 가지 수습 방법은 반드시 보리도차제의 수행과제를 익히는 방법에만 한정시켜서는 안 되며, 하나의 불교 교리와 한마디의 법문이라도 이와 같은 수습 방법에 의하여 익힌다면 모든 부처님의 가르침이 실천 수행으로 이어질 수 있을 것이다. 즉 자신의 마음이 부처님의 가르침에 가까워지고, 부처님의 가르침이 자신의 내면에 익숙해져서 아는 만큼 실천의 힘으로 되살아나 자신의 심성의 정화도 바라볼 수 있게 될 것이다.

12. 사마타(止)를 성취하는 방편 아홉 단계〔구주심九住心〕

『(四)정려와 (四)무색등지의 총의བསམ་གཟུགས་སྱི་དོན།』에서는 사마타(止)를 성취하는 주된 방편 두 가지를 소개하고 있다. 하나는 지존 잠빠괸뽀〔미륵〕⁵¹의 미륵오론彌勒五論〔자씨오론慈氏五論〕 중 하나인 『변중변

---

51 성인 톡메〔무착〕는 '반야경'의 의미를 꿰뚫기 위해 지존 잠빠괸뽀〔미륵〕를 친견하기를 발원하였다. 12년 동안을 자량을 쌓고 죄업과 장애를 소멸한 뒤에야 비로소 친견할 수 있었다. 이때 성인 톡메〔무착〕는 지존 잠빠괸뽀〔미륵〕의 위신력으로 도솔천 내원궁으로 가서 여러 해를 지존 잠빠괸뽀〔미륵〕로부터 법을 듣고 남섬부주로 돌아오게 되는데, 그때 모시고 온 것이 미륵오론彌勒五論〔자씨오론慈氏五論〕이라 한다. 미륵오론은 위에서 언급한 『변중변론』, 『경장엄론』 외에 『현

론辯中邊論དབུས་མཐའ་རྣམ་འབྱེད།』[52]에서 해설한 다섯 가지 과실과 여덟 가지 대치이고, 다른 하나는 지존 잠빠괸뽀(미륵)의 『경장엄론經莊嚴論མདོ་སྡེ་རྒྱན།』[53]에서 해설한 사마타(止)를 성취하는 방편 아홉 단계(구주심)다. 이 두 가지 가운데 어느 것에 의해서도 사마타(止)를 성취할 수 있다. 전자는 본문인 『보리도차제 마르티 지름길』에 해설되어 있기 때문에 여기서는 후자인 구주심에 대하여, 『집론』 편집 소모임에서 발행한 『불교도의 과학과 관점·교의 집론ནང་པའི་ཚན་རིག་དང་ལྟ་གྲུབ་ཀུན་བཏུས།』 하권에 있는 개념 정도만을 소개하고자 한다.

　구주심은 마음(심식)을 하나의 수습대상에 오랫동안 오롯이 집중시키는 방편이다.

㉮ 내주심內住心은 외적인 욕망의 대상[54] 등으로부터 마음을 올바르게 모아서 수습대상에 집중시키는 삼매의 하나다. 이 단계에서는 마음이 수습대상에 아주 짧은 순간 밖에 머물지 못한다.

㉯ 등주심等住心은 처음에 수습대상으로 향한 마음 그 자체가 다른 곳으로 흩어지지 않고 그 수습대상에 집중시켜 머무는 상태에서 내주심의 단계보다는 좀 더 길게 이어갈 수 있는 삼매의 하나다.

㉰ 안주심安住心은 마음이 수습대상에 조금 익숙해짐에 따라 망념에

　관장엄론』, 『보성론རྒྱུད་བླ་མ།』, 『변법법성론辯法法性論』이다.
52　티벳장경 논소부 데게뗀규르 유식부에 수록되어 있다.
53　미륵오론彌勒五論 가운데 하나이며 티벳장경 논소부 데게뗀규르 유식부에 수록되어 있다.
54　욕계 중생들에게 욕망이 일어나는 대상, 즉 색경, 성경, 향경, 미경, 촉경 이 다섯 가지를 말한다.

78

의해 정신이 팔려서 바깥으로 흩어지게 되면 그것을 알아차리고 또다시 마음을 수습대상 그 자체에 집중시켜 두는 삼매의 하나다.

㉑ 근주심近住心은 힘있는 억념憶念[55]을 일으켜서 혼침惛沉과 도거掉擧가 조금 있더라도, 마음은 수습대상을 이전의 크기보다 거듭거듭 모으고 모아 아주 작은 크기로 떠올려서 안주분[56]과 선명분[57]을 향상시켜 수습하는 삼매의 하나다. 이때 수습대상은 부처님의 몸〔불신佛身〕을 떠올리는 것이 좋으며, 가장 좋은 부처님의 몸〔불신佛身〕크기는 손톱 크기 정도가 좋다. 그 이유는 삼매를 견고하고 선명하게 향상시켜 사마타〔止〕를 성취하는 데 도움이 되기 때문이다.

㉒ 조순심調順心은 힘있는 정지正知[58]에 의해 삼매의 공덕을 사유하

---

55 억념憶念의 개념에 대하여 『불교도의 과학과 관점·교의 집론』에서는 "이전에 익숙한 대상을 떠올려서 자신의 힘으로 그것을 잊지 않게 하는 역할을 하는 심소다"라고 말씀하셨다. 또한 억념의 역할에 대해 성인 톡메〔무착〕의 『대승아비달마집론』에서는 "억념이 무엇인가 하면 익숙한 사물을 마음에서 잊어 버리지 않는 것이니 마음을 전혀 흩어지지 않게 하는 역할을 한다"라고 말씀하셨다. 즉 하나의 수습대상에 마음을 오롯이 집중시켜서 마음이 바깥으로 흩어지지 않도록 하는 역할을 한다. 여기서 억념은 이 사물은 '~이것이다'라고 수습대상을 자세히 분석하고 확정 짓는 데에 필요한 오별경심소의 하나다.

56 심식이 자신의 수습대상에 오롯이 집중하는 정도를 안주분이라 한다.

57 마음에 감수경 또는 수습대상이 눈으로 사물을 보듯 마음에 선명하게 떠오르는 정도를 선명분이라 한다.

58 정지正知의 개념에 대하여 『불교도의 과학과 관점·교의 집론』에서는 "자신의 몸, 말, 뜻, 즉 삼문으로 '해야 할 행위'〔선행〕와 '하지 말아야 할 행위'〔불선행〕가운데 어느 것을 하고 있는지 등을 거듭거듭 감시하는 지혜(의 심소)다"라고 말씀하셨다. 이와 반대로 부정지不正知에 대해 성인 톡메〔무착〕의 『대승아비달마집론』에서는 "(부정지는) 번뇌와 덩달아 일어나는 지혜이니 그것으로 인해 몸과 말과 마음의 행위를 (자기도) 모르게 행하는 것으로, 타죄墮罪의 토대

여 마음이 희열의 힘을 지닌 것에 의해 미세한 혼침이 생기는지, 생기지 않는지를 힘있는 정지가 감시하는 삼매의 하나다.

㉣ 적정심寂靜心은 힘있는 정지에 의해, 산란을 허물로 보고 삼매를 싫어하지 않도록 하는 측면에서 미세한 도거를 끊는 삼매의 하나다.

㉥ 최극적정심最極寂靜心은 앞의 적정심寂靜心에서의 수습대상을 계속해서 수습할 때 욕망의 대상에 탐착이 일어나면 부정관을, 불안이 생기면 자비관을, 혼미와 졸음이 오면 밝은 광명의 표상을 떠올려 수습함으로써 없애도록 하고, 정진의 힘으로써 오랫동안 지속시키는 삼매의 하나다.

㉦ 전주일취심專注一趣心은 애써 노력하지 않고도 삼매에 들기 위해 억념과 정지를 끊임없이 의지해서 혼침과 도거 등에 의해 방해 받지 않고 수습대상에 오롯이 지속적으로 집중하여 들어가는 삼매의 하나다.

㉧ 등지심等持心은 앞의 전주일취심專注一趣心에서의 수습대상에 거듭거듭 익숙해져서 인위적인 거친 노력에 의존하지 않고도 수습대상에 원하는 대로 머무는 삼매의 하나다. 이것을 '욕계의 마음 가운데 최정상의 삼매'라고도 한다.

이와 같이 구주심은 첫 번째보다는 두 번째가, 두 번째보다는 세 번

가 되는 역할을 한다"라고 말씀하셨다. 그와 같이 정지는 몸과 말과 뜻이 번뇌 쪽으로 흘러 가지 않도록 감시하여 마음의 평정을 유지하도록 하는 역할을 한다. 참고로 계를 받지 않는 이가 죄업을 지으면 불선업을 지었다고 한다. 그러나 계를 수지한 이가 죄업을 지으면 이것은 부처님께서 제정하신 계율을 어긴 죄가 되기 때문에 불선업을 지음과 동시에 타죄墮罪에도 저촉된다.

80

째가…이렇게 점차적으로 향상되어 삼매의 힘이 더욱 견고해지고 깊어진다는 것을 알 수 있다. 이 구주심 모두는 욕계의 마음이며 사마타(止)를 성취하지 못한 중생도 성취할 수 있는 마음들이다. 왜냐하면 사마타(止)는 상계, 즉 색계와 무색계의 마음이기 때문에 사마타를 성취함과 동시에 상계의 마음으로 바뀌게 되는 것이다. 욕계의 마음은 상계의 마음에 비해 수시로 바깥 경계를 향해 치달리기 때문에 오롯이 한 곳에 집중하기가 어렵고 분별망상이 많은 거친 마음이다.

『(四)정려와 (四)무색등지의 총의』에서는 '애써 노력하지 않고도 마음이 자연히 자신의 수습대상에 원하는 만큼 오롯이 집중한 상태, 즉 등지심等持心에서 거듭거듭 수습하여 경안의 힘으로 사마타(止)를 성취한 것이며'라고 말씀하셨다. 성인 톡메(무착)의 『성문지聲聞地쫑싸』[59]에서는 '아홉 번째 등지심等持心을 성취한 후, 마음의 경안 → 몸의 경안 → 몸의 경안의 안락을 순서대로 성취하고 마지막에 마음의 경안의 안락과 '흔들림 없는 경안'(수승한 경안)을 성취함으로써 비로소 아홉 번째 등지심等持心의 삼매가 사마타(止)의 본질로 바뀌게 된다'고 말씀하셨다. 이에 대한 좀 더 자세한 내용은 『성문지』와 『대보리도차제』 등에 언급되어 있다.

사마타(止)를 성취한 후에도 쇠퇴하지 않도록 거듭거듭 수습하는 것이 중요하며, 또한 사마타(止)를 성취한 다음 반드시 위빠사나(觀)의 성취까지 이어지도록 힘써야 한다. 사마타(止)를 수습할 때에는 어떤 것을 수습대상으로 해야 한다고 반드시 정해진 것은 없으나, 초

59 티벳장경 논소부 데게뗀규르 유식부에 수록되어 있다.

학자의 경우는 수습대상을 이것저것 바꾸지 않는 것이 좋다. 그 이유는 한 수습대상을 반복적으로 익힘으로써 혼침과 도거의 과실을 줄여 오롯이 집중할 수 있는 시간을 조금씩 늘려 갈 수 있기 때문이다. 익숙해진 뒤에는 다른 수습대상을 익히더라도 좀 더 쉽게 익힐 수 있는 장점이 있으며, 점점 사마타(止)의 성취와 가까워지게 된다. 이에 관한 자세한 내용은 『대보리도차제』 등에서 해설하고 있다.

13. 사마타(止)와 위빠사나(觀)의 의미

1) 사마타(止)

『(四)정려와 (四)무색등지의 변석辨析བསམ་གཏན་མཐའ་དབྱེད།』에서는 '사마타(止)를 성취하는 방편 아홉 단계에 의해 아홉 번째 마음이 자신의 수습대상에 원하는 대로 오롯이 집중할 수 있는 등지심等持心의 삼매에다 경안의 안락이 생긴 것이 사마타(止)의 개념이다'라고 말씀하셨다. 사마타(止)는 티벳어로는 시네ཞི་གནས།라 하며 직역하면 '쉬어서 머문다'는 의미다. '쉬어서 머문다'라는 이유는 자신의 마음이 대상경계에 끄달리는 도거와 마음이 맑고 선명하지 못하여 멍하게 가라앉은 혼침 등과 같은 것을 쉬어서 마음이 안으로 수습대상에 오롯이 머물도록 하기 때문이다. 다시 말해 사마타(止)는 자신의 수습대상에 원하는 만큼 오롯이 집중하는 전력적 집중수습의 힘에 의해 경안의 안락의 힘이 생긴 삼매를 말한다. 즉 경안의 안락으로 인해 수습대상에 오롯이 집중하는 힘이 더욱 강해지며, 또한 오롯이 한 생각으로 집중하는 삼매의 힘에 의해 경안의 안락이 더욱 증대되는, 이 둘이 서로서로 힘을 북돋우어 주는 역할을 하는 것이다.

2) 위빠사나(觀)

『(四)정려와 (四)무색등지의 변석』에서는 '자신의 수습대상에 오롯이 집중한 상태에서 수습대상을 자세히 분별하는 분별적 사유수습에서 생긴 경안의 안락의 힘에 의해 수습대상을 낱낱이 분별하는 지혜, 이것이 위빠사나(觀)의 개념이다'라고 말씀하셨다. 위빠사나(觀)는 티벳어로 학통ལྷག་མཐོང་이라 하며 직역하면 '뛰어나게 꿰뚫어 본다'는 의미다.『불교도의 과학과 관점·교의 집론』하권에서는 '뛰어나게 (꿰뚫어) 본다'라는 이유에 대하여 수습대상에 오롯이 집중하는 삼매인 사마타(止)가 자세히 분별하지 못하는 것을 위빠사나(觀)가 낱낱이 분별할 수 있기 때문이라고 말씀하셨다. 다시 말해 위빠사나(觀)는 자신의 수습대상에 오롯이 집중한 상태에서 자신의 수습대상을 ~이다, ~아니다, ~이면 그 증거를 분석하고 사유하는 분별적 사유수습에서 생긴 경안의 안락의 힘과 자신의 수습대상을 낱낱이 분별하는 지혜 이 둘이 서로서로의 힘을 북돋우어 주는 것을 말한다. 따라서 경안의 안락에 의해 자세히 분별하는 지혜의 힘이 향상되며, 자세히 분별하는 지혜의 힘에 의해 경안의 안락을 이끈다. 이와 같이 이 둘이 서로서로 힘을 북돋우어 주는 역할을 하는 것이다. 성인 톡메(무착)의 『대승아비달마집론ཆོས་མངོན་པ་ཀུན་ལས་བཏུས་པ།』[60]에서는 경안輕安은 '몸과 마음의 취악취取惡趣[61]들이 상속되는 것을 끊고, 몸과

---

60 티벳장경 논소부 데게뗀규르 유식부에 수록되어 있다.
61 여기서의 취악취取惡趣는 신취악취, 구취악취, 의취악취 이 세 가지가 있다. 이

마음이 선행을 하도록 부려 두 장애[62] 모두를 소제하는 역할을 한다'
고 말씀하셨다.

앞에서 언급한 바와 같이 등지심의 삼매가 사마타(止)의 본질로 바
뀌게 되면, 자신의 수습대상에 오롯이 집중한 상태에서 수습대상을
낱낱이 분별하는 힘에 의해 마음의 경안 → 몸의 경안 → 몸의 경안
의 안락을 순서대로 얻어서 마지막에 마음의 경안의 안락을 얻을 때,
그 직전에 수습대상을 낱낱이 분별하던 지혜가 위빠사나(觀)의 본질
로 바뀌게 되는 것이다.

14. 사마타(止)와 위빠사나(觀)의 쌍운

앞에서 서술한 바와 같이 사마타(止)는 마음이 밖으로 흩어지지 않고
오롯이 하나의 수습대상에 집중하는 삼매이며, 위빠사나(觀)는 사마
타(止)를 바탕으로 수습대상을 자세하게 분별하는 지혜다. 우선 사마

것은 현행번뇌에 의한 것이 아닌, 번뇌의 습기들에 의해 습관화된 나쁜 행위
들을 말한다. 예컨대 아라한의 경우 번뇌는 다 소멸했지만 번뇌의 습기들에
의해 습관화된 나쁜 행동이 표출된다고 한다. 아라한의 몸의 취악취는 원숭이
와 같이 뛰는 것, 말의 취악취는 타인을 비방하는 것, 뜻의 취악취는 성문 모
우닥라기부(목건련)의 어머니가 살아 생전에 죄업(불선업)을 많이 지어 죽어서
'세간계인 빛이 있는 지옥'이라는 곳에 태어났지만 그가 우매함으로 인해 아
무리 살펴도 어머니가 태어난 곳을 알지 못한 것과 같은 경우다. 따라서 이러
한 취악취들이 지속되는 동안 몸과 마음이 가볍거나 맑지 못하고 무겁고 흐리
멍텅하며, 졸음에 취한 듯한 무기력한 상태가 된다. 이렇게 되면 마음이 수습
대상에 오롯이 집중하거나 분석하고 사유할 수 없게 된다는 것이다.

62 번뇌장과 소지장을 말한다.

타(止)를 성취하고 나서 이를 바탕으로 위빠사나(觀)를 성취하여 이 둘의 힘이 대등한 상태가 된 것을 사마타(止)와 위빠사나(觀)의 쌍운이라 한다. 이것은 한 덩어리의 심식으로 볼 수 있다. 예를 들면 공성을 눈으로 사물을 보듯 직관적으로 요해하는 마음(심식)과 같은 경우다. 이는 상호 보완 관계로서 수습대상에 오롯이 집중하는 삼매의 힘(사마타)에 의해 수습대상을 자세히 분별하는 지혜의 힘(위빠사나)을 향상시켜 주게 되며, 수습대상을 자세히 분별하는 지혜의 힘에 의해 수습대상에 오롯이 집중하는 삼매의 힘을 향상시켜 주는 역할을 하는 것이다. 이와 같이 하지 못하면 전력적 집중수습을 할 때 분별적 사유수습을 할 수 없게 되거나, 반대로 분별적 사유수습을 할 때 전력적 집중수습을 하지 못하게 된다.

여기서 간과해서는 안 되는 것이 위빠사나(觀)를 성취하기 위해서는 반드시 사마타(止)를 성취하는 것이 선행되어야 한다는 것이다. 『입보리행론ষ্ুད་འঙ্ুগ』 「제8품」에서는

사마타(止)를 잘 갖춘 위빠사나(觀)로써[63]
번뇌를 완전히 타파한다고 알고서
처음에 사마타(止)에 힘써야 한다네.

라고 말씀하셨다. 즉 사마타(止)를 성취하는 것은 위빠사나(觀)를 성취하는 주된 방편이자 필수 조건이다. 그 이유는 자신의 수습대상에

---

63 '몸과 마음의 경안의 안락을 이끌 수 있는 사마타가 있는 공성을 요해하는 지혜인 위빠사나(觀)로써'라는 의미다.

오롯이 집중한 상태에서만 그 수습대상을 자세히 분석할 수 있기 때문이다. 예를 들면 라디오 성능이 좋고 채널을 잘 맞추어 잡음이 없을 때 아나운서와 출연자의 목소리가 또렷하게 들리는 것과 같은 것이다.

사마타(止)와 위빠사나(觀)의 쌍운에 의해 수습해야 하는 이유는 무엇인가 하면, 공성을 요해[64]하는 정도의 수습이라면 반드시 사마타(止)와 위빠사나(觀)의 쌍운에 의하지 않아도 된다. 그러나 번뇌를 완전히 소멸하기 위해서는 직접적인 대치인 공성을 눈으로 사물을 보듯 직관적으로 요해하는 지혜가 반드시 필요하기 때문에, 사마타(止)와 위빠사나(觀) 둘의 힘이 대등한 채 서로가 서로를 도와 향상시켜 주지 못하면 공성을 눈으로 사물을 보듯 직관적으로 요해하는 지혜가 생기지 못한다. 예를 들면『수습차제』「중편」에서는 '밤에 등불을 켜서 책을 볼 때 등불이 매우 밝은 것과 바람에 흔들리지 않는 것 이 두 가지 요건이 갖추어지면 글자체가 매우 선명하게 보인다. 그러나 등불이 희미하거나 바람에 흔들리면 글자체를 선명하게 볼 수 없는 것과 같다'고 말씀하셨다. 즉 심오한 공성의 의미를 꿰뚫어 보는 데에도 마음이 수습대상에 얼마가 되었건 원하는 만큼 집중하여 흔

---

64 일반적으로 공성을 요해하는 것과 공성을 눈으로 사물을 보듯 직관적으로 요해하는 것 이 둘의 차이는 공성을 요해하는 방식에 따라 나누어진다. 전자는 아무리 짧은 찰나라 하더라도 마음에 수습대상의 영상映像(이미지)을 떠올려 분별적 사유과정 등의 단계를 거쳐 요해하는 것이다. 예컨대 이전에 살았던 고향 마을을 요해하는 방식과 같다. 후자는 분별적 사유과정을 거치지 않고 눈으로 사물을 보듯 명백하게 요해하는 것으로, 삼승의 견도에 오른 성인만 가능한 것이다.

들리지 않는 삼매, 즉 사마타(止)와 공성의 의미를 전도되지 않게 확정 짓는 지혜, 즉 위빠사나(觀) 이 두 가지 요건을 갖추었을 때 공성을 분명하게 꿰뚫어 볼 수 있다는 의미다. 마음이 다른 데로 흩어지지 않고 머물러 분별망상을 하지 않는 견고한 삼매가 있더라도 공성을 요해하는 지혜가 없다면 공성을 꿰뚫어 보는 지혜의 눈과는 거리가 멀어져 삼매에 아무리 익숙해졌더라도 실상을 깨닫기 어려운 것이다. 반대로 자성이 공한 진성을 요해하는 견해가 있더라도 마음이 오직 하나의 대상에 집중하는 삼매가 견고하지 못하면 자기도 모르게 이리저리 어지러운 분별망상으로 인해 공성의 의미를 분명하게 꿰뚫어 보지 못하는 것이다.

따라서 사마타(止)를 성취하지 못한 채 공성에 대해 아무리 분별적 사유수습을 하더라도 공성을 눈으로 사물을 보듯 직관적으로 요해하는 지혜가 생기기 어려우며, 공성을 눈으로 사물을 보듯 직관적으로 요해하는 지혜가 없이는 현행번뇌조차도 끊지 못한다. 또한 위빠사나(觀)의 분별적 사유수습 없이 오직 사마타(止)만으로는 산란 등 현행번뇌를 돌로 풀을 눌러 놓은 것과 같이 잠시 억제할 수는 있겠지만, 번뇌의 뿌리인 실집무명實執無明이 고집하는 대상경계가 없다는 것을 깨닫지 못하여 결국 번뇌를 뿌리째 끊지 못한다.

요약하면 번뇌장과 소지장을 완전히 끊기 위해서는 반드시 그것의 직접적인 대치인 공성을 눈으로 사물을 보듯 직관적으로 요해하는 지혜가 있어야 하며, 이러한 지혜를 얻기 위해서는 반드시 사마타(止)와 위빠사나(觀)의 쌍운에 의해서만 가능하다는 것이다. 그렇지 못하면 일체종지와 부처님의 경지에 나아가지 못한다고 『입보리행론』, 『대보리도차제』, 『수습차제』 등에서 말씀하셨다.

　여기서 한 가지 짚고 넘어가야 할 것은, 사마타〔止〕와 위빠사나〔觀〕의 쌍운의 성취만으로는 부처님의 경지를 성취했다고는 할 수 없다는 점이다. 사마타〔止〕와 위빠사나〔觀〕는 불교도뿐만 아니라 이교도들도 성취할 수 있는 것이다. 즉 이것은 그 정도만으로는 번뇌를 뿌리째 뽑을 수 없다는 것이다. 사마타〔止〕와 위빠사나〔觀〕의 쌍운의 삼매는 어디까지나 해탈과 부처님의 경지로 나아가는 훌륭한 방편 또는 갖추어야 할 하나의 조건에 불과할 뿐이지, 사마타〔止〕와 위빠사나〔觀〕의 쌍운을 성취한 데 이르렀다 하더라도 결코 여기에 만족해서는 안 되며, 거듭거듭 수습하지 않으면 쇠퇴하기 때문에 계속해서 사마타〔止〕와 위빠사나〔觀〕의 역량을 강화시켜야 한다. 사마타〔止〕와 위빠사나〔觀〕의 쌍운의 삼매에 의해 공성을 눈으로 사물을 보듯 직관적으로 요해할 수 있어야만 공성을 요해하는 마음과 공성을 요해하는 지혜에 의해 번뇌장과 소지장을 소멸하여 구경의 부처님의 경지에 도달할 수 있다. 이러한 것에 대해서『대보리도차제』등에서 자세히 해설하고 있다.

15. 보특가라무아와 법무아를 수습해야 하는 이유와 수습 방법

본문의 마지막 부분에 지혜수행인 위빠사나〔觀〕를 익히는 방법에서 보특가라무아와 법무아를 확정 지어 수습하는 방법에 대하여 해설하고 있다. 이와 관련하여 먼저 두 가지 아집我執과 두 가지 무아無

我의 개념에 대하여 반드시 알아야 한다. 이하는 중관귀류논증파의 견해로서 저술한 '제쭌 최끼겔첸'〔라마 제쭌빠〕의 『중관의 총의 선설善說 선연善緣의 목걸이དབུ་མའི་སྤྱི་དོན་ལེགས་བཤད་སྐལ་བཟང་མགུལ་རྒྱན།』, 『입중론』, 까쉬미르 뺀디따ཞ་ར་ཏི། [65] 자야아렌다의 『입중론 해석དབུ་མ་ལ་འཇུག་པའི་འགྲེལ་བཤད།』 [66]을 참고하였다.

중관귀류논증파의 견해에 따르면 실집實執 또는 실집무명은 일체법이 인因과 연緣에 의존하지 않고 그 자체로 존재한다고 고집하는 것, 즉 일체법이 진실로 자성으로 존재한다고 고집하는 마음을 말한다. 이것은 보특가라아집과 법아집 이 두 가지로 나누는데 『입중론』「제6품」에서는

　　"무아 이것은 중생을 해탈케 하기 위해
　　법과 보특가라를 구분한 것에 의해 두 가지[67]를 말씀하셨
　　다네"

라고 말씀하셨다.

65　뺀디따는 뺀디따첸뽀པཎྜི་ཏ་ཆེན་པོ།의 준말이며 뺀첸པཎ་ཆེན།과 동의어로, 현교와 밀교, 그리고 오명五明에 정통한 대학승에 대한 존칭이다.『법이문집法異門集ཆོས་ཀྱི་རྣམ་གྲངས་ཀུན་བཏུས།』에서는 '싸꺄 뺀디따는 A.D 1223~1292까지 주석한 분으로 본명은 꾼가겔첸'이라 하였다.『장한대사전藏漢大辭典བོད་རྒྱ་ཚིག་མཛོད་ཆེན་མོ།』에 따르면 '유명한 싸꺄빠의 대학승으로,『세 가지 율의 논설སྡོམ་གསུམ་རབ་དབྱེ།』,『정리장론正理藏論ཚད་མ་རིགས་གཏེར།』,『싸꺄뺀디따 지자智者 입문སྐྱེས་བུ་དམ་པ་འཇུག』,『선설의 보장ལེགས་བཤད་རིན་པོ་ཆེའི་གཏེར།』등 많은 저술들을 남겼다'고 기록하고 있다.

66　티벳장경 논소부 데게뗀규르 중관부에 수록되어 있다.

67　보특가라무아와 법무아를 가리킨다.

1) 보특가라아집補特伽羅我執과 법아집法我執의 의미

일반적으로 보특가라는 크게 육도중생 가운데 인간 혹은 흔히 말하는 사람 등과 사온四蘊 또는 오온五蘊[68]이 있는 생명이 있는 모든 존재 이 두 가지의 의미로 구분할 수 있다. 후자의 경우 예를 들어 범부인 천신, 사람, 소, 돼지 그리고 살아있는 성문, 연각, 보살, 부처님에 이르기까지 모두 여기에 포함된다. 한역본 경론에서는 인아人我, 인아집人我執, 인무아人無我와 같이 '인人~'으로 번역되어 있는데, '인人

---

68 일체 유위법은 모두 오온 속에 포함되지 않는 것은 하나도 없다. 예컨대 ㉮ 색온色蘊은 연꽃을 보는 안근과 색경인 연꽃이다. ㉯ 수온受蘊은 연꽃을 보고 아름답다, 아름답지 않다, 그저 그렇다고 하는 이 세 가지 가운데 하나로 느끼는 마음 작용을 말한다. ㉰ 상온想蘊은 연꽃이 다른 사물들과 다른 특징을 구별하여 이것이 연꽃이라고 아는 표상작용을 말한다. ㉱ 행온行蘊은 연꽃이 아름다우니 다음에 또 보고 싶다, 꺾어서 집으로 가지고 갈까 하는 등의 마음동기를 비롯한 여러 의지작용 등을 말한다. 이것은 색온, 수온, 상온, 식온을 뺀 나머지 유위법 모두가 행온에 포함된다. ㉲ 식온識蘊〔심왕心王〕은 대상경계인 연꽃 전체〔총상〕에 대하여 대략적으로 요별하는 작용을 하는 것이다. 따라서 어떤 하나의 대상경계를 인식하는 데 있어 주체적인 역할은 심왕인 식온이 하며, 나머지 세부적인 역할은 심왕과 덩달아 일어나는 심소心所, 즉 수온, 상온, 행온들이 한다. 심왕은 마치 회사가 하나의 성과를 내는 데 있어 전체를 총괄하는 사장에, 심소는 세부적인 역할을 분담해서 하는 각 부서의 직원들에 비유할 수 있다. 설일체유부의 견해에 따르면 석가모니께서 오온을 설하신 것은 일반 범부들이 자아 또는 보특가라를 부분부분이 없는 공과 같은 한 덩어리로 고집하는 것을 없애기 위함이다. 즉 보특가라는 찰나찰나 변하지 않는 항상한 것, 인과 연에 의지하지 않는 독립적인 것, 부분부분에 의존하지 않는 하나인 것으로써의 '나'라고 고집하는 마음, 즉 보특가라아집을 부정하고 보특가라무아를 설하기 위한 가르침이라는 것이다. 이 내용은 아사리 익녠〔세친〕의 『아비달마구사론』과 제1대 달라이라마 게뒨둡의 『(아비달마)구사론소 해탈로 가는 길을 명확히 밝힌 것མཛོད་བར་ལས་གསལ་བྱེད།』을 참고하여 정리하였다.

~'이라 하면 육도 가운데 인간 혹은 흔히 말하는 사람에게만 해당되는 용어처럼 오인될 수 있어 본서에서는 생명이 있는 모든 존재를 아우르는 의미로 보아야 할 경우, 한역본의 경우 산스크리트어의 푸드갈라 pudgalaḥ를 보특가라補特伽羅로 음역하여 사용한 경우도 있기에 본서에서도 보특가라로 옮겼다. 이러한 보특가라가 자성으로 존재하는 것을 '보특가라아'라 하고, 보특가라가 자성으로 존재한다고 고집하는 마음을 '보특가라아집'이라 한다. 여기서 보특가라가 자성으로 존재한다는 의미는 인과 연 다른 어떤 것에도 의존하지 않고 그 자체로서 존재한다는 의미다.

일반적으로 법法이라 하면 자신만의 고유한 성질을 지닌 것으로 정의한다. 법아집과 법무아에서의 '법'은 이러한 일체법 가운데 보특가라를 제외한 나머지 법들을 말한다. 예를 들어 색온, 오온, 산, 나무, 숲, 강, 바다, 책, 음식, 집 등이 여기에 포함된다. 이러한 법들이 자성으로 존재하는 것을 법아法我라 하고, 법이 자성으로 존재한다고 고집하는 마음을 법아집이라 한다.

2) 소멸해야 할 바인 두 장애의 체계

번뇌장과 소지장의 개념에 관하여 『현관장엄론의 총의』「제1품」에서는 '번뇌장은 주로 해탈을 증득하는 데 방해가 되는 장애이고, 소지장은 주로 일체종지 또는 주로 부처님의 경지를 증득하는 데 방해가 되는 장애'라고 말씀하셨다. 번뇌는 탐욕, 성냄, 어리석음 등인데, 크게 ㉮ 현행〔현전〕 ㉯ 종자 ㉰ 습기 이 세 가지로 나눈다.

중관귀류논증파의 견해에 따르면 예컨대 성냄의 경우 ㉮ 화나서 소리 지르고 싸우고 있는 도중의 성냄 그것은 '현행 성냄'〔표출되는 성냄〕이다. ⑭ 지금 당장 화내고 있지 않지만 인연이 회합할 때 언제라도 화를 낼 수 있는 세력은 '성냄의 종자'다. ⑭ 이후에 성냄으로 직결되지는 않지만 거친 말을 하거나 몸, 말, 뜻, 즉 삼문의 나쁜 습관을 기르는 데 영향을 미치는 잠재적인 여력은 '성냄의 습기'다. ㉮와 ⑭는 번뇌장이며 ⑭는 소지장이다.

또한 공양 올리는 향에 비유하자면 ㉮ 불을 붙인 향에서 피어 오르는 향기가 깃든 향의 연기는 '현행번뇌'다. ⑭ 불을 붙이지 않았지만 언제든지 불을 붙여 사용할 수 있도록 가공된 향은 '번뇌의 종자'다. ⑭ 향을 피우고 난 향로 주변에 그을음이나 주변에 배인 향내음은 '번뇌의 습기'다. 결국 '자신만이 윤회에서 벗어나 해탈과 열반을 증득하는 것에 그치지 않고 일체중생을 제도하기 위해서는 반드시 소지장도 함께 끊어야만 위없는 일체종지와 부처님의 경지에 이를 수 있다'고 『대보리도차제』의 '귀의편' 등에서 말씀하셨다.

여기서 번뇌장과 소지장을 어느 계위에서 소멸할 수 있는가에 대하여 살펴보면, 중관귀류논증파의 견해를 중심으로 해설한 위덕을 갖춘 다와닥빠〔월칭〕의 『입중론』 「제8품」과 쫑카빠 대사의 『중론의 고견을 매우 명확히 밝힌 것དབུ་མ་དགོངས་པ་རབ་གསལ།』 「제3품」에 따르면 ㉮ 처음부터 대승의 도에 입문한 보살의 경우 번뇌장은 대승보살의 계위인 '제1 환희지歡喜地로부터 소멸하기 시작하여 제7 원행지遠行地〔칠불청정지七不淸淨地〕에 이르기까지 완전히 소멸할 수 있으며, 번뇌장을 남김없이 소멸함과 동시에 제8 부동지不動地를 증득한다. 이와 같이 번뇌장을 완전히 소멸한 후에 '제8 부동지不動地로부터 소지장을 소멸하기 시작하여 제10 법운지法雲地〔삼청정지三淸淨地〕에 이르기까지 완전히 소멸할 수 있으며, 소지장을 남김없이 소멸함과 동시에 부처님의 경지를 증득한다. 그러나 처음에 소승도에 입문한 성문과 연각의 경우 번뇌장은 성문과 연각의 견도로부터 소멸하기 시작하여 이것을 남김없이 소멸함과 동시에 성문과 연각의 무학도와 성문과 연각의 아라한의 경지를 증득하게 된다.

성문아라한과 연각아라한의 경지를 증득하고 나서 새롭게 발심하여 대승의 자량도로 전향한 보살의 경우, 성문도 또는 연각도에서 번뇌장은 이미 소멸하였기에 대승도에서는 소지장만 소멸하면 된다. 따라서 이들의 경우 대승의 자량도로부터 복덕자량과 예쎼자량을 쌓아 올라 가면서 소지장의 소멸은 처음부터 대승의 도에 입문한 보살과 같이 '제8 부동지不動地로부터 소멸하기 시작하여 제10 법운지法雲地〔삼청정지三淸淨地〕에 이르기까지 소멸할 수 있으며, 소지장을 남김없이 소멸함과 동시에 대승의 무학도와 부처님의 경지를 증득하게 된다. 따라서 소지장은 대승의 도에 입문하지 않고는 소멸하지 못한다는 것을 알 수 있다.

위에서 언급한 바와 같이 번뇌장을 완전히 소멸한 뒤에 소지장을 소멸해야 하는 이유는, 예컨대 옷을 세탁할 때 흙탕물이나 겉으로 드러나는 얼룩 등은 그다지 힘들이지 않고 깨끗하게 씻을 수 있지만 눈에 잘 안 보이는 올올이 베인 찌든 때와 같은 것은 좀처럼 깨끗하게 씻기 어려운 것과 마찬가지다. 이와 같이 각각의 지地마다 소멸할 수 있는 번뇌장과 소지장이 다르며, 미세한 번뇌장과 소지장을 차례대로 소멸하기 위해서는 보다 강력한 대치력을 의지해야만 한다는 것이다.

3) 보특가라무아와 법무아

중관귀류논증파의 견해에 따르면 보특가라무아와 법무아를 다음과 같이 정의하고 있다.

▪ 보특가라가 현현顯現하기 위해서는 보특가라라고 이름 붙이는 토대가 되는 오온이 현현하는 것에 의존해야 한다. 따라서 먼저 오온을 인지하지 못하고는 보특가라를 인지할 수가 없다. 오온 밖에 보특가라라고 이름 붙일 곳은 어느 것에도 없다. 이와 같이 이름 붙일 곳이 없는 그것을 독립된 실체가 없다고 하는 것이다. 따라서 보특가라가 다른 어떤 것에 의존하지 않고 독립된 실체로서 존재하지 않는 것을 '거친 보특가라무아'라 한다. 사온 또는 오온에 의지하지 않고 보특가라가 존재한다면 보특가라가 독립된 실체로서 존재해야 한다.

▪ 보특가라는 분별로써 이름 붙인 것일 뿐 자성으로 존재하는 것이 공한 것을 '미세한 보특가라무아'라 한다. 그 예로는 강아지가 자성으로 존재하는 것이 공한 것, 한 무색계의 천신이 자성으로 존재하는 것이 공한 것, 우리들의 설법자 싸꺄능인〔석가모니〕께서 자성으로 존재하는 것이 공한 것 등이다.

▪ 만약 ㉮ 더 이상 쪼갤 수 없는 극미세먼지가 쌓인 덩어리가 식별할 정도로 커진 것과 ㉯ 이를 대상경계로 취하는 바른 인식 이 두 가지가 본질이 다른 것이 아닌 것을 '거친 법무아'라 한다. 무엇 때문인가 하면, 두 가지 모두 자성으로 존재하지 않기 때문이다.

94

▪ 보특가라를 제외한 나머지 법들이 자성으로 존재하는 것이 아닌 것을 '미세한 법무아'라 한다. 그 예로는 오온이 자성으로 존재하는 것이 공한 것, 항아리가 자성으로 존재하는 것이 공한 것 등이다.

'중관 논서' 등에서 두 가지 무아를 '거친~, 미세한~'이라 구분하는 이유는 이 두 가지 모두 자성으로 존재하지 않는 것은 마찬가지지만 요해하기가 상대적으로 쉽고 어려움의 차이가 있기 때문이다. 거친 보특가라무아와 거친 법무아를 요해할 수 있다고 해서 미세한 보특가라무아와 미세한 법무아를 요해할 수 있는 것은 아니다. 예컨대 항아리를 전도되지 않게 항아리라고 확실히 판단할 수 있다고 해서 항아리의 선상에서 무상하다는 것까지 동시에 요해할 수 있는 것은 아닌 것과 같다.

구호자 루둡〔용수〕의 『공성칠십론주空性七十論註 སྟོང་ཉིད་བདུན་ཅུ་པའི་འགྲེལ་པ།』[69]에서는

"승의제勝義諦[70]라는 것은 의지해서 발생하는 '일체 사물'〔일

---

69 구호자 용수의 『공성칠십송སྟོང་པ་ཉིད་བདུན་ཅུ་པའི་ཚིག་ལེའུར་བྱས་པ།』의 자주自註로, 티벳 장경 논소부 데게뗀규르 중관부에 수록되어 있다.

70 승의제勝義諦는 위덕을 갖춘 다와닥빠〔월칭〕의 『입중론』「제6품」에 따르면 '일체법의 실상을 보는 심식 또는 법들의 실상〔공성〕을 세밀히 살피거나 상세히 분석하는 인식〔量〕의 주된 요해의 대상 모두를 승의제'라 하였다. 항아리가 자성으로 존재하지 않는 것은 항아리의 선상에서 공성이다. 공성을 눈으로 사물을 보듯 꿰뚫어 아는 변지遍知를 갖춘 삼승 성인의 마음에 비추어지는 그대로

체법)이 자성으로 존재하는 것이 공하다"

라고 말씀하신 것과 같이 항아리, 기둥, 중생과 기세간器世間 등이 자성으로 존재하는 것이 없는 것은 승의제다. 항아리, 기둥, 중생과 기세간 등은 세속제다. 중관귀류논증파의 견해에 따르면 승의제勝義諦는 진제眞諦, 공성, 실상實相, 진여법계, 진성, 법성, 구경의 실상, 오직 그것뿐, 실제實際, 실제정황과 동의어이며, 세속제世俗諦는 속제, 공성을 제외한 나머지 일체법과 동의어이다.

4) 하나도 다른 것도 아닌 바른 이유〔증거〕에 의해 두 가지 무아를 확정 짓는 방법
(1) 하나도 다른 것도 아닌 바른 이유〔증거〕에 의해 보특가라무아를 확정 짓는 방법

본문 가운데 '지혜수행인 위빠사나〔觀〕를 익히는 방법편'에서는 '하나도 다른 것도 아닌 바른 이유, 즉 찍두델기뗀칙이라는 논식'에 의해 보특가라무아를 확정 짓는 데 있어서 반드시 갖추어야 할 네 가지 핵심〔조건〕에 대하여 해설하고 있다. 이와 관련하여 『보리도등론』에서는

진실로 존재하는 법을 말한다. 예컨대 영희가 놀고 있다는 것에 비추어 색온이 영희인가, 이렇게 식온에 이르기까지 하나하나 분석해 볼 때 영희라고 할 만한 것은 아무것도 없다고 하는 이러한 방식으로 찾아 들어가는 마음의 주된 대상이다.

96

"또한 일체법들이

하나인가, 다른 것인가를 자세히 분석한다면[71]

자성으로 존재하는 것은 (조금도) 얻지 못하기에

오직 자성이 공한 것뿐이라는 것에는 의심의 여지가 없다네"

라고 말씀하셨다. 또한 『중보리도차제』에서는

"그와 같이 네 가지[72]가 갖추어진다면 그런 연후에 보특가라
가 자성으로 존재하지 않는 '오직 그것뿐'〔공성〕을 요해하는
올바른 견해가 생긴다네"

라고 말씀하셨다.

'하나도 다른 것도 아닌 바른 이유〔증거〕라는 논식'에 의해 보특가라
무아를 확정 짓는 것의 예로는

ⓐ 구생아집俱生我執이 고집하는 것과 같은 '나'〔최쩬쭘ས་ཅན། : 논
쟁거리 또는 논제〕는

ⓑ 존재하지 않는〔둡제쭘བསྒྲུབ་པའི་ཆོས། : 성립시킬 바의 법〕 까닭은

ⓒ 오온과 하나도 아니며, 오온과 다른 것도 아니기〔딱རྟགས། : 증

---

71 '일체법이 자성으로 존재하는 하나인가, 아니면 자성으로 존재하는 다른 것인
가를 자세히 분석한다면'이라는 의미이다.

72 아래의 ① 부정할 바의 현현顯現하는 방식을 요해하는 핵심으로부터 ④ 자성
으로 존재하는 다른 것도 아닌 것을 요해하는 핵심까지 이 네 가지를 말한다.

명할 수 있는 바른 이유〕 때문이다.

라는 이것을 들 수 있다.

이와 같이 '하나도 다른 것도 아닌 바른 이유〔증거〕라는 논식'에 의해 보특가라무아를 확정 짓는 데 있어서 반드시 갖추어야 할 네 가지 핵심〔조건〕 하나하나를 도표 안의 논식에 대입해 보기 바란다.

① 부정할 바의 현현顯現하는 방식을 요해하는 핵심

일반적으로 '나'〔보특가라〕[73]가 없는 것은 아니다. 있기는 있다. 그러나 구생아집俱生我執[74]이 고집하는 것과 같은 '나'는 '존재하지 않는다'는 것이다. 즉 구생아집이 고집하는 것과 같이 자성으로 존재하는 '나'는 없다는 의미이다. 이와 같이 보특가라무아를 확정 짓기 위해서는, 맨 먼저 구생아집이 '나'를 고집하는 방식 또는 구생아집에게 '나'〔보특가라〕가 현현하는 방식과 함께 부정할 바가 무엇인지를 분명하게 인지해야 한다. 만약 구생아집의 탐착의 대상경계와 구생아집의 감수경感受境[75]이 자성으로 존재하지 않는다는 것을 요해하지 못

---

73 일반적으로 나, 보특가라, 자아, 존재는 모두 동의어이다.

74 여기서 구생아집俱生我執은 '자성으로 존재하는 '나'가 있다고 고집하는 구생 보특가라아집'의 준말이다. 이하도 동일하다.

75 불교 논리학 가운데 하나인 용진 푸르쪽빠 출팀잠빠갸초의 『심류학ཤེས་རིག』에서는 심식이 취하는 여러 측면에서의 대상경계에 대해 해설하고 있다. 감수경은 이러한 여러 가지 대상경계 가운데 주된 것이다. 예컨대 '파랑색'은 파랑색을 취하는 안심식의 감수경이고, 멀리 보이는 산빛이 초록색이구나!라고 할 경우 어

한다면 자성으로 존재하는 '나'가 없다는 것을 요해하지 못하게 된다. 마치 의사가 환자의 병을 낫게 하기 위해서는 먼저 무슨 병인지를 정확히 검진한 연후에 그에 맞는 처방을 해서 환자의 병을 낫게 할 수 있는 것과 같다. 또 다른 예로는, 오늘 여기에 영희가 오지 않았다는 것을 아는 데 있어서, 그 이전에 영희의 모습을 다른 아이들과 분명하게 구분할 줄 아는 것이 선행되지 않는다면 오늘 여기에 영희가 안 왔는지, 철수가 안 왔는지조차도 판단하지 못하는 것과 같다. 따라서 보특가라무아를 확정 짓는 데 있어서 부정할 바는 '구생아집이 고집하는 것과 같은 '나'가 존재하는 것, 즉 자성으로 존재하는 '나'가 있다'는 이것이다. 이를 분명하게 인지하는 것이 네 가지 핵심 가운데 첫 번째다.

② 충분(조건)을 요해하는 핵심

구생아집이 고집하는 것과 같은 '나'(보특가라)가 '오온과 하나가 아니며 오온과 다른 것도 아닌(ⓒ) 이상 (그것은) 존재하지 않는 것(ⓑ)으로 충분(조건이) 된다는 것'이다.[76] 만약 구생아집이 고집하는 것

떤 이의 분별심식의 감수경은 '초록색'이다. 영희는 좋은 사람이다라고 할 경우 어떤 이의 분별심식의 감수경은 '영희가 좋은 사람이다'라는 이것이다.

76 여기서의 충분조건은 불교 논리학의 삼변三邊 가운데 하나다. 이 내용에 대입하여 보면 '㉮ 구생아집이 고집하는 것과 같이 존재하지 않는다. ㉯ 보특가라는 오온과 자성으로 존재하는 하나도 아니며, 오온과 자성으로 존재하는 다른 것도 아니다'라는 명제를 기준으로 ㉯이면 ㉮이다라고 할 때 ㉮에 대한 ㉯를 일컫는 말이다. 즉 ㉯가 ㉮의 충분조건이다. 즉 ㉯는 ㉮가 성립하는 데에 충분조건이다. 나머지도 모두 유추해 보기 바란다.

과 같은 '나'가 존재한다면 그러한 '나'는 오온과 자성으로 존재하는 하나이거나 오온과 자성으로 존재하는 다른 것이어야 한다. 또한 구생아집이 고집하는 것과 같은 '나'가 오온과 자성으로 존재하는 하나가 아니거나 오온과 자성으로 존재하는 다른 것이 아니라면 구생아집이 고집하는 것과 같은 '나'는 존재하지 않는다. 즉 구생아집이 고집하는 것과 같이 자성으로 존재하는 '나'는 없다는 의미이다. 이와 같이 충분(조건)을 요해하는 것은 네 가지 핵심 가운데 두 번째다.

③ 자성으로 존재하는 하나가 아닌 것을 요해하는 핵심

'구생아집이 고집하는 것과 같은 '나'[보특가라]는 오온과 하나가 아니라는 것'이다. 만약 구생아집이 고집하는 것과 같은 '나'가 오온과 자성으로 존재하는 하나라면 '나'가 하나인 것과 같이 오온 또한 하나가 되어야 한다. 또한 오온에는 색온을 비롯하여 다섯이 있는 것과 같이 '나' 또한 다섯이 되어야 한다. 그렇다면 '나'와 색온도 하나여야 한다. 그러나 '나'는 색온이 아니다. '나'가 색온이라면 죽은 뒤에 몸을 화장하고 나면 '나' 또한 함께 없어져야 하는 모순이 생긴다. 이와 같이 '나'와 식온도 하나여야 한다. 그러나 '나'는 식온이 아니다. '나'가 식온이라면 안식으로부터 의식에 이르기까지 많은 식온이 있는 것과 같이 '나' 또한 많아져야 하는 모순이 생긴다. '나'가 의심식이라면 깊은 수면 상태에서는 안심식을 비롯한 근심식과 거친 의심식이 끊어지고 난 뒤 미세한 의심식만 남을 때 현전하는 '나' 또한 없어져야 하는 모순이 생긴다. 또한 '임종 바로 직전의 심식'[죽음의 심식]의 경우 거친 안심식을 비롯한 근심식이 완전히 끊어지고 난 뒤 미세한 의심식만 남을 때 현전하는 '나' 또한 없어져야 하는 모순이 생긴다. 이와 같이 구생아집이 고집하는 것과 같은 '나'는 오온과 하나가 아니라고 확정 지어야 한다. 이것은 네 가지 핵심 가운데 세 번째다.

④ 자성으로 존재하는 다른 것도 아닌 것을 요해하는 핵심

'구생아집이 고집하는 것과 같은 '나'〔보특가라〕는 오온과 다른 것도 아니라는 것'이다. 만약 구생아집이 고집하는 것과 같은 '나'가 오온과 자성으로 존재하는 다른 것이라면 전혀 관련없는 다른 것이어야 한다. '나'와 오온 이 둘이 전혀 관련 없는 다른 것이라면 '나'가 오온을 의지하지 않는 별개의 것으로 존재하게 된다. 또한 색온인 몸이 아프거나 색온인 살이 찌더라도 '나'가 아프거나 살이 찌는 것과는 전혀 관련없는 등의 모순이 생긴다. 또한 오온을 하나하나 없앤 뒤에 '나'는 이것이라고 이름 붙이는 토대〔명명처命名處〕가 남아 있어야 하지만 그러한 것은 어디에도 존재하지 않는다. '나'와 오온 이 둘은 분별에 의해 다르다고 인식할 뿐 전혀 관련없는 다른 것이 아니다. 따라서 구생아집이 고집하는 것과 같은 '나'는 오온과 다른 것이 아니라고 확정 지어야 한다. 이것은 네 가지 핵심 가운데 네 번째다.

(2) 하나도 다른 것도 아닌 바른 이유〔증거〕라는 논식에 의해 법무아를 확정 짓는 방법

법무아도 마찬가지로 '하나도 다른 것도 아닌 바른 이유〔증거〕라는 논식'에 의해 확정 지을 수 있기에, 위의 보특가라무아를 확정 짓는 방법에 의거하여 유추해 보기 바란다.

'하나도 다른 것도 아닌 바른 이유〔증거〕라는 논식'에 의해 법무아를 확정 짓는 것의 예로는

ⓐ 다섯 부분〔오지五支〕의 무더기의 이 몸〔최쩬: 논쟁거리 또는 논제〕은

ⓑ '분별로써 이름 붙인 정도가 아닌 자성으로 존재하는 것'이 아닌〔둡제쵀: 성립시킬 바의 법〕 까닭은

ⓒ 자신의 부분〔支〕들과 자성으로 존재하는 하나도 자성으로 존재하는 다른 것도 아니기〔딱: 증명할 수 있는 바른 이유〕 때문이다.

라는 이것을 들 수 있다.

도표 안의 예문은 『보리도차제 마르티 지름길』의 '법무아편'에서 해설한 문장을 인용하여 만든 논식이다. '하나도 다른 것도 아닌 바른 이유〔증거〕라는 논식'에 의해 법무아를 확정 짓는 데 있어서 반드시 갖추어야 할 네 가지 조건 하나하나를 도표 안의 논식에 대입해 보기 바란다.

요약하면, 부정할 바의 현현顯現하는 방식을 확정 짓는 핵심 등 먼저 네 가지 핵심을 갖춘 측면에서 '하나도 다른 것도 아닌 바른 이유라는 논식'에 의해 보특가라무아와 법무아를 확정 짓고 나서 두 가지 무아를 요해한 다음에 사마타〔止〕, 즉 마음이 수습대상에 오롯이 집중하여 보특가라무아와 법무아를 오랫동안 수습함으로써 사마타를 성취한다. 그 다음 사마타〔止〕에 의해 두 가지 무아의 의미를 거듭거

듭 분석하고 사유함으로써 공성을 수습대상으로 한 위빠사나[觀]를 성취한다. 그것과 동시에 공성을 수습대상으로 한 사마타[止]와 위빠사나[觀]의 쌍운과 가행도를 성취한다. 그 다음 사마타[止]와 위빠사나[觀]의 쌍운에 의해 보특가라무아와 법무아를 거듭거듭 수습하는 것에 의해 공성을 눈으로 사물을 보듯 직관적으로 요해하게 되는 바로 그때 견도를 성취한다. 공성을 눈으로 사물을 보듯 직관적으로 요해하는 그 지혜에 의해 탐착과 성냄, 어리석음 등의 번뇌들을 순서대로 끊을 수 있다. 사마타[止]와 위빠사나[觀] 이 두 가지를 공성을 요해하기 전에 성취하기도 하고 공성을 요해하고 난 뒤에 성취하기도 한다. 공성을 눈으로 사물을 보듯 직관적으로 요해하는 마음의 조력자 역할을 하는 보리심과 보시수행을 비롯한 육바라밀수행 등을 하지 않고 염리심과 계학, 삼매학의 수행 등만을 한다면 번뇌장은 소멸할 수 있지만 소지장까지는 소멸하지 못한다는 것이다.

5) 보특가라무아와 법무아를 수습해야 하는 이유와 수습 방법

쫑카빠 대사의 『연기찬탄송 རྟེན་འབྲེལ་བསྟོད་པ།』에서는

> "세간에 있는 바 모든 쇠락
>
> 그것의 뿌리는 무명이기에
>
> 어떠한 것을 봄으로써 그것을 없애는 것은[77]
>
> '의지해서 발생하는 것'[연기]뿐이라 말씀하셨다네"

---

77 중관귀류논증파에 따르면 '일체법이 의지해서 발생하기 때문에 자성으로 존재하는 것이 없다. 자성으로 존재하는 것이 없기 때문에 연기이다'라고 말씀

라고 하신 것과 같이 번뇌, 업[78], 윤회, 윤회의 고통의 뿌리는 실집 또는 실집무명이다. 여기에는 보특가라아집과 법아집 이 두 가지가 있다. 실집무명으로 인해 탐욕, 성냄, 어리석음, 즉 삼독 등의 번뇌가 일어나며, 이로 인해 업을 지어 끊임없이 생사윤회의 고통을 겪어야만 한다. 따라서 윤회에서 벗어나 해탈에 이르고자 한다면 반드시 이 두 가지 아집을 끊어야만 한다. 이것을 끊는 방편은 보특가라무아와 법무아를 수습하는 것이다. 이 두 가지 무아는 윤회의 뿌리인 보특가라아집과 법아집을 끊는 대치라고 '중관 논서'들에서 밝히고 있다.

구생아집이 고집하는 것과 같은 보특가라가 자성으로 존재하는 것은 구생아집이 고집하는 대상경계〔감수경感受境〕다. 반대로 보특가라가 자성으로 존재하는 것이 아닌 것은 보특가라무아를 수습하는 마음의 대상경계다. 보특가라무아를 수습할 때 보특가라 가운데 어느 하나를 수습대상으로 삼아 그것이 자성으로 존재하지 않는다는 것을 사마타〔止〕와 위빠사나〔觀〕의 쌍운에 의해 거듭거듭 수습함으로써 소멸할 수 있다. 그밖에 '보특가라를 제외한 나머지 법들이 자성으로 존재하는 것'〔법아〕은 법아집이 고집하는 대상경계다. 반대로 보특가라를 제외한 나머지 법들이 자성으로 존재하는 것이 아닌 것은 법무아를 수습하는 마음의 대상경계다. 법무아를 수습할 때 보특가라를 제외한 나머지 법들 가운데 하나를 수습대상으로 삼아 그것이 자성으로 존재하지 않는다는 것을 사마타〔止〕와 위빠사나〔觀〕의 쌍운에 의해 거듭거듭 수습함으로써 소멸할 수 있다. 따라서 보특가

하신 것과 같이 연기를 꿰뚫어 봄으로써 무명을 없앨 수 있다는 의미다.

78 몸, 말, 뜻, 즉 삼문의 행위를 말한다.

라무아와 법무아를 요해하는 지혜가 강해지면 보특가라아와 법아가 있다고 고집하는 보특가라아집과 법아집의 힘은 점차 약해지게 된다. 이러한 바른 대치에 의해 거듭거듭 익혀 나감으로써 마침내 모든 번뇌와 고통의 뿌리인 보특가라아집과 법아집, 즉 실집무명을 없애고 더 나아가 번뇌장과 소지장을 남김없이 소멸하여 마침내 해탈과 부처님의 경지에 이르게 된다고 '중관 논서'들과 보리도차제 교본들의 '보특가라무아와 법무아편' 등에서 밝히고 있다.

16. 열여덟 가지 보리도차제 교본 소개

쫑카빠 대사께서『대보리도차제』를 저술한 이래로 오늘날에 이르기까지 보리도차제에 관한 수많은 논서들이 저술되었다. 그 가운데 달라이라마께서 최근 몇 년에 걸쳐 인도 남부 대사원에서 보리도차제 법회〔람림법회〕때 구전전수와 법문하여 주신 열여덟 가지 보리도차제 교본들을, 보리도차제의 가르침을 실천 수행하고자 하는 분들을 위해 여기서 교본의 명칭만이라도 소개하고자 한다. 이 논서들은 현제14대 달라이라마께서 용진 링 린뽀체와 용진 티장 린뽀체, 쿠누라마 린뽀체 등으로부터 강의와 법문, 그리고 구전을 받으신 것들이라 한다.『손에 쥔 해탈의 보리도차제』에서는 아래 1)~8)은 예전부터 티벳 불교의 전통에서 보리도차제를 밝힌 수많은 논서 중에 큰 스승들의 강의와 법문, 구전전승의 교본으로 널리 활용됨은 물론 널리 유포되어 온 8대 논서로 손꼽히는 것들이라 밝히고 있다.

1) 쫑카빠 대사의 『대보리도차제ལམ་རིམ་ཆེན་མོ།』

2) 쫑카빠 대사의 『중보리도차제ལམ་རིམ་འབྲིང་པོ།』

3) 쫑카빠 대사의 『보리도차제 깨달음의 노래〔증도가證道歌〕ལམ་རིམ་ཉམས་མགུར།』=『도차제섭의ལམ་རིམ་བསྡུས་དོན།』=『소보리도차제ལམ་རིམ་ཆུང་བ།』

4) 최상의 법왕 제3대 달라이라마 쐬남갸초의 『보리도차제 황금의 정수精粹ལམ་རིམ་གསེར་ཞུན་མ།』

5) 최상의 법왕 제5대 달라이라마 악왕롭상갸초의 『보리도차제 잠뺄〔문수〕의 구전심요口傳心要ལམ་རིམ་འཇམ་དཔལ་ཞལ་ལུང་།』

6) 제4대 뻰첸라마 롭상최끼곌첸의 『보리도차제 마르티 쉬운 길ལམ་རིམ་དམར་ཁྲིད་བདེ་ལམ།』

7) 제5대 뻰첸라마 롭상예쎼의 『보리도차제 마르티 지름길 ལམ་རིམ་དམར་ཁྲིད་མྱུར་ལམ།』

8) 대유가행자 악왕닥빠의 『보리도차제 선설의 정수精粹ལམ་རིམ་ལེགས་གསུངས་ཉིང་ཁུ།』

9) 아띠쌰 존자의 『보리도등론བྱང་ཆུབ་ལམ་གྱི་སྒྲོན་མ།』

10) 쫑카빠 대사의 『세 가지 긴요한 도ལམ་གཙོ་རྣམ་གསུམ།』

11) 쫑카빠 대사의 『공덕의 근원ཡོན་ཏན་གཞིར་གྱུར་མ།』

12) 쫑카빠 대사의 『똑죄된렉마རྟོགས་བརྗོད་འདུན་ལེགས་མ།』 – 쫑카빠 대사의 자서전 형식의 글 –

13) 수장 게뒨잠양의 『호규 보리도차제ཐོ་རྒྱུད་ལམ་རིམ།』

14) 꽁뽀라마 예쎼쬔뒤의 『보리도차제 감로의 심요心要ལམ་རིམ་བདུད་རྩིའི་སྙིང་པོ།』

15) 수장 샤마르와 게뒨뗀진갸초의 『샤마르 보리도차제ཤ་
དམར་ལམ་རིམ།』

16) 수장 샤마르와 게뒨뗀진갸초의 『위빠사나〔觀〕편의 난해
한 곳 풀이ལྷག་མཐོང་དཀའ་འགྲེལ།』

17) 용진 티장 린뽀체의 『손에 쥔 해탈의 보리도차제ལམ་རིམ་
རྣམ་གྲོལ་ལག་བཅངས།』

18) 용진 티장 린뽀체의 『중보리차제의 과목과 보충과목ལམ་
རིམ་འབྲིང་པོའི་ས་བཅད་ཁ་སྐོང་དང་བཅས་པ།』 – 용진 티장 린뽀체께서 쫑카빠
대사의 『중보리도차제』의 원래 과목에 주註 형식으로 과목을 첨가한 것 –

오늘날 티벳 불교 게룩빠의 교학체계와 수행전통은 인도 나렌다ར་
ན་ཌཱ의 전통을 이은 쫑카빠 대사의 교학체계와 수행체계를 면면히
이어 오고 있다.

ཕྱག་ཆེན་བློ་བཟང་ཡེ་ཤེས་། [] རྣམ་ཐར་གྱི་ངོ་སྤྲོད་ཁྲོ།

뻰첸라마 롭상예쎼의 전기 개괄

『보리도차제 마르티 지름길』의 저자인 제5대 뻰첸라마 롭상예쎼의 전기
는 2012년 달라이라마 보리도차제법회(람림법회) 준비위원회에서 보리
도차제와 관련된 열여덟 가지 교본을 5권으로 묶어 발행한 것 가운데 제
3권『보리도차제 마르티 지름길』바로 앞에 수록된 것이다. 이 전기의 용
어 등은 티벳 불교의 독특한 전통 속에서 이해해야 하며 다양한 존칭과
어려운 문장의 이해를 돕기 위해 첨가하여 옮겼다.

뻰첸라마 롭상예쎼뺄상뽀께서 열한 번째 육십갑자 가운데 수묘
년水卯年 1663년 티벳력 7월 15일에 아버지 샵둥[1] 쐬남닥빠와 어머
니 체뗀부티 두 분의 아드님으로 짱지방 톱곌지역의 둘창이라는 곳
에서 탄생하셨다.

목룡년木龍年 1664년에 제5대 달라이라마 악왕롭상갸초 대법왕께
서 제4대 뻰첸라마 롭상최곈[2]의 환생자로 판단해 주셨다.

---

1 라마 또는 고위 관리들 가까이서 일하는 직책명이다.
2 여기서 롭상최곈은 롭상최끼곌첸과 동일 인물이다.

화미년火未年 1667년에 제5대 달라이라마 대법왕의 의중에 따라 따시훈뽀 대사원으로 초청하셔서 금좌에 모시고 지위를 부여하셨다.[3]

8세가 되었을 때 티벳 중부쪽으로 가서서 대궁전 뽀따라 큰 회관에서 6월 15일날 처음으로 제5대 달라이라마 대법왕을 친견하고 스승과 제자[4]가 매우 기쁜 마음으로 마음의 담화를 나누셨다. 당월 21일날 편안한 방사坊舍에서 제5대 달라이라마 대법왕께 법을 청하는 법회를 시작하여 처음에 『잠뺄〔문수〕명의경名義經 འཇམ་དཔལ་མཚན་བརྗོད།』[5]과 (이것을 염송하는)『유익한 공덕ཕན་ཡོན།』을 함께 (들으셨다. 뿐만 아니라)『'제 린뽀체'〔쫑카빠〕의 전집 (中) 단편의 글རྗེའི་གསུང་ ('འབུམ་ བོར་བུ།』[6]과 '행법 부문'〔기도할 때 염송하는 간단한 여러 경론들〕 (그리고) 일체지자 게뒨갸초[7]의 전집(에 수록되어 있는)『(십육)나한께 예경하고 공양하는 의궤གནས་བརྟན་ཕྱག་མཆོད་ཀྱི་ཆོ་ག』에 대한 구전을 함께 들으셨다.

그런 연후에 금술년金戌年 1670년 7월 15일날 방사坊舍 캄쑴남곌[8]에서 '제5대 달라이라마 일체지자 대법왕 악왕롭상갸초뺄상뽀'께서

---

3 제4대 뺀첸라마의 롭상최끼곌첸의 환생자로 인정받는 즉위식 행사를 거행하였다는 의미다.
4 여기서 스승은 제5대 달라이라마 악왕롭상갸초이며 제자는 제5대 뺀첸라마 롭상예쎼다.
5 티벳장경 불설부 데게까규르 십만탄트라부와 장까규르 밀속부에 수록되어 있다.
6 쫑카빠 대사의 전집 목판인쇄본 총 18권 가운데 수록되어 있다.
7 제2대 달라이라마를 가리킨다.
8 제5대 달라이라마 궁전 가운데 한 방사의 이름이다.

켄뽀와 롭뻰[9]을 겸하셔서 재가오계, 중간출가계[10], 앞서 받는 계품인 사미계들을 훌륭하게 내려주셨다. 7월 24일날 뻴도제직제하쭈쑴마[11]의 네 가지 관정과 니구최둑 등의 관정과, 구전, 긴요한 가르침 모두를 항아리에 물을 (옮겨) 붓는 방식으로 듣고 전수 받으셨다.

22세에 따시훈뽀 대사원의 대밀행자[12] 밀종사 뀐촉겔첸의 존전에서 구족계(비구계)를 받으셨다. 중국 선대 캉씨가 사신에게 분부하여 제5대 뻰첸라마 롭상예쎄를 여러 번 초청하였으나 가시지 않으셨다.

열두 번째 육십갑자 화축년火丑年 1697년에 제6대 달라이라마 창양갸초에게 재가오계와 중간출가계와 사미계를 내려주셨다.

금자년金子年 1720년 제7대 달라이라마 껠상갸초에게 사미계를 내려주셨다.

열한 번째 육십갑자 금술년金戌年 1670년부터 열두 번째 육십갑자 화사년火巳年 1737년까지 따시훈뽀 대사원을 68년간 수호하셨다.

---

9   여기서 켄뽀는 수계시 전계사, 롭뻰은 갈마아사리, 교수아사리 등을 가리킨다.

10   『율본사འདུལ་བ་ལུང་གཞི།』의 출가17비내야사 가운데 하나다. 중간출가계는 오계를 받고 속히 사미계를 받기 전에 받는 계다. 중간출가계는 정식 출가자의 계는 아니지만 이를 수지함으로써 출가자의 일원으로 인정된다. 중간출가자는 먼저 켄뽀께 간청하여 승낙을 받아야 한다. 초나와 쎄랍상뽀의 『율경 초나와주소 햇빛』에 의하면 중간출가자가 서약해야 할 세 가지 율의는 '㉮ 석가모니의 후학이 되겠다고 다짐하는 것 ㉯ 머리카락을 기르거나 재가자의 의복을 입는 것 등 재가자의 외형을 없애는 것 ㉰ 재가자와 같이 장신구로 치장하지 않고 삭발을 하고 승복을 입는 것 등 출가자의 외형을 갖추는 것' 이 세 가지라고 말씀하셨다.

11   밀교의 본존, 도제직제(대위덕大威德)는 도제직제하쭈쑴빠와 도제직제빠오찍빠를 가리킨다. 여기서 도제직제하쭈쑴빠는 본존인 도제직제와 열두 분의 도제직제의 권속을 말한다.

12   밀교의 전 과정을 수학한 후에 받는 학위의 명칭이다.

▪ 마음의 상수제자는

1. 능인의 가르침을 구족한 법주 위대한 제6대 달라이라마 대법왕 창양갸초

2. 제7대 달라이라마 대법왕 일체지자 지존 롭상껠상갸초

3. 도캄지방의 부처님 가르침의 등불인 찹도지역의 팍빠하

4~5. 닥얍지역의 두 분의 활불活佛인 대닥얍 제창 린뽀체 로덴쎄랍과 소닥얍 충창 린뽀체

6. 동쪽13의 불법의 등불인 제 짱꺄 린뽀체 예쎄뗀뻬된메14

7. 바쏘 활불

8. 잠괸라마 쫑카빠 대사의 가르침의 주축인 지존 악왕잠빠

9. 자재성취자 수장 된요케둡

10. 대성취자 롭상잠빠

11. 대밀행자 게렉랍계

12. 지극히 존귀한 잠양최펠 예하

13. 퇴쌈링사원의 큰 스승 뻴덴예쎄

14. 밀종사 롭상릭뙬

15. 출세간의 자재성취자 롭상남곌

16. 체촉링사원의 용진 예쎄곌첸15

---

13 티벳의 동쪽에 있는 중국을 말한다. 이분께서는 어려서부터 중국에 주석하셨다고 한다.

14 '제 རྩེ'라 하면 정수리의 장엄구, 즉 최정상 또는 수장이라는 의미가 있다. 즉 모든 분들이 공경할 만한 분이라는 의미다. '짱꺄'는 암도지방의 지명이다. 제3대 짱꺄의 활불 예쎄뗀뻬된메다.

15 제8대 달라이라마의 용진 예쎄곌첸이다.

17. 대밀행자 담최^뗄조르

등 제자의 무리들이 수를 초월한다. 선설善說의 저술은『보리도차제 마르티 지름길』과 자서전 등 (목판본) 경서 4권이 있다.

보리도차제(를 전승한 스승들에 대한) 간청문
최상의 도의 문을 여는 (차제)[1]

◆ རང་གི་རྩ་བའི་བླ་མ་ལ་གསོལ་བ་འདེབས་པ།

각자의 근본스승에 대한 간청[2]

〔1〕

དཔལ་ལྡན་རྩ་བའི་བླ་མ་རིན་པོ་ཆེ།།

བདག་གི་སྙིང་པོར་པད་ཟླའི་སྟེང་བཞུགས་ལ།།

བཀའ་དྲིན་ཆེན་པོའི་སྒོ་ནས་རྗེས་བཟུང་སྟེ།།

སྐུ་གསུང་ཐུགས་ཀྱི་དངོས་གྲུབ་བསྩལ་དུ་གསོལ།། ꣵ

위덕을 갖춘 보배로운 근본스승께서

---

1   이 간청문 가운데 〔1〕게송~〔19〕게송과 〔36〕게송~〔37〕게송은 쫑카빠 대사께서
     저술하신 것이며 나머지는 후대에 오면서 첨가된 것으로 알려져 있다. 또한
     보리도차제 교본 각 수행과제의 관상과 보리도차제에 관한 법문에 앞서 염송
     하는 것 가운데 하나다.

2   이 간청문의 과목은 용진 티장 린뽀체의 『손에 쥔 해탈의 보리도차제』 등의
     내용을 참고하여 옮긴이가 구분한 것이다. 각 전승에 대한 설명은 본서의 '보
     리도차제의 해제편'〔 p.36~41)을 참고하기 바란다.

114

나의 정수리의 연꽃좌대³, 달방석 위에 앉으시어
큰 은혜로써 섭수하시고
몸과 말씀과 마음의 성취를 내려 주소서.⁴

◆ རྒྱ་ཆེན་སྤྱོད་བརྒྱུད་ཀྱི་བླ་མ་རྣམས་ལ་གསོལ་བ་འདེབས་པ།
광대한 행의 전승의 스승들에 대한 간청

〔2〕

འདྲེན་པ་མཚུངས་མེད་སྟོན་པ་བཅོམ་ལྡན་འདས།།
རྒྱལ་ཚབ་དམ་པ་རྗེ་བཙུན་མི་ཕམ་མགོན།།
རྒྱལ་བས་ལུང་བསྟན་འཕགས་པ་ཐོགས་མེད་ཞབས།།
སངས་རྒྱས་བྱང་སེམས་གསུམ་ལ་གསོལ་བ་འདེབས།།³

동등함이 없는 인도자이자 설법자이신 불세존
최상의 보처補處이신 지존 미팜괸〔미륵〕
승리자께서 예언하신 성인 톡메〔무착〕 예하
부처님과 보살이신 세 분께 간청하나이다.

---

3   자량전을 수습할 때에 연꽃좌대는 생화인 연꽃 그대로가 좌대라고 관상하도
    록 한다.

4   부처님의 공덕은 몸과 말씀과 마음 세 가지로 나눈다. 크게 ㉮ 몸의 공덕에는
    삼십이상과 팔십종호 ㉯ 말씀의 공덕에는 육십두 가지 음성의 공덕 ㉰ 마음의
    공덕에는 변지遍知, 위신력, 자비의 공덕 등이 있다. 나 자신도 실제로 이와 같
    은 공덕을 성취할 수 있도록 근본스승께서 가피하여 주소서라고 간청하는 글
    이다. 여기서 말씀의 공덕에 대하여 티벳어본 경론에 따라 육십 가지, 육십네
    가지 등으로 조금씩 차이가 있다.

〔3〕

འཛམ་གླིང་མཁས་པའི་གཙུག་རྒྱན་དབྱིག་གི་གཉེན།།

དབུ་མའི་ལམ་བརྟེས་འཕགས་པ་རྣམ་གྲོལ་སྡེ།།

དད་པའི་སར་གནས་བཙུན་པ་རྣམ་གྲོལ་སྡེ།།

འཇིག་རྟེན་མིག་འབྱེད་གསུམ་ལ་གསོལ་བ་འདེབས།། ༣

남섬부주의 정통한 자의 정수리의 장엄구이신 익기녠〔세친〕

중관의 도를 증득하신 팍빠남될데〔성해탈군〕

신해지信解地[5]에 머무시는 쭌빠남될데[6]

(중생)세간[7]의 눈을 뜨게 하신 세 분께 간청하나이다.

〔4〕

ཉད་བྱུང་རོ་མཆོར་གནས་གྱུར་མཆོག་གི་སྡེ།།

ཐབ་མོའི་ལམ་གྱིས་རྒྱུད་སྦྱངས་དུ་ལ་བའི་སྡེ།།

རྣབས་ཆེན་སྙེད་པའི་གཏེར་གྱུར་རྣམ་སྣང་མཛད།།

---

5   성문, 연각, 보살 삼승의 자량도의 다른 명칭이다.

6   여기의 쭌빠남될데는 대승의 자량도에 오른 분으로, 『이만송반야ཤེ智』와 『현관
    장엄론』이 두 경론의 주석서인 『이만송반야석ཏྲེ་རྣམ་འགྲེལ』을 저술하신 분이다.

7   티벳어본 논서들에서는 일반적으로 세간을 크게 중생세간과 기세간 두 가지
    로 나눈다. 중생세간은 번뇌와 업에 의해 윤회하는 중생을 말하며 중생세간
    과 중생은 동의어다. 기세간은 중생들이 머무는 산하, 대지 등 국토 환경 전체
    를 말한다. 겔찹 다르마린첸의 『대승아비달마집론 다르마린첸주소』에 따르면
    산, 강, 물, 집, 나무 등과 같은 기세간은 '업과 번뇌에 의해 생긴 것이므로 고
    성제 그 자체인 예토穢土. 한편 서원과 선근에 의해 생긴 것은 고성제가 아
    닌 정토'라고 말씀하셨다. 따라서 본문에서 '세간'이라는 낱말은 내용에 따라
    옮긴이가 구분하여 옮겼다.

116

འགྲོ་བའི་རྩ་ལག་གསུམ་ལ་གསོལ་བ་འདེབས།། ༤

희유하고 기이한 처소이신 촉기데
심오한 도[8]로써 마음의 (삼독 번뇌를) 소멸하신 둘외데
위대한 행[보살행]의 광산이신 남낭제
중생의 친척이신 세 분께 간청하나이다.

(5)

ལམ་མཆོག་ཤེར་ཕྱིན་རྒྱས་མཛད་སེང་བཟང་ཞབས།།
རྒྱལ་བའི་མན་ངག་ཀུན་འཛིན་ཀུ་སཱ་ལི།།
འགྲོ་ཀུན་བརྩེ་བས་རྗེས་འཛིན་དགེ་བ་ཅན།།
འགྲོ་བའི་དེད་དཔོན་གསུམ་ལ་གསོལ་བ་འདེབས།། ༥

최상의 도[9]인 반야경을 널리 펼치신 쎙게상뽀[사자현][10] 예하
승리자의 긴요한 가르침 일체를 수지하신 꾸싸리[11]
모든 중생을 자비심으로 섭수하시는 게와쩬
중생의 선장이신 세 분께 간청하나이다.

---

8 주로 공성을 깨닫는 지혜를 말한다.
9 불지佛地로 나아가는 방편을 말한다.
10 인도의 대학승 쎙게상뽀[사자현]다. [11]게송의 티벳스승 쎙게상뽀와 동명이
   인이다.
11 스승 꾸싸리와 제자 꾸싸리 두 분 가운데 여기서는 스승 꾸싸리를 가리킨다. 스
   승 꾸싸리는 아사리 쎙게상뽀의 직계 제자이며 본명은 린첸상뽀다. 제자 꾸싸
   리는 린첸상뽀의 제자로 본명은 린첸데이며 자애의 유가행자로 불렸다고 한다.
   자세한 것은 『둥까르 장학대사전 藏學大辭典དུང་དཀར་ཚིག་མཛོད་ཆེན་མོ།』에 설명되어
   있다.

〔6〕

བྱང་ཆུབ་སྒྲུབས་ལ་མངའ་བརྙེས་གསེར་གླིང་པ།།
ཞིང་དུ་ཆེན་པོའི་སྲོལ་འཛིན་མར་མེ་མཛད།།
ལམ་བཟང་གསལ་མཛད་སྟོན་པ་རིན་པོ་ཆེ།།
བསྟན་པའི་སྲོག་ཤིང་གསུམ་ལ་གསོལ་བ་འདེབས།།༦

보리심에 능숙하신 쎄르링빠
대개창자의 전통을 수지하시는 마르메제〔아띠쌰〕
훌륭한 도를 명확히 밝히신 돔뙨빠 린뽀체[12]
불법의 생명수生命樹[13]이신 세 분께 간청하나이다.

◆ ཟབ་མོ་ལྟ་བརྒྱུད་ཀྱི་བླ་མ་རྣམས་ལ་གསོལ་བ་འདེབས་པ།
심오한 견해의 전승의 스승들에 대한 간청

〔7〕

སྐྱབ་བ་ཀླུ་མེད་འདྲེན་མཆོག་འཕགྱི་དོག།
རྒྱལ་བའི་མཐུན་རབ་ཀུན་འདུས་འཇམ་པའི་དབྱངས།།
ཟབ་མོའི་དོན་ག་ཟིགས་འཕགས་མཆོག་ཀླུ་སྒྲུབ་ཞབས།།
སྐྱ་བའི་གཙུག་རྒྱན་གསུམ་ལ་གསོལ་བ་འདེབས།།༢

---

12 돔뙨빠 린뽀체는 아띠쌰 존자의 티벳인 수제자이며 까담빠의 개창자다.

13 티벳은 전통적으로 진흙, 나무, 구리 등으로 불상과 불탑을 조성하고, 복장을 할 때 불상이 오랫동안 형태가 잘 보존될 수 있도록 불상 내부의 중앙에 나무 막대기를 세우는 법식이 있다. 이 나무를 생명수生命樹라 한다. 이와 같이 이분들이 불법이 영원히 쇠퇴하지 않고 오래 유통되도록 하기에 생명수에 비유하였다.

견줄 이 없는 설법자이자 최상의 인도자이신 쌰꺄이똑[14]
승리자의 최상의 변지遍知가 모두 결집된 잠뻬양〔문수〕
심오한 의미를 꿰뚫어 보시는 최상의 성인이신 루둡〔용수〕예하
설법자의 정수리의 장엄구이신 세 분께 간청하나이다.

〔8〕

འཕགས་པའི་དགོངས་པ་གསལ་མཛད་ཟླ་བ་གྲགས།།
དེ་སྲས་ཐུ་བོ་རིག་པའི་ཁུ་བྱུག་ཆེ།།
རྒྱལ་སྲས་རིག་པའི་ཁུ་བྱུག་གཉིས་པའི་ཞབས།།
རིགས་པའི་དབང་ཕྱུག་གསུམ་ལ་གསོལ་བ་འདེབས།།ར

성인[15]의 고견高見을 명확히 밝히신 다와닥빠〔월칭〕
그의 상수제자이신 형 릭뻬쿠죽
법왕자〔보살〕이신 아우 릭뻬쿠죽의 존전
논증論證의 자재자이신 세 분께 간청하나이다.

〔9〕

རྟེན་འབྲེལ་ཟབ་མོ་རྗེ་བཞིན་གཟིགས་པ་ཡིས།།
ཤིང་རྟ་ཆེན་པོའི་སྲོལ་འཛིན་མར་མེ་མཛད།།
ལམ་བཟང་གསལ་མཛད་སློན་པ་རིན་པོ་ཆེ།།
འཇམ་སྐྱིང་རྒྱན་གྱུར་གཉིས་ལ་གསོལ་བ་འདེབས།།ཅ

---

14 석가모니의 다른 명호의 하나로 석가족 가운데 으뜸이라는 의미다.
15 여기서 성인은 루둡〔용수〕를 가리킨다.

심오한 연기를 여실히 꿰뚫어 보심으로써[16]

대개창자의 전통을 수지하시는 마르메제〔아띠쌰〕

훌륭한 도를 명확히 밝히신 돔뙨빠 린뽀체

남섬부주의 장엄구이신 두 분께 간청하나이다.[17]

◆ བཀའ་གདམས་ལམ་རིམ་པའི་བརྒྱུད་པའི་བླ་མ་རྣམས་ལ་གསོལ་བ་འདེབས་པ།

까담람림빠의 전승의 스승들에 대한 간청

〔10〕

རྣལ་འབྱོར་དབང་ཕྱུག་དཔལ་ལྡན་དགོན་པ་བ།།

ཐབ་མོའི་ཏིང་འཛིན་བརྟན་པའི་སྐྱེ་ཟེར་བ།

འདུལ་བའི་རྩེ་སྐྱོད་ཀུན་འཛིན་ཐབ་ཀ་པ།།

མཁར་འབྱོབ་སྟོན་མེ་གསུམ་ལ་གསོལ་བ་འདེབས།།[10]

유가瑜伽[18]자재자이며 위덕을 갖추신 곤빠와

---

16 제1구는 연기와 공성이 동일한 의미인 방식과 이유 등을 전도되지 않게 꿰뚫어 본다는 의미다.

17 아띠쌰 존자와 돔뙨빠가 〔6〕게송과 〔9〕게송에 두 번 등장한 이유는, 석가모니로부터 전승되어 온 광대한 행의 전승과 심오한 견해의 전승 이 두 전승이 아띠쌰에 이르러 하나로 합쳐졌으며, 아띠쌰는 다시 돔뙨빠에게 전수하였기 때문이다. 돔뙨빠는 다시 까담람림빠, 까담슝빠와, 까담맹악빠 이 세 갈래로 전수하였다. 따라서 이 세 갈래는 모두 돔뙨빠로부터 시작되었다. 이러한 전승의 시작과 갈래에 대하여 좀 더 자세한 내용은 '보리도차제의 해제'를 참고하기 바란다.

18 유가瑜伽라는 것은 자신의 마음이 실제의 의미, 즉 무상, 공성, 무아 등의 수습대상에 마음을 오롯이 집중시켜서 원하는 대로 머물 수 있는 경지에 이른 것, 해탈과 부처님의 경지로 나아가는 방편의 도, 수행할 바에 의해 마음상태가

심오한 삼매가 견고하신 네수르와

율장 일체를 수지하신 탁마빠

변방[19]의 등불이신 세 분께 간청하나이다.

〔11〕

བརྩོན་པས་སྒྲུབ་པ་བྱུར་ལེན་རྣམ་སེང་ཞབས།།

དམ་པས་བྱིན་བརླབས་རྣམ་མཁའ་རྒྱལ་པོ་དང་།།

འཇིག་རྟེན་ཆོས་བརྒྱད་སྤྱངས་པའི་སེང་བཟང་།།

རྒྱལ་སྲས་བཟང་པོའི་ཞབས་ལ་གསོལ་བ་འདེབས།།⁕⁕

정진으로써 기꺼이 실천 수행하시는 남쎙 예하

성현〔불보살〕이 가피하시는 남카곌뽀와

세간팔풍[20]을 소멸하신 쎙게상(뽀)[21]

향상되는 것, 사마타〔止〕와 위빠사나〔觀〕의 쌍운의 삼매 등의 여러 가지 의미
가 있다. 이러한 수행자를 유가행자라 한다.

19 불법이 전해지지 않는 곳을 말한다.

20 세간팔풍은 세간팔법이라고도 한다. 여기서의 세간은 중생세간 가운데에서도
어리석은 범부중생을 가리키며, 바람에 의해 풀잎이 흔들리는 것처럼 중생들
의 마음을 흔들어 놓는 여덟 가지 요인이기에 팔풍八風이라 한다. 이것에 대해
게쎼 롭상진빠의 『친우서소 성인의 고견을 명확히 밝히는 것』에서는 '㉮ 재물
등을 얻지 못하는 것〔쇠衰〕 ㉯ 괴로움을 느끼는 것〔고苦〕 ㉰ 듣기 싫은 말을 듣
는 것〔훼毀〕 ㉱ 자신과 자신의 측근을 헐뜯는 것〔기譏〕 이 네 가지는 매우 싫어
하여 원치 않는 것이다. 그러나 ㉮ 재물 등을 얻는 것〔이利〕 ㉯ 안락함을 느끼
는 것〔낙樂〕 ㉰ 듣기 좋은 말을 듣는 것〔예譽〕 ㉱ 자신과 자신의 측근을 칭찬〔칭
稱〕하는 것 이 네 가지는 매우 기뻐하여 간절히 추구하는 것이다'라고 말씀하
셨다.

21 〔5〕게송이 인도 대학승 쎙게상뽀〔사자현〕라면 이분은 동명이인으로, 티벳인

겔쎄상뽀의 존전에 간청하나이다.

〔12〕

བྱང་ཆུབ་ཐུགས་ཀྱིས་འགྲོ་ཀུན་བུ་བཞིན་གཟིགས།།

ལྷག་པའི་ལྷས་ཡིས་རྗེས་བཟུང་བྱིན་གྱིས་བརླབས།།

སྙིགས་དུས་འགྲོ་བ་འདྲེན་པའི་བཤེས་གཉེན་མཆོག།

ནམ་མཁའ་རྒྱལ་མཚན་ཞབས་ལ་གསོལ་བ་འདེབས།།²³

보리심으로 모든 중생을 자식처럼 보시고
주존主尊²²께서 섭수하고 가피하시는
탁세에 중생을 인도하시는 최상의 선지식
남카겔첸²³의 존전에 간청하나이다.

— '호닥 대성취자 남카겔첸'께 간청하는 글 —

◆ བཀའ་གདམས་གཞུང་པ་བའི་བརྒྱུད་པའི་བླ་མ་རྣམས་ལ་གསོལ་བ་འདེབས་པ།
까담슝빠와의 전승의 스승들에 대한 간청

〔13〕

རྒྱལ་བའི་གདུང་འཚོབ་བཤེས་གཉེན་ཡོན་ཏོ་བ།།

ནམ་དཔྱོད་འགྲན་ཟླ་བྲལ་བའི་ཤ་ར་བ།།

─────
이다.
22 주존主尊은 각자가 수행을 함에 있어 주된 귀의의 대상으로 삼는 본존을 말한다. 여기서 주존은 착나도제를 가리킨다.
23 '호닥 대성취자 남카겔첸'이다. 쫑카빠 대사의 스승이며 착나도제의 화신으로 불린다.

122

ཐུབ་ཆུལ་ཕྱོགས་ཀྱི་བགའ་བའས་འཁད་ཁ་བ།།

འགྲོ་བའི་རེ་སྐོང་གསུམ་ལ་གསོལ་བ་འདེབས།། ²³

승리자의 계승자이신 선지식 뽀또와

견줄 바 없는 변별자이신 쌰라와

보리심(수행을 전할) 임무를 받으신 체카와

중생의 원을 충족시켜 주시는 세 분께 간청하나이다.²⁴

〔14〕

ལུང་རྟོགས་མངའ་བདག་ཐུང་སེམས་སྙིལ་བུ་པ།།

དྲི་མེད་ལུང་གི་དབང་ཕྱུག་མཁས་པའི་མཆོག།

ཁམས་གསུམ་འགྲོ་བའི་མགོན་པོ་རིན་པོ་ཆེ།།

གནས་བརྟན་ཆེན་པོ་གསུམ་ལ་གསོལ་བ་འདེབས།། ²⁵

교법敎法과 증법證法²⁵의 영주英主이신 보살 찔부빠²⁶

때가 없는 정통한 자 가운데 으뜸이신 (하)룽기왕축

삼계의 도외괸뽀²⁷ 린뽀체

---

24 티벳의 스승들로, 까담빠의 삼형제라 불린다.

25 교법의 공덕은 십이부경과 삼장 등의 경론 중의 의미를 전도되지 않게 아는 지혜와 같은 것을 말한다. 증법의 공덕은 이러한 의미를 전도되지 않게 아는 것에 의해 실천 수행하여 자신의 마음에 염리심, 대연민심, 보리심, 공성을 요해하는 지혜, 도성제와 멸성제 등이 생긴 것을 말한다.

26 본명은 최끼곌첸이다. '찔부'는 지명이기도 하다. 원래는 풀집 또는 초가집을 말하지만, 최끼곌첸께서 '찔부'라는 곳에서 오래 주석하였기 때문에 '찔부빠'라 하고, 항상 보리심수행에 게으르지 않았기에 보살이라 하여 '보살 찔부빠'라 부르게 되었다고 한다.

27 중생의 구호자라는 의미다.

대장로이신 세 분께 간청하나이다.

〔15〕

ཆོམ་དག་ཚུལ་ཁྲིམས་དང་ལྡང་ཟབས་ཆེན་པ།།
འདུལ་བ་འབུམ་སྡེའི་མངའ་བདག་མཚོ་སྣ་བ།།
ཆོས་མངོན་རྒྱ་མཚོའི་མཐར་སོན་མོན་གྲུ་བ།།
འགྲོ་བའི་འདྲེན་པ་གསུམ་ལ་གསོལ་བ་འདེབས།།༡༥

청정한 계율의 향기를 지니신 상첸빠
율부 경론의 영주이신 초나와[28]
아비달마〔대법對法〕 바다의 구경의 경지에 도달하신 뫈다와
중생의 인도자이신 세 분께 간청하나이다.

〔16〕

ཟབ་ཅིང་རྒྱ་ཆེའི་ཆོས་ལ་མངའ་བརྙེས་པས།།
སྐལ་ལྡན་འགྲོ་བ་ཀུན་གྱི་སྐྱབས་སུ་གྱུར།།
འཕྲིན་ལས་བཟང་པོ་བསྐལ་པ་རྒྱས་མཛད་པ།།
དཔལ་ལྡན་བླ་མའི་ཞབས་ལ་གསོལ་བ་འདེབས།།༡༦

심오한 (공성)과 광대한 (보리심의) 법을 증득한 것으로써
선연이 있는[29] 일체중생의 귀의처가 되시고

---

28 『율경 초나와주소 햇빛』의 저자인 초나와 쎄랍상뽀다. 이 논소의 주요 내용은 재가오계, 사미계, 사미니계, 비구계, 비구니계 등을 수지하고 지키는 방법과 조항, 훼범했을 때 회복하는 방법과 출가자의 위의에 관한 것과 포살, 해제와 결제 등에 관한 내용 등이 광범위하게 해설되어 있는 논소다.

29 여기서 선연이라 하면 해탈과 부처님의 경지를 증득할 수 있는 역량과 기회가

124

훌륭한 행으로써 불법을 널리 펼치신
위덕을 갖춘 스승의 존전에 간청하나이다.

– '다꼬르 대주지 최갑상뽀'[30]께 간청하는 글 –

◆ བཀའ་གདམས་མན་ངག་པའི་བརྒྱུད་པའི་བླ་མ་རྣམས་ལ་གསོལ་བ་འདེབས་པ།
까담맹악빠의 전승의 스승들에 대한 간청

〔17〕

གྲུབ་པའི་དབང་ཕྱུག་ཆེན་པོ་རྒྱལ་ཁྲིམས་འབར།།
བཤེས་གཉེན་ཆུལ་བཞིན་བསྟེན་མཛད་གཞོན་ནུ་འོད།།
ཐེག་མཆོག་ལམ་གྱིས་རྒྱུད་སྦྱངས་གྱེར་སྒོམ་ཞབས།།
རྒྱལ་བའི་སྲས་པོ་གསུམ་ལ་གསོལ་བ་འདེབས།། །།

대자재 성취자이신 (쩬아와) 출팀바르
선지식을 법답게 의지하신 (자율와) 숀누외
최상승의 도로써 마음을 익히신 게르곰 예하
법왕자(보살)이신 세 분께 간청하나이다.

〔18〕

མད་བྱུང་ཡོན་ཏན་མཛོད་འཛིན་སངས་རྒྱས་དཔོན།།
དམ་པས་བྱེ་བརབས་རྣམ་མཁའ་རྒྱལ་པོ་དང་།།
འཇིག་རྟེན་ཆོས་བརྒྱད་སྤྱངས་པའི་སེང་བཟང་།།

────────
있는 것을 말한다.
30 쫑카빠 대사에게 『대보리도차제』를 직접 전수하여 주신 스승이다.

རྒྱལ་སྲས་བཟང་པོའི་ཞབས་ལ་གསོལ་བ་འདེབས།། ༣༡

희유한 공덕의 곳간을 관장하시는 쌍계왼
성현이 가피하시는 남카겔뽀와
세간팔풍을 소멸하신 쎙게상(뽀)
겔쎼상뽀의 존전에 간청하나이다.³¹

〔19〕

བྱང་ཆུབ་ཐུགས་ཀྱིས་འགྲོ་ཀུན་བུ་བཞིན་གཟིགས།།
སྐྱབ་པའི་ལྷ་ཡིས་རྗེས་བཟུང་བྱིན་གྱིས་བརླབས།།
སྙིགས་དུས་འགྲོ་བ་འདྲེན་པའི་བཤེས་གཉེན་མཆོག།
ནམ་མཁའ་རྒྱལ་མཚན་ཞབས་ལ་གསོལ་བ་འདེབས།། ༣༢

보리심으로 모든 중생을 자식처럼 보시고
주존께서 섭수하고 가피하시는
탁세에 중생을 인도하시는 최상의 선지식
남카겔첸의 존전에 간청하나이다.³²

---

31 남카겔뽀, 쎙게상뽀, 겔쎼상뽀 이 세 분이 〔11〕게송과 〔18〕게송에 두 번 등장하는 이유는 이분들 모두 까담람림빠와 까담맹악빠 이 두 갈래를 모두 전수 받았기 때문이다.

32 남카겔첸이 〔12〕게송과 〔19〕게송에 두 번 등장하는 이유는 쫑카빠 대사께서 까담람림빠와 까담맹악빠 이 두 갈래를 모두 '호닥 대성취자 남카겔첸'에게 전수 받았기 때문이다.

◆ ཚོང་ཁ་པ་ཆེན་པོ་མན་ཆད་ཀྱི་བརྒྱུད་པའི་བླ་མ་རྣམས་ལ་གསོལ་བ་འདེབས་པ།

쫑카빠 대사 이후의 전승의 스승들에 대한 간청

〔20〕

དམིགས་མེད་བརྩེ་བའི་གཏེར་ཆེན་སྤྱན་རས་གཟིགས།།

དྲི་མེད་མཁྱེན་པའི་དབང་པོ་འཇམ་དཔལ་དབྱངས།།

གངས་ཅན་མཁས་པའི་གཙུག་རྒྱན་ཙོང་ཁ་པ།།

བློ་བཟང་གྲགས་པའི་ཞབས་ལ་གསོལ་བ་འདེབས།། ༢༠

무연자비의 대광산이신 쩬레식〔관세음〕

때가 없는 변지遍知의 왕이신 잠뺄양〔문수〕

설역〔티벳〕의 정통한 자의 정수리의 장엄구이신 '쫑카빠

롭상닥빠'의 존전에 간청하나이다.

〔21〕

མཁས་གྲུབ་ཆེན་པོ་ཤེས་རབ་སེང་གེའི་ཞབས།།

ཐམས་ཅད་མཁྱེན་དངོས་དགེ་འདུན་གྲུབ་པ་དང་།།

སྐུ་གསུམ་གོ་འཕང་མཆོག་གྱུར་རྣོར་བུ་བཟང་།།

དཔལ་ལྡན་བླ་མ་གསུམ་ལ་གསོལ་བ་འདེབས།། ༢༡

지행知行[33]을 (겸비하신) 큰 스승 쎄랍쌩게[34]의 존전

진정한 일체지자이신 게뒨둡빠[35]와

---

33 경론의 의미에 정통한 교법의 공덕과 교법을 바탕으로 수행하여 증득한 증법
의 공덕, 즉 지해知解와 행증行證의 공덕을 말한다.

34 쫑카빠 대사의 제자로, 규메사원 창건자다.

35 게뒨둡빠, 게뒨둡은 모두 제1대 달라이라마를 가리킨다.

삼신三身의 경지를 실현하신 노르상

위덕을 갖춘 세 분의 스승께 간청하나이다.

〔22〕

དབྱངས་ཅན་བཞད་པ་དགེ་འདུན་རྒྱ་མཚོའི་སྡེ།།

སྐྱ་བའི་ཉི་མ་དགེ་ལེགས་དཔལ་བཟང་པོ།།

མཁས་གྲུབ་ཟུང་འཇུག་བསོད་ནམས་དཔལ་བཟང་སྟེ།།

བཤེས་གཉེན་དམ་པ་གསུམ་ལ་གསོལ་བ་འདེབས།།︿︿

묘음이 피어나는 게뒨갸초[36] 수장

설법자의 태양이신 게렉뻴상뽀

지행知行을 (겸비하신) 하쭌[37] 쐬남뻴상 예하

최상의 선지식 세 분께 간청하나이다.

〔23〕

ཕྱག་ན་པད་མོ་བསོད་ནམས་རྒྱ་མཚོའི་ཞབས།།

ཟབ་དོན་གདམས་པའི་བཀའ་བབས་ཆོས་དཔལ་བཟང་།།

ཁྱབ་བདག་འཁོན་སྟོན་དཔལ་འབྱོར་ལྷུན་གྲུབ་སྟེ།།

མཁས་གྲུབ་ཆེ་པོ་གསུམ་ལ་གསོལ་བ་འདེབས།།︿︿

착나뻬모〔손에 연꽃을 든 관세음〕이신 쐬남갸초[38]의 존전

---

36 제2대 달라이라마다.

37 하쭌རྒྱལ་བཙུན།이라 하면 왕 또는 왕족이면서 출가자의 계율을 수지한 분을 가리킨다.

38 제3대 달라이라마다.

심오한 의미[39]를 전수傳授할 임무를 부여 받으신 최뻴상
변주遍主[40]이신 퀸뙨뻴죠르훈둡
지행知行을 (겸비하신) 세 분의 큰 스승께 간청하나이다.

〔24〕

རྒྱལ་མཆོག་དག་དབང་བློ་བཟང་རྒྱ་མཚོ་དང་།།
དྲིན་ཅན་མཁན་ཆེན་བློ་བཟང་ཆོས་གྲགས་ཞབས།།
བློ་བཟང་རྒྱལ་མཚན་ཤེས་བྱ་ཀུན་མཐྲིན་པ།།
འཇམ་དབྱངས་བཞད་པའི་རྡོ་རྗེར་གསོལ་བ་འདེབས།།༢༤

최상의 법왕이신 악왕롭상갸초[41]와
은혜로운 대주지이신 롭상최닥 예하
롭상겔첸과 일체존재를 두루 요해了解하시는
잠양셰뻬도제께 간청하나이다.

〔25〕

བཤེས་གཉེན་འཇམ་དབྱངས་བདེ་བའི་རྡོ་རྗེ་དང་།།
མཆོངས་མེད་ཁྲི་ཆེན་ངག་དབང་མཆོག་ལྡན་ཞབས།།
འདྲེན་མཆོག་རྒྱལ་དབང་བསྐལ་བཟང་རྒྱ་མཚོ་སྟེ།།
མཆོངས་མེད་དམ་པ་གསུམ་ལ་གསོལ་བ་འདེབས།།༢༥

선지식 잠양데외도제와

---

39 공성의 의미를 말한다.
40 여기서는 금강지불의 다른 명호다.
41 5대 달라이라마 악왕롭상갸초다.

비할 바 없는 티첸⁴² 악왕촉덴 예하

최상의 인도자이자 승리자의 왕이신 껠상갸초

비할 바 없는 세 분의 성현께 간청하나이다.

〔26〕

ཀློང་རྡོལ་དག་དབང་སློ་བཟང་ཁྲི་ཆེན་རྗེ།།

དག་དབང་སྐན་གྲགས་སྱང་ལུང་སྦྱ་ལ་སྐྱེའི་མཆན།།

དག་དབང་ཆོས་འཛིན་ལུང་རིགས་དབང་ཕྱུག་སྟེ།།

ཡེ་ཤེས་རྒྱ་མཚོ་རྣམས་ལ་གསོལ་བ་འདེབས།།༡༦

① 롱돌(라마)⁴³ 악왕롭상 ② 티첸제

악왕녠닥 ③ 빵룽⁴⁴ 활불의 법명은

악왕최진 ④ 경교와 논증의 자재자이신

예쎄갸초 (이분)들께 간청하나이다.⁴⁵

---

42 티첸은 간덴티빠དགའ་ལྡན་ཁྲི་པ།라 하며 쫑카빠 대사의 대리인이라는 의미다. 한국 불교 각 종파의 종정에 해당하는 직책이다. 티벳 게룩빠 대사원의 승려 교육과 정을 두루 수학한 이로서 주요 큰 소임을 두루 역임한 최고의 지도자로서의 자격을 갖춘 분 가운데 달라이라마께서 임명하신다.

43 롱돌ཀློང་རྡོལ།이라 하면 이분께서 오랫동안 수행하시던 곳의 지명이기도 하고 광대한 지혜를 증득한 분이라는 의미이기도 하다. 라마는 큰 스승들에 대한 존칭으로, 위없는 스승이라는 의미다. 따라서 이분을 '롱돌라마'라 부르게 되었다고 한다.

44 빵룽은 지명이다.

45 〔26〕게송에서 번호 매김을 한 이유는 저본에서 스승의 공덕을 나타내는 수식어와 스승의 법명인 피수식어의 관계가 반드시 한 구에서 이루어져 있지 않기 때문이다.

སྤྱར་ཡང་། 또한[46]

〔27〕

རྒྱལ་བའི་རྒྱལ་ཚབ་དར་མ་རིན་ཆེན་དང་།།
འགྲོ་བའི་སྒྲོན་མེ་སྐྱུ་རྒྱལ་མཚན་ཞབས།།
དོན་ཡོད་མཁས་དང་གྲུབ་པའི་དཔལ་སྟུན་པའི།།
བསྟན་པའི་སྐྱང་བྱེད་གསུམ་ལ་གསོལ་བ་འདེབས།།༣༢

법왕[47]의 대리인이신 다르마린첸과

중생의 등불이신 싸꺄겔첸 예하

'의미가 있는 지행知行의 위덕을 겸비한 분'〔된요케둡〕[48]

불법의 태양이신 세 분께 간청하나이다.

〔28〕

སླ་བའི་བླུ་མཆོག་ཆོས་ཀྱི་རྒྱལ་མཚན་དང་།།
བདག་ཉིད་ཆེན་པོ་ནམ་མཁའ་རྒྱལ་མཚན་ཞབས།།
རྗེ་བཙུན་ལྷོ་བཟང་ཆོས་ཀྱི་རྒྱལ་མཚན་ཏེ།།
མཆོངས་མེད་བླ་མ་གསུམ་ལ་གསོལ་བ་འདེབས།།༣༣

---

46 여기서 '또한'이라 한 이유는 쫑카빠 대사 이후의 다른 전승으로, 쫑카빠 대사
로부터 곌찹 다르마린첸으로 이어지는 전승의 갈래를 나타내기 위해서다.

47 여기서 법왕은 쫑카빠 대사를 말한다.

48 제3구는 자신과 타인, 일시적인 것과 궁극적인 것 모두 의미가 있는 지해知解와
행증行證의 공덕을 겸비한 분, 즉 된외케둡이라는 법명을 풀어서 이분의 공덕
을 나타낸 것이다. 저본에는 〔27〕게송의 제3구 དོན་ཡོད་མཁས་དང་གྲུབ་པའི་དཔལ་སྟུན་པའི།།
의 끝에 연결조사가 붙어 있지만 전체적인 문맥으로 보아 연결조사 འི་를 생략
하는 것이 적합하다고 본다.

설법자의 무리에서 출중하신 최끼겔첸과

대주재자[49]이신 (곰데)남카겔첸[50] 예하

지극히 존귀하신 롭상최끼겔첸

비할 바 없는 세 분의 스승께 간청하나이다.

〔29〕

གྲུབ་པའི་དབང་ཕྱུག་བརྩོན་འགྲུས་རྒྱལ་མཚན་དང་། །

འགྲོ་བའི་དེད་དཔོན་དམ་ཆོས་རྒྱལ་མཚན་ཞབས། །

སྙན་བརྒྱུད་མཛོད་འཛིན་དགེ་ལེགས་རྒྱ་མཚོ་སྟེ། །

དྲིན་ཅན་བླ་མ་གསུམ་ལ་གསོལ་བ་འདེབས། ། ༣༠

자재성취자이신 쬔뒤겔첸과

중생의 선장이신 담최겔첸 예하

이전耳傳[51]의 곳간을 관장하시는 게렉갸초

은혜로운 세 분의 스승께 간청하나이다.

---

49 부처님의 다른 명호다.

50 『곰데중관의 총의總義ཆོས་རྗེ་དངུལ་རིའི་སྤྱི་དོན།』의 저자다. 이 논서는 위덕을 갖춘 다와 닥빠〔월칭〕의 『입중론』에 대한 해설서로, 광대한 행의 도차제와 심오한 견해의 도차제에 관한 내용이다.

51 이전耳傳སྙན་བརྒྱུད།은 '가르침의 전승འཁྲིད་རྒྱུད།' 또는 '긴요한 가르침의 전승མན་ངག་གི་ རྒྱུད།'과 같은 의미다. 경론의 가르침의 내용을 문장으로 다 서술하지 못하는 긴 요한 가르침을 스승의 설법과 강의를 통해 듣는 것이다. 이와 같이 스승으로부 터 들은 가르침이 다시 제자들에게 면면히 이어지는 것이다. 따라서 구전인 경 교전승〔p.34 註 11〕과는 다소 차이가 있다.

132

〔30〕

ལམ་བཟང་གསལ་མཛད་དག་དབང་བྱམས་པ་དང་།།

སྣང་མཐའི་རྣོལ་གར་དཔལ་ལྡན་ཡེ་ཤེས་ཞབས།།

ཡོངས་འཛིན་ཆེན་པོ་ཡེ་ཤེས་རྒྱལ་མཚན་ཏེ།།

ཐར་ལམ་གསལ་མཛད་གསུམ་ལ་གསོལ་བ་འདེབས།།༣༠

훌륭한 도를 명확히 밝히신 악왕잠빠[52]와

무량광불의 화현이신 뺄덴예쎄 예하

용진 큰 스승이신 예쎄곌첸

해탈도를 명확히 밝히신 세 분께 간청하나이다.

〔31〕

བློ་བཟང་བསྟན་པའི་མཛོད་འཛིན་བྱགས་རྗེའི་མཚན།།

དེ་སྲས་བྱ་པོ་དག་དབང་ཆོས་འཛིན་ཞབས།།

མཁས་པའི་གཙུག་རྒྱན་ཡེ་ཤེས་རྒྱ་མཚོ་སྟེ།།

རྣམ་འདྲེན་དམ་པ་གསུམ་ལ་གསོལ་བ་འདེབས།།༣༡

롭상(닥빠)〔쫑카빠〕의 가르침의 곳간을 관장하시는 툭제첸

그분의 상수제자이신 악왕최진 예하

정통한 자의 정수리의 장엄구이신 예쎼갸초

최상의 인솔자이신 세 분께 간청하나이다.

---

52 악왕잠빠는 본명이며 '푸르촉'이라는 산중의 은둔처에서 수행하셨기 때문에 '푸르촉 악왕잠빠'라고 불렸다고 한다. 이분의 환생자인 '푸르쪽빠 출팀잠빠갸 초'는 제13대 달라이라마의 용진이다.

〔32〕

འཇམ་མགོན་རྒྱལ་བའི་ལུགས་བཟང་ནོར་བུའི་མཛོད།།~

འཛིན་ལ་རྩ་བལ་ཡོངས་འཛིན་ཚེས་ཀྱི་རྗེ།།

བློ་བཟང་ཆུལ་ཁྲིམས་རྒྱམས་པ་རྒྱ་མཚོ་ཆེར།།

སྒོ་གསུམ་གུས་པའི་ཡིད་ཀྱིས་གསོལ་བ་འདེབས།།༣༢

문수사리법왕[53]의 훌륭한 전통의 보장寶藏을
관장함에 견줄 바 없는 용진이신 법주法主
큰 스승 롭상출팀잠빠갸초께
삼문에 의한 공경심으로 간청하나이다.

〔33〕

དག་དབང་སྒོ་གཅེར་སྐལ་བཟང་ཐུབ་དབང་བསྟན།།

རྒྱ་ཆེན་དབྱར་གྱི་མཚོ་བཞིན་སྤེལ་བའི་སླད།།

འཇིགས་བྲལ་ས་གསུམ་དབང་ཕྱུག་ཕྱོགས་ཀུན་ལས།།

རྣམ་པར་རྒྱལ་བའི་སྲེ་ལ་གསོལ་བ་འདེབ།།༣༣

무애변재와 지성의 광산인 선연의 능인왕[54]의 가르침이
광대한 여름 바다와 같이 성행盛行케 하기 위해
두려움을 여의고 삼역[55]에 자재하시고 모든 방면[56]으로부터

---

53 쫑카빠 대사의 다른 존칭이자 별칭 가운데 하나다.
54 번뇌장을 완전히 소멸한 성문아라한과 연각아라한을 능인이라 부르는 경우도
있다. 부처님은 두 아라한보다 특수한 공덕을 갖춘 분이기에 능인 가운데 왕
이라는 의미로 부처님을 능인왕이라고도 한다.
55 지하, 지면, 지상 세 곳을 말한다.
56 번뇌장, 소지장 등 소멸해야 할 바 일체를 말한다.

완전히 승리하신 수장께 간청하나이다.

— 제13대 달라이라마 악왕롭상툽뗀갸초직델왕축촉레남빠르곌외데께 간청하는 글 —

〔34〕

ཐུབ་པའི་བསྟན་ལ་ཐུབ་དབང་གཉིས་པ་བཞིན།།

ལུང་རྟོགས་དམ་ཆོས་འཛིན་ལ་ཟླ་ཟླ་བྲལ་བ།།

རྣམ་པར་རྒྱལ་བའི་འཕྲིན་ལས་ཀྱིས་རེ་ས་གསུམ་ལ།།

དབང་བསྒྱུར་རྗེ་བཙུན་བླ་མར་གསོལ་བ་འདེབས།།༣༩

능인의 가르침에 제2의 능인왕과 같고

교법과 증법의 미묘법을 수지함에 견줄 바 없는

완전히 승리하신 훌륭한 행으로써 삼역을

관장하시는 지극히 존귀한 스승께 간청하나이다.

— 현 제14대 달라이라마의 용진 링 린뽀체 툽뗀룽똑남곌틴레께 간청하는 글 —

〔35〕

འཇམ་དཔལ་རྡོ་རྗེའི་ངག་ལ་དབང་འབྱོར་ཞིང་།།

བློ་གྲོས་བུམ་བཟང་ཡེ་ཤེས་བདུད་ཙིས་གཏམས།།

བསྟན་འཛིན་རྒྱ་ཆེན་རོལ་མཚོ་མཛེས་པའི་རྒྱན།།

འཕགས་མཆོག་ཕྱག་ན་པད་མོར་གསོལ་བ་འདེབས།།༣༥

잠뻴도제〔문수〕의 변재辯才(와 같이) 자유자재하시고

지성의 훌륭한 항아리를 예쎄[57]의 감로로 가득 채우시며

---

57 예쎄ཡེ་ཤེས를 대부분 지혜로 번역하는 경우가 많다. 그러나 티벳어본 '경론'에서
나오는 용어 중에 쎄랍ཤེས་རབ도 지혜로 번역되는 용어 중의 하나로 이 두 용어

광대한 불법을 수지하신 유희해遊戱海[58]의 아름다운 장엄구

최상의 성인이신 착나뻬모〔손에 연꽃을 든 관세음〕께 간청하나

이다.

− 현 제14대 달라이라마 잠뻴악왕롭상예쎄뗀진갸초〔뗀진갸초〕께 간청하는 글 −

〔36〕

རབ་འབྱམས་གསུང་རབ་ཀུན་ལ་བལྟ་བའི་མིག།

སྐལ་བཟང་ཐར་པར་བགྲོད་པའི་འདྲེག་རྟོགས་མཆོག།

བརྗེ་བས་བསྐྱེད་པའི་ཐབས་མཁས་མཛད་པ་ཡིས།།

གསལ་མཛད་བཤེས་གཉེན་རྣམས་ལ་གསོལ་བ་འདེབས།།༣༦

광대무변한 모든 부처님의 언교言教를 꿰뚫어 보시는 혜안慧眼

_____

는 구분되어야 한다. 예쎼는 제2대 꾼켄 잠양셰빠의 환생자인 꾼켄 직메왕뽀의 『지도地道의 체계 삼승의 아름다운 목걸이ས་ལམ་གྱི་རྣམ་བཞག་ཐེག་གསུམ་མཛེས་རྒྱན།』에 의하면 도道, 해탈도, 변지遍知, 예쎼, 현관現觀, 모母, 승乘이 동의어인데, 이것은 삼승의 자량도로부터 무학도에 오른 분에게 존재하는 번뇌성을 지니지 않은 심식의 하나라고 정의하였다. 쎼랍은 성인 톡메〔무착〕의 『대승아비달마집론』에 의하면 '세밀히 분석한 사물이 좋은지 나쁜지 등을 ~이다, 아니다'라고 철저하게 구분하는 심소의 하나다. 쎼랍은 일반 범부로부터 부처님에 이르기까지 존재하는 심소로서 공성을 요해하는 쎼랍 등과 같은 바른 쎼랍과 살가야견과 사견 등과 같은 번뇌성을 지닌 쎼랍도 있다. 즉 사용 범위의 측면에서 쎼랍이 예쎼보다 더 넓은 반면, 수행의 측면에서는 예쎼가 쎼랍보다 차원이 높다고 할 수 있다. 따라서 쎼랍이 한국어의 지혜에 더 가까운 용어에 해당된다고 보고, 본서에서는 이러한 두 용어의 구분을 위해 예쎼는 티벳어의 음사 그대로 옮겨 사용하였다.

58 『장한대사전』에 따르면 유희해는 용왕들이 자유롭게 노니는 팔공덕수로 가득찬 바다로서 수미산 주위의 일곱 개의 금산金山 사이사이에 있다고 알려진 여섯 곳의 바다를 말한다.

선연善緣이 (있는 이가) 해탈로 나아가는 최상의 나루터

자비심의 동기를 가지고 선교방편을 행하심으로써

명확히 밝히신 선지식들께 간청하나이다.

〔37〕

སྐྱེ་བ་ཀུན་ཏུ་ཡང་དག་བླ་མ་དང་།།

འབྲལ་མེད་ཆོས་ཀྱི་དཔལ་ལ་ལོངས་སྤྱོད་ཅིང་།།

ས་དང་ལམ་གྱི་ཡོན་ཏན་རབ་རྫོགས་ནས།།

རྡོ་རྗེ་འཆང་གི་གོ་འཕང་མྱུར་ཐོབ་ཤོག། ༣༧

세세생생 바른 스승과

헤어짐이 없이 법의 위덕을 향수하고

십지十地와 오도五道의 공덕을 잘 구족하여

금강지불의 경지를 속히 얻어지이다.

보리도차제의 마르티 일체지로 나아가는 지름길

티벳어로는 '장춥람기림빼마르티 탐쩨켄빠르되빼뉴르람', 한국어로
는 '보리도차제의 마르티 일체지로 나아가는 지름길'이라 한다.

– 저본인 티벳어본의 명칭과 한국어로 옮긴 명칭 –

지존 잠빠괸뽀〔미륵〕와 성인 잠뻬양〔문수〕[1]께 예경하나이다.[2]

– 옮긴이의 예경문 –

---

1 티벳어본 '경론'에서 잠뻬양, 잠양, 잠뺄양, 잠뺄은 모두 성인 문수를 가리킨다.
2 산스크리트본 경론을 티벳어로 번역할 때 반드시 번역문의 첫머리에 저본과 번
   역하는 경론의 명칭 및 번역자의 예경문이 들어간다. 이러한 전통은 맨처음 산
   스크리트본 경론을 티벳어로 번역할 때부터 이어져 왔던 것이다. 체뗀샵둥의
   『삼십송과 음세론音勢論의 해설 퇸미(쌈보따)의 교언教言སུམ་རྟགས་ཀྱི་འགྲེལ་པ་ཐོན་མིའི་
   ཞལ་ལུང་།』에 의하면, 번역자의 예경문을 넣는 이유에 대하여 ㉮ 번역자가 불보살
   님과 스승들께 예경함으로써 번역을 하는 데 있어 장애 없이 끝까지 잘 회향할
   수 있도록 하기 위한 것 ㉯ 본문의 주요 내용이 삼장 가운데 어느 것에 속하는
   지를 먼저 파악하기 위한 것 이 두 가지의 목적이 있다고 한다.

138

〔1〕³

자신의 스승과 본성이 다를 바 없는 무니인다⁴〔석가모니〕께 귀
명하나이다.

　　　　　　　　　　　　- 인도어로 능인왕〔석가모니〕을 예찬한 글 -

〔2〕

희유한 기개와 연민심의 쇠갈고리로써

다른 선서善逝께서 구제할 수 없는

포악하고 길들이기 어려운 중생을 인도하시는

최상의 인도자 '싸꺄족의 최고봉'〔석가모니〕께 공경히 예경하
나이다.

　　　　　　　　　　　　- 티벳어로 석가모니를 예찬한 글 -

〔3〕

위대한 행⁵의 주존 미팜괸〔미륵〕

심오한 견해⁶를 베풀어 주신 잠뻬양〔문수〕

남섬부주를 장엄하신 루둡〔용수〕과 톡메〔무착〕께

보리의 핵심에 이르기까지 귀의歸依하나이다.

　　　　　- 광대한 행의 전승과 심오한 견해의 전승의 스승에 대한 예찬 -

3　〔1〕게송~〔6〕게송은 본문의 저자 뺀첸라마 롭상예쎼의 서두예찬이다.

4　무니쥐혜는 '능인', 인다쓰힉는 '왕'이라는 의미다. 능인왕은 부처님의 다른 명칭
　의 하나이다. 그렇지만 문장의 내용에 따라서는 석가모니로 보아야 하는 경우
　도 있다.

5　자리나 이타, 인과 어느 측면으로도 광대한 보살행인 육바라밀수행과 사섭법
　수행 등을 말한다.

6　요해하기 어렵고 요해한다면 의미가 매우 큰, 심오한 공성을 요해하는 견해를
　말한다.

〔4〕

지해知解와 행증行證[7]의 가르침의 최상의 (공덕을 빠짐없이)

갖추신 아띠쌰

까담의 가르침의 개창자 돔뙨빠 수장

사유가행자四瑜伽行者와 (까담) 삼형제[8] (등)

까담의 스승들께 마음 깊이 정례하나이다.

　　　　　　　　　- 아띠쌰 존자와 까담의 스승들에 대한 예찬 -

〔5〕

능인의 가르침을 전부 구족하신 훌륭한 지성知性의 호수에서

저술과 해설, 논쟁의 위대한 글줄이 허공에 솟아 오르며

선량한[9] 명성의 아주 가는 물방울을 시방에 떨치신

롭상닥빠〔쫑카빠〕의 위덕에 머리 조아려 정례하나이다.

　　　　　　　　　　　　　　- 쫑카빠 대사에 대한 예찬 -

〔6〕

롭상닥빠〔쫑카빠〕의 법의 깃발을 수지하신 으뜸〔제4대 뻰첸라
마 롭상최끼곌첸〕

악기왕축 롭상갸초 영도자

그릇됨 없는 인도자이신 은혜로운 스승[10]께

7　경론의 의미를 바르게 요달하고, 그 가르침대로 실천 수행하는 것을 말한다.

8　사유가행자四瑜伽行者는 괸빠와, 네우수르와, 탁마빠, 게르첸뽀이며, 까담 삼형
　　제는 뽀또와, 쌰라와, 체카와다.

9　자리행과 이타행을 말한다.

10　제5대 뻰첸라마 롭상예쎼의 스승이신 밀종사 뀐촉곌첸 뻴상뽀을 가리킨다.

140

공경히 정례하오니 자비심의 쇠갈고리로써 붙잡아 주소서.

- 세 분의 스승들에 대한 예찬과 간청 -

그것에 대하여 여기에 선연이 있는 교화할 대상[제자]이 문장 정도에만 국집하는 것이 아닌 반드시 일체지[11]를 희구하는 이들을 부처님의 경지로 이끄는 보리도차제의 가르침(을 해설하는 것)에는 두 가지가 있다.

Ⅰ. (보리도차제를) 전승한 스승의 근원을 해설하는 측면에서 수행과제[12]의 수와 순서에 대한 확정을 일으키는 방법에 대한 해설 Ⅱ. 확정이 생기고 나서 도의 차제에 마음을 익히는 방법에 대한 본 해설(이) 두 가지다.

Ⅰ. (보리도차제를) 전승한 스승의 근원을 해설하는 측면에서 수행과제의 수와 순서에 대한 확정을 일으키는 방법에 대한 해설은

물의 발원지는 눈과 맞닿아야 하는 것과 같이 미묘법의 전승에도 교주이신 '올바르게 구족하신 부처님'과 만나야 한다. 그렇기에 삼사三

---

11 일체지는 일반적으로 부처님께만 있는 일체종지의 준말 또는 부처님의 경지〔불지佛地〕이 두 가지의 의미로 쓰인다. 여기서는 부처님의 경지로 이해하면 된다.
12 삼사 각각의 수행과제를 말한다.

土의 도차제道次第[13] 여기에는 광대한 도차제와 심오한 도차제 (이) 두 가지가 있는데, 첫째 (광대한 도차제는) 올바르게 구족하신 부처님으로부터 지존 잠빠[미륵]와 그[지존 잠빠]로부터 톡메[무착] 형제[14] 등에게 전승되었다. 또한 둘째 (심오한 도차제는) 올바르게 구족하신 부처님으로부터 지존 잠양[문수]과 그[지존 잠양]로부터 '빼어난 구호자 성인 루둡'[용수] 등에게 전승되었다. 두 가지 (전승)은 빼어난 마르메제[아띠쌰]에게 있으며, 요약하면 빼어난 구호자 성인 루둡[용수]은 이 가르침에 대하여 제2의 설법자[석가모니]로 불린다. 구호자 루둡[용수]이 아시는 법을 조오[아띠쌰]께서 아시지 못하는 것이 없기에 (아띠쌰를) 불법의 주인으로 믿어야 한다. 조오[아띠쌰] 큰 스승께서 선지식 돔뙨빠에게 이 보리도차제를 은밀하게 전수하신 그것에 대하여 그 또한 선지식 돔뙨빠는 조오[아띠쌰]께 '당신께서 다른 사람에게는 밀교의 가르침을 내리시고 저에게는 이 보리도차제의 가르침을 내려 주시는 것은 무엇 때문입니까?'(라고) 아뢰자 '내가 자네가 아닌 다른 사람에게는 (가르쳐) 줄 곳을 찾지 못했다네'라고 말씀하셨다. 그리고 이 긴요한 가르침[15]을 선지식 돔뙨빠에게 내려주신 것은 그[돔뙨빠]를 가르침의 주인으로 가피하셨기에 선지식 돔뙨빠의 훌륭한 행적이 매우 광범위하게 성행한 것 또한 그것의 징

---

13 도차제는 문자의 의미 그대로 '도의 순서'를 의미하는 경우도 있고, 보리도차제의 준말로서 쓰인 경우도 있다. 따라서 본문에서 보리도차제의 준말로 쓸 경우에는 '보리도차제'로 옮겼다.

14 성인 톡메[무착]와 아사리 익녠[세친] 두 형제를 가리킨다.

15 스승이 제자에게 경론의 요지와 수행방법 등을 알기 쉽게 특별히 제시한 방편의 가르침을 말한다.

142

조다. 대선지식 돔뙨빠께서 유가의 자재자 귄빠와에게 말씀하셨고,
그(귄빠와)가 네우수르와(에게 말씀하셨으며), 그(네우수르와)가 탁
마빠와 게르첸뽀에게 말씀하셨고, 선지식 돔뙨빠 린뽀체가 '쩬아와
출팀바르'에게 말씀하셨으며, 그('쩬아와 출팀바르')가 자율와에게 말
씀하신 까담담악빠(까담맹악빠)로부터 전승된 보리도차제 두 전승은
지존 법왕이신 쫑카빠 대사께서 '호닥 대성취자 레끼도제'로부터 들
으셨다. 또한 돔뙨빠 린뽀체께서 선지식 뽀또와에게 말씀하셨으며,
그(뽀또와)가 선지식 '돌빠'와 쌰라와에게 말씀하신 까담슝빠와로부
터 전승된 보리도차제를 '제 린뽀체'(쫑카빠)께서 '다꼬르 대주지 최
꺕상뽀'로부터 들으시고 그분(다꼬르 대주지 최꺕상뽀) 이전 선대의 한
분의 스승으로부터 한 분(의 제자)에게 전승한 순서는 보리도차제
간청문 — 『보리도차제의 (가르침을 전승한 스승들에 대한) 간청문 최상의 도
의 문을 여는 (차제)』 — 에서 밝힌 바와 같다.

또한 '제 닥니첸뽀'(쫑카빠)[16]께서는 처음에 지존 잠뻬양(문수)께서
말씀하신 염리심, 보리심, 정견(공성을 요해하는 지혜) (이) 세 가지를
중점적으로 마음에 익히셨다. 이후에 '라뎅 겔외윈네'(라뎅사원)에서
'우욘마'라 불리는 조오(아띠쌰) 큰 스승의 존상尊像을 청해 모시고,
오랫동안 매우 강렬하게 간청함에 따라 올바르게 구족하신 부처님
으로부터 '호닥 대성취자 남카겔첸'에 이르기까지의 스승들의 전승
들과, 특히 조오(아띠쌰) 큰 스승, 돔뙨빠, 뽀또와, 쌰라와 (이분)들을
한 달 동안에 친견하여 (이전에 얻지 못한 공덕을 새롭게 얻는) 가르

---

16 닥니첸뽀라고 하면 대연민심과 보리심, 공성을 요해하는 지혜 등 수행의 경지
　　가 높은 분, 즉 보살성인의 경지에 오른 분이라는 의미다.

침과 이후에 (더욱 증장하게 하는) 많은 가르침 또한 내려 주셨다. 마지막으로 뽀또와 등 세 분[17]이 조오[아띠쌰]에게 흡수되고 아띠쌰께서 손을 정수리에 대시며 '(부처님의) 가르침에 광대한 행을 하라. 그리고 보리를 증득하고 중생을 이롭게 하는 행을 하는 데 내가 도움을 주겠네'라고 말씀하시고 (모습이) 보이지 않는 것 등의 희유한 길조가 많이 생겼다. 그리고 그때 대주지 '술푸와 쬔촉뻴상뽀'와 위대한 로짜와[역경사][18] 꺕촉뻴상뽀 등이 요청함에 따라 『대보리도차제ལམ་རིམ་ཆེན་མོ།』[『보리도차제광론ལམ་རིམ་ཆེན་མོ།』]를 저술하셨다. 지존 잠뻬양[문수]께서는 '내가 설한 염리심과 보리심, '청정한 견해'[정견]의 측면에서 이끄는 도道 그것에 포함되지 않는 것이 있는가'(라고) 말씀하신 것에 대하여, (쫑카빠께서는) '허물이 없습니다. 그 세 가지를 생명의 토대로 삼아서 그것을 바탕으로『(보리)도등론』등의 경교를 보충하여 삼사의 도차제와 접목시켜 저술하였습니다'라고 아뢰는 것 등의 비밀스러움은 생각으로는 다 헤아릴 수 없을 만큼 많다. 그러므로 보리도차제의 이러한 핵심들은 지존 잠뻬양[문수]으로부터 '제 린뽀체'[쫑카빠]에게 전승한 것이라 해도 무방하며 '제 라마'[쫑카빠]께도 (보리도차제의) 가르침의 전승을 잘 수지할줄 아는 제자들이 많이 생겼기에 보리도차제의 전승의 방식 또한 그만큼 (다양하

---

17 돔뙨빠, 뽀또와, 쌰라와 이 세 분이다.

18 로짜와ལོ་ཙཱ་བ་는 산스크리트어에서 티벳어로 음역한 것이다.『둥까르 장학대사전』에 따르면 로짜와는 '세간의 눈'이라는 의미다. 여기서 세간의 눈이라 한 것은 중생들이 취하고 버릴 바를 전도되지 않고 바르게 볼 수 있는 눈이라는 의미다. 한역본 '경론'에서는 역경사 또는 번역가로 옮겼다.

게) 생겼다. 그렇지만

▪ '겔와 왼싸빠'〔롭상된둡〕[19] 사제師弟[20]가 들은 전승은 ㉮ '제 린뽀체' 〔쫑카빠〕㉯ 겔찹최제〔겔찹 린뽀체〕㉰ 지율행자持律行者 닥빠겔첸 ㉱ 케둡최제〔케둡 린뽀체〕㉲ 수장 쎄랍쎙게[21] ㉳ 지율행자 로되베빠 ㉴ 뻰첸 최끼겔첸[22] ㉵ 수장 꺕촉뻴상뽀 ㉶ 수장 자재성취자 롭상된둡 ㉷ 수장 쌍계예쎼 ㉸ 뻰첸 일체지자 롭상최끼겔첸 ㉹ 밀종사 뀐촉겔첸뻴상뽀 바로 이분으로부터 내가[23] 이 (보리도차제)법의 은혜를 훌륭하게 성취하였다. – ㉮~㉹는 전승된 순서다. –

▪ 또는 ㉮ '제 탐제켄빠'〔쫑카빠〕㉯ 수장 쎄랍쎙게 ㉰ 지율행자 (로되베빠) 이하 (㉴~㉹)는 동일하다.

▪ 또는 ㉮ '제 린뽀체'〔쫑카빠〕㉯ 지율행자 닥빠겔첸 ㉰ 수장 쎄랍쎙게 이하 (㉳~㉹)는 동일하다.[24]

---

19 제3대 뻰첸라마를 가리킨다. 이분이 살아 생전에 부처님의 경지에 오르셨기에 승리자〔겔와ན་ང་ས་ས།〕인적이 드문 외딴 곳〔왼싸ད་བ་ས།〕에서 수행하신 분〔빠씨།〕이기에 '겔와 왼싸빠'라고 불리게 되었다고 한다.

20 여기서 사제師弟는 스승이신 겔와 왼싸빠 롭상된둡과 이분의 제자이신 수장 쌍계예쎼와 뻰첸 일체지자 롭상최끼겔첸, 밀종사 뀐촉겔첸뻴상뽀 등을 말한다.

21 규메사원의 창건자다.

22 바쏘최끼겔첸이라고도 하며 쫑카빠 대사의 제자이자 케둡최제의 아우다.

23 본문의 저본의 저자이신 제5대 뻰첸라마 롭상예쎼를 가리킨다.

24 이 부분은 보리도차제의 전승의 순서라기보다 뻰첸라마 롭상예쎼께서 보리도차제의 가르침을 누구로부터 전수 받았는가를 열거한 것이다. 뻰첸라마 롭상예쎼께서는 밀종사 뀐촉겔첸뻴상뽀로부터 보리도차제의 가르침을 전수 받았다.

그와 같이 '제 닥니첸뽀'〔쫑카빠〕께서는 『대보리도차제』를 저술하시
고 나서 또 다시 『대보리도차제』 가운데 경교를 인용한 것과 상세하
게 반박한 바와 수긍한 바들을 제외하시고 정수의 핵심들이 빠짐없
이 잘 요약된 『보리도차제약론ལམ་རིམ་ཆུང་བ།』(『중보리도차제ལམ་རིམ་འབྲིང་
བ།』)을 저술하셨다. 그렇지만 (그 후에) 제자〔후학〕들의 마음의 힘이
점점 약해짐에 따라 『대보리도차제』에서는

> "그렇지만 (보리도차제에서) 해설한 것 모두 수행으로 옮길 줄
> 아는 이가 아주 드물어 보이기에 (보리도차제의 수행과제별 관
> 상할 바를) 익힐 수 있도록 잘 요약된 것도 필요하다."

라고 말씀하신 고견을 받아들이셔서 뻰첸 일체지자[25]께서 『보리도
차제 마르티 쉬운 길ལམ་རིམ་དམར་ཁྲིད་བདེ་ལམ།』(을 저술하셨고) '승리자
의 왕[26] 일체지자 큰 스승'[27]께서 『잠뺄〔문수〕의 구전심요ཨཇམ་དཔལ་ཞལ་ལུང་།』를 저술하셨다. 이것들이 (지나치게) 상세하거나, (지나
치게) 간략한 것을 알맞게 맞추어 경교와 논증으로써 (의문이) 풀리
기에 (이러한 경교와 논증으로도) 자신이 수습修習할 수 있다면 안
될 것도 없다고는 하나[28] 다른 이들이 필요하다는 매우 간곡한 요청
과 나처럼 복덕을 쌓은 뒷받침이 적고 마음의 힘이 약한 이가 이러한

---

25 제4대 뻰첸라마 롭상최끼곌첸를 가리킨다.
26 승리자는 부처님의 다른 명호의 하나다. 이하도 동일하다.
27 제5대 달라이라마 악왕롭상갸초를 가리킨다.
28 많은 보리도차제 교본들이 그다지 필요하지 않을지도 모른다는 의미다.

146

보리도차제들에 대하여 철저히 이해하게 된다면 높은 지地와 도道의
탐문探問보다도 핵심이 더 크다고 생각하여 수행과제의 수와 순서,
도 각각의 개념들을 나의 마음으로 이해한 모든 것에 의해 썼다. 저
자의 위대함, 법의 위대함, 법에 대한 청문聽聞과 해설을 어떻게 해야
하는가의 방법들은 『대보리도차제』와 『보리도차제약론』(『중보리도
차제』)에서 말씀하신 것으로부터 알도록 해야 한다. 그리고 (『대보리
도차제』에서는)

    "그것(『보리도등론䜣䞁䞁䞁䞁䞁』)의 저자 자체가 또한 이것
    (『대보리도차제』)의 저자이기도 하다."

라고 말씀하신 의미에 대하여 어떤 이는 조오(아띠샤)와 '제 린뽀체'
(쫑카빠)의 심식의 흐름이 동일하다[29]는 그것의 의미로 말한 것이다.
그 두 분의 심식의 흐름이 동일하더라도 '제 닥니첸뽀'(쫑카빠)께서는
마음이 매우 깊기에, 당신이 조오(아띠샤)와 심식의 흐름이 동일하다
고 직접 말로 동의하셨겠는가? 따라서 그것의 의미는 『보리도등론』
은 『(대)보리도차제』[30], 『(대)교차제』와 모든 최상의 도(차제)의 해
설한 바의 뿌리가 된 전적이기에

---

29 두 분의 전후생의 심식의 흐름이 동일한, 즉 아띠샤 존자께서 다시 쫑카빠 대
    사로 환생한 동일 인물이라는 관점에서 말한 것이다.

30 본문의 저본에서 『람림䜣䞁』이라고만 표기된 경우 출처를 찾아 내용을 확인
    한 후에 『(대)보리도차제䜣䞁䞁』 또는 『(중)보리도차제䜣䞁䞁䞁』
    로 구분하여 표기하였다.

"또한 이것〔『대보리도차제』〕의 저자이기도 하다."

라고 한 것과 '여기서의 저자 또한 『보리도등론』의 저자인 조오〔아띠
쌰〕를 거론한다'고 말씀하신 까닭은, 예컨대 (여러) 대주석서들의 마
무리의 의미〔부분〕인 '어떤 이가 저술하였는가'라는 그 (문장을) 첫머
리에 이끌어서 말씀하신 것과 같기 때문이다. 또한 몇몇 '순례기'에
서 '조오〔아띠쌰〕께서 티벳에 13년 정도 밖에 계시지 않았다'고 말하
였지만 '제 린뽀체'〔쫑카빠〕께서는 '조오〔아띠쌰〕께서 티벳에 17년을
계셨다'는 말씀이 타당한 까닭은 조오〔아띠쌰〕의 전기의 근거는 로짜
와〔역경사〕 낙초[31]를 참고해야 하기 때문이다. 그것에 대하여 낙초가
조오〔아띠쌰〕를 19년 동안 의지한 것에서 인도에서 2년, 티벳에서 17
년을 의지했다고 낙초 당신께서 저술하신 『찬탄팔십송 བསྟོད་པ་བརྒྱད་ཅུ
པ།』에서 말씀하셨기 때문이다. 그것에 대하여

"햇수로 19년을 의지해서 가까이 모셨지만
당신의 몸과 말씀과 마음에 잘못된
허물의 악취가 나는 것을 전혀 볼 수 없었다네"

라고 했으며

"그분〔아띠쌰〕이 이전에 쏘마뿌리에서

---

31 낙초 출팀곌와는 11세기 티벳의 로짜와〔역경사〕다.

『논의論議의 성화盛火ཚོགས་ཀྱི་འབར་བ།』[32]를 설하실 때

지금부터 20년이 될 때

수명의 역할을 버리고…"

라고 말씀하셨으며

"그런 연후에 2년이 지났을 때

티벳으로 오시는 도중에

비까마니씨라(사원)에서

지금부터 18년이 될 때

수명의 역할을 버리고서

이 몸을 티벳에 남기겠다[33]고 말씀하시고

말씀하신 그대로 틀림없이

이루어진 그것은 매우 희유하다네"

라고 말씀하셨기 때문이다.

---

32 아사리 렉덴제[청변]의 『중관심요དབུ་མ་སྙིང་པོ།』에 대한 자주自註다. 중관자립논증
파의 견해로서, 저술한 것으로 보리심에 관한 내용과 이교도가 불교의 교의를
반박하는 것에 대하여 불교의 교의로써 다시 반박하는 내용 등을 담고 있다. 이
논서는 티벳장경 논소부 데게뗀규르 중관부에 수록되어 있다.

33 티벳에서 생을 마치겠다는 의미다.

그렇다면『(보리)도등론』또는『(대)보리도차제』를 의지해서 모든 (부처님의) 가르침을 모순됨이 없이 요해하는 것과 부처님의 언교가 남김없이 교계敎誡[34]로 떠오른다면 ㉮ 모든 부처님의 언교의 내용의 도[35] 전체가 삼사의 도차제에 포함되는 이유는 무엇인가 하면 ㉯ 부처님께서 처음에 보리심을 일으키고, 중간에 자량을 쌓고, 마지막에 성등정각의 행적〔상相〕을 보이신 것은 오직 중생을 이롭게 하기 위한 것이기 때문에 법을 설하신 것 모두도 오직 중생을 이롭게 하기 (위한) 것뿐이다. 성취할 바 중생의 이익에는 일시적인 (이익에는) 명확히 더 높은 생과 궁극의 (이익에는) 수승한 해탈(이 있다.) 명확히 더 높은 생을 성취하는 것에 관하여 말씀하신 것 모두는 실제 하사도 또는 하사와 공통의 법〔도〕과 관련된 것에 포함되고, 수승한 해탈에도 해탈과 일체지〔부처님의 경지〕 (이) 두 가지가 있는데 먼저 해탈을 증득하는 것에 관하여 해설한 것 모두는 중사도 또는 중사와 공통의 법〔도〕에 포함되며, 일체지〔부처님의 경지〕를 증득하는 것에 관하여 해설한 것 모두는 상사의 법〔도〕에 포함되기 때문이다. ㉰ 상사도上士道가 마음에 생기는 데에는 중사中士와 공통의 도가 선행되어야 하는 것과, 중사와 공통의 도가 마음에 생기는 데에는 하사下士와 공통의 도가 마음에 생기는 것이 선행되어야 하는 방식은 어떠한가 하면 ㉱ 대승에는 바라밀승과 비밀승〔금강승〕 (이) 두 가지가 있다. 그 두 가지 (가운데) 어느 것에 입문하더라도 들어가는 문은 오직 보

---

34 교계敎誡는 일시적인 이익과 궁극적인 이익을 얻도록 하는 방편을 현시한 가르침을 말한다.

35 명확히 더 높은 생, 해탈, 부처님의 경지로 나아가는 방편의 도 전체를 말한다.

150

리심뿐이라고 확정 짓고 보리심이 마음에 생기는 데에는 일체중생
이 고통으로 인해 핍박 당하는 것을 참지 못하는 (대)연민심이 필요
하다. 일체중생이 고통으로 인해 핍박 당하는 것을 참지 못하는 대연
민심이 생기는 데에는 '하사(와 공통의 도)와 중사(와 공통의 도)편'
에서 해설한 것과 같이 자신이 윤회와 악도³⁶의 고통으로 인해 두려
워하고 그로부터 구제하는 능력이 삼보三寶³⁷께 있다고 믿는 것 (이)
두 가지가 선행되어야 한다. 그 까닭은 자신이 윤회와 악도의 고통으
로 인해 두려워하여 그로부터 벗어나기를 원하는 강렬한 마음이 없
이는 다른 중생이 고통으로부터 핍박 당하는 것을 참지 못하는 강렬
한 연민심을 일으킬 수 없기 때문이다.³⁸ 그것에 대하여 『지장십륜

---

36 지옥, 아귀, 축생, 즉 삼악도의 생을 받는 것이다.

37 겔찹 다르마린첸의 『대승보성론 다르마린첸주소ཐེག་པ་ཆེན་པོ་རྒྱུད་བླ་མའི་དར་ཊིཀ』 등에
따르면 삼보의 실제적인 의미는 마음에 귀의가 생긴 불교도의 귀의의 대상을
말한다. ㉠불보佛寶는 번뇌장과 소지장을 남김없이 소멸한 공덕인 멸성제와 일
체종지와 같은 도성제를 증득한 불세존과 그분에게 있는 모든 공덕의 종류를
말한다. ㉡법보法寶는 성문, 연각, 대승보살, 즉 삼승의 견도, 수도, 무학도의 계
위에 오른 성인이 증득한 도성제와 멸성제를 말한다. 도성제와 멸성제에 대해
서는 사성제의 주註(p.33 註 5)를 참고하기 바란다. ㉢승보僧寶는 수승한 승가,
즉 삼승의 견도, 수도, 무학도에 오른 성인들을 말한다. 따라서 '경론'에서는 '불
보는 병을 치료하는 의사, 법보에서 도성제는 병을 낫게 하는 약, 멸성제는 약
에 의해 병이 나은 것, 승보는 병을 치료하는 데 도움을 주는 간호사'에 비유하
기도 한다.

38 저본의 문장에는 ㉠ ㉢ ㉡ ㉣의 순서로 서술되어 있다. 즉 두 가지 질문이 먼
저, 두 가지 답변이 후에 서술되어 있기에 내용 이해를 돕기 위해 부득이 질문
에 대한 답변이 바로 연결되도록 ㉠ ㉡ ㉢ ㉣ 순서로 바꾸어 서술하였음을 밝
힌다.

경地藏十輪經སའི་སྙིང་པོ་འཁོར་ལོ་བཅུ་པའི་མདོ།」³⁹에서

"작은 시냇물을 마실 힘도 없다면
큰 바다(의 물)을 어떻게 들이킬 수 있겠는가
이승二乘⁴⁰도 능숙하지 못하다면
대승을 어떻게 배울 수 있겠는가"

라고 했으며, 『보리도차제(약론)』(『(중)보리도차제』)에서도

"또한 자신이 안락하지 못하고 고통으로 인해 핍박 당하는 윤회에 떠도는 방식을 사유할 때에 털이 떨리지 않는 한 사람⁴¹에게는 다른 중생이 안락하지 못하고 고통으로 인해 핍박 당하는 것에 대하여 참지 못하는 (대연민심)이 생길 리 없다. 그것에 대하여 『입보리행론』(「제1품」)에서도

그러한 중생들에게 먼저
자신을 이롭게 하는 것에도 이와 같은 마음이
꿈에서조차도 꿈꾸지 못한다면
타인을 이롭게 하는 (마음)이 어떻게 생기겠는가"

---

39 티벳장경 불설부 데게까규르 경부와 장까규르 경부에 수록되어 있다.
40 성문승과 연각승, 즉 소승의 가르침을 말한다.
41 간절한 마음이 없는 무감각한 사람을 말한다.

라고 말씀하셨기 때문이다.

따라서 여기에서 삼사도를 순서대로 이끄는 의미는 실제로 하사도와 중사도로 이끄는 것이 아닌, 하사와 공통의 도와 중사와 공통의 도 몇몇을 상사의 전단계 기초수행인 (복덕을) 쌓고 (죄업과 장애를) 소멸하는 부분으로 삼아서 이끄는 것이다. 만약 하사와 중사의 법〔도〕과 관련된 것들이 상사의 한 부분이라면 상사도에 포함시켜도 되지 않는가? (굳이) 하사와 공통의 도차제와 중사와 공통의 도차제라는 명칭을 쓸 필요가 있겠는가라고 하다면 삼사를 각각으로 나누어서 이끄는 데에는 (다음과 같이) 두 가지의 큰 목적이 있다. 그 까닭은 이와 같이 ㉮ 하사와 공통의 마음과, 중사와 공통의 마음이 생기지 않고도 자신을 진짜 상사로 인정하는 아만을 꺾기 위한 것과 ㉯ 마음이 높은 수행자〔상사〕, 중간 수행자〔중사〕, 낮은 수행자〔하사〕 삼사 (각각)에게 더 큰 이익이 있기 때문이다. (이익이) 더 큰 방식은 상사와 중사 둘에게도 법을 성취하는 몸인 명확히 더 높은 생의 경지를 반드시 이루어야 한다. 그리고 한 초학자가 하사와 중사의 마음 (동기와 익혀야 할 도道인 수행과제)를 익히지 않고 상사도에 입문할 생각을 내더라도 상위의 마음이 생길 리 없으며, 아래 두 가지마저 내버림으로써 어떤 것도 생기지 않기 때문이다. 따라서 일반적인 대승의 도차제와 특히 무상유가밀[42]에 입문하고자 한다면 하사와 공통의 도와, 중사와 공통의 도를 강하게 밀어 붙이는 것이 핵심이다. 그것에 대하여 지존 잠뺄〔문수〕께서 (쫑카빠 대사에게)

---

42 사부밀교四部密敎, 즉 작밀, 행밀, 유가밀, 무상유가밀 가운데 최상위의 밀교수행이다.

"따라서 밀교 등의 가장 심오하다는 교계들을 놓아 두고 먼저 염리심과 보리심에 대한 최대한의 경험이 생기도록 해야 한다. 그것이 생긴 연후에 모든 선업이 해탈과 일체지의 경지(부처님 의 경지)의 원인으로 자연스럽게 가는 것이다. 그러므로 이것에 대하여 수습할 가치가 없다고 여기는 것은 도의 핵심을 전혀 알지 못하는 것이라네."

라고 말씀하셨다.

Ⅱ. 확정이 생기고 나서 도의 차제에 마음을 익히는 방법에 대한 본 해설의 두 가지는

1. 도의 근본인 선지식을 의지하는 방법 2. 의지하고 나서 마음을 익히는 순서다.

1. 도의 근본인 선지식을 의지하는 방법은
1) 일과시간에는 어떻게 해야 하는가 2) 여가시간에는 어떻게 해야 하는가의 방법이다.

1) 일과시간에는 어떻게 해야 하는가에는
(1) 관상 준비 (2) 본 관상 (3) 마무리 관상 (이) 세 가지(가 있다. 그 가운데)에서

154

(1) 관상[43] 준비는

① 머무는 집을 쓸고 닦고 (부처님의) 몸〔불신佛身〕과 말씀과 마음의 (공덕을 수념하는) 토대(인 불단)을 장엄하기 ② 공양은 정직하고 장엄한 것으로 마련하여 아름답게 배치하기 ③ 편안한 방석에 앉는 자세 여덟 가지 또는 행行·주住·좌坐·와臥에 가장 편안한 자세로 머물러 귀의, 발보리심, 사무량심을 수습하기 ④ 자량전資糧田[44]을 또렷하게 떠올리는 방법 ⑤ (자량을) 쌓고 (죄업과 장애를) 소멸하는 핵심이 응집된 칠지공양을 멘델ষ্ট্রীষ্ট্রীষ্과 함께 올리기 ⑥ 간청하는 것은 긴요한 가르침과 같이 반드시 마음과 합일되게 하기, (이러한) 것들이 있다. (그 가운데에서)

---

43 본문에서의 관상觀想은 자량전을 또렷하게 떠올린 상태에서 관상과제에 따라 문·사·수의 방법, 특히 분별적 사유수습 또는 전력적 집중수습에 의해 거듭 거듭 마음에 익히는 것으로 정의하였다. 따라서 일반적으로 말하는 사유와는 구별하여 옮겼다. 보리도차제 교본의 관상과제를 익히는 데 있어서는 수습修習 역시 관상과 같은 의미로 볼 수 있다. 그러나 일반적으로 관상이 대상을 떠올린다는 측면이라면 수습修習은 마음에 익힌다는 측면이 강하다. 따라서 본문의 저본에서 수행과제에 따라 두 가지 용어를 구별해서 쓰고 있기 때문에 옮긴이도 저본에 의거하여 옮겼다.

44 자량전은 티벳어로는 촉싱ক্ষীষ্ল্ম্ষ্বিষ이라 하며 한국어로는 복전 또는 공덕전으로 번역되기도 한다. 이것은 복덕자량과 예쎄자량을 쌓는 대상 가운데 으뜸이며 자신의 마음에 떠올려서 관상의 대상으로 모시는 불보살과 본존, 출세간의 호법신 등을 통틀어 자량전이라 한다. 그밖에 자량전으로 모실 수 있는 귀의의 대상은 모두 삼승의 견도 이상에 오른 성인만 모셔야 한다. 삼승의 가행위 이하의 세간의 신들을 귀의 대상으로 삼거나 자량전으로 모셔서는 안 된다고 『대보리도차제』 등에서 말씀하셨다.

① 머무는 집을 쓸고 닦고 (부처님의) 몸〔불신佛身〕과 말씀과 마음의 (공덕을 수념하는) 토대(인 불단)[45]을 장엄하기는

머무는 집을 쓸고 닦는 방법은 사원 또는 약초산지 또는 산골짜기 등 그 어느 곳이나 마찬가지다. 특히 산골짜기와 같은 곳이라면 자신이 머무는 곳의 그 지역이 넓을 경우 초가집의 사방에 네 계단을 쌓고 그것을 사대천왕이라고 여긴다.[46] 그곳에 공양과 또르마[47] 등을 올린다. 보리도차제의 가르침을 수습하는 불리한 조건〔역경계〕인 장애를 끊고, 유리한 조건〔순경계〕을 성취하는 일을 청원한다. 그리고 원래 머무는 집 바로 그곳에 물을 뿌리고 쓸고 닦는 것 등을 하며 머물고 싶은 생각이 일어나는 마음에 드는 한 곳을 만들어서 그곳에 (부처님의) 몸〔불신佛身〕, 말씀, 마음의 (공덕을 수념하는) 토대를 배치해야 한다. (부처님의) 몸〔불신佛身〕, 말씀, 마음(의 공덕을 수념하는) 토대를 배치하는 방법에는 자신의 앞 정면의 한 높은 곳의 탁자에 선대의 까담빠의 스승들께서 능인왕의 존상 한 분씩을 모시고 다니는 행적

---

45 불상은 부처님의 몸〔불신佛身〕, 불경은 부처님의 말씀, 불탑은 부처님의 마음의 공덕을 수념하는 토대다.

46 티벳 수행자들은 안거安居에 들 때 장애를 물리치기 위하여 처소 바깥의 사방에 불상을 모시는 경우도 있다. 그렇지 않으면 돌이나 흙으로 하단부는 좀 더 넓은 것을 놓고 탑처럼 쌓아서 이것을 사대천왕으로 여기는 경우도 있다. 여기서 사대천왕은 주로 석가모니 당시의 주된 호법신들을 일컫는다. 즉 출세간의 계위에 오른 네 분의 호법신을 가리킨다. 따라서 욕계천신 가운데 한 부류인 사천왕천의 권속격인 세간의 천신들과는 구분된다.

47 보릿가루 등에 버터를 섞어 갖가지 모양을 만들어 올린다. 올린 후에 먹을 수 있도록 깨끗하게 만든다.

을 보이셨기에 능인왕의 존상 그분이 머무시도록 한다. 그분을 실제의 부처님이라고 생각한다. 그것도 없으면 수지修持멘델ཞ৲'ਪਕੇ'ਕੇ養ਕੇ[48]이라는 재질이 매우 부드러운 것에 우정물牛浄物[49] 또는 향기로운 것으로써 바르거나, 그것조차도 없으면 나무판자와 평평한 돌과 같은 것 위에 보리 또는 쌀 등으로 아홉 무더기[50]를 안치한다. '그것이 주인인 (쌰꺄)능인[석가모니]과 (그분의) 권속과 함께 실제 그 자체다'라고 또렷하게 떠올린다. 자신의 자리 아래에 흰 석회로써 융둥གਘੂང་དੂਖ[卍그림]을 법륜을 돌리는 방식으로 그린다.[51] 그 위에 매우 부드러운 두르와풀[52] 방석을 끝이 안쪽으로 보이도록 하고 풀뿌리는 밖으로 보이도록 해서 풀들이 헝클어지지 않게 펴야 한다. 그 까닭은

---

48 제대로 된 멘델을 구하여 올릴 형편이 못되는 경우, 흙 등으로 평편한 판을 만드는 것을 말한다.

49 고산에서 깨끗한 풀과 물을 먹고 자란 소에서 나온 우유, 버터, 치즈, 대소변 등을 가리키는데 티벳인들은 이것들을 아주 청정한 것으로 여기기에 이를 이용하여 멘델판을 만들었다고 한다. 이것은 당시 티벳의 시대적 상황 등에 비추어 이해해야 할 부분이다.

50 만약 불상, 불경, 불탑을 모실 형편이 못될 경우에는 출세간의 예쎼빠인 ㉮ 쌰꺄능인[석가모니] ㉯ 직접적으로 법을 설하여 주신 근본스승 ㉰ 간접적인 스승, 즉 자신의 근본스승에 이르기까지 법을 전승해 주신 법맥의 스승 ㉱ 본존 ㉲ 부처님 ㉳ 보살 ㉴ 빠오 ㉵ 빠모 ㉶ 뗀쑹예쎼빠[출세간의 호법신]이 아홉 집단을 만든 판위에 실제로 모신다고 생각하고 이분들을 상징하는 곡식이나, 보석류, 깨끗한 자갈 등 어느 것이나 조금씩 조금씩 아홉 무더기를 놓는다.

51 오랫동안 머물러 수행을 잘 할 수 있다는 믿음에 의해서다. 우리가 흔히 알고 있는 卐자와는 방향이 다른 역만자이다. 이것은 길상을 상징하는 그림의 한 종류로, 항상하고 변함이 없다는 것을 상징한다.

52 길상초 또는 백모근으로 밀교의 출세간의 본존에게 공양 올리는 의궤의 하나인 진쩩ਗੂਕੀ'ਅੱਗ을 올릴 때 불에 넣어 태우는 풀이다.

이전에도 올바르게 구족하신 부처님께서 풀장수 따시꺅ꞏꞏꞏ[길상]
동자로부터 풀을 공양 받으셔서 풀끝을 안으로 보이도록 하고 풀뿌
리는 밖으로 보이도록 해서 풀들이 헝클어지지 않게 펴시어 (티벳력
4월) 15일의 첫 여명이 밝을 때쯤에 성등정각의 행적을 시현한 길조
가 있었기에, 이전에 있었던 설법자의 전기를 후학인 제자들의 수행
(방법)으로 도입한 것이기 때문이다.[53] 이전의 머무는 바로 그곳에
두텁고 푹신한 방석을 만들 수 있다면 그것으로도 괜찮으며, 없다면
매우 부드러운 풀자리 또는 따와[54]자리 등과 같은 것을, 뒤는 조금 높
고 앞은 조금 낮은 것으로 마련해야 한다.

② 공양은 정직하고 장엄한 것으로 마련하여 아름답게 배치하기는

공양 올리는 용기(공양구供養具)는 상품은 금과 은, 중품은 적동과 청
동, 여의치 못하면 나무 등 어느 하나의 용기에 마실 물과 발 씻는 물
등[55] 일체를 건성으로 하거나 세금을 납부하듯 부화뇌동하는 것과 같
은 것이 아닌 것으로 배치해야 한다. 또한 금생의 이익이나 명성, 명
예를 탐하는 것 등이 아닌, 어머니인 일체중생을 위해 속히 속히 보
배와 같은 올바르게 구족하신 부처님의 경지를 어떻게 해서라도 증

---

53 석가모니의 행적을 따라 행하면 우리도 그렇게 수행을 잘 할 수 있다는 믿음
    에서 비롯된 것이다.
54 의약 용어로 부싯깃, 청명쑥, 큰절굿대라는 설이 있다.
55 대표적인 공양물은 마실 것, 발 씻는 물, 꽃, 훈향, 등불, 향수, 음식물, 음악 이
    여덟 가지다.

158

득해야 한다. 그렇게 하기 위해 삼보께 공양 올린다는 생각으로 배치
하면 배치하는 이에게도 이익이 있고 그것을 배치하는 것도 의미있
는 것이 되기 때문에 그와 같이 배치해야 한다.

③ 편안한 방석에 앉는 자세 여덟 가지 또는 행行·주住·좌坐·와臥에
가장 편안한 자세로 머물러 귀의, 발보리심, 사무량심을 수습하기는

○ A. 앉는 자세 여덟 가지는
편안한 방석에 앉는 자세 여덟 가지를 행하는 방법에 대하여 겔와 왼
싸빠 큰 스승께서

"발, 손, 척추 (이) 세 가지와
'치아, 입술, 혀끝'〔입〕[56]들 네 가지[57]와
머리, 시선, 어깨, 호흡 (이) 네 가지가
비로자나팔법이라네"

라고 말씀하신 것과 같이 앞의 방석[58] 바로 위에

▪ 발은 금강가부좌 또는 그것이 안 되더라도 반가부좌와 같이 하는
것도 괜찮으며, 반가부좌를 하는 방법에는 왼쪽 다리를 안쪽으로 두

---

56 치아, 입술, 혀끝 이 세 가지를 입 한 가지로 묶었다.
57 발, 손, 척추, 입 이 네 가지를 가리킨다.
58 바로 앞(p.155~157)의 ①에서 설명한 방식의 방석이다.

고 오른쪽 (다리)를 바깥쪽으로 둔다. 왼쪽 발등을 오른쪽 넙적다리 아래에 내려놓거나 넙적다리의 아래로 향한 것에 내려놓는 것과 같은 것이 아닌, 왼쪽 다리 밑의 생식기 부분 정도에 이르도록 한다.

▪ 손은 등인인等引印[59]을 맺는 방법에는 배꼽 아래 네 손가락을 붙인 너비 정도의 아래에 왼손은 아래에 놓고 오른손은 위에 놓아서 오른쪽과 왼쪽의 엄지손가락 두 끝을 약간 붙인 (그)것에 맥의 급소〔요해처要害處〕[60]로써 특별한 징조 하나가 있다.

▪ 척추는 펴서 곧게 세운다. 목은 약간 구부린다.

▪ 치아와 입술은 자연스럽게 둔다.[61] 혀끝은 입천장에 약간 붙인다.

▪ 머리는 또한 움직이지 않도록 반듯하게 한다.

▪ 시선은 (45도 각도로) 코끝으로 내린다.

▪ 두 어깨는 (힘을 빼고) 반듯하게 한다.

▪ 호흡은 고르게 한다[62]

는 (이) 여덟 가지다. 호흡을 고르게 하는 방법에는 숨소리를 내는 것, 거칠게 내는 것, 헐떡거리는 것 등 그와 같은 것이 아닌, 호흡을

---

59 여기서 등인인等引印은 삼매가 세밀하고 깊어서 흔들림없이 오롯이 집중하는 것을 상징한다.

60 생명과 직접적인 연관이 있는 곳으로, 기운이 한 곳에 모이는 중요한 부위이다.

61 평소에 무심코 있는 상태와 같이 자연스럽게 다문다는 의미다.

62 1회의 출식과 1회의 입식을 합쳐서 1회로 헤아려서 9회의 호흡을 한다. 출식과 입식을 통해 몸 속의 탁기를 밖으로 내보냄으로써 심신을 청정하게 하기 위함이다. 아래 게송의 '기운은 구절들로'라는 것도 동일한 의미다. 기운의 흐름이 원활하지 못함으로 인해 마음이 평정치 못한 것을 없애는 좋은 방법이다.

160

안과 밖으로 들이쉬고 내쉬기를 스물한 번 하는 동안 천천히 (그 호흡 수를) 헤아려서 삼매⁶³를 수습하면 삼매를 수습하는 그릇이 될 수 있다. 그것에 대하여 『게덴빠(게룩빠)의 보배로운 전승의 대수인大手印(을 수습하는 방법)의 정문正文, 승리자의 큰 길དགེ་ལྡན་བཀའ་བརྒྱུད་རིན་པོ་ ཆེའི་ཕྱག་ཆེན་རྩ་བ་རྒྱལ་བའི་གཞུང་ལམ།』⁶⁴에서

"편안한 선정의 작은 걸상에
앉는 자세 일곱 가지⁶⁵ 핵심을 갖추어서
기운은 구절들로 (신심을) 정화한다네"

라고 말씀하셨으며, 그리고 앉는 자세에 대하여 이전의 선대의 어떤 까규빠의 스승은 수습하는 것들의 첫머리에 인도어와 같이 반드시 인식하곤 했었다⁶⁶. 선대의 어떤 성현들은 수습하는 것들의 첫음에 인도어 ○○○와 같이 신심(이 더 중요하다고) 주장한다. 그렇지만 자파自派⁶⁷는 자신의 마음동기를 잘 살피는 것(이 더 중요하다고) 하

63 삼매는 성인 톡메(무착)의 『대승아비달마집론』에서는 '자신의 수습대상에 끊어짐 없이 오롯이 집중하는 심소'라고 말씀하셨다.
64 제4대 뻰첸라마 롭상최끼곌첸의 저술이다. 여기서 대수인大手印은 공성을 말하며 공성을 어떻게 수습해야 하는가에 관한 내용이다.
65 호흡을 제외한 나머지 일곱 가지다.
66 티벳에서는 산스크리트어본 경론을 티벳어로 옮길 때 첫머리에 반드시 번역하는 저본의 명칭을 인도어로는 ○○○, 티벳어로는 ○○○라고 서술하는 것을 당연시 한다. 이와 같이 관상할 때도 처음에 반드시 몸의 자세 일곱 가지와 호흡을 바르게 해야 한다는 의미이다.
67 일반적으로 사실인 것과 바른 주장 모두를 자파自派라 하며 사실이 아닌 것과

였다. 그것에 대하여 뻰첸 일체지자 큰 스승[68]의 『질문서 순백의 이 타적 발원의 답변서 롭상(닥빠)가 미소 짓는 음성དགེ་ལེགས་བསམ་རབ་དཀར་ གྱི་རིས་ལན་བློ་བཟང་བཞད་པའི་སྒྲ་དབྱངས།』[69]에서

"'모든 수습하는 것들의 처음에
인도어 ○○○ 와 상응하게 자신의 마음을
잘 살펴야 한다'라고
견줄 이 없는 최상의 스승 그분〔쫑카빠〕께서 주장하셨다네"

라고 말씀하셨기 때문이다.

따라서 자신의 마음의 동기를 잘 살펴서 보리도차제의 가르침을 수습해야 한다. '또한 재리財利와 공경, 명예 등 금생의 세간팔풍世間 八風을 원해서 수습하는가, 다음 생(의 이익 등)을 추구하기 위해 수 습하는가'라고 살펴본다면, 재리와 공경, 명예 등 금생의 세간팔풍을

틀린 주장 등을 타파他派라고 한다. 여기서의 자파自派는 쫑카빠 대사의 전통 또는 관점을 가리킨다.

68 제4대 뻰첸라마 롭상최끼곌첸을 가리킨다.

69 쫑카빠 대사께서는 『질문서 순백의 이타적 발원』에서 모든 수행자들에게 무 엇을 어떻게 수행하는가, 수행할 때 가장 중요한 것이 무엇인가 등에 대하여 질문을 던지셨다. 그것에 대하여 후대에 와서 제4대 뻰첸라마 롭상최끼곌첸 은 『답변서 롭상(닥빠)가 미소 짓는 음성』이라는 글로 선대의 쫑카빠 대사의 질문에 답한 내용이다. 쫑카빠 대사께서 선량한 마음동기를 가지고 질문하셨 고, 제4대 뻰첸라마 롭상최끼곌첸께서도 자신의 대답을 쫑카빠 대사께서 실 제로 들으신다면 매우 기뻐서 미소 지으실 거라는 의미에서 이러한 제목을 붙 였다고 한다.

162

원해서 수습한다면 그것에 의해 어떤 업〔행위〕을 짓더라도 다음 생의 이익이 되지 못한다. 그것에 대하여 『일반적인 밀교경གསང་བ་སྤྱི་རྒྱུད།』[70] 에서

"금생의 열매[71]를 탐해서는 안 되며
금생(의 이익)을 탐하게 되면
'세간 저편'〔다음 생〕의 이익이 되지 못하며
세간 저편을 희구하는 것이 생긴다면[72]
'이 세간'〔금생〕의 열매가 증장된다네"

라고 하셨다. 또한 조오〔아띠쌰〕께서는 '뿌리가 독이면 가지와 잎도 독이며 뿌리가 약이면 가지와 잎도 약으로 존재하는 것과 같이, 뿌리가 탐욕과 성냄과 어리석음 (이) 세 가지의 마음동기를 가진 것이라면 지은 어떤 업도 모두 불선업뿐이다'라고 말씀하셨다. 또한 선지식 돔뙨빠가 조오〔아띠쌰〕께 '금생의 행복과 재리와 공경을 원해서 지은 업들에는 어떤 열매가 있습니까?'라고 아뢰자 '열매는 오직 그대로 있다'라고 말씀하셨고, '다음 생에는 무엇이 있습니까?'라고 아뢰자 '지옥(의 생)이 있고, 아귀(의 생)이 있고, 축생(의 생)이 있다'라고 말씀하신 것과 같이 금생의 행복과 재리, 공경을 원해서 지은 하나의

---

70 티벳장경 불설부 데게까규르 십만탄트라부와 장까규르 밀속부에 수록되어 있다.

71 여기서 열매는 눈 앞의 재물이나 이익, 공경, 명예, 수명 등을 말한다.

72 '해탈과 부처님의 경지로 나아가기 위해 수행한다면'이라는 의미다.

업은 대부분 악도의 원인이고, 다음 생에 천신과 인간의 부귀영화를 원해서 지은 하나의 업은 대부분 오직 윤회의 원인이 될 뿐이며, 자신 혼자만의 평온과 안락을 추구하는 마음으로 지은 (업들)은 적정寂靜의 끝으로 떨어진다.[73] 또한 일반적으로 선한 마음으로 (삼)보에 대한 순수한 신심과 업과에 대해 믿는 신심과 보시하기를 원하는 것, 계율을 지키기를 원하는 것 등이 많이 있더라도 여기서의 수승한 선심善心이라는 것은 보리심을 말한다. 따라서

자신이 고통으로 인해 핍박 당하는 것과 같이 일체중생도 고통으로 인해 핍박 당한다. 고통으로 인해 핍박 당하는 일체중생이 모두 자신의 은혜로운 어머니이며, 어머니가 되지 않은 이는 한 사람도 없다. 어머니가 된 것에 대해서도 수로써 헤아리지 못한다. 어머니가 되었을 때마다 금생의 어머니가 이와 같이 은혜로써 보호하여 준 것과 같이 은혜가 매우 크다.

라고 관상해야 한다.

그렇다면 일체중생이 고통으로부터 벗어나도록 하는 그 짐을 짊어지는 것이 누구에게 주어졌는가? (바로) 나에게 주어졌다. 나에게 주

---

73 성문과 연각이 자신의 적정을 위해 해탈을 증득하고자 한다면 대연민심과 이타적 발원, 보리심의 마음동기 등 중생을 제도하고자 하는 대승보살의 마음의 흐름이 완전히 끊어져, 오직 자신만을 위한 해탈과 열반을 증득하는 데 떨어진다는 의미다.

어졌더라도 지금 이와 같은 상태로는 일체중생을 이롭게 할 수 없다는 것은 더 말할 필요가 있겠는가? 한 중생의 이익도 철저하게 해 줄 수 있는 능력이 없다. 그뿐만 아니라 두 아라한의 경지를 증득했다 하더라도 일부분의 중생의 이익 밖에는 일체중생을 올바르게 구족하신 부처님의 경지에 안착시킬 능력이 없다. 그와 같은 능력은 누구에게 있는가? 올바르게 구족하신 부처님께 있기에 내가 어머니인 일체중생을 위해 보배와 같은 올바르게 구족하신 부처님 경지를 어떻게 해서라도 증득해야 한다.

라고 보리심에 대한 경험이 생길 때까지 간절히 수습해야 한다. 그 보리심을 일으킨 상태에서

B. 귀의하는 방법은

자신의 앞 정면의 허공에 여덟 마리 큰 사자가 받쳐 든 높고 넓은 보배 법좌(가 있다. 그) 위의 갖가지 (색) 연꽃좌대와 둥근 해방석과 달방석 (위)에, ㉠ 자신의 은혜로운 근본스승의 본성을 (지니고) ㉡ 몸빛깔은 순금과 같고 정수리에는 육계정상이 있으며, 하나의 입과 두 손(이 있으며,) 오른손은 항마촉지인降魔觸地印을 하고, 왼손[74]은 등인인等引印(을 한, 바로) 위에 감로가 가득찬 발우를 지녔으며, 몸에는 적황색을 띤 가사를 (여법하게) 수하고 (삼십이)상과 (팔십)종호로 장엄된 티없이 맑은 빛의 본성을 지닌 (이 분의) 몸에서 생긴 빛

---

74 여기서 '오른손과 왼손'은 승리자 싸꺄능인(석가모니)을 기준으로 한 것이다. 이하도 마찬가지다.

무더기 중앙에 양발은 금강가부좌로 앉은, 승리자 쌰꺄능인〔석가모
니〕의 모습(을 하고 계신다.) 그분〔석가모니〕의 주변에 직·간접의 스
승과 본존本尊,[75] 부처님, 보살, 빠오, 칸도,[76] 호법신 (이들 각각)의 집
단들이 둘러싸고 계신다. 그러한 각각의 앞에 원만구족한 탁자(가 있
고, 거기)에 각자가 말씀하신 교법들이 빛의 본성을 지닌 뿌띠[77]의 모
습으로 있다. 자량전들도 자신을 좋아하시는 모습으로, 자신도 자량
전들의 공덕과 대연민심을 기억하는 큰 신심을 가진 상태에서 이와
같이 관상할지니

구호자 루둡〔용수〕께서는 (『친우서འབེས་སྤྲིངས།』[78])에서

"각자가 사방의 바다보다 더 많은
젖을 먹고도 여전히 범부의

---

75 본존은 티벳어로는 ཡི་དམ།이라 하며 밀교적인 부처님, 즉 밀교의 불보이다.
본존의 예로는 쌍와뒤빠〔밀집密集〕, 데촉〔승락勝樂〕, 도제직제〔대위덕大威德〕 등과
같은 분들이다.

76 빠오와 칸도는 인도의 밀교 성지 스물네 곳에 모신 분으로, 빠오는 남성의 모
습을, 칸도는 여성의 모습을 하고 있다. 두 분 모두 높은 밀교수행의 경지에 오
른 분으로, 밀교의 승보에 속한다.

77 뿌띠는 목판인쇄본 서적들을 가리킨다.

78 구호자 루둡〔용수〕께서 당시 친우인 남인도의 승토국의 왕 데쬐상뽀에게 보낸
유명한 두편의 편지글이 있다. 『친우서འབེས་སྤྲིངས།』는 그 중의 한 편이고, 다른 한
편은 『중관보만론』이다. 『친우서』는 티벳장경 논소부 데게뗀규르 서한부에 수
록되어 있고, 『중관보만론』은 티벳장경 논소부 데게뗀규르 본생부에 수록되어
있다.

뒤를 따르는 윤회하는 이들이

그보다 더 많이 먹어야만 한다네"

라고 하셨으며, 꽉빠하[성천][79]께서는 (『사백론 བཞི་བརྒྱ་པ།』「제7품」[80])
에서

"이 '고통의 바다'[윤회]에 끝이

언제나 없다고 한다면

범부 그대가 여기에 가라앉는 것에 대해

어찌하여 두려움이 생기지 않는가?"

라고 말씀하신 것과 같이 깊이와 끝을 알기 어려운 고통의 바다 속에
서 그대가 가라앉는 것에 대하여 두려움과 무서움, 공포에 질리는 것,
털이 부들부들 떨리는 정도도 없다는 것은 그대가 어리석은 자 아니
고 어째서 현명한 자란 말인가? 따라서 나와 어머니인 일체중생이 비
롯함이 없는 때로부터 지금까지 일반적인 윤회의 고통과 개별적인
삼악도의 갖가지 고통을 겪었지만 여전히 고통의 깊이와 끝을 알기
어렵다. 따라서 지금 얻기 어렵고, (만약) 얻는다면 의미가 더 큰 유
가와 원만의 특별한 인간의 몸을 성취하였고, 만나기 어려운 보배와
같은 부처님의 가르침과 만난 이때에 윤회의 고통 전부를 소멸한 최
상의 해탈과 올바르게 구족하신 부처님의 한 경지를 지금 당장 증득

---

79 구호자 루둡[용수]의 수제자다.

80 티벳장경 논소부 데게뗀규르 중관부에 수록되어 있다.

하기 위해 (힘쓰지) 않는다면, 또 다시 일반적인 윤회의 고통과 개별적인 삼악도의 고통 가운데 하나를 겪어야만 한다. 따라서 그러한 고통으로부터 보호하는 능력이 앞에 계시는 자신의 스승과 본성이 다를 바 없는 삼보께 있기에, 내가 어머니인 일체중생을 위해 올바르게 구족하신 부처님의 경지를 증득해야 한다. 그렇게 하기 위해 자신의 스승과 본성이 다를 바 없는 삼보께 귀의해야 한다.

라고 관상한다.

▪ '스승께 귀의합니다'라는 귀의(문)을 백여덟 번 또는 스물한 번 가장 적게는 세 번 등을 천천히 천천히 자신과 자신의 주변에 머무는 일체중생이 (함께) 읊조린다고 관상하여 틈날 때마다 읊조린다. 이때에 대상(관상할 바)은

자신의 스승과 본성이 다를 바 없는 능인왕(석가모니)과 자신의 스승과 본성이 다를 바 없는 능인왕의 주변의 직·간접의 스승들의 몸의 부분에서 다섯 가지[81] 감로가 빛과 함께 흘러내린다. 자신과 자신이 아닌 일체중생의 몸과 마음에 흡수됨으로써 비롯함이 없는 때로부터 쌓은 모든 죄업(불선업)과 장애[82]와 특히 위덕을 갖춘 스승의 몸을 위험에 빠뜨린 것[83], 말씀을 무시한 것, 마음을 혼란스럽게 한 것, 불

---

81 하얀색, 노랑색, 빨강색, 초록색, 파랑색 이 다섯 가지다.
82 여기서 장애는 번뇌장과 소지장이다. 이하도 모두 동일하다.
83 독약, 무기 등으로 해치는 행위이다.

신한 것, 업신여기고 욕한 것 등, 요약하면 스승을 상대로 지은 모든 죄업과 장애가 그을음즙과 목탄즙[84]의 모습으로 감각기관의 문[85]과 모공毛孔 전체로부터 밖으로 빠져 나와 개운하고 청결해졌다. 또한 예컨대 가파른 곳에 불도 아니고 재도 아닌 (반반 정도 섞여 있는) 것[86]에다 물을 부으면 싹 씻겨 내려가는 것과, 또한 어두컴컴한 한 곳에 밝은 등불 하나를 받쳐 들면 그 어둠은 어디로 사라졌는지 흔적도 없어지는 것과 같은 것 (이) 두 가지 (가운데)에서 후자〔어둠 속의 등불〕의 힘이 더 강하다고 곌와 왼싸빠 큰 스승께서 주장하셨기에 스승을 상대로 지은 모든 죄업과 장애가 청정淸淨 무구無垢[87]해졌다. 수명과 복덕, 교법과 증법의 모든 공덕[88]이 증장되고 광대해졌다. 특히 위덕을 갖춘 스승의 몸과 말씀과 마음의 모든 가피가 자신과 자신이 아닌 일체중생의 몸과 마음에 흡수됨으로써 위덕을 갖춘 스승의 보호 아래 들었다.

---

84 굴뚝에 맺힌 그을음에 따뜻한 연기가 나올 때 떨어지는 시꺼먼 물방울 또는 물에 숯가루를 탄 숯물과 같은 것이다.

85 안, 이, 비, 설, 신 이 오근五根이다.

86 시뻘건 재다.

87 여기서 청정淸淨은 현행번뇌가 청결해진 것이며 무구無垢는 번뇌의 종자와 번뇌의 습기까지 청결해졌다는 의미. 이하도 동일하다.

88 『둥까르 장학대사전』에 따르면 교법의 공덕은 삼장과 논서들의 의미를 전도되지 않게 바르게 아는 이의 마음에 생긴 공덕을 말한다. 예컨대 삼장과 논서들의 내용을 듣고 사유하는 것을 통해 전도되지 않게 바르게 이해하는 것 등이다. 증법의 공덕은 경론의 의미를 들음에 의해, 사유에 의해, 수습에 의해, 즉 문·사·수에 의해 자신의 마음에 생긴 모든 공덕을 말한다. 예컨대 귀의, 염리심, 보리심, 공성을 요해하는 지혜, 무아를 요해하는 지혜 등이다.

라고 관상해야 한다. 그런 연후에

- **'부처님께 귀의합니다'**라는 귀의(문)을 가능한 많이 읊조리고 이때에 대상〔관상할 바〕은

금강지불金剛持佛과 금강지불 주변의 쌍와뒤빠〔밀집密集〕, 데촉〔승락勝樂〕, 도제직제〔대위덕大威德〕 세 분과 꼐도제〔호금강〕와 뒤코르〔시륜〕, 현겁천불賢劫千佛, 삼십오불 등의 몸의 부분에서 다섯 가지 감로가 빛과 함께 흘러내린다. 자신과 자신이 아닌 일체중생의 몸과 마음에 흡수됨으로써 비롯함이 없는 때로부터 쌓은 모든 죄업과 장애, 특히 선서善逝의 몸에 나쁜 마음으로 피를 낸 것, (부처님의) 마음의 (공덕을 수념하는) 토대인 불탑을 파괴하는 것 등, 요약하면 부처님께 귀의한 귀의의 학처學處와 어긋나는 모든 죄업과 장애가 청정무구해졌다. 몸은 티없이 맑은 빛의 본성을 지닌 것으로 바뀌었다. 수명과 복덕, 교법과 증법의 모든 공덕이 증장되고 광대해졌다. 특히 불보의 모든 가피가 자신과 자신이 아닌 일체중생의 몸과 마음에 흡수됨으로써 불보의 보호 아래에 들었다.[89]

라고 관상해야 한다. 그런 연후에

- **'법에 귀의합니다'**라는 귀의(문)을 가능한 많이 읊조린다. 이때에

---

89 부처님의 교화할 바 대상인 제자의 범위에 포함되었다는 의미다.

대상〔관상할 바〕은

귀의의 대상 각각의 앞에 있는 법法인 뿌띠들에서 다섯 가지 감로가
빛과 함께 흘러내린다. 자신과 자신이 아닌 일체중생의 몸과 마음에
흡수됨으로써 비롯함이 없는 때로부터 쌓은 모든 죄업과 장애, 특히
미묘법을 부정한 것, 경서를 재화財貨 취급한 것[90], 경서를 팔아 사용
한 것, 경서를 맨땅에 놓은 것이다. 미묘법을 부정하는 방식에도 공
통의 승乘[91]을 믿고 받아들인다는 것을 구실로 삼아 대승을 부정한
것, 바라밀승〔대승현교〕을 믿고 받아들인다는 것을 구실로 삼아 밀승
〔대승밀교〕[92]을 부정한 것, 밀승 중에서도 하부밀교를 믿고 받아들인
다는 것을 구실로 삼아 상부밀교를 부정한 것, 상부밀교를 믿고 받아
들인다는 것을 구실로 삼아 하부밀교를 부정한 것 등이다. (또한) '법
사에 대하여 언변이 있니 언변이 없니'라고 말하는 것 등과 그 법사
를 부정한다면 그 사람의 마음에 일체법을 부정한 것이 되기에, 요약
하면 법으로 인한 이 죄업은 매우 미세하다.[93] 그것에 대하여『삼매
왕경ཏིང་ངེ་འཛིན་རྒྱལ་པོ།』[94]에서

---

90 경전을 가게에 놓고 파는 물건과 같이 취급하는 것이다.
91 소승과 대승이 공통적으로 인정하는 삼장이다. 예컨대 율장과 같은 것이다.
92 현교라 하면 보리심의 마음동기를 가지고 공성을 요해하는 지혜, 육바라밀수
행과 사섭법수행 등에 관하여 설한 가르침을 말한다. 밀교라 하면 능전能詮인
밀교 경론 또는 소전所詮인 밀교의 수행방법에 대한 가르침 이 두 가지를 의미
한다.
93 인지하기조차 매우 어려워 소멸하기도 어려운 것을 말한다.

"어떤 이가 이 염부제〔남섬부주〕에
모든 불탑을 파괴한 것보다
어떤 이가 계경契經〔경장〕을 부정[95]하는
이 죄업은 월등히 크며

어떤 이가 강가〔갠지스강〕의 모래수만큼의
아라한을 죽인 것보다
어떤 이가 계경을 부정하는
이 죄업이 월등히 크다네"

라고 말씀하셨기 때문이다. 따라서 법으로 인한 모든 죄업과 장애가 청정무구해졌다. 몸은 티없이 맑은 빛의 본성을 지닌 것으로 바뀌었다. 수명과 복덕, 교법과 증법의 모든 공덕이 증장되고 광대해졌다. 특히 모든 법보의 가피가 자신과 자신이 아닌 일체중생의 몸과 마음에 흡수됨으로써 법보의 보호 아래에 들었다.

라고 관상해야 한다. 그런 연후에

---

94 티벳장경 불설부 데게까규르 경부와 장까규르 경부에 수록되어 있다.

95 계경契經은 일반적으로 경장經藏의 의미도 있지만 여기서는 부처님의 언교 또는 미묘법과 같은 넓은 의미로 이해하면 된다. 계경을 부정한다는 것은 업과와 삼보를 완전히 부정하여 도저히 더 이상은 삼보에 대한 귀의와 수행을 이어 갈 수 없는 상태까지 이른 것을 말한다.

• '승가僧伽[96]에 귀의합니다'라는 귀의(문)을 가능한 많이 읊조린다. 이때에 대상〔관상할 바〕은

보살과 성문, 연각들과 빠오, 칸도, 호법신 등의 승보[97]들의 몸의 부분에서 다섯 가지 감로가 빛과 함께 흘러내린다. 자신과 자신이 아닌 일체중생의 몸과 마음에 흡수됨으로써 비롯함이 없는 때로부터 쌓은 모든 죄업과 장애, 특히 성인승가聖人僧伽를 비방한 것, 승가를 이간질한 것, 승가의 공양거리로 모이는 문〔근원〕을 탈취한 것 등, 요약하면 승가를 상대로 지은 모든 죄업과 장애가 청정무구해졌다. 몸은 티없이 맑은 빛의 본성을 지닌 것으로 바뀌었다. 수명과 복덕, 교법과 증법의 모든 공덕이 증장되고 광대해졌다. 특히 모든 승보의 가피가 자신과 자신이 아닌 일체중생의 몸과 마음에 흡수됨으로써 승보의 보호 아래에 들었다.

라고 관상해야 한다. 그런 연후에

---

96 '율장'에서는 4인 이상 비구 대중을 승가라 한다.

97 승보에 대하여 제쭌 최끼겔첸의 『현관장엄론의 총의』 「제1품」에서는 '삼승의 견도, 수도, 무학도, 즉 출세간도에 머무는 성인을 말하며, 계위에 오르지 못한 일반 범부와 삼승의 자량도, 가행도, 즉 세간도에 머무는 분들까지 모두 범부의 범주에 속한다'고 말씀하셨다. 이와 같이 여기서 승보는 삼승의 견도, 수도, 무학도에 오른 성인승가聖人僧伽를 말한다. 그 이하인 계위에 오르지 못한 일반 범부와 삼승의 자량도, 가행도에 오른 범부들은 승보에 포함되지 않으므로 귀의의 대상이 아니며 자량전에 모시고 관상 대상이 아니다.

♠ 간요簡要한 귀의는

"부처님과 법과 승가에
보리에 이르기까지 제가 귀의합니다.
►내가 보시 등을 행한 자량[98]들로써
중생을 이롭게 하기 위해 성불하여지이다◄"[99]

라고 읊조림으로써

모든 자량전의 몸의 부분에서 다섯 가지 감로가 빛과 함께 흘러내린
다. 자신과 자신이 아닌 일체중생의 몸과 마음에 흡수됨으로써 비롯
함이 없는 때로부터 쌓은 모든 죄업과 장애, 특히 삼보를 상대로 지
은 모든 죄업과 장애가 청정무구해졌다. 몸은 티없이 맑은 빛의 본성
을 지닌 것으로 바뀌었다. 수명과 복덕, 교법과 증법의 모든 공덕이
증장되고 광대해졌다. 특히 모든 삼보의 가피가 자신과 자신이 아닌
일체중생의 몸과 마음에 흡수됨으로써 삼보의 보호 아래 들었다.

라고 관상해야 한다.

---

98 여기서 자량은 복덕자량과 예쎼자량을 가리킨다.

99 제1, 2구는 귀의, 제3, 4구는 발보리심의 의미를 현시한 것으로, 티벳 불자들
이 날마다 염송하는 게송이다.

C. 발보리심[100]의 방법은

내가 보시 등을 행한 복덕(자량)[101]으로써 중생을 이롭게 하기 위해 성불하여지이다. '보시로부터 생긴 선근, 지계로부터 생긴 선근, 수습 등으로부터 생긴 선근, 이것에 의해 내가 일체중생을 위해 속히 속히 올바르게 구족하신 부처님의 경지를 얻게 하소서'라는 원보리심願菩提心과 '내가 어머니인 일체중생을 위해 속히 속히 보배와 같은 올바르게 구족하신 부처님의 경지를 어떻게 해서라도 증득해야 한다. 그렇게 하기 위해 보시를 비롯한 육바라밀과 사섭법 등의 모든 법왕자행〔보살행〕을 법답게 익혀야 한다'라는 행보리심行菩提心을 일으킨다. 그와 같이 '발보리심에 의해 자신의 스승과 본성이 다를 바 없는 능인왕 그분으로부터 그분과 같은 제2의 한 분으로 분리되어 자신에게 흡수됨으로써 나 자신도 자신의 스승과 본성이 다를 바 없는 능인왕의 몸으로 즉시 바뀌었다. 바뀐 그 자체에 대하여 자신의 스승과 본성이 다를 바 없는 능인왕 그분이 나다라는 자부심을 수습하는 것에는 특별한 하나의 징조가 있다'고 말씀하셨다. '사마타〔止〕를 중점적으로 수습하는 이라면 사마타〔止〕를 수습할 때가 되었을 때와 그렇지 않은 때와는 다른[102] 자신을 능인왕으로 또렷하게 떠올린

---

100 발보리심은 대승의 자량도와 동시에 성취하며 이것은 대승에 입문하는 첫 관문이다.

101 불·법·승송에 대하여 현 제14대 달라이라마께서는 '복덕들로써'라고 하기 보다는 '자량들로써'라고 염송하는 것이 좋다고 말씀하셨다. 여기서 '복덕들로써'라 하면 내가 쌓은 복덕자량에만 한정될 수 있으므로 예세자량까지 포함하여 '자량들로써'라고 염송하라는 의미다.

102 사마타〔止〕를 중점적으로 수습하는 이라면 선지식을 의지하는 방법으로부터

그 자체를 사마타〔止〕를 수습하는 대상으로 삼아서 사마타〔止〕를 수습하는 것도 무방하다'고 말씀하셨다. 자신을 능인왕으로 또렷하게 떠올린 능인왕의 몸에서 빛이 비치었다. 주변에 있는 일체중생에게 닿음으로써 일체중생도 능인왕의 경지를 장엄하였다.

라고 관상해야 한다. 그런 연후에

D. 사무량심을 수습하는 방법은

㉠ 자신의 측근에게는 애착하는 것과 타인의 측근에게는 성내는 것, (이러한) 애착과 성냄으로 인해 일체중생을 고통스럽게 하였기에 일체중생이 가까운 것과 먼 것, 애착과 성냄을 여읜 평등에 머문다면 얼마나 좋을까, (평등에) 머물게 하소서, 내가 머물도록 하겠다. 그와 같이 할 수 있도록 자신의 스승과 본성이 다를 바 없는 주된 본존께서 가피하소서.

라는 평등〔사무량심捨無量心〕을 수습한다. (그런 연후에)

㉡ 일체중생이 안락과 안락의 원인을 지닌다면 얼마나 좋을까, 지니게 하소서, 내가 지니도록 하겠다. 그와 같이 할 수 있도록 자신의 스승과 본성이 다를 바 없는 주된 본존께서 가피하소서.

하사도, 중사도, 상사도를 차례대로 익혀 수행과제마다 자신의 마음에 요해가 생겨 사마타〔止〕가 자신의 마음에 생기도록 이를 중점적으로 수습할 차례가 되었을 때 ~차례가 되지 않을 때가 아닌이라는 의미다.

라는 자무량심慈無量心을 수습한다. 그런 연후에

㉔ 일체중생이 고통과 고통의 원인에서 벗어난다면 얼마나 좋을까, 벗어나게 하소서, 내가 벗어나도록 하겠다. 그와 같이 할 수 있도록 자신의 스승과 본성이 다를 바 없는 주된 본존께서 가피하소서.

라는 연민심(비무량심悲無量心)을 수습한다. 그런 연후에

㉕ 일체중생이 명확히 더 높은 생과 해탈의 최상의 안락을 여의지 않는다면 얼마나 좋을까, 여의지 않게 하소서, 내가 여의지 않도록 하겠다. 그와 같이 할 수 있도록 자신의 스승과 본성이 다를 바 없는 주된 본존께서 가피하소서.

라는 (희무량심喜無量心을 수습한다. 이와 같이) 간청함에 따라

모든 자량전의 몸의 부분에서 다섯 가지 감로가 빛과 함께 흘러내린다. 자신과 자신이 아닌 일체중생의 몸과 마음에 흡수됨으로써 비롯함이 없는 때로부터 쌓은 모든 죄업과 장애, 특히 자신과 자신이 아닌 일체중생이 사무량심을 수습하는 것을 방해하는 모든 질병과 악귀, 죄업과 장애가 청정무구해졌다. 몸은 티없이 맑은 빛의 본성을 지닌 것으로 바뀌었다. 수명과 복덕, 교법과 증법의 모든 공덕이 증장되고 광대해졌다. 특히 자신과 자신이 아닌 일체중생이 사무량심(의 수행)에 머문다.

라고 관상해야 한다. 그와 같이 귀의와 발보리심과 사무량심의 수습을 선행하여 "특히 일체중생이 고통으로 핍박당하는 것을 참지 못하는 강렬한 연민심의 마음동기를 일으켜서 어머니인 일체중생을 위해 '속히 속히' 보배와 같은 올바르게 구족하신 부처님의 경지를 어떻게 해서라도 증득해야 한다. 그렇게 하기 위해 심오한 도道인 구루유가[103]의 측면에서 보리도차제의 가르침을 수습하는 것에 입문해야겠다"라고 일곱 번 또는 스물한 번을 하도록 한다. '속히'를 두 번 말하는 의미에 대하여 겔와 왼싸빠 큰 스승께서 "보리도차제의 가르침을 수습하는 측면에서 도를 수행하는 것이 첫째 '속히'의 의미이며, 구루유가를 도의 생명으로 삼아서 도를 수행하는 것은 두 번째 '속히'의 의미"라고 주장하셨다. 또한 "삼아승지겁 동안 자량을 쌓은 것에 의존하지 않고 한 생에 (받은) 한 몸 그대로 '완전한 깨달음'〔증각〕을 이루는 것은 첫 번째 '속히'의 의미이며 탁세의 짧은 한 생에 완전한 깨달음을 이루는 것은 두 번째 '속히'의 의미"라고 주장하시는 분도 있다. 구루유가를 도의 생명으로 삼아서 도를 수행한다면 또한 속히 '완전한 깨달음'〔증각〕을 이룬다. 그것에 대하여 돔뙨빠께서는 '어떤 귀의의 대상〔삼보, 이담, 칸도 등〕에 간청하는 것보다 조오〔아띠쌰〕

---

103 구루유가는 자신의 근본스승을 경교와 논증에 의해 실제 부처님인 것으로 자신의 마음에 확정 짓는 측면에서, 각자 어떤 본존을 주된 귀의의 대상으로 삼아 수습하더라도 본성은 자신의 근본스승이며 모습은 본존인 것으로 두 분의 본성이 조금도 다름이 없다고 확정 짓고 예경과 공양을 올리는 것 등을 말한다. 이렇게 자량을 쌓음으로써 선지식을 의지하는 방법으로부터 보리심과 공성을 요해하는 지혜 등에 이르기까지 이러한 도에 대한 바른 앎이 생기고 거듭거듭 수습함으로써 일시적인 이익과 궁극적인 안락을 얻게 되는 것이다.

께 간청하는 것이 더 큰 가피가 생긴다'고 말씀하셨으며, '제 닥니첸 뽀'〔쫑카빠〕께서는

"들을〔聞〕 때 문장을 기억하지 못하고 사유〔思〕할 때 의미를 이해하지 못하며 수습〔修〕할 때 마음에 (요해가) 생기지 않는, 마음의 힘이 매우 미약할 때 자량전의 힘에 의지하는 것이 긴요한 가르침이다."[104]

라고 했으며, 떼로빠께서 나로빠[105]에게

"좋은 작용을 일으키는 으뜸 (요인)은
스승이라네. 유가행자여!"

라고 한 것과 목쪽빠께서 말씀하시기를

"무리하게 밀어붙여 수습하는 것에 의해 (윤회에서)
벗어나는 것에 대해서는 의심을 하며
'확실히 믿고'〔신수信受〕[106] 공경하는 것에 의해 (윤회에서)

---

104 쫑카빠 대사의 『대보리도차제』 가운데 '귀의하고 나서 익혀야 하는 순서'의 문장이다.

105 대성취자 떼로빠로부터 나로빠 → 마르빠 → 미라레빠로 이어지는 까규빠 법맥의 스승들이다.

106 '~확실히 믿는 것'은 보리도차제 관상법에 있어서 매우 중요한 관건이 아닐 수 없다. 그 이유는 예컨대 지금 이 순간, 바로 여기에 부처님께서 실제로 오셨

벗어나는 것에 대해서는 의심하지 않는다네"

라고 했으며, (또한 목쪽빠께서)

"대비관음이 하얗거나말거나, 제쭌마[107]가 붉거나말거나, 쪠도 제[호금강]가 푸르거나말거나, 내가 어디에 있더라도 스승의 현현顯現을 여읜 적이 없었다네.[108] 한 생에 성불한다는 그것과 이제 가까워진 것 같다네."

라고 말씀하셨다. 그런 연후에

④ 자량전資糧田을 또렷하게 떠올리는 방법에는

스승께 공양 올리는 전통의 자량전을 또렷하게 떠올리는 방법[109]과

다고 확실히 믿고 관상할 경우 그렇지 않은 경우와는 확연히 다른 결과를 초래하기 때문이다.

107 여기서의 제쭌마는 제쭌도제넬조르마 또는 카쬐마를 가리키며 여성의 모습으로 나툰 본존 가운데 한 분이다.

108 어떤 상황에서도 스승의 몸, 말씀, 마음의 공덕을 떠올려 같아지려고 하는 마음을 여읜 적이 없었다는 의미다.

109 스승께 공양 올리는 전통의 자량전을 수습하는 방법이라 하면 『스승께 공양 올리는 의궤శ్ర్వ్ర్శ్వ్ర్శ్వ్ర్ర్శ్వ్ర్』에서 해설한 것과 같이 자량전을 수습하는 방법을 가리킨다. 따라서 스승께 공양 올리는 자량전, 스승께 공양 올리는 전통의 자량전, 스승께 공양 올리는 의궤 전통의 자량전은 모두 동의어이다. 이 자량전의 중심부에는 자신의 근본스승과 설법자 싸꺄능인[석가모니], 금강지불金剛持佛들과

마르티ﾂﾏﾗﾟﾻﾞﾄﾗﾞﾄﾟ 전통의 자량전을 또렷하게 떠올리는 방법[110] (이) 두 가지(가 있다. 그 가운데)에서 어느 것에 의해 익히더라도 무방하다. 그러므로

♠ 스승께 공양 올리는 전통의 자량전을 떠올리는 방법은

앞의 허공에 잎과 꽃과 열매 모두가 아름다운, 넓고 큰 여의수如意樹 둥치 그 중앙에, 여덟 마리 큰 사자가 받쳐 든 높고 넓은 보배 법좌 (가 있다. 그) 위에는 생각으로는 다 헤아릴 수 없을 만큼 많은 갖가

본성이 다를 바 없는 '제 린뽀체'(쫑카빠)의 모습으로 계시는 이분을 떠올려 관상하는 것이다. 그 외에 자량전에 모신 분들에 관하여는 '스승께 공양 올리는 전통의 자량전'(라마최뻬 촉싱ﾟﾗﾜﾗﾞﾏﾫﾞﾄﾟﾟﾫﾞﾄﾟﾟﾄﾟﾄﾟﾄﾟ) 탕카(탱화)를 참고하기 바란다. 참고로『스승께 공양 올리는 의궤』는『쎄라제승원의 법행ﾟﾟﾞﾫﾞﾟﾄﾞﾟﾟﾟﾫﾞﾟﾄﾞﾟﾟﾄﾟ』 「상편」에 따르면 여러 대성취자들이 저술하신 스승께 공양 올리는 의궤들을 두루 보고 이해한 것에 의해 제4대 뺀첸라마 롭상최끼곌첸께서 따씨훈포사원에서 저술한 것이다.

110 마르티 전통의 자량전을 수습하는 방법이라 하면 뺀첸 롭상최끼곌첸의『보리도차제 마르티 쉬운 길』과 뺀첸 롭상예셰의『보리도차제 마르티 지름길』등에서 해설한 것과 같이 자량전을 수습하는 방법을 가리킨다. 또한 보리도차제 전통의 자량전을 수습하는 방법이라 하면『보리도차제 마르티 지름길』을 비롯한 여러 보리도차제 교본에서 해설한 것과 같이 자량전을 수습하는 방법 모두를 가리킨다. 따라서 마르티 전통의 자량전과 보리도차제 전통의 자량전을 수습하는 방법 이 두 가지는 다른 것이 아니다. 이들 자량전의 중심부에는 자신의 근본스승과 금강지불, '제 린뽀체'(쫑카빠)와 본성이 다를 바 없는 설법자 싸꺄능인(석가모니)의 모습으로 계시는 이분을 떠올려 관상하는 것이다. 그 외에 자량전에 모시는 분들에 관하여는 '보리도차제 전통의 자량전'(람림 촉싱ﾟﾫﾞﾗﾞﾗﾞﾄﾟﾟﾫﾞﾟﾄﾟ ﾟﾄﾟﾟ) 탕카(탱화)를 참고하기 바란다.

지 (색) 연꽃잎이 있다. 그 연꽃잎 아래(부분)으로 사자좌를 약간 덮어 가린다. 그런 연후에 연꽃잎들의 넓이가 점점 점점 작아지고, 높이〔수직〕는 점점 점점 높아지는 중앙의 네 연꽃잎 중심부에, (또) 갖가지 (색) 연꽃좌대와 둥근 해방석과 달방석 (위)에, 자신의 은혜로운 근본스승[111] 그분이 세 가지[112]를 지닌 밀종사의 비구 복장을 하고 몸의 빛깔은 구르꿈〔샤프란의 일종〕의 광채를 띠며, 오른손은 설법인을 하고, 왼손은 등인인(을 한, 바로) 위에 감로가 가득찬 발우를 지녔으며, 몸에는 적황색을 띤 가사를 (여법하게) 수하고 중앙에는 황금빛을 띤 뻰첸의 모자를 썼으며, (삼십이)상과 (팔십)종호로써 장엄된 티없이 맑은 빛의 본성을 지닌 (이 분의) 몸에서 생긴 빛 무더기 중앙에 (양)발은 금강가부좌로 앉아 계신다. 그분[113]의 가슴에서 승리자 싸꺄능인〔석가모니〕, 그분〔싸꺄능인〕의 가슴에서 금강지불을,

---

111 용진 예셰곌첸의『스승께 공양 올리는 교본 비밀의 핵심을 명료하게 해석한 이 전耳傳의 긴요한 가르침의 보고寶庫ཚ་མཆིད་པའི་ཐིན་ཡིག་གསང་བའི་གནད་རྣམ་པར་ཕྱེ་བ་སྐལ་བཟང་མིག་གཏེར་མཛོད།』에 따르면 높고 넓은 사각 네 모서리에 큰 사자 두 마리씩, 여덟 마리 사자가 받쳐 든 보배 법좌, 그 위에 갖가지 색 연꽃좌대, 그 위에 붉은색 둥근 해방석, 그 위에 하얀색 둥근 달방석, 그 위에 '제 린뽀체'〔쫑카빠〕를 모신다. 여기서 네 모서리는 부처님께만 있는 특수한 공덕인 사무소외를, 여덟 마리 사자는 부처님께만 있는 특수한 공덕인 팔자재를, 연꽃좌대는 염리심을, 해방석은 공성을 요해하는 지혜를, 달방석은 보리심을 상징한다. 본문에 따르면 관상대상으로 모시는 분에 따라 방석의 종류와 수 등에 차이가 있음을 알 수 있다.

112 여기서 세 가지는 삼종율의, 즉 별해탈계, 보살계, 밀교계를 말한다.

113 여기서 그분은 자량전의 중심부에 자신의 근본스승, 금강지불과 본성이 조금도 다를 바없는 싸꺄능인〔석가모니〕의 모습으로 계시는 쫑카빠 대사를 말한다.

스승께 공양 올리는 전통의 자량전

♠ 스승께 공양 올리는 전통의 자량전

1. 자신의 근본스승과 설법자 싸꺄능인〔석가모니〕, 금강지불들과 본성이 다를 바 없는 '제 린뽀체'〔쫑카빠〕

2. 도제직제 등의 무상유가밀의 본존들의 집단

   1) (오른쪽 연꽃잎에) 도제직제와 그분의 집단

   2) (왼쪽 연꽃잎에) 코르로돔빠〔데촉〕와 그분의 집단

   3) (앞쪽 연꽃잎에) 쌍와뒤빠와 그분의 집단

   4) (뒤쪽 연꽃잎에) 꼐도제〔호금강〕와 그분의 집단

3. 위2 외 다른 무상유가밀의 본존들의 집단

4. 유가밀의 본존들의 집단

5. 행밀의 본존들의 집단

6. 작밀의 본존들의 집단

7. 부처님들의 집단

8. 보살들의 집단

9. 연각들의 집단

10. 성문들의 집단

11. 빠오, 칸도들의 집단

12. 출세간의 호법신들의 집단

13. 자량전 바깥의 출세간의 사대천왕과 그분의 권속들의 집단

   1) 지국천왕과 그분의 권속들의 집단

   2) 증장천왕과 그분의 권속들의 집단

   3) 용왕인 광목천왕과 그분의 권속들의 집단

   4) 다문천왕과 그분의 권속들의 집단

14. 금강지불〔主〕 등의 수행가피전승의 스승들의 집단

15. 지존 잠빠괸뽀〔미륵〕〔主〕 등의 광대한 행의 전승의 스승들의 집단

16. 지존 잠양〔문수〕〔主〕 등의 심오한 견해의 전승의 스승들의 집단

17. 자신의 은혜로운 근본스승 등의 자신과 직접적으로 법연이 있는 스승들의 집단

184

그(연꽃의 중심부) 오른쪽 연꽃잎에 도제직제의 본존들의 집단이,[114] 왼쪽[115] 연꽃잎에 코르로돔빠(데촉)의 본존들의 집단이, 앞쪽 연꽃잎에 빼어난 쌍와뒤빠(밀집密集)의 본존들의 집단이, 뒤쪽 연꽃잎에 꼐도제(호금강)의 본존들의 집단이 둘러싸고 계신다. 그 아래의 연꽃잎에 뒤코르(시륜), 다낙(숙적), 쎄마르(시륜대흑염마적) 등의 다른 무상유가밀의 본존[116]들의 집단이 둘러싸고 계신다. 그 아래에 꾼릭남빠르낭제(보명대일여래) 등의 유가밀의 본존들의 집단이 (둘러싸고 계신다.) 그 아래에 남낭온장(대일여래현증불) 등의 행밀의 본존들의 집단이 둘러싸고 계신다. 그 아래에 튭빠담칙쑴꾀 등의 작밀의 본존들의 집단이 둘러싸고 계신다. 그 아래에 현겁천불과 삼십오불 등이 둘러싸고 계신다. 그 아래에 팔대 마음의 법왕자(보살)[117] 등 보살들이 둘러싸고 계신다. 그 아래에 십이연각 등이 (둘러싸고 계신다.) 그 아래에 십육나한 등의 대성문들이 둘러싸고 계신다. (그 아래의 연꽃잎에 빠오, 칸도들이 둘러싸고 계신다.[118]) 그 아래에 호법신들이 둘러

---

114 여기서 도제직제(主主)와 도제직제의 권속(從從)들 모두 밀교의 본존이다. 다만 주종이 만달라에 머무시는 방식에 따라 달리 배치하였으나 실제로는 본성이 조금도 다를 바 없다. 이하도 동일하다.

115 여기서 '오른쪽과 왼쪽'은 스승께 공양 올리는 전통의 자량전 중심부에 계시는 쫑카빠 대사를 기준으로 한 것이다.

116 여기서 '다른 무상유가밀의 본존'이라 한 이유는 무상유가밀의 본존인 (b)의 ⓐ 도제직제 ⓑ 코르로돔빠(데촉) ⓒ 쌍와뒤빠(밀집密集) ⓓ 꼐도제(호금강), 이외의 뒤코르 등의 무상유가밀의 본존이라는 의미다.

117 승리자 쌰꺄능인(석가모니)의 많은 보살 권속 가운데 그분의 주된 마음의 법왕자(보살) 여덟 분, 즉 문수보살, 금강수보살, 관세음보살, 지장보살, 제개장보살, 허공장보살, 미륵보살, 보현보살을 가리킨다.

싸고 계신다. 그[자량전] 바깥 사방에 지국천왕을 건달바[식향자]의
무리들이, 증장천왕을 구반다의 무리들이, 용왕인 광목천왕을 용의
무리들이, 야차왕인 다문천왕을 야차의 무리들이 둘러싸고 자신에
게 장애를 지켜주는 모습으로 계신다. 자신의 스승과 본성이 다를 바
없는 능인왕의 가슴에서 스승의 수와 동등한 빛이 위쪽에 비치는 그
끝자락에 갖가지 (색) 연꽃좌대, 둥근 해방석, 달방석에 (계시는) 금
강지불을 수행가피전승의 스승인 떼로빠와 나로빠, 가장 빼어난 돔
비빠 등이 둘러싸고 계신다. 빛 오른쪽에 비치는 끝자락에 연꽃좌대,
둥근 달방석에 (계시는) 지존 잠빠[미륵]를 성인 톡메[무착] 등의 광
대한 행의 전승의 스승들이 둘러싸고 계신다. 빛 왼쪽에 비치는 끝자
락에 갖가지 (색) 연꽃좌대, 달방석 위에 (계시는) 지존 잠양[문수]을
성인 루둡[용수] 등의 심오한 견해의 전승의 스승들이 둘러싸고 계신
다. 앞쪽에 은혜로운 근본스승 그분을 자신에게 직접적으로 법연이
있는 스승이 둘러싸고 계신다.

그러한 각각의 앞에 원만구족한 탁자(가 있고, 거기)에 각자가 말씀
하신 교법들이 빛의 본성을 지닌 뿌띠의 모습으로 있다. 그러한 (자량
전) 바깥에 교화할 대상의 근기에 맞는 선교방편을 써서 교화하는, 생
각으로는 다 헤아릴 수 없을 만큼 많은 화현의 장엄이 시방에 나툰다.

---

118 스승께 공양 올리는 전통의 자량전의 탕카와 교본들에서 언급되어 있기에 여
기서도 첨가하였다.

라고 관상해야 한다.[119]

♠ 마르티དམར་ཁྲིད། 전통의 자량전을 또렷하게 떠올리는 방법은

자신의 앞 정면의 허공에 여덟 마리 큰 사자가 받쳐 든 높고 넓은 보배 법좌(가 있다.) 그 위쪽 뒤편 조금 가까이에 (또) 여덟 마리 큰 사자가 받쳐 든 작은 보배 법좌가 (있다. 그) 위의 갖가지 (색) 연꽃좌대와 둥근 해방석과 달방석 (위)에, ㉮ 자신의 은혜로운 근본스승의 본성을 (지니고) ㉯ 몸 빛깔은 순금과 같고 정수리에는 육계정상이 있으며, 하나의 입과 두 손(이 있으며,) 오른손은 설법인을 하고, 왼손은 등인인(을 한, 바로) 위에 감로가 가득찬 발우를 지녔으며, 몸에는 적황색을 띤 가사를 여법하게 수하고 (삼십이)상과 (팔십)종호로 장엄된 티없이 맑은 빛의 본성을 지닌 (이 분의) 몸에서 생긴 빛 무더기 중앙에 양발은 금강가부좌로 앉은, 승리자 싸꺄능인〔석가모니〕의 모습(을 하고 계신다.) 자신의 스승과 본성이 다를 바 없는 능인왕[120]의 가슴에서 스승의 수와 동등한 빛이 위쪽에 비치는 그 끝자락

---

119 '앞의 허공에'로부터 '시방에 나툰다'까지는 처음에 담칙빠를 수습하는 방법에 대한 해설이다. 아래의 '마르티 전통의 자량전편'의 '자신의 스승과 본성이 다를 바 없는 능인왕의 가슴의 훙ཧཱུྃ자에서 빛이'로부터 '담칙빠 각각에게 흡수되도록 한다'까지는 동일하다. 다만 여기서 '능인왕' 대신 '쫑카빠 대사'로만 바꾸면 된다.

120 보리도차제 수행에 있어 스승에 대한 믿음과 공경이 없이는 어떤 것도 자신의 마음에 깨우침이 생기기 어렵다. 따라서 보리도차제에서 말하는 스승은 일반범부가 아닌 불보살, 성인호법신 등과 본성이 조금도 다를 바 없는 분이라고 확실히 믿고 수습해야 한다.

에 사자좌, 연꽃좌대, 달방석에 금강지불을 수행가피전승의 스승들
이 둘러싸고 계신다. 오른쪽의 빛이 비치는 끝자락에 연꽃좌대, 달방
석에 지존 잠빠〔미륵〕를 광대한 행의 전승의 스승들이 둘러싸고 계신
다. 왼쪽¹²¹의 빛이 비치는 끝자락에 연꽃좌대, 달방석에 지존 잠양
〔문수〕을 심오한 견해의 전승의 스승들이 둘러싸고 계신다. 앞쪽에
비치는 끝자락에 사자좌, 연꽃좌대, 달방석에 은혜로운 스승을 자신
에게 직접적으로 법연이 있는 스승들이 둘러싸고 계신다. 그러한 (스
승들의) 주변에 본존, 부처님, 보살, (연각, 성문), 빠오, 빠모, 뗀쑹예
쎼빠〔출세간의 호법신〕, (이들 각각)의 집단들이 둘러싸고 계신다.

그러한 (자량전) 각각의 앞에 원만구족한 탁자(가 있고, 거기)에
각자가 말씀하신 교법들이 빛의 본성을 지닌 뿌띠의 모습으로 있다.
그러한 (자량전) 바깥에 교화할 대상의 근기에 맞는 선교방편을 써
서 교화하는, 생각으로는 다 헤아릴 수 없을 만큼 많은 화현의 장엄
이 시방에 나툰다.¹²²

(그) 모든 주인〔석가모니〕과 권속¹²³의 정수리에 흰색 옴ཨ자, 목에

---

121 여기서 '오른쪽과 왼쪽'도 마르티 전통의 자량전 중심부에 계시는 승리자 쌰
꺄능인〔석가모니〕을 기준으로 한 것이다.

122 『묘법연화경妙法蓮華經』「관세음보살보문품」에서는 '선남자여! 만약 어떤 나
라 중생을 부처님의 몸〔불신佛身〕으로 제도할 이에게는 관세음보살이 곧 부처
님의 몸을 나투어 법을 설하며, 제석천왕의 몸으로 제도할 이에게는 제석천왕
의 몸을 나투어 법을 설하며, 장자의 몸으로 제도할 이에게는 장자의 몸을 나
투어 법을 설하며…'라고 한 것과 같은 맥락이다.

123 여기서 주인은 승리자 쌰꺄능인〔석가모니〕, 권속은 광대한 행의 전승의 스승들
의 집단 등 자량전으로 모신 집단 모두를 가리킨다.

보리도차제 전통의 자량전

♠ 보리도차제 전통의 자량전

1. 자신의 근본스승과 금강지불, '제 린뽀체'〔쫑카빠〕들과 본성이 다를 바 없는 설법자 싸꺄능인〔석가모니〕

2. 금강지불〔主〕 등의 수행가피전승의 스승들의 집단

3. 지존 잠빠괸뽀〔미륵〕〔主〕 등의 광대한 행의 전승의 스승들의 집단

4. 지존 잠양〔문수〕〔主〕 등의 심오한 견해의 전승의 스승들의 집단

5. 자신의 은혜로운 근본스승 등의 자신과 직접적으로 법연이 있는 스승들의 집단

6. 본존들의 집단

7. 부처님들의 집단

8. 보살들의 집단

9. 연각들의 집단

10. 성문들의 집단

11. 빠오, 칸도들의 집단

12. 출세간의 호법신들의 집단

13. 자량전 바깥의 출세간의 사대천왕과 그분의 권속들의 집단

    1) 지국천왕과 그분의 권속들의 집단

    2) 증장천왕과 그분의 권속들의 집단

    3) 용왕인 광목천왕과 그분의 권속들의 집단

    4) 다문천왕과 그분의 권속들의 집단

붉은색 아쎙자, 가슴에 푸른색 훙자가 표시되는 것[124]을 또렷하게 즉각 떠올린다.

그런 연후에 자신의 스승과 본성이 다를 바 없는 능인왕의 가슴의 훙자에서 빛이 비침으로써 원래 머무시는 곳으로부터 수습한 것〔담칙빠〕과 같은 (모습의) 예쎼빠[125]를

"다함없는 모든 중생의 구호자이시고
마군중의 권속과 함께 흉폭한 이를 제압하시는 '하쉥'〔부처님〕
'실재적 사물'〔일체법〕을 남김없이 올바르게 깨달으신
세존께서 권속과 함께 이곳으로 오소서.

세존께서 수많은 아승지겁 동안
중생을 어여삐 여김으로써 대연민심을 익히셨고
▶광대한 서원과 의중이 원만구족된
당신〔불세존〕이 주장하신 중생을 이롭게 할 때가 지금이기에

---

124 '자신의 앞 정면의'로부터 '표시되는 것'까지는 담칙빠를 수습하는 방법에 대한 해설이다. 여기서 담칙빠는 수습대상인 자량전의 본존들을 통틀어 담칙빠라 한다. 담칙빠는 본존, 부처님, 보살, 빠오, 빠모, 호법신 등이다.

125 먼저 담칙빠로서의 자량전을 수습하고 난 뒤에 예쎼빠를 청하여 모신다. 불보살, 호법신 등 그분들이 평소에 머무시는 정토로부터 실제로 오신다고 생각하고 청하여 모신다. 이때 청하여 모시는 분들을 통틀어 예쎼빠라 한다. 예컨대 불상의 복장을 할 때 실제 정토에 계시는 불보살님을 모시는 의식과 같은 맥락이다.

따라서 법성의 궁전을 자연성취[126]하시고

갖가지 신통변화와 가피를 시현하시며

끝없는 중생의 무리들을 구제하기 위해

(이장二障을) 완전히 소멸하신 분께서 권속과 함께 (이곳으로) 오소서 ◄ ”[127]

　　　　　　　　　　　- 예쎼빠를 청하여 모시는 게송 -

라는 것 등으로 청하여 모시고 담칙빠 각각에게 흡수되도록 한다.[128] (그런 연후에) 세욕실을 마련하여 몸을 씻기를 간청하는 것[129] 등을 한다. (그런 연후에)

⑤ (자량을) 쌓고 (죄업과 장애를) 소멸하는 핵심이 응집된 칠지공양을 멘델 ཞིང་བཤམ과 함께 올리기[130]는

---

126 공성을 눈으로 사물을 보듯 직관적으로 요해하는 예쎼에 의해 자연성취한 궁전이라는 의미다.

127 이 세 게송은 예쎼빠를 청하여 모시는 게송으로, 두 번째 게송의 제3, 4구와 세 번째 게송은 『'제 린뽀체'〔쫑카빠〕의 전집 (中) 단편의 글རྗེའི་གསུང་འབུམ་པོད་དབུ』을 참고하여 첨가하였다.

128 '자신의 스승과 본성이 다를 바 없는 능인왕의 가슴의 훙ཧཱུྃ자에서 빛이'로부터 '담칙빠 각각에게 흡수되도록 한다'까지는 예쎼빠를 청하여 모시는 글이다.

129 의복, 장신구 등을 올리는 것이다.

130 자신의 근본스승을 부처님과 동일한 본성으로 보고 칠지공양과 멘델을 올리는 것 등의 두 자량을 쌓는다. 멘델 가운데 제일 하단에 사대주와 해와 달 등 삼천대천세계가 여기에 다 모였다고 생각하고 이것을 본존, 불보살 등에게 공양 올린다. 이때의 사대주 모두가 정토이며 매우 아름다운 것이라 생각하고 올려야 한다. 또한 선근이 멘델 위에 다 모였다고 생각하고 간절하게 공양 올

A. 예경하기는

A) 몸과 말과 뜻의 예경에 대하여 인지하기는

자신의 몸을 국토의 미세한 티끌 수와 동등하게 나투어서 예경하는 몸의 예경과 몸 각각마다 한량없는 머리와, 머리 각각마다 한량없는 입과, 입 각각마다 한량없는 혀로 나투어서 감미로운 어조로 찬가를 읊조리는 말의 예경과 자량전(의 이분)들이 모든 허물이 다하고 모든 공덕을 지닌 것으로 보고서 마음으로 공경하는 뜻의 예경, 즉

B) 몸과 말과 뜻 세 가지 측면에서 예경하기는

천만 가지 "원만圓滿과 묘선妙善[131]으로 창출한 몸

끝없는 중생의 원하는 바를 충족시켜 주시는 말씀

다함 없는 일체존재(일체법)를 여실히 꿰뚫어 보시는 마음

싸꺄의 승리자 그분께 머리 조아려 예경하나이다."[132]

- 싸꺄의 승리자(석가모니)에 대한 예경 -

리는 것은 복덕자량과 예쎄자량을 쌓는 것이다.

[131] 원만圓滿은 인·연·과 모든 방면에서 허물이 없고 훌륭한 것뿐이며 처음도, 중간도, 마지막도 모두 훌륭한 것, 즉 처음 수행할 때도 수행하는 이의 심신이 안락하고 타인에게 도움이 되고, 자량도로부터 무학도에 이르기까지 순서대로 수행해 나갈 때도 자신과 타인에게 도움이 되며, 성불한 때에도 자신과 타인에게 도움이 되는 것이라는 의미다. 묘선妙善은 일체중생의 일시적인 이익과 궁극적인 이익을 얻게 하는 것을 말한다.

[132] 이 게송은 쫑카빠 대사의 『대보리도차제』와 『보리도차제 깨달음의 노래』의 서두예찬문이다.

잠빠〔미륵〕, 톡메〔무착〕, 익녠〔세친〕, 남될데〔성해탈군〕,

촉데, 둘외데, 닥뻬데,

쎙게상뽀〔사자현〕, 두 분의 꾸싸리, 쎄르링빠 (등)

광대한 행의 전승(의 스승들)께 예경하나이다.

- 광대한 행의 전승의 스승들에 대한 예경 -

잠양〔문수〕, 유변〔상변〕과 무변〔단변〕을 여읜 루둡〔용수〕과

다와닥빠〔월칭〕, 형 릭뻬쿠죽

부처님의 의중을 호지하시는 성인 (루둡〔용수〕) 사제師弟[133] (등)

심오한 견해의 전승(의 스승들)께 예경하나이다.

- 심오한 견해의 전승의 스승들에 대한 예경 -

대자대비 '선서 금강지'〔금강지불〕

최상(의 도)를 꿰뚫어 보시는 떼로빠와 나로빠

가장 빼어난 돔비빠와 아띠쌰 (등)

수행가피전승(의 스승들)께 예경하나이다.

- 수행가피전승의 스승들에 대한 예경 -

무연자비의 대광산이신 쩬레식〔관세음〕[134]

---

[133] 여기서 성인 사제師弟란 성인 루둡〔용수〕과 그분의 제자 팍빠하〔성천〕와 다와
닥빠〔월칭〕, 쌍계걍〔불호〕 등을 가리킨다.

[134] 티벳어본 '경론'에서 쩬레식은 성인 관세음을 일컫는다. 그 이외에 툭제첸뽀,

194

때가 없는 변지遍知의 왕이신 잠뻬양〔문수〕

설역〔티벳〕의 정통한 자의 정수리의 장엄구이신 '쫑카빠

롭상닥빠'의 존전에 예경하나이다.

- 쫑카빠 대사에 대한 예경 -

지존 잠뻬양〔문수〕의 말씀대로 실천함으로써

현밀해顯密海의 위덕에 자유자재하시고[135]

롭상닥빠의 법회장의 아름다운 장엄구이신

잠뻴갸초의 존전에 예경하나이다.

- 쫑카빠 대사의 제자 똑덴잠뻴갸초에 대한 예경 -

순백의 묘선과 두 가지 자량을 익힌 힘으로써

위덕을 갖춘 사신四身의 최상의 경지를 증득하시더라도

훌륭한 행위로써 교화할 대상을 저버리지 않으시는

위덕을 갖춘 스승의 존전에 예경하나이다.

- 케둡 린뽀체에 대한 예경 -

광대무변한 법의 의미를 여는 것에

많은 정통한 자들의 중심에서 승리의 깃발 봉우리의 구슬처

럼 아름다우시며

위덕을 갖춘 제2의 루둡〔용수〕이자 법의 수장이신

아르야빠로 등도 모두 성인 관세음을 일컫는다.

[135] 바다와 같이 많은 현교와 밀교 경론에 내포된 심오하고 광대한 의미를 걸림없
이 자유자재로 꿰뚫어 아신다는 뜻이다.

'훌륭한'이란 명호를 지닌 분의 존전에 예경하나이다.

　　　　　　　　　　　　　- 바쏘 최끼곌첸에 대한 예경 -

모든 승리자께서 말씀하신 법들의

정수들을 모아서 수행한 힘으로써

오직 한 생에 금강의 몸을 증득하신

최상의 불사不死의 유가행자께 예경하나이다.

　　　　　- 바쏘 최끼곌첸의 제자이신 대성취자 최끼도제에 대한 예경 -

위덕을 갖춘 스승께서 대락¹³⁶을 성취하신 모든 것을

일체에게 베푸시는 '금강지불이신 롭상(닥빠)'〔쫑카빠〕이자

삼귀의가 모두 응집된 지존 화신이신

롭상된둡의 존전에 예경하나이다.

　　　　　　　　- 곌와 왼싸빠 롭상된둡에 대한 예경 -

이전의 결심과 서원을 성취한 힘으로써

지금 롭상닥빠〔쫑카빠〕의 가르침의 정수를 수지하시고

부정〔반박〕과 긍정〔수긍〕, 취사取捨¹³⁷를 여읜 유가행자이신

쌍계예쎼¹³⁸의 존전에 예경하나이다.

　　　　　　　　　　- 케둡 쌍계예쎼에 대한 예경 -

---

136 부처님의 경지를 말한다.

137 극단적인 취사, 즉 분별망상을 일으키는 것이다.

138 제3대 뻰첸라마 곌와 왼싸빠 롭상된둡의 제자이자 제4대 뻰첸라마 롭상최끼 곌첸의 스승이다.

다함없는 묘선의 공덕[139]의 발원지

때가 없는 롭상닥빠[쫑카빠]의 가르침의 훌륭한 지붕에

법의 승리의 깃발을 수지하는 위엄을 지니신

위덕을 갖춘 스승의 존전에 예경하나이다.

　　　　　　　　　　－ 제4대 뻰첸라마 롭상최끼곌첸에 대한 예경 －

삼보의 변지遍知와 자비[140]가 하나로 응집된

제2의 승리자의 교법과 증법의 미묘법의

지해知解와 행증行證의 승리의 깃발을 수지한 으뜸이신

용진 성현의 존전에 예경하나이다.

　　　－ 제5대 뻰첸라마 롭상예쎼의 용진이신 밀종사 뀐촉곌첸뻴상뽀에 대한 예경 －

삼귀의처가 모두 응집된 스승이신 금강지불께서

각자에게 적합한 선교방편을 써서 교화하는 선지식의 모습을

나투시고[141] 특수하고 공통적인 성취[142]를 내려주시는

은혜로운 스승들께 예경하나이다.

　　　　　　　　　　－ 각자의 은혜로운 스승들에 대한 예경 －

---

139 일시적인 선한 공덕과 궁극적인 훌륭한 공덕을 가리킨다.

140 일체중생을 외동자식과 같이 아끼고 사랑하는 마음의 공덕이다.

141 '중생의 근기에 따라 어떤 모습을 나투어야 교화할 수 있는지를 보시고 그와
　　같은 모습을 나투시는 설법자 능인왕 그분이 자신의 선지식의 모습을 지니고'
　　라는 의미다.

142 특수한 것은 부처님께만 있는 사무소외와 십팔불공법 등이며, 공통적인 것은
　　이교도나 일반 범부도 성취할 수 있는 신통과 신변과 같은 것이다.

"위없는 ▶설법자이신 보배와 같은 부처님〔불보〕

위없는 구제자이신 보배와 같은 미묘법〔법보〕

위없는 인도자이신 보배와 같은 승가〔승보〕

귀의의 대상인 삼보께 예경하나이다.◀ ″143

"예경할 만한 ▶일체께

모든 국토의 티끌 수만큼의

몸으로 공경하는 것으로, 언제나

지극한 신심으로 예경하나이다◀ ″144

를 하도록 한다.

C) 『보현행원왕경བཟང་པོ་སྤྱོད་པའི་སྨོན་ལམ་གྱི་རྒྱལ་པོ།』에서 말씀하신 대로 예
경하기는

---

143 '위없는 설법자이신'으로부터 '삼보께 예경하나이다'까지의 한 게송은 티벳
불자들이 음식을 공양할 때 많이 염송하는 게송이다. 티벳장경 논소부 데게뗀
규르 유식부에 수록되어 있는 지존 잠빠〔미륵〕의 『보성론』에서는 '여기서 보배
는 여의보주를 말한다. 여의보주의 특징은 지극히 얻기 어렵고 때가 없으며,
중생들의 모든 원을 충족시키는 힘이 있다'고 한 것과 같이, 지극한 신심으로
부처님께 간청하고 귀의하면 일시적인 이익과 궁극적인 이익 모두를 얻게 된
다는 것을 여의보주에 비유한 것이다.

144 '위없는 설법자이신'으로부터 '지극한 신심으로 예경하나이다'까지의 두 게송
은 닥뽀 잠뻴훈둡갸초 집록輯錄, 『기초수행(육)법 선연의 목걸이སྔོན་འགྲོ་ཆོས་སྤྱལ་འབད་
སྤྱིར་རྒྱན།』에 수록되어 있는 글이다.

(A) 삼문을 단속하는 예경은

〔1〕

"있는 바 모든 ►시방 세간과

삼세에 오시는 모든 인사자人獅子[145]들께

내가 남김없이 그러한 모든 분들께

청결한 몸과 말과 뜻으로 예경하나이다◄"

라는 게송[146]이니, 세간계 일부와 시시각각의 부처님이 아닌, 시방과 삼세에 계시는 모든 승리자를 떠올려서 마음 깊은 곳으로부터 삼문으로 공경히 예경하는 것이다.

(B) 삼문 각각의 예경은

a. 몸의 예경은

〔2〕

"훌륭한 (보살)행의 ►서원력들로

---

[145] 부처님의 다른 명호의 하나다.

[146] 이하의 〔1〕게송~〔12〕게송은 『보현행원왕경』의 게송을 직접 인용한 글로, 칠지 공양에 관한 내용을 담고 있다. 이 경은 티벳장경 불설부 데게까규르 다라니경부와 장까규르 밀속부에 수록되어 있다. 또한 『보현행원왕경』의 〔1〕게송~〔12〕게송의 해설 부분은 티벳장경 논소부 데게뗀규르 경소부에 수록되어 있는 아사리 루둡〔용수〕의 『성聖 보현행원대왕普賢行願大王 본주합편서本註合編書འཕགས་པ་བཟང་པོ་སྤྱོད་པའི་སྨོན་ལམ་གྱི་རྒྱལ་པོ་ཆེན་པོའི་འགྲེལ་པ།』를 참고하여 의미에 맞게 첨가하여 옮기기도 하였다.

모든 승리자를 마음의 직관으로써

국토의 티끌 수만큼의 몸이 지극한 공경으로써

모든 승리자께 지극히 예경하나이다◀"

라는 게송이니, (시)방과 (삼)세의 모든 승리자를 마음의 (예경의) 대상으로, 눈으로 사물을 보는 것과 같이 떠올려서 자신의 몸이 국토의 미세한 티끌과 동등한 수로 나투어서 예경하는 것이다. 또한 (예경하는) 대상들의 훌륭한 행[147]에 대한 신심의 힘을 일으켜서 그로써 마음동기를 일으키는 것이다.[148]

b. 뜻의 예경은

〔3〕

"한 티끌 위에 ▶법왕자〔보살〕의 중앙에 머무시는

티끌 수만큼의 부처님들께서

그와 같이 모든 법계〔허공〕

전체가 승리자들로 가득찼다고 확실히 믿어야 한다네◀"

라는 게송이니, 미세한 티끌 각각의 위에 또한 모든 티끌 수와 동등한 부처님들을 보살이 둘러싼 중앙에 계시는 것으로 (사유해서) 그

---

147 일체중생을 이롭게 하는 행위, 즉 보살행을 말한다.

148 여기서의 신심은 삼종신심 가운데 현구신심現求信心을 중점적으로 해설한 것이다. 이것은 예경의 대상, 즉 믿음의 대상인 그분들의 공덕 그 자체가 자신의 마음에 성취되기를 원하는 것이다.

러한 공덕을 수념隨念하는 확실한 믿음을 일으키는 것이다.

c. 말의 예경은

〔4〕

"그러한 분들의 ▶다함없는 바다와 같은 공덕들을[149]
음성(을 내는) 바다(와 같이 많은) 부분(에서 나는)
모든 소리로써 모든 승리자의 공덕을 지극히 읊조리고
모든 선서들을 내가 찬탄하나이다◀"

라는 게송이니, (예경의) 대상[150]들의 공덕을 찬탄하는 것이 다할 줄
모르는 것이 (바다와 같다. 이러한 찬탄을) 몸 각각에 한량없는 머리
와, 머리 각각에 한량없는 입과, 입 각각에 한량없는 혀를 나투어서
감미로운 음성으로 읊조린다. 여기에서 '음성'은 찬탄하는 것이며 그
'부분'은 (소리를 내는) 토대〔원인〕이니 혀 (등을 가리킨다.) '바다'는
수가 매우 많다는 것이다.

B. 공양 올리기는

공양 올리는 글줄이 상세한 것과 같이 하거나 간요簡要하게 하면 공
양[151]에는

---

149 여기서의 '공덕은 བསྔགས་པ'를 번역한 것으로서, 원래는 찬탄, 칭찬 등의 의미지만
아사리 루둡〔용수〕의 『성 보현행원대왕 본주합편서』에 의거하여 공덕으로 옮
겼다.

150 선서 또는 불, 법, 승 삼보 등을 가리킨다.

A) 위있는 공양은

〔5〕

"최상의 꽃과 ▶최상의 (꽃)목걸이와

바라와 바르는 향과 최상의 일산과

최상의 연유등[152]과 최상의 가루향으로써

그러한 승리자께 공양 올리나이다◀"

〔6〕

▶"최상의 의복들과 최상의 향수[153]와

가루향낭이 수미산須彌山[154]과 동등하고

수승하게 장엄된 모든 최상의 것으로써

그러한 승리자께 공양 올리나이다◀"

라는 두 게송이니, 최상의 꽃은 천신계와 인간계의 희유한 꽃잎들이
다. (꽃)목걸이는 갖가지 꽃을 번갈아 펜 것이니 그 두 가지에도 실
제의 꽃과 (마음으로) 만든 꽃 모두이다. 바라는 삐왕〔비파〕 등 현악
기와 소라〔법라〕와 링부〔피리〕 등을 불고 북과 징 등을 치는 것과 땅

---

151 공양 올릴 때 염송하는 게송에는 ㉮ 아사리 시와하〔적천〕의 『입보리행론』 「제
2품」과 상용의범집과 염송집 등에 다양하고 자세하게 나와 있는 것과 같이 공
양 올리는 글줄이 상세한 것을 염송하면서 올리거나 ㉯ 『보현행원왕경』에 나
와 있는 '최상의 꽃과 최상의 (꽃)목걸이…' 등의 두 게송만으로 간요簡要하게
염송하면서 올리는 것 이 두 가지가 있다.

152 한국의 사찰에서 촛불, 인등, 초파일에 등공양을 올리는 것과 같이 티벳에도
버터를 녹여 심지를 꽂아 연유등을 공양 올리는 관습이 있다.

153 승묘향, 아로마 등과 같은 것이다.

154 쑤메라ुदत्श의 음역이다. 산의 왕, 묘고산妙高山, 묘광산妙光山이라고도 한다.

쌱[155] 등을 연주하는 것들이다. 바르는 것은 향기로운 향수이다. 최상의 일산은 일산들 가운데 으뜸인 것이다. 연유등(을 올린다는 말)은 향연유등이나 마니보주처럼 밝은 빛을 띤 공양물을 올린다는 말인데, 향연유등은 향기롭고 밝은 빛을 지닌 것이고, 마니보주는 (너무도 빛나) 밤인지 낮인지 분간이 안 될 정도로 밝은 성질을 띠는 것이다. 태우는 (향은) 가루향을 배합해서 만든 오늘날의 단단하고 긴 향으로 알려진 것과 종류가 같은 아까루(침향)와 두루까(회향) 등이다. 최상의 의복은 의복 가운데 으뜸인 것이다. 최상의 향수는 삼천(대천)세계를 향기로운 향으로 물들이는 액체 등이다. 가루향낭은 수미산의 넓이와 높이만큼의 향낭을 만들어 (그 속에 가득 채워 올리거나) 만달라를 그리는 색색의 돌가루를 그만큼 차례차례로 수놓아 올리는 것이다. '장엄된'은 위[156]의 모든 (문장의) 끝에 연결할지니, (인간과 천신의 보배) '무더기'와 '꾸미는 것'과 '갖가지'를 말한다.

B) 위없는 공양은

〔7〕

"모든 공양들이 ▶위없고 광대하며

그러한 것을 모든 승리자께도 (올린다고) 확실히 믿고

훌륭한 (보살)행에 대한 신심의 힘들로써

모든 승리자께 예경하고 공양 올리나이다◀"

---

155 손바닥 크기의 아주 작은 바라(심벌즈)와 같은 것이다.
156 위에서 말한 공양물 모두를 말한다.

라는 게송이니, 위있는 (공양이 중생)세간의 공양이라면 여기서는 보살 등의 큰 위신력들로 모든 훌륭한 것을 나투는 것이다. 마지막 2구는 그 위에 (이) 2구[157]를 갖추(어 서술하)지 않은 부분 모두에 연결할지니, 예경과 공양[158]과 마음동기와 대상을 나타낸 것이다.

C. 죄업을 참회하기는

이전에 지은 자신의 죄업에 대하여 뱃속에 독이 들어온 것과 같이 뉘우치는 마음과, 이후에는 목숨을 버리는 한이 있더라도 짓지 않겠다고 하는 경계警誡하는 마음을 거듭거듭 낸다. 틈이 날 때 세 가지 율의 각각의 참회와 (여가가 없는) 중간에는『라마도르진마ཀ་ལ་རྡོར་འཛིན་མ།』[159]와『보살의 참죄བྱང་ཆུབ་སེམས་དཔའི་ལྟུང་བཤགས།』[160] 등 사력四力의 참계懺誡[161]를 틈나는 대로 최대한 많이 하도록 한다. 또한 이전의 허물

---

157 예경과 공양 올리는 게송을 가리킨다.

158 쫑카빠 대사의『대보리도차제』의 문구를 첨가하였다. 제3구는 예경과 공양 올리는 마음동기를, 제4구는 예경과 공양 올리는 대상을 나타낸 것이다.

159 아사리 따양(마명)의 저술로서 첫머리에 라마도제진빠ཆེན་ཀ་ལ་རྡོ་འཛིན་པ་ཆེན་པོ་로 시작하기에『라마도르진마』라고도 한다. 한편 본래 명칭은『일반적인 참죄སྤྱི་བཤགས།』라고도 한다. 그 이유는 자신의 근본스승과 본성이 다를 바 없는 도제진빠(금강지불)와 시방의 모든 삼보 등께 불선업과 타죄 모두를 참회하는 의궤이기 때문이다.

160『보살의 참죄』는 티벳장경 불설부 데게까규르 보적부와 장까규르 보적부에 수록된 총 49품 가운데「제24품」에 해당되는『우바리優波離 청문경請問經ཉེ་བར་འཁོར་གྱིས་ཞུས་པའི་མདོ།』에 수록되어 있는 글이다.

161 사력대치四力對治라고도 하며 여기에서 '참懺'은 이미 지은 죄업을 뉘우치는 것이고 '계誡'는 이후에는 다시는 짓지 않겠다고 마음을 다잡는 것이다. 이 부분은 본문의 '하사도편'의 마지막 부분에서 해설하고 있다.

에 대하여 뉘우치고 이후에는 (다시 짓지 않겠다고) 경계하는 마음을 가지고 마음 깊은 곳으로부터 참회하지 않으면 자신의 마음의 공덕이 이전에 생기지 않은 것은 새롭게 생기지 않고, (이미) 생긴 것마저도 쇠퇴해진다. 그리고 자신이 이전에 지은 죄업에 대하여 뱃속에 독이 들어온 것과 같이 뉘우치는 마음과 이후에는 목숨을 버리는 한이 있더라도 짓지 않겠다라는 경계심을 마음속 깊은 곳으로부터 일으킨다면 자신의 마음의 공덕이 이전에 생기지 않은 것들은 새롭게 생기고, (이미) 생긴 것들은 더더욱 증장되어 간다. 그러므로 이전의 성현들이 죄업과 타죄를 참회하는 것을 매우 중요하게 여겼다. 그것에 대하여 '조오〔아띠쌰〕께서는 티벳으로 오시는 도중에 아주 작은 잘못 하나가 생겼다고 여겨지면 즉시 (동행자하는) 상인들을 잠시 멈추게 하고 멘델을 올리고 참회하시고는 '이제 가자' 내가 (죄를 참회하지 않은 채) 이대로 죽는다면 악도에 태어난다'고 말씀하시고서 '그와 같이 어디에 이르시더라도 목탑 하나를 간직하고 다니시면서 즉각 참계하시고 죄업과 타죄를 하루도 가까이하지 않는다'고 말씀하셨다. 그리고 '제 린뽀체'〔쫑카빠〕께서도 처음에 최룽사원에서 수행의 힘〔성취의 힘〕이 증장되는 어느 때[162]에 (자량을) 쌓고 (죄업과 장애를) 소멸하는 것에 매우 힘쓰셔서 맨처음에 루왕기겔뽀〔용왕불〕[163]를 친견하시고 그런 연후에 삼십오불을 친견하시는 것 등이 이루어

---

[162] 마음에 수행과 깨달음의 공덕이 매우 증장되는 어느 때, 예컨대 보리도차제를 수습할 때 깨달음이 증장되어 뜻대로 장애없이 잘 성취되는 때와 같은 것이다.

[163] 『보살의 참죄』에 등장하는 삼십오불 가운데 한 분이다.

졌기에 우리들도 이전의 그 성현들을 따라 익혀야 한다. 『보현행원
왕경』에서 말씀하신 것과 같이 하면

〔8〕

"탐욕, ▶성냄, 어리석음에 의해

몸과 말과 그와 마찬가지로 뜻으로도

내가 지은 죄업이 얼마가 있건

그러한 일체를 내가 각각[164] 참회하나이다◀"

라는 게송이니, 원인인 삼독에 의해 토대인 몸 등 세 가지〔삼문〕의 본
질은 자신이 지은 것이니 또한 자신이 직접 지은 것과 다른 사람으로
하여금 짓게 한 것, 다른 사람이 지은 것을 수희隨喜한 것이다. 그러
한 일체를 일반적으로 간요簡要하게 하는 것은 "얼마가 있건"이라는
것이니 그러한 허물들을 떠올려서 (이전에) 지은 것을 뉘우치고 이
후에는 (다시 짓지 않겠다고) 경계하는 마음을 가지고 마음 깊은 곳
으로부터 참회하면 이전에 지은 것이 증장되는 것이 끊어지고, 이후
에 다시 짓게 되는 것이 끊어진다. '방호력防護力의 강한 경계심이 없
으면 '덮지 않겠다, 감추지 않겠다, 이후에도 끊고 경계하겠다'라고
말하더라도 죄업이 다하지 않는 것에다 거짓말한 허물이 더해지게
된다'고 『율경광주律經廣註 འདུལ་བ་རྒྱ་ཆེར་འགྲེལ་པ།』[165]에서 말씀하셨다. 따

---

164 승가를 상대로 지은 죄업은 승가에, 중생을 상대로 지은 죄업은 중생에 의해
참회해야 한다는 것이다. 예컨대 비구계 가운데 살생죄를 지은 경우 승가의 대
중 앞에서 참회하는 것과, 중생을 괴롭히는 것 등의 잘못을 한 경우 중생에 대
한 자애심을 수습하는 것 등 사력의 참계로써 참회하는 것 등과 같은 것이다.

라서 '끊기 쉬운 허물들은 (아주) 오랫동안까지도 (짓지 않고) 끊겠다'고 생각하는 것과 '끊기 어려운 것들도 심지어 (단) 하루 밤낮의 잠깐 동안만이라도 끊겠다'고 경계하는 마음을 많이 내면 방호력防護力의 의미가 갖추어진 핵심이 있다고 말씀하셨다.

D. 수희隨喜하기는

자신과 타인, 모든 범부와 성인이 삼세에 쌓은 선근에 대하여 아만심과 교만심(을 내는 것)과 같은 것이 아닌, 마음속 깊은 곳으로부터 기쁨을 일으키면 이전에 지은 모든 선업이 더더욱 증장되어 간다. 그것에 대하여 '비내야'에서 '쎌곌왕이 설법자(석가모니)와 권속을 함께 받들어 모시는 것보다 선량한 가난뱅이 '데빠'가 수희한 것이 더 큰 선근을 성취했다'고 말씀하신 것과 이것을 생각하셔서 '제 린뽀체' (쫑카빠)께서는

"적은 노력으로써 위대한…"

이라는 것 등을 말씀하셨다. 선업을 지은 것에도 아만심과 교만심(을 내는 것)과 같은 것으로 하면 선근은 증장되지 않을 뿐만 아니라 그것을 헛되어 버리게 된다. 그것에 대하여 『(보살의) 학처집론བསླབ་བཏུས།』166에서 선근을 지키는 (방법을 해설할) 때

165 아사리 다르마미따의 저술로서 아사리 익녠(세친)의 제자이자 나렌다의 대학승인 아사리 욘뗀외(공덕광)의 『율경론འདུལ་བའི་མདོ།』에 대한 주석서다. 이 두 논서 모두 티벳장경 논소부 데게뗀규르 율부에 수록되어 있다.

"자신의 이익과 이숙과異熟果[167]에 대한 갈망을 끊음으로써[168]

모든 선근을 지키게 된다네.

(선업을 지은 것에 대해) 후회도 하지도 말고

지은 (선업) 또한 소문내지도 말지어다"

라고 말씀하셨기 때문이다. 요약하면

〔9〕

"시방의 ▶모든 승리자, 법왕자〔보살〕,

연각들, 유학과 무학,[169]

일체 범부의 복덕 그 어느 것에 대해서도

---

166 켄뽀 시와하〔적천〕의 『학처집송ब쭝ब쭝ब쭝ब쭝』과 까담의 6
대 전적의 하나인 아사리 시와하〔적천〕의『(보살의) 학처집론』에 수록되어 있
는 글이다. 두 논서 모두 티벳장경 논소부 데게뗀규르 중관부에 수록되어 있다.

167 이숙과異熟果는 그냥 이숙異熟이라고도 한다. 이숙과의 세 가지 조건에 대하여
제쭌 최끼곌첸의『아비달마구사론의 난점難點을 바르게 설한 보배 창고རྣ」
 དགའ་གནད་ལེགས་བ ་བ ར་ ོ་ི་བ་་ི་ ི『제2품』에서는 '㉮ 이숙과의 인(因)인 불선 또
는 번뇌에 의해 지은 선의 업력이 완전히 성숙한 것 ㉯ 보특가라에 속한 것 ㉰
무부무기無覆無記인 것'이라 말씀하셨다. ㉮는 번뇌에서 생겨난 오온, 즉 유루의
오취온과 같은 것 ㉯는 사람의 머리카락, 손톱, 발톱 등 죽음과 동시에 함께 부
패하고 망가지는 것과 같은 것 ㉰는 번뇌장과 소지장 어느 것도 아니며 선과 불
선 어느 것에도 속하지 않는 것을 말한다.

168 '자신의 이익 또는 다음에 좋은 과보를 받기 위한 욕심으로 선행을 하는 것이
아닌 진정으로 상대에게 도움이 되었으면 하는 마음으로 행함으로써'의 의미
이다.

169 여기서 유학과 무학은 성문 유학과 성문 무학을 가리킨다. 성문 유학은 성문
의 자량도로부터 수도의 '금강과 같은 삼매'까지의 계위에 오른 성문을 가리
키며, 성문 무학은 성문의 무학도에 오른 성문아라한을 가리킨다.

208

　　그러한 모든 것을 내가 수희하나이다◄"

라는 게송이니, 그 다섯 부류의 선업의 유익한 공덕을 기억해서 환희
를 수습해야 한다.

E. 법륜을 굴려주시기를 권청하기는

〔10〕
"온 시방의 ►세간의 등불〔불세존〕들이
보리(에 이르는 방편의 도)를 순서대로 (실천 수행함으로써)
성불하여 걸림없는 예쎼를 성취한[170]
그러한 구호자 일체께 내가
위없는 법륜을 굴려 주시기를 권청하나이다◄"

라는 게송이니, '자신의 몸이 국토의 미세한 티끌과 동등한 수로 나
투어서 세간계들에 성등정각을 이루자마자 법륜을 굴리지 않고 아
무것도 설하지 않는 방식으로 계시는 분들께, 중생들에게 이익과 안
락이 생기도록 하기 위해 자신이 천 개의 금바퀴살이 있는 각각을 올
려서 법륜을 굴려주기를 간청함에 따라, 그러한 분들도 법륜을 굴리
겠다고 허락하시고 법륜을 굴렸다'고 관상하는 것은 '그런 연후에 천
신〔범천〕들이 설법자〔석가모니〕의 앞에 이르렀다'라는 것으로부터 '최

---

170 제2구 '보리에 이르는 방편의 도'라 하면 오도五道, 즉 자량도, 가행도, 견도, 수
　　도, 무학도를 말하며, 이를 순서대로 익혀서 마침내 부처님의 경지로 나아가
　　걸림없는 예쎼를 성취하는 데까지 이를 수 있다는 의미다.

상의 법륜을 굴려주소서'¹⁷¹라는 데까지와 동일하다. 그와 같이 법륜
을 굴려 주시기를 간청함에 따라 자신이 법(연)이 부족한 업¹⁷²을 지
은 것과 다른 이에게 법(수행)을 방해한 것 등의 죄업이 청정하게 되
었다.

F. 열반에 들지 마시기를 간청하기는

〔11〕

"열반의 시현을 ▶허락하시는 그러한 모든 분들께¹⁷³

일체중생을 이롭고 안락하게 하기 위하여

국토의 티끌 수와 같은 겁 (동안) 머무시라고 또한

제가 두 손 모아 간청하나이다◀"

라는 게송이니, '시방의 국토에 열반을 시현하는 분들께 중생들에게
이익과 안락이 생기도록 하기 위해 자신의 몸이 국토의 미세한 티끌
과 동등한 수로 나투어서 겁 또는 겁을 초월하도록 열반에 들지 말고
머무시라고 간청한다'고 관상하고 '열반의 시현을'이라는 등의 게송
을 읊조린다. 또한 자신에게 직접 법을 잘 설할 수 있는 스승 등께 장

---

171 이 인용문은 티벳장경 불설부 데게까규르 경부와 장까규르 경부에 수록된
『성聖 방광대장엄方廣大莊嚴이라는 대승경འཕགས་པ་རྒྱ་ཆེར་རོལ་པ་ཞེས་བྱ་བ་ཐེག་པ་ཆེན་པོའི་
མདོ།』에 이와 유사한 내용이 언급되어 있다. 그러나 정확한 출처는 찾을 수 없
었다.

172 다음 생에 불법을 듣고 배울 수 있는 기회가 없는 곳에 태어나는 것 등의 수행
하기에 불리한 조건의 환경에 처하게 되는 업을 말한다.

173 '빨리 열반에 들겠다고 하시는 어떤 부처님들께'라는 의미다.

210

수〔구주세간久住世間〕기도를 거듭거듭 올리면 자신의 수명을 성취하는
데에도 가장 좋은 것이다.

G. 회향하기는

〔12〕

"예경하는 것과 ►공양 올리는 것, 참회하는 것,

수희하는 것, 권청하는 것, 간청하는 것으로써

조그마한 선업이라도 쌓은 바 일체를

제가 보리를 (증득하기) 위하여 회향하나이다◄"

라는 게송이니, '위의 육지六支[174]의 선근으로써 예를 들어 일체의 선
근을 일체중생과 공통적으로 해서[175] 정등보리의 원인(이 되기)를
강렬한 염원으로써 회향한다'고 관상하고서 '예경하는 것과'라는 등
의 한 게송을 읊조린다. 또한 일체중생을 위해 선근들을 위없는 정등
보리의 원인(이 되도록) 회향한다면 일체중생 각각의 선상에서 선근
을 바늘 끝 정도 밖에 쌓지 않았더라도 선근은 매우 더 큰 힘으로써
보리를 이룰 때까지 헛되이 소진되지 않는다. 그것에 대하여 『로되
갸초〔지성의 바다〕가 청문請問한 ཆོས་ཀྱི་རྒྱ་མཚོས་ཞུས་པའི་མདོ།』에서

---

174 칠지공양 가운데 앞 여섯 가지, 즉 예경, 공양, 참회, 수희, 권청, 간청을 말
한다.

175 자기가 쌓은 선근이라고 자기만을 위해서 회향하지 말고 일체중생이 모두 행
복하도록 회향해야 한다는 의미다.

"예컨대 큰 바다 속에 물방울이 떨어지면

바다가 다할 때까지 그것은 소진되지 않으며

그와 같이 보리의 원인이 되도록 회향한 선근 또한

보리를 이룰 때까지 그것은 헛되이 소진되지 않는다네"

라고 말씀하셨기 때문이다. 예컨대 얼마를 사용하더라도 다하지 않
는 대왕大王의 창고와 같다. 그런 연후에 아래에서 나오게 될 원하는
일들[176]을 성취하기 위해

H. 멘델 올리기는

'예컨대 한 왕에게 가장 중대한 일 하나를 청원請願할 때
먼저 큰 선물 하나를 올리고 그런 연후에 이와 같은 것을
살펴 주소서'라고 간청 또는 요청을 드리는 것과 같다.
멘델에 있어서 상품은 금과 은, 중품은 적동과 향청
동, 여의치 않으면 또한 나무 등 어느 하나에 우정
물牛淨物과 향수를 바르고 무더기[177] 또한 향수로
물들인다. 멘델을 크게도 하지 말고 삼천대천세계의 세간계를 작게
도 하지 말며[178] 최상은 마음으로 할 수 있다면 삼천대천세간계 모두

---

176 세 가지 큰 의미의 측면에서 간청하는 것, 즉 'H. 멘델 올리기'의 ㉮ ㉯ ㉰ 이
세 가지를 가리킨다.

177 멘델 속에 채워 올리는 갖가지 곡류와 보석류 등을 말한다.

178 실제 멘델 크기를 일부러 크게 만들려고도 하지 말며, 비록 작은 크기라 하더
라도 마음속의 멘델은 광대한 삼천대천세계가 그대로 다 들어 있다고 관상
한다.

와, 그와 같이 할 수 없다면 자신과 타인의 몸과 재물과 사대주四大洲, 수미산을 선근과 함께 일체를 마음 깊은 곳으로부터 대상〔관상할 바〕을 또렷하게 떠올려서 멘델을 올린다. 세 가지 큰 의미의 측면에서 간청하는 것은 '㉮ 선지식을 공경하지 않는 것으로부터 시작하여 두 종류의 아我[179]가 진실로 존재한다고 고집하는 것에 이르기까지의 전도된 마음의 종류 전부를 끊도록 가피하소서 ㉯ 선지식에 대한 공경 등 전도되지 않는 마음의 종류 전부가 쉽게 생기도록 가피하소서 ㉰ 안팎의 모든 장애[180] 요인이 완전히 사라져 없어지도록 가피하소서' 라고 강렬한 염원으로 오롯이 집중하여 간청한다. 그런 연후에

⑥ 간청하는 것은 긴요한 가르침과 같이 반드시 마음과 합일되게 하기는

앞의 은혜로운 근본스승 그분을 떠올려서

    "위덕을 갖춘 보배로운 근본스승께서
    나의 정수리의 연꽃좌대, 달방석에 앉으시어…"

　- 여기서 『보리도차제(를 전승한 스승들에 대한) 간청문 최상의 도의 문을 여는 (차제)』(p.113)를 염송하도록 한다. -

---

179 보특가라아와 법아法我 두 가지다.
180 보리도차제에 대한 이해가 생기고, 보리도차제를 수습하고 도차제를 수행하는 것을 장애하는 요인들을 말한다.

라는 등으로 간청하는 것은 반드시 긴요한 가르침과 같이 마음과 합
일되도록 한다. 그런 연후에

자신의 스승과 본성이 다를 바 없는 능인왕의 가슴에서 빛이 비치어
주변에 계시는 모든 광대무변한 평온존과 분노존에게 닿음으로써 끝
테두리로부터 차례대로 빛으로 화化하여 광대한 행의 전승과 심오한
견해의 전승의 스승들에게 흡수되며,[181] 그분들 또한 아래 (더) 아래
로부터 차례대로 (빛으로) 화化하여 광대한 행의 전승의 (스승인) 잠
빠[미륵]와 심오한 견해의 전승의 (스승인) 잠양[문수]에게 흡수되
며, 수행가피전승의 스승들도 금강지불에게 흡수된다. 직접적으로
법연이 있는 스승들[182]도 은혜로운 근본스승에게 흡수된다. 먼저 그
다섯 분[183]께 또랑또랑하게 염송한다. 그런 연후에 '잠빠[미륵]와 잠
양[문수] 두 분이 능인왕에게 흡수되고 연꽃좌대와 달방석 둘도 능인
(왕)의 사자좌에 흡수된다. 그런 연후에 은혜로운 근본스승 또한 빛
으로 화化하여 능인왕의 가슴에 흡수된다. 금강지불 또한 자신의 스
승과 본성이 다를 바 없는 능인왕[184]의 정수리로부터 오셔서 가슴에
예쎄쎔빠의 모습으로 계신다'고 관상하고 그분을 금강지불과 본성

---

181 예컨대 아사리 익녠[세친]이 성인 톡메[무착]에게 흡수되고 그분이 지존 잠빠
　　[미륵]에게 흡수되는 등 후대로부터 선대의 순서로 흡수되는 방식이다.

182 직접 가르침을 주신 스승들을 말한다.

183 석가모니, 지존 잠빠[미륵], 지존 잠양[문수], 겔와도제창[금강지불], 근본스승
　　을 가리킨다.

184 금강지불은 예쎄빠와 같은 방식으로, 자신의 스승과 본성이 조금도 다를 바
　　없는 능인왕[석가모니]은 담칙빠와 같은 방식으로 모신다.

214

이 다를 바 없는 능인왕[185]이라 말씀하신다. 사자좌와 연꽃좌대, 달방석 두 가지도 능인왕의 사자좌와 연꽃좌대, 달방석에 흡수된다. 그런 연후에 또한 먼저 금강지불과 본성이 다를 바 없는 능인왕께 또랑또랑하게 염송한다. 능인왕 또한 자신의 정수리의 은혜로운 스승께 흡수됨으로써, 자신의 정수리의 사자좌와 연꽃좌대, 둥근 해방석과 달방석 (위에), ㉮ 자신의 은혜로운 근본스승의 본성을 (지니고) ㉯ 몸빛깔은 순금과 같고 정수리에는 육계정상이 있으며, 하나의 입과 두 손(이 있으며,) 오른손은 항마촉지인을 하고, 왼손은 등인인(을 한, 바로) 위에 감로가 가득찬 발우를 지녔으며, 몸에는 적황색을 띤 세 벌의 가사를 여법하게 수하고 (삼십이)상과 (팔십)종호로 장엄된 티없이 맑은 빛의 본성을 지닌 (이 분의) 몸에서 생긴 빛 무더기의 중앙에 양발은 금강가부좌로 앉은, 승리자 쌰꺄능인[석가모니]의 모습 (을 하고 계신다.)

라고 떠올려서 (다음과 같이) 칠지공양을 멘델과 함께 간요簡要하게 올리고 간청하는 것은

"천만 가지 원만圓滿과 묘선妙善으로 창출한 몸
▶끝없는 중생의 원하는 바를 충족시켜 주시는 말씀
다함 없는 일체존재〔일체법〕를 여실히 꿰뚫어 보시는 마음
쌰꺄의 승리자 그분께 머리 조아려 예경하나이다◀"

---

[185] 본성은 금강지불이며 모습은 능인왕으로, 이 두 분의 본성이 조금도 다를 바가 없다고 관상한다.

라는 게송으로써 예경하는 것과

"실제로 공양 올리고 마음으로 만들어서 남김없이 공양 올리고
▶비롯함이 없는 때로부터 쌓은 모든 죄업과 타죄를 참회하며
범부와 성인의 선근들을 수희하고
윤회가 다할 때까지 훌륭하게 머무셔서

중생에게 법륜을 굴려주시는 것과
자신과 타인의 선근들이 대보리(를 성취하는 원인이) 되도록
회향하나이다◀"[186]

─ 칠지공양을 간요簡要하게 올리는 것 ─

라는 데까지와

"사대주와 해와 달, 수미산과 칠보[187]
보배 멘델과 보현보살의 공양물의 무더기를[188]
스승과 본존, 삼보께 올리니

---

186 '실제로 공양 올리고'로부터 '회향하나이다'까지 1게송 2구는 티장 린뽀체의
『대승포살계를 수지하는 의궤를 명료하게 서술한 주석서, 대보살(부처님)의 무
량궁에 오르는 사다리ཐེག་ཆེན་གསོ་སྦྱོང་གི་ཆོ་ག་ལེགས་པར་བཤད་པའི་ཚིག་རྣམ་འགྲེལ་སུ་བཀོད་པ་བྱང་ཆུབ་ཆེན་གང་
བཟང་འཇོགས་པའི་ཐེམ་སྐས།』에 들어 있는 게송이다. 맨처음 1구를 제외하고는 본문의
저본에서 생략되어 있기에 나머지는 첨가하였다.
187 전륜왕에게만 있는 특별한 보물이다.
188 허공에 모든 공양거리가 가득찼다고 관상한다.

연민심으로 향수하시고 가피하소서.¹⁸⁹

－ 멘델을 간요簡要하게 올리는 것 －

사종불신의 본성, 스승, 주된 본존¹⁹⁰

능인왕, 금강지불 (등의 본성을 지닌 분)께 간청하나이다.¹⁹¹

장애에서 벗어난 법신의 본성, 스승, 주된 본존,

능인왕, 금강지불 (등의 본성을 지닌 분)께 간청하나이다.

대락의 보신¹⁹²의 본성, 스승, 주된 본존,

능인왕, 금강지불 (등의 본성을 지닌 분)께 간청하나이다.

갖가지 화신의 본성, 스승, 주된 본존,

능인왕, 금강지불 (등의 본성을 지닌 분)께 간청하나이다.

스승의 응집, 스승, 주된 본존,

---

189 이 게송을 염송하면서 멘델을 올리도록 한다.

190 많은 본존들 가운데 각자가 주된 수행의 대상으로 삼는 본존을 말한다.

191 '사종불신의 본성' 이하의 여섯 게송의 간청문은 마르티 전통의 자량전을 수습하는 방법과 구루유가를 접목시켜 수습하는 방법을 취하고 있다. 즉 자신의 정수리에 계시는 설법자 능인왕의 모습을 한, 이분은 사종불신, 근본스승, 주된 본존, 능인왕, 금강지불 등 각각과 본성이 조금도 다를 바가 없는 분이다. 더 나아가 삼보, 본존, 보살, 성인호법신, 빠오, 칸도 등의 본성과도 조금도 다를 바가 없는 분, 즉 자량전에 모신 분들의 본성이 모두 응집된 분이라고 확실히 믿고 이분께 간청하는 것이다.

192 대락의 예쎄, 즉 공성을 눈으로 사물을 보듯 직관적으로 요해하는 예쎄에 머무는 부처님을 보신이라 한다.

능인왕, 금강지불 (등의 본성을 지닌 분)께 간청하나이다.
본존의 응집, 스승, 주된 본존,
능인왕, 금강지불 (등의 본성을 지닌 분)께 간청하나이다.

부처님의 응집, 스승, 주된 본존,
능인왕, 금강지불 (등의 본성을 지닌 분)께 간청하나이다.
미묘법의 응집, 스승, 주된 본존,
능인왕, 금강지불 (등의 본성을 지닌 분)께 간청하나이다.

능인왕의 응집, 스승, 주된 본존,
능인왕, 금강지불 (등의 본성을 지닌 분)께 간청하나이다.
칸도의 응집, 스승, 주된 본존,
능인왕, 금강지불 (등의 본성을 지닌 분)께 간청하나이다.

호법신의 응집, 스승, 주된 본존,
능인왕, 금강지불 (등의 본성을 지닌 분)께 간청하나이다.
귀의처의 응집, 스승, 주된 본존,
능인왕, 금강지불 (등의 본성을 지닌 분)께 간청하나이다."[193]

---

[193] 본 역서의 저본에 '① 머무는 집을 쓸고 닦고'로부터 '금강지불 (등의 본성을 지닌 분)께 간청하나이다'까지의 관상 준비육법은 '도의 근본인 선지식을 의지하는 방법으로부터 상사도'까지의 모든 수행과제를 익힐 때마다 반드시 선행해야 하는 삼사 공통의 기초 수행과제다.

218

나와 어머니인 일체중생이 윤회에 태어나서[194] 오랫동안 갖가지 극심한 고통을 겪는 것은 선지식을 마음과 행 (이) 두 가지의 측면에서 법답게 배우는 것을 의지하지 않음으로 인해 받은 것이기에 이제 나와 어머니인 일체중생이 선지식을 마음과 행 (이) 두 가지의 측면에서 법답게 의지할 수 있도록 자신의 스승과 본성이 다를 바 없는 주된 본존께서 가피하소서.

라고 간청함에 따라

정수리의 자신의 스승과 본성이 다를 바 없는 주된 본존의 몸의 부분에서 다섯 가지 감로가 빛과 함께 흘러내린다. 자신과 자신이 아닌 일체중생의 몸과 마음에 흡수됨으로써 비롯함이 없는 때로부터 쌓은 모든 죄업과 장애, 특히 *선지식을 마음과 행 (이) 두 가지 측면에서 법답게 의지하는 것에* 방해가 되는 모든 죄업과 장애, 질병과 악귀가 함께 청정무구해졌다. 몸은 티없이 맑은 빛의 본성을 지닌 것으로 바뀌었다. 수명과 복덕, 교법과 증법의 모든 공덕이 증장되고 광대해졌다. 특히 *선지식을 마음과 행 (이) 두 가지의 측면에서 법답게 의지할 수 있는* 특별한 요해가 자신과 자신이 아닌 일체중생의 마음에 생겼다.

라고 관상해야 한다.

---

194 업과 번뇌에 의해 생을 받은 것을 말한다.

(2) 본 관상의 네 가지는

① 선지식을 의지하는 이익 ② 의지하지 않는 허물 ③ 마음으로 의지하는 방법 ④ 행으로 의지하는 방법이다.

① 선지식을 의지하는 이익은

자신의 스승과 본성이 다를 바 없는 능인왕의 가슴에서 자신에게 직접적으로 법연이 있는 스승들을 나투어 앞의 허공에 계신다고 떠올려서 이와 같이 같이 관상할지니

'선지식을 의지함으로써 부처님의 경지에 가까워지는 것과 승리자들이 기뻐하시는 것, 선지식이 부족하지 않는 것, 악도에 떨어지지 않는 것, 악업과 번뇌로 인해 견디기 어려운 것, 보살행과 어긋나지 않고 그것을 기억함으로써 공덕의 더미가 점점 점점 높아지게 되는 것, 일시적인 것과 궁극적인 모든 이익들을 성취한다'고 말씀하셨다. 그 밖에

'선지식을 받들어 모심으로써 악도(의 고통)을 겪어야만 하는 업들이 금생에 몸과 마음에 아주 작은 해침 정도나 꿈에서 겪는 정도로 그 업이 도래하자마자 다하게 되는 것과 한량없는 부처님께 공양을 올린 것 등의 선근들을 제압하는 것 등 유익한 공덕이 한량없다'[195]

---

[195] 한량없는 부처님들께 공양 올린 선근보다 선지식을 공경히 받들어 모시는 공덕이 더 크다는 의미다.

220

고 말씀하셨다. 또한 선지식을 마음과 행의 측면에서 법답게 의지함으로써 부처님의 경지에 가까워지게 된다. 그것에 대하여 구호자 루둡〔용수〕께서는 『오차제ﾧﾧﾧﾧ』[196]에서

"모든 공양을 전부 끊고서[197]
스승께 바르게 공양함으로써
그분이 기뻐하심에 따라 '(일체존재를) 모두 요해하는
최상의 예셰'〔일체종지〕를 얻게 된다네"[198]

라고 말씀하셨기 때문이다. 승리자들이 기뻐하시게 되는 까닭은 자신이 서약[199]과 율의를 법답게 지키지 않고 부처님과 보살들께 공양만을 올리면, 올리는 정도의 유익한 공덕은 있겠지만 부처님과 보살들께서 기쁘게 향수하시는 유익한 공덕은 생기지 않는다. 한 분의 스승께 선지식을 의지하는 방법을 법답게 행해서 그 스승께 공양한다면 모든 부처님과 보살들을 초청하지 않아도 (자연히) 오셔서 그 스승의 몸에 계시면서 공양을 잘 향수하신다. 그것에 대하여 『문수보

---

196 티벳장경 논소부 데게뗀규르 밀부에 수록되어 있다.
197 여기에서 공양은 불보살님께 올리는 공양을 가리키며, 제1구는 '불보살님께 공양을 올리지 않더라도'라는 의미다.
198 불보살님께 공양 올리는 일도 매우 중요하지만, 스승께 공양 올리는 것이 모든 공양 가운데 으뜸이기 때문이다.
199 서약은 반드시 지켜야 하는 것으로서, 예컨대 출가자가 하안거에 들겠다고 서약하는 등과 밀교수행에 있어 지켜야 할 서약 등과 같은 것이다. 만약 서약을 지키지 않으면 과실을 범하고 타죄에 떨어진다고 한다.

살의 구전심요ㅁ傳心要འꍺꍹ་ན་དཔལ་ཞལ་ལྱང་ꏱ』』[200]에서

"이것의 의미를 지닌 어떤 사람[201]에게
나〔석가모니〕는 그〔스승〕의 몸에 머물러
다른 실천 수행하는 이[202]로부터 공양을 받고
그〔스승〕가 기뻐하시는 것으로써 자신〔공양 올리는 이〕의 마음
의[203] 업장業障[204]이 청정해진다네"

---

200 이 논서는 만달라의 아사리 하쌍계ꑸꍹ기예쎄의 요약구전으로, 티벳장경 논소부 데게뗀규르 밀부에 수록되어 있는 명칭은 『이차제의 '오직 그것뿐'〔공성〕을 수 습한다고 하는 구전심요ㅁ傳心要རꏱ་པ་གꏱས་པꏱ་དེ་ꏱ་ན་ꏱད་བꑰꍸꏱ་པ་ꏱས་པꏱ་ཞལ་ꏱ་ꏱང་』 또는 『이차제의 '오직 그것뿐'〔공성〕을 수습한다고 하는 문수보살의 구전심요ㅁ 傳心要རꏱ་པ་གꏱས་པꏱ་དེ་ꏱ་ན་ꏱད་བꑰꍸꏱ་པ་ꏱ་བ་ꏱང་ꏱས་ꑰས་དཔལ་འꏱ་པꏱ་ꏱངས་ꏱ་ꏱང་』 다. 이 논서의 본제목에서 '문수'가 아닌 '문수보살'이라는 표현을 직접적으로 쓰고 있기에 저본의 '잠뻴〔문수〕의 구전심요ㅁ傳心要འꍺꍹ་ན་དཔལ་ལ་ꏱང་'를 '문수보 살의 구전심요ㅁ傳心要འꍺꍹ་ན་དཔལ་ཞལ་ꏱང་'로 옮겼다.

201 '경론'에서 설한 선지식을 의지하는 방법대로 실천하는 어떤 사람이라는 의미 이다.

202 선지식을 의지하는 방법에 따라 법답게 공양을 올리는 이를 가리킨다.

203 제4구는 티장 린뽀체의 『손에 쥔 해탈의 보리도차제』의 문장과 대조하여 본 결과 다소 차이가 있어 『손에 쥔 해탈의 보리도차제』에 의거하여 바꾸어 옮겼 음을 밝힌다.

204 오무간업과 불선업 등이다. 여기서 오무간업은 ㉮ 자신의 아버지를 죽이는 것 ㉯ 자신의 어머니를 죽이는 것 ㉰ 성문과 연각아라한을 죽이는 것 ㉱ 승가의 화합을 깨트리는 것 ㉲ 나쁜 마음으로 부처님의 몸에 피를 내는 것 이 다섯 가 지 가운데 어느 하나라도 짓고서 참계로써 소멸하지 아니하면 다른 생에 반드 시 무간지옥에 태어나야 하기 때문에 무간업이라 한다.

222

라고 말씀하셨다. 선지식이 부족하지도 않는 그것에 대하여 뽀또와 의 『푸른빛 수지서ዓ3'ঠ'ৼ'য়』에서

> "그러므로 법연을 살피지 않고 많은 (스승)을 (의지하지)
> 말며[205] 살펴서 인정된 이를 스승으로 공경해야
> 미래에 스승이 부족하지 않는 이치이니
> (지은) 업들이 헛되지 않기 때문이라네"

라고 말씀하셨기 때문이다. 악업과 번뇌가 (해치기) 어렵고 보살행 과 어긋나지 않으며 그것을 기억함이 있기에 공덕의 더미가 점점 점 점 높아지게 된다. 그것에 대하여 '지존 싸꺄 뺀디따'(꾼가곌첸)께서

> "천겁 동안 바라밀승의 전통인
> 머리와 손발과 재물을 희사하는 자량을
> 스승의 도[206] 이것으로써 일찰나에 거두어 들이니
> 공경히 섬기는 것에 환희를 수습토록 하라."

라고 말씀하셨기 때문이다.

'일시적인 것과 궁극적인 모든 이익을 성취한다'고 말씀하신 것과 그 밖에 선지식을 받들어 모심으로써 악도(의 고통)을 겪어야만 하는

---

205 스승으로 삼을 만한 지 잘 살피지 않고 법연을 맺지 말라는 의미다.
206 선지식을 의지하는 방법 등의 구루유가를 말한다.

업들이 금생에 몸과 마음에 아주 작은 해침 정도나 꿈에서 겪는 것으로써 그 업이 도래하자마자 소진된다. 그것에 대하여 『수간장엄경樹幹莊嚴經ཤིང་པོ་བཀོད་པའི་མདོ།』[207]에서

"선남자여! 선지식이 섭수하는 보살은 악도에 떨어지지 않는다. 선지식이 올바르게 섭수하는 보살은 업과 번뇌가 (해치기) 어렵다네."

라고 말씀하셨다. '한량없는 부처님께 공양을 올리는 것 등의 선근들을 제압하는 것 등의 유익한 공덕이 매우 크다'고 말씀하셨다. 그것에 대하여 『쌈뿌따이밀교경སམ་པུ་ཏའི་རྒྱུད།』[208]에서

"무엇 때문에 시방의 부처님과
보살(에게 공양 올리는) 복덕보다
롭뾘[209]의 한 모공에 (공양 올리는 것이) 으뜸인가?
왜냐하면 롭뾘을 공양한 자를

---

207 이 경은 티벳장경 불설부 장까규르 화엄부에 수록되어 있는 『화엄경མདོ་ཕལ་པོ་ཆེ།』中「제45품」에 해당되는 것으로, 하나의 독립된 경명이 붙여져 있다. 한역의 80권본 『화엄경』「입법계품」의 내용에 해당되는 것으로 보여진다.
208 티벳장경 불설부 데게까규르 십만탄트라부와 장까규르 밀속부에 수록되어 있다.
209 본문에서 롭뾘སློབ་དཔོན།은 두 가지로 구분하여 옮겼다. 먼저 스승의 법호 앞의 공덕을 나타내는 존칭의 경우 '아사리'로, 일반적으로 자신에게 경교를 전수한 스승은 저본 그대로 음사하여 '롭뾘'으로 옮겼다. 그밖에 밀교관정과 밀교의 가르침을 전수한 스승인 도제롭뾘རྡོ་རྗེ་སློབ་དཔོན།은 '금강상사'로 옮겼다.

부처님과 보살이 보살펴 주시기 때문이라네"

라고 말씀하셨다.

② 의지하지 않는 허물은

선지식으로 삼고서 의지하는 방법을 거역한다면 금생에 많은 질병과 악귀에 의해 해침을 당하는 것과 다음 생에는 한량없는 악도의 고통을 겪어야만 한다. 그것에 대하여 『라마오십송ʄ홍ᅓ|ᇇᇷᇁ|』[210]에서

"그와 같은 구호자를 의도적으로
제자된 이가 멸시한다면
모든 부처님을 멸시하는 것이기에
그것으로 인해 항상 고통을 받는다네"

라고 했으며, 『본존 다낙의 밀교경에 대한 난해한 곳 풀이ᇬᇫᇬᇭᇬᇬᇬᇬᇬᇬᇬᇬᇬᇬᇬᇬᇬᇬ|』[211]에 인용한 것에서는

"어떤 이가 한 게송 정도 밖에 안 들었다고
스승으로 인정하지 않는다면

---

210 아사리 따양(마명)의 저술로서 티벳장경 논소부 데게뗀규르 밀부에 수록되어 있다.

211 티벳장경 논소부 데게뗀규르 밀부에 수록되어 있다.

백 번을 개의 생으로 태어나고 (이후에는)
천민으로 태어나게 된다네"

라고 했으며, 그밖에 『락나도제〔금강수〕²¹² 관정하사밀교경ལྭག་ན་རོ་རྗེ་
དབང་བསྐུར་བའི་རྒྱུད།』²¹³에서는 (본존 락나도제〔금강수〕가)

"세존이시여! '어떤 이들이 롭뾘을 멸시한 것들의 이숙과는
어떠합니까?' 세존께서 말씀하시기를 '락나도제〔금강수〕여!
천신과 함께 일체 (중생)세간이 두려워하기에 그렇게 말하지
말아라. 비밀금강승의 주인〔금강수〕이여! 그렇지만 조금 말하
겠으니 영웅 (락나도제)는 그것을 주의집중해서 들을지어다.

무간죄 등 참기 어려운
지옥 모두를 내가 말하리라.
그들의 거주지라고 말하는²¹⁴
그곳에서 끝없는 겁 동안 (머물러야) 한다네.

그러한 까닭에 어떤 경우에도

---

212 락나도제는 손에 금강저를 든 밀교의 본존 금강수다. 존칭이자 별칭으로 착나
도제ཕྱག་ན་རོ་རྗེ།라고도 한다.
213 티벳장경 불설부 데게까규르 십만탄트라부와 장까규르 밀속부에 수록되어
있다.
214 오무간업을 지은 이들이 태어나는 지옥이다.

언제나 롭뾘을 멸시하지 말아야 한다네.'"

라고 했으며, 『쌍계냠조르ㅅㄷㅅ'ㄱㅅ'ㅁㅈㅅ'ㄖㅈ』²¹⁵에서

"롭뾘에 대하여 비방하는 이들을
꿈에서라도 보아서는 안 된다네"

라고 했으며, '제 린뽀체'〔쫑카빠〕께서는

"스승을 멸시하고 비방하는 것 등에 대하여 조금도 거리낌이
없이, 문·사·수 (이) 세 가지에 힘쓴다고 말로만 하는 이들
은 삼악도의 문을 여는 그 자체다."

라고 말씀하셨다. 그것에 대하여 『도제닝뽀〔금강장〕 장엄밀교경ㄷㄖ'
ㄖㄷ'ㄲ'ㄖㄖ'ㄷㄖㄷ'』²¹⁶에서

"어떤 이가 롭뾘을 (말로만 아닌) 진심으로 비방한다면

---

215 이 책명에서 인용한 2구와 비슷한 문장이 티벳장경 불설부와 논소부의 여러
경론에 있지만 이 경론의 명칭은 찾을 수 없었다. 따라서 이것이 경인지 논서
인지, 주요 내용조차 판단하지 못하였기에 부득이 음사 그대로 『쌍계냠조르』
라고만 옮길 수밖에 없었다.

216 여기서 금강장은 방편과 지혜 둘의 본성이 조금도 다를 바 없는 핵심이라는
의미다. 이 경은 티벳장경 불설부 데게까규르 십만탄트라부와 장까규르 밀속
부에 수록되어 있다.

그가 모든 밀교수행을 하는 으뜸인

잠자고 시끌벅적한 것들을 완전히 단절하고

천겁 동안을 훌륭하게 실천 수행했다 하더라도

지옥(의 과보) 등을 받게 된다네"

라고 말씀하셨기 때문이다. '그밖에 무간업을 짓는 것과 법을 부정하는 것, 별해탈계의 사바라이四波羅夷[217] 등 큰 죄업을 지은 사람이라도 금강승에 의해 최상(의 부처님의 경지)를 증득할 수 있다 하더라도, 마음으로부터 롭뾘을 비방함으로써 천겁 동안의 실천 수행을 하더라도 아무런 성취를 얻지 못한다. (뿐만 아니라) 그 사람의 도반도 성취하지 못한다'고 말씀하셨다. 그것에 대하여 그와 같이 또한『쌍와뒤빠〔밀집密集〕의 근본밀교경གསང་བ་འདུས་པའི་རྩ་རྒྱུད།』[218]에서

"무간업을 지은 중생과

큰 죄업을 지은 중생이라도

금강승의 매우 큰 바다(를 의지하여)

최상승〔부처님의 경지〕을 증득한다네.

---

217 바라이波羅夷라는 것은 불선쪽이 승리하고 선쪽이 패배한 것이라는 의미로, 비구의 근본타죄이다. 사바라이에는 살생, 투도, 음행, 망어 이 네 가지가 있다.

218 티벳장경 불설부 데게까규르 십만탄트라부와 장까규르 밀속부에 수록되어 있다.

228

마음으로부터 롭뾘을 비방하는 자는
실천 수행을 하더라도 완전히 성취하지 못한다네"

라고 했으며, 『뒤코르(시륜) 근본밀교경དུས་འཁོར་ཙ་རྒྱུད།』²¹⁹에서

"스승에게 성낸 찰나수만큼의
겁 동안 쌓은 선근을 무너뜨리고
그만큼의 겁 동안 지옥 등의
극심한 고통을 겪어야만 한다네"

라고 (말씀하신 것과 같이) 스승에게 일찰나 동안 분노를 내었으면
일겁 동안 쌓은 선근을 무너뜨리고 일겁 동안 무간지옥無間地獄²²⁰에
머물러야만 하는 등 백겁에 이르기까지에 대해서는 유추해 볼지
어다.

그밖에 공덕이 (아직) 생기지 않은 것들은 생기지 않게 되고, (이
미) 생긴 것들도 쇠퇴해 가고 또한 해마다 달마다 날마다 심지어 하
루의 오전과 오후 이내에도 쇠퇴해 간다. 그렇다면 제자가 롭뾘을 어
떻게 보아야 하는가 하면, 『락나도제(금강수) 관정하사밀교경』에서는

---

219 본존 뒤코르(시륜)의 말씀으로, 이분의 본성은 석가모니이며 모습은 본존 뒤
코르(시륜)다.
220 극심한 고통이 끊임 없기에 무간지옥이라 한다. 무간옥, 아비지옥, 아비초열지
옥은 모두 무간지옥을 가리킨다.

"밀교의 주인(본존 금강수)인 롭뾘을 제자가 어떻게 보아야 하는
　가 하면 불세존을 뵙는 것과 똑같이 보아야 한다."

라고 말씀하셨다. '악지식과 악우를 의지하더라도 공덕은 줄어들고
허물은 늘어나서 원치 않는 일이 생기기에 모든 종류를 소멸해야 한
다'고 말씀하셨다. 그렇다면 그 악우는 어떤 이를 말하는가 하면, 누
구와 사귐으로써 보리심의 동기를 가진 삼학의 수행과 문·사·수,
(이) 세 가지를 쇠퇴하게 하는 그를 악우로 알아야 한다. 그것에 대
하여 『푸른빛 수지서』에서

　　"보리심의 동기를 가진 삼학(의 수행)이
　　머묾으로써 증장되는 곳
　　사귐으로써 증장되는 벗
　　그것과 상반되는 곳과 벗은 (유리한 조건이) 아니라네"

라고 했으며, '곌쎄 린뽀체'(법왕자 톡메상뽀)께서는 (『법왕자(보살)의
실천 삼십칠송རྒྱལ་སྲས་ལག་ལེན་སོ་བདུན་མ།』「제5품」에서)

　　"어떤 (악우)와 사귀면 번뇌가 늘어나고
　　문·사·수의 행위가 쇠퇴하나니
　　자애심과 연민심을 없애는
　　악우를 끊는 것이 보살의 실천이라네"

230

라고 했으며, 어떤 선대의 성현께서는 "(악우는 자신을) '악우다'라고 하면서 의복으로 레따를 입은 한 사람이 (오는 것처럼) 오는 것이 아니다.²²¹ 애정이 가는 절친한 이와 같이 하고, 자질구레한 생필품 하나씩을 주며, 한 사발의 차와 같은 것을 마시게 하며, (온갖) 방편을 써서 선지식과 결별하게 하고, 금생의 계책만을 세운다면 부모라도 그럴 수 있으니 마구니이기에 그와는 등을 돌려야만 한다"고 말씀하셨다. 그밖에 『정법념처경དན་པ་ཉེར་གཞག』²²²에서

"모든 탐욕과 성냄과 어리석음의 바탕이 되는 것은 악우다. 그 까닭은 그는 독성이 있는 나무둥치와 같기 때문이다."

라고 했으며, 『열반ཐུང་འདས』²²³에서

"보살은 악우를 두려워하는 것과 같이 미친 코끼리 등을 (두려워하지) 않는다. 그 까닭은 이것(미친 코끼리)은 몸 정도만 망가뜨리지만 전자(악우)는 선근과 청정한 마음 (이) 두 가지 (모두)

---

221 레따는 야크털 등으로 만든 옷으로, 여기서는 '특별히 눈에 띄는 옷'을 의미한다. 즉 악우라고 해서 외관상 특별히 다른 모습을 해서 눈에 확연히 띄게 구별되는 그런 사람은 아니니 스스로 조심해야 한다는 의미다.
222 티벳장경 불설부 데게까규르 경부와 장까규르 경부에 수록되어 있다.
223 이 책명은 티벳장경 불설부와 논소부 어디에서도 정확한 근거를 찾을 수 없었다. 쫑카빠 대사의 『대보리도차제』에서도 동일한 인용문이 서술되어 있으나 역시 『열반』이라고만 표기되어 있었다. 따라서 이것이 경인지 논서인지 판단하지 못하기에 『열반』이라고만 표기할 수밖에 없었다.

를 망가뜨리기 때문이다"

라고 했으며, 『법구다발경ཆེད་དུ་བརྗོད་པའི་ཚོམས།』[224]에서

"신심이 없고 인색한 이와
거짓말을 하고 질투하는 이를
지혜로운 이라면 선우로 여겨서는 안 되고
악인과 사귀어서는 안 된다네

만약 죄를 짓는 사람과
죄를 짓지 않는 사람이 교류하더라도
죄를 짓는 것은 아닌지 의심을 하고
악평도 퍼져나가게 된다네"

라고 했으며, 선지식 돔뙨빠께서는 '저열한 사람이 어진 벗과 사귀더라도 보통 정도 밖에 갖추지 못하지만 뛰어난 한 사람이 저열한 사람과 사귀면 저열하게 되는 것은 어려운 일이 아니네'라고 말씀하셨다.

---

224 석가모니께서 때때로 설하신 교훈적이고 아름다운 시구를 주제별로 묶은 『법구경』 계통의 경전이다. 티벳어본은 『우타나품』과 마찬가지로 총 33품으로 구성되어 있다. 이 경은 티벳장경 논소부 데게뗀규르 아비달마부에 수록되어 있다.

③ 마음으로 의지하는 방법에는

두 가지(가 있다. 그 가운데)에서

A. 근본인 믿음을 익히기는

선지식들을 앞에 또렷하게 떠올려서

'나의 선지식 이분들이 실제 부처님이라고 여겨야 한다. 그것에 대하여 올바르게 구족하신 부처님께서 보배로운 '밀교부'에서 '금강지불께서 탁세에 선지식의 몸의 모습을 나투어서 중생을 이롭게 하신다'고 말씀하신 것과 같이 나의 선지식들도 실제 부처님 그 자체다.

라고 관상해야 한다. 그렇다면 '밀교부'들에서 '금강지불이 탁세에 선지식의 몸의 모습을 나투어 중생을 이롭게 하신다'고 말씀하신 것은 무엇인가 하면, 『꼐도르(밀교경)ङुर्ति』에서는

　　"미래세가 될 때
　　나(석가) 자신은 롭뾘의 몸의 모습……"

이라고 했으며, 『구르(밀교경)गुर्ति』에서는

　　"도제쎔빠(금강살타)라는
　　당신은 롭뾘의 모습을 지니고
　　중생을 이롭게 할 목적으로

평범한 사람의 모습으로 머문다네"

라고 하셨다. 그밖에

"최후 오백 년²²⁵이 될 때
나 자신〔금강지불〕은 롭뾘의 모습을 지닌 이를
나라고 마음으로 믿고
그때 그에게 공경심을 일으켜야 한다네"

라고 했으며

"최후 미래세에
나〔금강지불〕는 범부의 모습과
갖가지 방편으로 모습을 나툰다네"

라고 했으며

"롭뾘과 도제진〔금강지불〕을
다르다고 분별해서는 안 된다네"

---

225 석가모니께서 열반에 드신 후 그분의 가르침이 세상에 머무는 시기를 오천
년으로 보고, 이를 오백 년씩 열 번으로 나눈 것 가운데 열 번째 오백 년을 말
한다.

라고 한 것과 같이 스승과 금강지불을 차별없이 보아야 한다. 스승보다 뛰어난 한 금강지불이 있다고 주장한다면 그 사람의 마음에 어떤 성취도 얻지 못한다. 그것에 대하여 자율와로부터 계승된 '보리도차제'에서는

"또한 스승보다 훌륭한 금강지불이나 본존이 별달리 있다고 주장한다면 그 사람의 마음에 어떤 성취도 얻지 못한다."

라고 하였다. 인시〔새벽3~5시〕경, 나로빠 앞에서 (제자) 마르빠가 잠자고 있을 때 뻰첸 나로빠가 허공에 본존 계빠도제〔호금강〕의 의지할 바〔무량궁 또는 부처님의 궁전〕[226]와 의지하는 자〔계빠도제와 그의 권속〕가 함께 있는 만달라[227]를 나투어서, '아들 마르빠 설법자 최끼로되여! 누워 있지 말고 일어나거라. 허공에 자네의 본존 계빠도제의 의지할 바와 의지하는 자가 함께 있는 만달라도 오셨구나![228] 자네는 나에게 예경하겠는가? 본존에게 예경하겠는가?'라고 말씀하시자 마르빠는 '본존 계빠도제의 의지할 바와 의지하는 자가 함께 있는 것에 예경하겠습니다'라고 아뢰자 나로빠께서 말씀하시기를

---

226 만달라, 즉 본존이 머무는 무량궁이다.

227 본존이 머무는 무량궁이다.

228 만달라의 원래의 뜻은 의지할 바와 의지하는 자 모두를 포함한 것이다. 한편 본존의 만달라라고 하면 청정한 예쎼인 부처님의 무루의 예쎄가 만달라로 나툰 것이다.

"스승이 없었던 이전에는
'부처님'이라는 명호마저도 없었으니[229]
천겁의 부처님 또한
스승들을 의지해서 이루셨고
본존은 스승의 화현이라네"

라고 말씀하시고 만달라가 가슴에 흡수되었다. '그것의 징조[230]의 핵심으로 인해 이제 그대〔마르빠〕에게 (법)맥이 오랫동안 이어지지 않게 될 것이니 그 징조 또한 중생의 몫이다'라고 말씀하셨다. 그밖에 부처님들께서 각자의 선연에 맞게 갖가지의 모습을 나투신다. 그것에 대하여『사제師弟가 만나는 경ཡབ་སྲས་མཇལ་བའི་མདོ།』[231]에서는

"(어떤 이에게는) 제석천과 범천의 차림새로
어떤 이에게는 마구니의 차림새로
중생들을 이롭게 하시는 그것을
(중생)세간들이 알 수 없으며

부녀의 차림새와 행위를 하시고

---

229 어느 부처님이라도 스승을 의지해서 부처님의 경지를 증득하신 것이고, 스승을 의지하지 않고 부처님의 경지를 증득한 분은 아무도 없다는 의미이다.
230 다가올 미래에 어떤 일이 생겨날 것을 예상하게 하는 조짐을 말한다.
231 이 경은『대보적경དཀོན་མཆོག་བརྩེགས་པ།』(총칭) 49품 가운데「제16품」에 해당된다. 49품 각각에 독립된 경명이 붙여져 있다. 티벳장경 불설부 데게까규르 보적부와 장까규르 보적부에 수록되어 있다.

축생의 생에도 존재하며
탐착이 없지만 탐착하는 모습으로
두려움이 없지만 두려운 것처럼

우둔하지 않지만 우둔한 모습을 나투고
미치지 않았지만 미친 모습으로
장애인이 아니지만 장애인과 같이
갖가지 모습으로 화현한 것으로써
중생들을 교화하신다네”

라고 말씀하셨다. 따라서 나와 어머니인 일체중생이 선지식 이분들을 금강지불과 본성이 다를 바 없는 실제 능인왕으로 보도록 자신의 스승과 본성이 다를 바 없는 주된 본존께서 가피하소서.

라고 간청함에 따라

정수리의 자신의 스승과 본성이 다를 바 없는 주된 본존의 몸의 부분에서 다섯 가지 감로가 빛과 함께 흘러내린다. 자신과 자신이 아닌 일체중생의 몸과 마음에 흡수됨으로써 비롯함이 없는 때로부터 쌓은 모든 죄업과 장애, 특히 *선지식 이분들을 금강지불과 본성이 다를 바 없는 능인왕으로 보는 것에* 방해가 되는 모든 죄업과 장애, 질병과 악귀가 함께 청정무구해졌다. 몸은 티없이 맑은 빛의 본성을 지닌 것으로 바뀌었다. 수명과 복덕, 교법과 증법의 모든 공덕이 증장되고 광대해졌다. 특히 *선지식 이분들을 금강지불과 본성이 다를 바 없는 능인왕으로 보는* 특별한 요해가 자신과 자신이 아닌 일체중생의 마음에 생겼다.

라고 관상해야 한다.

  '그렇다면 부처님은 모든 허물을 다하고 모든 공덕을 지녔지만 나의 선지식 이분들에게는 삼독의 마음을 가진 이러이러한 것과 같은 허물이 있기에 부처님 자체는 아니다'고 생각한다면 그것은 자신의 사고가 청정하지 못한 것 때문이다. 그것은 이전에도 자신의 사고가 청정하지 못한 것 때문에 ㉮ 렉뻬까르마가 설법자인 부처님의 모든 행을 오직 협잡꾼으로 보는 것 ㉯ 무착이 지존 잠빠(미륵)를 어미개로 보는 것 ㉰ 메띠빠가 유가의 자재자인 싸와리빠를 돼지를 잡는 것 등 옳지 못한 행을 하는 것으로 보는 것 ㉱ 나로빠가 떼로빠를 고기를 죽여 굽는 행위를 하시는 것 등 미친 행동을 하는 것으로 보는 것 ㉲ 사미 쳄부빠가 도제팍모(본존 금강해모)를 문둥병에 걸린 여인으로 보는 것 ㉳ 아사리 도제딜부빠가 도제팍모를 팍지모[232]로 보는 것 ㉴ 아사리 쌍계예쎼 예하가 아사리 잠뻴쎼녠을 받가는 이의 머리에 가사를 두른 비승비속의 한 사람으로 보는 것 ㉵ 상인의 아들 노르상동자[233]가 선인 겔외되끼께쳇의 교계와 같이 메왕에게 보살행을 여

---

232 돼지 기르는 여인 또는 돼지 몰이를 하는 여인이다.

233 노르상동자는 『수간장엄경』에 등장하는 주인공이다. 이는 한역의 80권본 『화엄경』 「입법계품」에서는 선재동자善財童子로 번역되어 있다.

238

쭈러 가자, 메왕이 국법의 사무를 보는 것과 마주쳤는데 국왕〔메왕〕
은 보배로 장식된 한 큰 좌대 위에 있었다. 만 명의 재상과 지옥지기
와 같이 무시무시한 사형집행자들이 눈알를 뽑고 손발을 자르는 것
등의 처벌을 하는 것을 보았을 때 '이 메왕에게는 선법이라고는 없고
오직 죄업만 지었기에 보살행은 더 말할 필요가 있겠는가'라고 생각
하자 허공에서 천신들이 '그대가 선인 곌외되끼꼐쳇의 교계를 기억
하지 못하는가?'라고 말하였다. 그런 연후에 상인의 아들 노르상동
자가 메왕을 세 번 돌자 메왕이 상인의 아들 노르상동자를 안으로 이
끌어서 '나는 보살의 해탈인 '환幻과 같은 유희'〔무애행〕를 증득하였
다. 나의 왕국에 머무는 이들 대부분이 온갖 불선업을 행했기에 (그
들을) 죽이는 사형집행자로, 나툰 사람들을 죽일 바의 사람으로, 나
툰 이들을 죽이는 자로, 전부 드러내 보였다. 그로 인해 나의 왕국에
사는 이들이 잘못을 저지른 것 때문에 겁에 질려 (죄업 짓는 것이) 싫
어 (벗어나고자) 하는 (마음의) 힘을 얻게 되었다'라고 한 것 ㉮ 성인
톡메〔무착〕께서는『보살지5ⵃ·ⵤ』234에서 '보살이 죄가 있는 왕의 정권
을 강탈하고서 자신이 국정〔정권〕을 법답게 수호했다'고 말씀하신 것
㉯ 리지방의 두 사미가 지존 잠양〔문수〕을 12년간 수행235을 했지만
친견하지 못했기에 '성인〔문수〕께서는 대연민심이라고는 적구나!'라
고 하자 지존 잠양〔문수〕께서 (앞의) 허공으로 오셔서 '나와 그대에
게는 업연이 없다네. 성인 툭제첸뽀〔관세음〕께서 설역〔티벳〕에 쏭쩬

---
234 티벳장경 논소부 데게뗀규르 유식부에 수록되어 있다.
235 지존 잠양〔문수〕를 친견하기 위해 의궤와 명호를 염송함으로써 지혜를 점점
　　증장시키는 수행을 12년간 하였다고 한다.

감뽀로 탄생해 계신 그곳으로 가거라'라고 말씀하셨다. 그래서 티벳에 와서 뙤룽지방의 어귀에서 왕이 처벌하여 죽인 머리와 손발과 덴박(천)의 천막 사이에 머리(를 잘라 포개 놓은) 담장과 눈알의 무더기와 손발을 자르는 집으로 보았기에 '잠뺄(문수) 또한 마구니인 모양이구나! 화신化身은 무슨 화신, 목숨을 죽이는 왕으로 사는구면'이라 여기고 되돌아 오려 하자 (쏭쩬감뽀)왕이 다시 오라고 해서 만났는데, 두건을 벗어서 아미타불을 보여주며 '나는 티벳의 아라야빠로[관세음]일새. 그대 둘은 두려워할 필요가 없다네'라고 말씀하셨다. '(아니!) 그렇다면 이 정도로 중생의 목숨을 죽이는 아라야빠로가 툭제쳰뽀[관세음]라고요?'라고 말하자 '내가 정권을 잡고 중생을 해치는 것이라고는 털끝만큼도 한 적이 없다네. 내가 교화할 대상들이 순순히 길들여지지 않기에 조작해서 만든 사람에게 조작된 처벌을 한 것뿐이라네. 이제 그대 둘은 무엇을 원하는고?'라고 묻자 '이전에 살던 곳에 돌아가기를 원합니다'라고 말하자 '그렇다면 도시락통을 모래로 가득 채우고 잠자거라'라고 말씀하셨기에 그와 같이 하였더니 그들의 리지방의 동굴의 문 옆에는 해가 제법 떠올라 있었고 모래 또한 금으로 변해 있었다. '두 사미가 맨처음에 삿된 분별이 일어나지 않았더라면 대수인[마하무드라]인 최상의 성취[236]를 이루게 되었을 것이다. 그때에 그 (정도의) 성취 밖에 얻지 못하고, 금생 이후에 무장식 아라한[237]을 증득하게 될 것이다'라고 말씀하신 것 ㉮ 마르빠가

---

236 대수인大手印인 최상의 성취는 구밀에서 말하는 구경과위[수승성취], 즉 부처님의 경지를 말한다.

237 근본정根本定과 멸진정滅盡定을 성취하지 않고 아라한이 된 이를 가리킨다.

지존 미라레빠의 업장을 소멸시키기 위해 9층 정도되는 마르빠의 궁전 한 채를 그가 혼자서 등에 상처가 나고 아물기를 반복해도 계속 일을 시켰다. 다른 제자들이 관정을 받는 관정석에서 (미라레빠가) 쫓겨날 때 미라레빠의 마음속에는 '나 지금 당장 땅 깊은 곳에 빠져버렸으면…'하고 많은 실의에 빠지게 한 것들도 오직 지존 미라레빠의 업장을 소멸시키기 위한 것 이외에 마르빠 당신에게 이득되는 것과 관련된 것은 결코 없었다.

이처럼 자신의 선지식 이분들이 행하신 갖가지 행위가 어떤 마음으로 하신 것인지 모르기에, 따라서 나와 일체중생의 마음에 선지식 이분들에 대하여 허물을 분별하는 마음이 일찰나만큼도 일어나지 않고 무엇을 하시더라도 공덕으로 보는 큰 신심이 쉽게 일어나도록 자신의 스승과 본성이 다를 바 없는 주된 본존께서 가피하소서.

라고 간청함에 따라

정수리의 자신의 스승과 본성이 다를 바 없는 주된 본존의 몸의 부분에서 다섯 가지 감로가 빛과 함께 흘러내린다. 자신과 자신이 아닌 일체중생의 몸과 마음에 흡수됨으로써 비롯함이 없는 때로부터 쌓은 모든 죄업과 장애, 특히 *선지식이 어떻게 하시더라도 공덕으로 보는 큰 신심이 생기는 것에* 방해가 되는 모든 죄업과 장애, 질병과 악귀가 함께 청정무구해졌다. 몸은 티없이 맑은 빛의 본성을 지닌 것으로 바뀌었다. 수명과 복덕, 교법과 증법의 모든 공덕이 증장되고 광대해졌다. 특히 *선지식이 어떻게 하시더라도 공덕으로 보는 큰 신심이 생기는* 특별한 요해가 자신과 자신이 아닌 일체중생의 마음에 생겼다.

라고 관상해야 한다. 이러한 때에 불리한 조건〔역경계〕은 '어떤 스승은 화를 내고, 어떤 스승은 편애가 심하며, 어떤 스승은 매우 인색하고, 어떤 스승은 학처〔계율〕를 지키지 않으며, 어떤 스승은 아는 것이 적다'라고 생각하는 것들이다. 또한 '어떤 스승에게라도 불신하는 것들을 각각으로부터 별도로 분리하여 앞에서 현교와 밀교들의 인용한 의미[238]를 자세히 분석하여 허물을 분별하는 마음들을 제지하고 확고한 신심이 생길 때까지 수습하는 것이 핵심이다'라고 말씀하셨다.

B. 은혜가 큼을 수념隨念하기는
자신의 선지식들을 앞에 또렷하게 떠올려서

자신의 선지식 이분들께서 나에게 은혜가 매우 큰 까닭은 내가 윤회와 악도의 고통 전부를 소멸한 최상의 해탈인 보배와 같은, 올바르게 구족하신 부처님의 경지를 쉽게 증득하도록 하는 심오한 도[239]를 요

---

238 '도의 근본인 선지식을 의지하는 방법편'에서 인용한 현교와 밀교의 모든 경론들의 의미를 말한다.
239 부처님의 경지를 전도되지 않고 보다 쉽게 성취하도록 하는 방편이다. 요약하면 바라밀승의 경우 연민심, 보리심, 공성을 요해하는 지혜와 비밀금강승의 경우 사부밀교 등 수행과제의 개념과 순서를 바르게 알고 익히는 방편의 도를 말한다.

242

해하는 이것은 선지식 이분들의 은혜이기 때문이다. 또한 이전에도 올바르게 구족하신 부처님께서 한 게송씩 또는 반 게송 정도의 법을 위해 몸에 천 개의 못을 박고 연유등 천 개를 꽂은 것과, 법을 위해 자신의 마음에 드는 왕비(아내)와 소중한 아드님을 야차의 먹이가 되게 한 것과, 위덕을 갖춘 아띠샤는 스승 쎄르링빠께 보리심의 교계 등을 들으시기 위해 바다 위에서 배로 13개월 동안 걸려 오신 것과, 이전의 로짜와(역경사)들도 인도 나라의 큰 사막지역을 지나갈 때 매우 위험하고 맹수와 독뱀이 우글거려 엄청난 무서움에도 몸과 목숨을 무릅쓰고 오신 그것에 대하여

"한 밀림을 빠져나갈 때가 올까 싶었고
한 긴 언덕을 다 지날 때가 올까 싶었으며
험한 길과 물을 벗어날 때가 올까 싶었고
나무가 사람의 시체가 서 있는 것과 같았다네.

그 모든 길의 더위와 추위를 말하자면
지금 생각하더라도 폐와 심장이 떨린다네"

라고 말씀하셨다. 그와 같은 고행을 하셨지만 우리의 선지식 이분들은 그와 같은 고행을 하신 것과는 상관없이 교계들을 아버지가 자식에게 감추지 않고 가르치는 것과 같이 법답게 가르쳐 주셨기에 은혜가 매우 크다. 또한 조오(아띠샤)께서 말씀하시길

"그대가 힘들이지 않고 심오한 법을 성취한 것이 의미가 매우
크니 마음을 잘 쓸지어다."²⁴⁰

라고 말씀하셨다. 또한 예컨대 한 사람이 독도 먹고 음식도 먹어서
죽음에 맞닥뜨리게 되었을 때 한 뛰어난 의사가 독을 먹은 것을 토하
게 하고 음식을 먹은 것은 약으로 바꾸며 약을 먹은 것은 불사의 감
로로 바꾸었다면 환자에게는 그보다 의미가 크고 그 의사보다 은혜
가 큰 사람은 없다. 그와 같이 스승의 자격을 갖춘 한 사람이 제자의
자격을 갖춘 한 사람이 악도에 태어나게 되는 업을 쌓은 것들을 사력
의 측면에서 참회하도록 하고 경계하게 하면 금생을 위해 지은 선업
들이 다음 생을 위한 것으로 바뀌게 된다. 다음 생에 천신과 인간(으
로 태어나기) 위해 지은 선업들이 해탈과 일체지의 경지〔부처님의 경
지〕(를 증득하는) 원인이 되도록 회향하게 한다면 제자에게 그보다
의미가 큰 것과 그 스승보다 은혜가 큰 사람은 없다. 우리의 선지식
들이, 기근飢饉으로 몸이 쇠약해져서 죽음에 맞닥뜨리게 되었을 때
버무린 보리가루²⁴¹ (한) 덩어리를 주어서 되살아나게 하는 것과 같
이, 선대의 부처님과 보살들께서 직접 법을 설하는 대상이 되지 못한
이에게²⁴² (선지식께서) 문·사·수 (이) 세 가지를 행하는 방법 등을

---

240 그대가 그다지 힘들이지 않고 보리심과 공성의 견해를 문·사·수 세 가지를
행할 수 있는 방법을 알게 된 것이 매우 행운이라는 의미다.
241 보리나 밀을 볶아 빻은 미숫가루에 버터나 우유, 물을 섞어 버무린 덩어리로,
한 끼 식사 대용으로 먹는다.
242 '불보살님으로부터 직접 가르침을 받지 못하는 이'라는 의미다.

가르쳐 심오한 도의 핵심을 요해하게 한 것으로써 은혜가 크다. 이 의미를 생각하셔서 구호자 루둡〔용수〕께서는『오차제』에서

    "이분〔금강지불〕은 자증불세존自證佛世尊²⁴³이며
    자신의 스승과 본성이 다를 바 없는 주된 본존은 오직 한 분
    뿐으로 긴요한 가르침을 훌륭하게 베풀어 주셨기에
    금강상사가 그분〔금강지불〕보다 수승하다네"

라고 말씀하셨다. 그와 같이 은혜가 매우 크니 은혜를 수념하는 공경과 은혜에 보답하지 않는다면 잠뺄〔문수〕과 쩬레식〔관세음〕이 직접 오셔서 자신에게 법을 설하더라도 자신의 마음에 어떤 공덕의 종류도 생기지 않는다. 그것에 대하여 뽀또와의『푸른빛 수지서』에서

    "스승의 가피가 크고 작음은
    사실상 (스승에게) 있지 않고 자신에게 달려 있으니
    은혜에 보답하지 않고 믿지 않는다면
    잠뺄〔문수〕과 쩬레식〔관세음〕께서 직접 오시더라도

    어떤 것도 그를 위하는 것이 되지 않으며
    그분을 믿고 공경하고 은혜에 보답하고
    공덕을 두루 구족한 스승이 아니더라도

---

243 처음 성불하시는 바로 그 생에 스승을 의지하지 않고 부처님의 경지를 증득한 분이라는 의미다.

　　그 〔제자〕에게 그〔스승〕의 가피가 따르며

　　따라서 믿고 은혜에 보답하는 것이 매우 중요하다네"

라고 했으며

　　"스승들을 공경하지 않는다면

　　부처님을 직접 의지하더라도 이익이 없다네"

라고 했으며

　　"따라서 자만하지 않고 스승을 공경하는

　　것은 그〔제자〕에게 매우 중요하다고 말씀하신다네"

라고 말씀하셨기 때문이다. 따라서 나와 어머니인 일체중생의 마음에 선지식의 은혜를 수념하는 큰 공경이 쉽게 생기도록 자신의 스승과 본성이 다를 바 없는 주된 본존께서 가피하소서.

라고 간청함에 따라

정수리의 자신의 스승과 본성이 다를 바 없는 주된 본존의 몸의 부분에서 다섯 가지 감로가 빛과 함께 흘러내린다. 자신과 자신이 아닌 일체중생의 몸과 마음에 흡수됨으로써 비롯함이 없는 때로부터 쌓은 모든 죄업과 장애, 특히 *선지식의 은혜를 수념하는 큰 공경이 쉽

246

게 생기는 것에* 방해가 되는 모든 죄업과 장애, 질병과 악귀가 함께 청정무구해졌다. 몸은 티없이 맑은 빛의 본성을 지닌 것으로 바뀌었다. 수명과 복덕, 교법과 증법의 모든 공덕이 증장되고 광대해졌다. 특히 *선지식의 은혜를 수념하는 큰 공경이 쉽게 생기는* 특별한 요해가 자신과 자신이 아닌 일체중생의 마음에 생겼다.

라고 관상해야 한다. 여기에서

♠ 스승의 은혜를 기억하는 방법은

나에게 스승께서 이 법을 주실 때 이러이러한 허물이 밖으로 사라졌고 이러이러한 악행을 되돌렸으며 신심 등의 이러이러한 공덕이 생겼고 이전에 듣지 못한 이 법을 새롭게 들었으며 이전에 깨우치지 못한 이 의미를 깨우치고 자비심을 가지고 이러이러한 의·식·주와 같은 것을 베풀어 주셨다. 일시적인 것과 영구적인 가르침을 설하시는 것[244]을 애정어린 마음으로 이와 같이 자세하게 말씀하셨기에 은혜가 매우 크다고 은혜가 있는 것들을 염주로 줄지어 가며 그 은혜를 기억하도록 한다. 은혜가 그와 같이 있다고 수념하는 공경을 하지 않으면 자신은 저열한 사람, 망나니, 난폭한 사람이다. 그것에 대하여 『용왕고성송경龍王鼓聲頌經ལྡྱི་ཀླུའི་རྒྱལ་པོ་ང་སྒྲའི་ཆེགས་བཏད་ཀྱི་མདོ།』[245]에서

---

244 일시적인 이익과 궁극적인 이익을 얻도록 하는 방편을 현시한 것이다.
245 티벳장경 불설부 데게까규르 경부와 장까규르 경부에 수록되어 있다.

"산들과 대지들과

바다는 나의 책임이 아니지만

은혜에 보답하지 않는 것 모두는

나의 중대한 책임이라네"

라고 했으며

"좋은 (행위에) 대하여 보답하면 어진 사람이니

은혜에 보답하지 않는 자는 망나니라네"

라고 '지존 싸꺄 뻰디따'〔꾼가겔첸〕께서 말씀하셨다.

④ 행으로 의지하는 방법은
선지식들을 앞에 또렷하게 떠올린 상태에서

㉮ 스승에게 (의·식·주 등의) 재물을 올리는 것 ㉯ 몸으로써 받들어 모시는 것 ㉰ 말씀대로 실천 수행하는 공양으로 기쁘하시도록 하는 것 (이) 세 가지 행위가 있다. (그) 가운데에서

㉮ 스승에게 재물을 올리는 것은 자신(에게 있는 것 가운데)에서 가장 좋은 것으로 올려야 한다. 좋은 것이 있으면서도 좋지 못한 것을 올리면 서약이 쇠퇴하는 허물이 올 수 있다. 그렇지만 자신에게 안 좋은 것 밖에 없거나 스승 당신이 좋지 못한 그것을 더 좋아하신다면

248

좋지 못한 것을 올리더라도 허물은 없다.

㉯ 스승을 몸의 측면에서 받들어 모시는 것은 안마와 세욕, 간병 등을 실천함으로써 한량없는 공덕을 성취한 것 (등의 전례)를 수념하는 것 등이니 '싸꺄 뻰첸'(꾼가곌첸)께서 말씀하시기를 내가 어렸을 때 구루유가를 수습해서 구루유가 하나를 성취하겠다고 생각하고 (지존 닥빠곌첸께) '구루유가 하나를 가르쳐 주십시오'라고 아뢰자 지존 닥빠곌첸²⁴⁶께서 말씀하시기를 '자네가 나를 부처님이라는 생각(想)을 내지 않고 아버지의 남형제²⁴⁷라는 생각을 내어서 몸과 재물의 측면에서 스승을 향하여 어려움을 감내할 수 없을 것이네'라고 말씀하시고 가르쳐 주기를 허락하지 않으셨다. 이후에 나(꾼가곌첸)에게 죽음의 두려운 징조가 또 다시 생겨 몸도 편치 못하고 그때 스승도 여러 날을 법체가 편치 못하심에 그때 내가 밤낮없이 잠과 음식 생각은 잊은 채 간병과 시중을 들었기에 그로써 중대한 죄업이 청정해진 것과 같다. 그런 연후에 비로소 구루유가를 가르쳐 주셔서 스승을 살아있는 부처님이라는 상이 생겨 모든 부처님의 본성인 실제 성인 잠뻴(문수)로 뵙게 되었다. 그 자체로써 죽음의 징조로부터도 벗어나 몸도 매우 편안해졌다. 그런 연후에 성명학, 인명학, 성율학²⁴⁸,

---

246 싸꺄 뻰디따 꾼가곌첸의 아버지의 남형제이자 스승이다.
247 티벳어의 용어로는 숙부와 백부로 구별되어 있지 않고 아버지의 형과 남동생 모두를 일컫는 용어로 쓰고 있다. 이 일화에 관한 역사적인 기록들을 찾지 못한 관계로 한글 용어 선정을 할 수 없었다.
248 작문법, 정서법, 철문법과 문장의 전후 조합에 관한 학문이다.

율장, 아비달마 등 경교와 논증의 모든 핵심을 전도됨 없이 비로소
깨우치게 되었다. 모든 삼장三藏[249]에 대하여 두려움이 없는 자신감
을 얻었다. 천신과 귀신과 인간 (이) 세 부류 모두도 (꾼가겔첸을) 아
끼게 되었다. 중국의 왕 등의 오만불손한 모든 이들도 법을 청하고
매우 소중하게 여기기도 하였다. 마음속에 올바른 깨우침이 생겼던
그때 스승〔지존 닥빠겔첸〕이 병듦을 시현하신 것은 나〔꾼가겔첸〕를 이
롭게 하기 위해 하신 것이었다. 다른 이들도 그와 같이 한다면 광대
한 자량을 구족할 수 있으니…

라고 했으며, 뻰첸 나로빠 큰 스승께서도 몸과 목숨을 돌보지 않고
한량없는 고행을 행하심으로써 원하는 일을 성취하신 것과, 제 마르
빠 로짜와〔역경사〕께서도 스승이신 뻰첸 나로빠 큰 스승께서 입적하
시고 매우 강한 믿음을 가지고 찾아 다녀 스승과 만난 일화와, 지존
미라레빠께서도 9층 정도 되는 마르빠의 그 궁전 한 채를 그분 혼자
지었으며 저녁에도 불모 닥메마[250]의 시중인 물 길러 오기와 볶은 곡
식 빻기, 불지피기, 먼지 닦기, 심지어 젖소 등의 젖을 짜는 깔판 (역
할)마저도 해야 했기에 여유로울 틈이 없이 받들어 모심으로 모든 이

249 삼장에 대하여 제쮠 최끼겔첸의 『현관장엄론의 총의』「제1품」에서는 '㉮ 경장
經藏은 증상삼매학을 주요 내용으로 하는 경론 ㉯ 율장律藏은 증상계학을 주요
내용으로 하는 경론 ㉰ 논장論藏은 증상혜학을 주요 내용으로 하는 경론'이라
말씀하셨다. 어떤 이는 석가모니 이후 대학승들의 논서를 뺀 부처님의 말씀만
삼장에 포함시켜야 한다는 주장도 있다.
250 마르빠의 불모佛母다. 여기서 불모는 밀승의 대성취자의 부인에 대한 존칭
이다.

익을 성취하였다. 또한 돔뙨빠가 조오〔아띠쌰〕를 만났을 때 '그 이전에 행한 것들이 법[251]이 되었습니까, 되지 않았습니까?'라고 아뢰자 조오〔아띠쌰〕께서는 '그대〔돔뙨빠〕가 스승 지존〔쎄쭌〕의 간병을 한 정도가 도가 된 것이지 다른 것이 도가 된 것은 아니라네'라고 말씀하신 것과, 또한 돔뙨빠가 조오〔아띠쌰〕께 '티벳에서 수습〔명상〕 수행자가 많이 있지만 특별한 공덕을 증득한 자는 없습니다'라고 아뢰자 조오〔아띠쌰〕께서는 '대승의 공덕이 크게 생기고 적게 생기는 것 모두 스승을 의지한 것으로부터 생겼지 그대가 티벳에서 스승을 범부로만 생각을 했다면 어디서 생겼겠는가'라고 말씀하셨다.

㉰ 스승을 말씀의 측면에서 받들어 모시는 것은 스승의 공덕을 사방팔방에 알리는 것, 스승에 대한 감미로운 찬탄으로써 간청하는 것, 광대한 법을 설하실 때[252]는 물론이고 한 게송의 법 정도 밖에 말씀하시지 않았더라도 '훌륭하십니다'라고 아뢰는 것 등이다.

말씀대로 실천하는 공양으로써 기쁘게 해드리는 것은 어떤 것이라도 말씀하신 그대로 법답게 실천하는 것이기에 '내가 살아있는 부처님인 선지식 이분들을 위해 몸과 목숨, 재물과 행위 등을 따지지 않고 희사하며 특히 말씀대로 실천하는 공양으로써 기쁘게 해드려야 한다. 그와 같이 할 수 있도록 자신의 스승과 본성이 다를 바 없는 주

---

251 해탈과 부처님의 경지로 나아가는 방편의 가르침 모두를 말한다.
252 스승께서 제자에게 많은 분량의 경론 또는 광범위한 주제의 법문을 오랫동안 내려 주시는 것 등과 같은 경우다.

된 본존께서 가피하소서.

라고 간청함에 따라

정수리의 자신의 스승과 본성이 다를 바 없는 주된 본존의 몸의 부분에서 다섯 가지 감로가 빛과 함께 흘러내린다. 자신과 자신이 아닌 일체중생의 몸과 마음에 흡수됨으로써 비롯함이 없는 때로부터 쌓은 모든 죄업과 장애, 특히 *내가 선지식 이분들을 위해 몸과 재물과 행위 (이) 세 가지 측면에서 아낌없이 희사하며 특히 이분들의 말씀대로 실천하는 공양으로써 기쁘게 해드리는 것에* 방해가 되는 모든 죄업과 장애, 질병과 악귀가 함께 청정무구해졌다. 몸은 티없이 맑은 빛의 본성을 지닌 것으로 바뀌었다. 수명과 복덕, 교법과 증법의 모든 공덕이 증장되고 광대해졌다. 특히 *내가 선지식 이분들을 위해 몸과 재물과 행위 (이) 세 가지 측면에서 아낌없이 희사하며 특히 이분들의 말씀대로 실천하는 공양으로써 기쁘게 해드리는* 특별한 요해가 자신과 자신이 아닌 일체중생의 마음에 생겼다.

라고 관상해야 한다.

일과시간[253]에는 그러한 마음을 익히며 여가시간에는 실제로 실천할

---

[253] 공양하고, 잠자고, 휴식하는 것 등 일상생활을 하는 시간이 아닌 관상 준비를 비롯하여 본 관상, 마무리 관상에 이르기까지 수행을 하는 정해진 시간을 말한다.

수 있는 것들을 즉시즉시 실천하는 것에 최선을 다해야 한다.

(3) 마무리 관상은

정수리에 자신의 스승과 본성이 다를 바 없는 능인왕을 떠올려서

'스승이신 승리자 싸꺄능인〔석가모니〕께 예경하나이다, 공양하나이다, 귀의하나이다'라고 가능한 많이 읊조린다. 그와 같이 간청함에 따라

'자신의 스승과 본성이 다를 바 없는 능인왕 그분으로부터 그분〔능인왕〕과 같은 제2의 한 분이 따로 분리되어 자신에게 흡수됨으로써 자신도 자신의 스승과 본성이 다를 바 없는 능인왕의 몸으로 즉시 바뀌었다. 자신을 능인왕으로 또렷하게 떠올린²⁵⁴ (그의) 가슴의 훙홍자에서 빛이 비치어 주변에 있는 일체중생에게 닿음으로써 일체중생도 능인왕의 경지에 안착되었다'고 관상하고, 자신이 능인왕으로 또렷하게 떠올린 것과 일체중생도 능인왕으로 또렷하게 떠올린 가슴에서 둥근 달방석 위에 흰색 아ཨ자와 노란색 훙홍자로써 장식된 주변에 옴 무네 무네 마하무나예 쏘하ཨོཾ་མུ་ནེ་མུ་ནེ་མ་ཧཱ་མུ་ན་ཡེ་སྭཱ་ཧཱ།라는 글자가 빙돌아가며 새겨져 있다'고 떠올려서 반복적으로 염송하기를 최대한 많이 하도록 한다. 마무리에

---

254 자신이 능인왕으로 바뀌었다고 확실히 믿음으로써 자신을 능인왕으로 또렷하게 떠올린 …이라는 의미다. 이하도 동일하다.

"이 선근으로 속히 내가

스승이신 부처님이 되어

▶한 중생도 남김없이

그분의 경지〔불지佛地〕에 안착도록 하여지이다◀"²⁵⁵

라고 읊조린다. 그로부터 생긴 선근들을 성취할 때『보현행원왕경』
등으로 자신과 자신이 아닌 이들의 일시적인 것과 궁극적인 서원처
들에 강한 염원으로써 회향해야 한다.

2) 여가시간에는 어떻게 해야 하는가는

여가시간에도 또한 상제보살常啼菩薩〔살타파륜〕이 최빡〔법승〕²⁵⁶을,
나로빠가 떼로빠를, 마르빠가 나로빠를, 미라레빠가 마르빠를, 돔뙨
빠가 스승 쩨쭌과 조오〔아띠쌰〕를 의지하는 방법 등 선지식을 의지하
는 방법을 설하는 불경을 주석서와 함께 보고²⁵⁷ 다른 것은 많이 보
지 말며, 억념憶念과 정지正知를 지님으로써 (육)근의 문을 단속하는
것과 음식의 양을 알맞게 하는 것, 잠자지 않고 유가에 힘쓰는 것, 수
면에 들 때는 어떻게 해야 하는가와 세욕과 음식의 유가에 힘쓰도록
해야 한다.

---

255 닥뽀 잠뺄훈둡갸초 집록輯錄,『기초수행(육)법 선연의 목걸이』에 수록되어 있
    는 글이다.
256 상제보살常啼菩薩의 스승이다.
257 선지식을 의지하는 방법에 관하여 설해 놓은 경론을 보라는 의미다.

2. 의지하고 나서 마음을 익히는 순서의 두 가지는

1) 유가有暇와 원만圓滿의 (몸을 받은 이때에) 정수精髓를 취하기 2) 정수精髓를 취하는 방법이다.

1) 유가有暇와 원만圓滿의 (몸을 받은 이때에) 정수精髓를 취하기[258] 의 두 가지는

(1) 일과시간에는 어떻게 해야 하는가 (2) 여가시간에는 어떻게 해야 하는가의 방법이다.

(1) 일과시간에는 어떻게 해야 하는가에는

① 관상 준비 ② 본 관상 ③ 마무리 관상 (이) 세 가지가 있다.

① 관상 준비는

"귀의처의 응집, 스승, 주된 본존,

능인왕, 금강지불 (등의 본성을 지닌 분)께 간청하나이다"

라는 이상은 앞과 같다.[259] 그런 연후에

---

258 유가와 원만의 이러한 몸과 여건이 주어진 것을 낭비하지 말고 의미있게 하라고 권고하는 것이다.

259 기초수행도에서 해설한 관상 준비육법(p.154~217) 전체를 말한다. 이것은 삼사도 각 수행과제마다 반드시 선행해야 하는 삼사 공통의 기초 수행과제이기에 이하의 삼사의 수행과제별 관상 준비는 모두 동일하다. 참고로 이것을 명확하게 해설하고 체계화하여 수행한 분이 아띠샤의 스승인 쎄르링빠라고

나와 어머니인 일체중생이 윤회에 태어나서 오랫동안 갖가지 극심한 고통을 겪는 이것은 유가와 원만이 의미가 큰 것과 얻기 어려운 특별한 요해가 생기지 않음으로 인해 겪는 것이기에, 이제 나와 어머니인 일체중생의 마음에 유가와 원만이 의미가 큰 것과 얻기 어려운 특별한 요해가 생기도록 자신의 스승과 본성이 다를 바 없는 주된 본존께서 가피하소서.

라고 간청함에 따라

정수리의 자신의 스승과 본성이 다를 바 없는 주된 본존의 몸의 부분에서 다섯 가지 감로가 빛과 함께 흘러내린다. 자신과 자신이 아닌 일체중생의 몸과 마음에 흡수됨으로써 비롯함이 없는 때로부터 쌓은 모든 죄업과 장애, 특히 *유가와 원만이 의미가 큰 것과 얻기 어려운 특별한 요해가 생기는 것에* 방해가 되는 모든 죄업과 장애가 청결해졌다. 몸은 티없이 맑은 빛의 본성으로 바뀌었다. 수명과 복덕, 교법과 증법의 모든 공덕이 증장되고 광대해졌다. 특히 *유가와 원만이 의미가 큰 것과 얻기 어려운* 특별한 요해가 자신과 자신이 아닌 일체중생의 마음에 생겼다.

라고 관상해야 한다.

―――――
한다.

② 본 관상의 두 가지는

A. 유가有暇와 원만圓滿이 의미가 크다고 관상하기 B. 얻기 어렵다고 관상하기다.

A. 유가有暇와 원만圓滿이 의미가 크다고 관상하기에는

A) 팔유가를 관상하기 B) 십원만을 관상하기 (이 두 가지가 있다.)

A) 팔유가를 관상하기는

정수리에 자신의 스승과 본성이 다를 바 없는 주된 본존을 수습하는 상태에서 이와 같이 관상할지니

미묘법을 실천 수행하는 것에 여가가 있고 여가가 없는 여덟 가지에 서 벗어난 것은 '유가有暇'다. 여가가 없는 여덟 가지에 대하여 『경섭 སྙིང་པོ་ཀུན་ལས་བཏུས་པ།』[260]에서는

> "지계로써 많은 축생의 생으로 태어나는 것과[261]
> 여가가 없는 여덟 가지를 끊는 것으로써 항상 유가를 얻는 다네"

라고 했으며, 『친우서』에서는

"사견邪見[262]을 고집하는 것, 축생과

아귀와 지옥에 태어나는 것,

승리자의 말씀이 없는 곳, 변방[263]의

야만인으로 태어나는 것, 어리석은 바보,

장수천신 (이) 가운데 하나로

태어나는 것이라는 여가가 없는 그러한 여덟 가지 허물을

벗어나 여가를 획득해서

(업과 번뇌로) 태어나는 것을 막기 위해 힘쓰라"

라고 말씀하셨다. 여가가 없는 여덟 가지는 ㉮ 사부대중이 오지 않는
변방 ㉯ 어리석은 바보와 사지와 사지의 사지[264]와 청력 (등)이 온전

---

262 겔찹 다르마린첸의 『대승아비달마집론 다르마린첸주소ཆོས་མངོན་པ་ཀུན་བཏུས་དར་ཊིཀ』에 따르
면 육근본번뇌는 탐욕, 성냄, 아만, 무명, 의심, 번뇌성을 지닌 견해다. 여기서
여섯 번째 번뇌성을 지닌 견해에는 살가야견(신견), 변집견, 견취견, 계금취견,
사견 이 다섯 가지로 나눈다. 살가야견 등 앞의 네 가지는 허구(날조)의 견해에
속한다. 사견은 말살(왜곡)의 사견이 대부분을 차지하지만 허구(날조)의 사견도
있다. 말살(왜곡)의 사견의 예로는 선을 지으면 안락의 과보를 받고 불선을 지
으면 고통의 과보를 받는다는 것을 부정하는 것, 전후생을 부정하는 것, 아라한
이 없다고 하는 것, 삼보와 사성제를 부정하는 것 등이 여기에 속한다. 허구(날
조)의 사견의 예로는 대자재천이 세간의 창조자라고 굳게 믿는 것 등이 여기에
속한다.
263 여기서 변방은 사부대중, 즉 비구, 비구니, 우바새, 우바이가 없는 곳으로, 부
처님의 가르침이 전파되지 않아 불법을 실천 수행할 조건이 갖추어지지 않은
곳을 말한다.
264 사지는 두 손과 양발을 가리키며 사지의 사지는 손가락, 발가락을 말한다.

치 못한 자, 즉 감각기관이 온전치 못한 자 ㉓ 전후생과 업과와 삼보
등이 없다고 고집하는 사견을 지닌 자 ㉔ 부처님께서 출현하지 않은
곳으로서 승리자의 말씀이 없는 곳 (이) 네 가지는 인간으로서의 여
가가 없는 것을 말한다. 삼악도〔㉕ 지옥 ㉖ 아귀 ㉗ 축생〕와 ㉘ 장수천신
(이) 네 가지는 인간이 아닌 (것으로 태어나) 여가가 없는 것이다. 장
수천신에 관하여 『친우서』의 주석서에서는 '무상천과 무색계의 천신
(이) 두 가지를 해설한 것(에서) 전자는 사선천의 거주지인 광과천
의 한 쪽에, 마을로부터 사원의 형태[265]로 있으며, 후자는 무색계에서
태어난 범부와…'(라고 말씀하셨다.) 『팔무가八無暇의 담화談話ཨེ་ཁིན་
པ་བརྒྱད་ཀྱི་གཏམ』[266]에서는 '욕계의 행위[267]로서 항상 산란한 욕계천신
인 장수천신'이라고 해설하였다.

B) 십원만을 관상하기에는
(A) 내적인 원만한 다섯 가지 조건 (B) 외적인 원만한 다섯 가지 조
건이 있다.

---

265 마을과의 거리 등을 고려해서 사원을 건립하는 것과 같은 방식이다.
266 아사리 빠오〔영웅〕의 저술로서 티벳장경 논소부 데게뗀규르 본생부에 수록되
    어 있다. 참고로 『Monlam대사전』에 따르면 티벳어본 논서 가운데 등장하는
    아사리 빠오〔영웅〕와 아사리 따양〔마명〕은 동일 인물이라는 것을 알 수 있다.
    따라서 본 역서에서는 저본에 의거하여 두 가지로 옮겼다.
267 욕망을 추구하는 행위, 즉 대상경계인 색경, 성경, 향경, 미경, 촉경에 끄달려
    온통 시간을 보내고 그것에 골몰하는 것과 같은 것이다.

(A) 내적인 원만한 다섯 가지 조건은

(『팔무가의 담화』에서는)

> "인간과 중심지²⁶⁸에 태어난 것, 감각기관이 온전한 것,
> 무간업無間業을 짓지 않은 것,²⁶⁹ 머무는 것에 대한 신심이
> 라네"

라고 말씀하신 것과 같다. ㉮ 인간(으로 태어난) 것 ㉯ 중심지에 태어난 것 ㉰ 감각기관이 온전하여 어리석은 바보 등이 아닌 것 ㉱ 극악업(무간업)을 짓지 않은 것, 즉 무간업을 지은 것이 아닌 것 ㉲ 머무는 것에 대한 신심은 법인 율장(비내야)에 대한 신심이다.²⁷⁰

(B) 외적인 원만한 다섯 가지 조건은

> "부처님께서 출현하시는 것, 미묘법을 설하시는 것,
> 부처님의 가르침이 머무는 것, 부처님의 가르침을 따라 실천
> 하는 이가 (있는 것),

---

268 여기서 중심지는 사부대중, 비구, 비구니, 우바새, 우바이가 있는 곳으로, 부처님의 가르침이 전파되어 불법을 실천 수행할 조건이 갖추어진 곳을 말한다.

269 무간업無間業은 극악업과 동의어다. 무간업을 짓지 않는 것이라 하면 잘못된 길로 들어 서지 않는 것, 즉 오무간업을 짓지 않은 것으로서 법을 실천 수행할 기회가 있는 것을 말한다.

270 예컨대 부처님께서 제정하신 율의를 잘 지키며, 사부비내야 등의 율장을 통해 계학을 익히는 것 등이다.

260

타인을 위해 자비심으로 설하는 것이라네"

라고 말씀하신 것과 같이 부처님께서 ㉮ 세간계에 출현하시는 것 ㉯ 그분이 (미묘)법을 설하시는 것 ㉰ 그분이 설하신 법이 머무는 것 ㉱ 설하신 그 법을 따라 실천하는 이가 (있는 것) ㉲ 다른 보시를 직접 전달하는 이와 실제 시주하는 이 등이 가사 등을 베푸는 것과 설법자는 자비심으로써 타인에게 법을 설하는 등이다. (법을 실천하는) 그 중에서도 고질병이 극히 드문 것, 유리한 조건이 모인 것, 듣고 사유하는 지혜가 큰 것, 악지식과 악우에 의해 (좌우되지) 않는 것, 선지식을 만나는 것, 수행에 집중하여 수행의 핵심을 아는 것, 모든 부처님의 언교가 교계로 떠오르는 것, 마음에 드는 수행처를 갖추는 것들은 법을 성취하는 데 있어서, 없어서는 안 되는 많은 보배가 모인 것과 같다. 팔유가를 갖추었다고 십원만을 갖추는 것으로 충분(조건)이 되지 못하지만, 십원만을 갖추게 되면 팔유가를 갖추는 것으로 충분(조건)이 되니, 팔유가는 벗어난 측면에서 든 것이고 십원만은 갖추는 측면에서 든 것이다. 따라서 우리들이 얻기 어렵고, (만약) 얻는다면 의미가 더 큰 유가와 원만을 갖춘 이 몸이 미묘법을 성취하는 데에 여가가 있기에 '유가有暇'라 하며, 법을 성취하기 위해 수행하는 데에 내적·외적인 조건을 갖추었기에 '원만圓滿'이라 하는 것이다. 우리들이 얻은 유가와 원만의 이 몸이 매우 의미가 큰 까닭은 이것에 의지해서 명확히 더 높은 생의 몸과 재물과 권속을 두루 갖추는 원인인 보시, 지계, 인욕, 정진 등도 이 몸으로써 성취할 수 있기 때문이다. 또한 (복)전과 마음동기와 (보시하는) 사물과 신분[보시하는 자]

과 시기의 측면에서 더 큰 힘의 (선을) 성취할 수 있다. 또한

▪ (복)전의 측면에서 더 큰 힘의 (선을) 성취할 수 있는 것은
시방의 일체중생의 눈을 뽑아서 감옥에 가두고, 다시 감옥에서 꺼내
어서 눈을 보시하여 범천의 안락에 안착시키는 것보다 보살 한 분을
기꺼운 (마음)으로 뵙는 것이 유익한 공덕이 더 크다. 모든 보살에게
공양하는 것보다 부처님의 한 모공에 공양하는 유익한 공덕이 더 크
다. 모든 부처님께 공양하는 것보다 롭뾘의 한 모공에 공양하는 유익
한 공덕이 더 크며 그것은 지금의 이 몸으로 성취할 수 있다.

▪ 마음동기의 측면에서 더 큰 힘의 (선을) 성취할 수 있는 것은
'일체중생을 위해 정등보리를 얻어지이다'라는 마음동기를 가지고
축생에게 버무린 보리가루 한 덩어리를 보시한다면 선근이 매우 더
큰 힘으로 바뀌는 까닭은, 교화할 바 중생이 수없이 많고, 증득할 바
정등보리의 공덕은 생각으로는 다 헤아릴 수 없을 만큼 많기 때문에
선근을 매우 더 큰 힘으로 성취할 수 있으며 또한 지금의 이 몸으로
써 성취할 수 있다.

▪ (보시하는) 사물의 측면에서 더 큰 힘의 (선을) 성취할 수 있는 것은
재가자가 한량없는 재물을 보시하는 것보다 출가자가 한 게송의 법
을 보시하는 복덕이 (더) 수승하며 또한 우리 출가자들이 지금 (성
취)할 수 있다.

▪ (보시하는) 신분의 측면에서 더 큰 힘의 (선을) 성취할 수 있는 것은 '가정에 머무는 보살'(재가보살)이 바다만큼의 곡식기름에 수미산(에 닿을 만큼 긴) 심지를 꽂아서 연유등을 올리는 것보다 '사원에 머무는 보살'(출가보살)이 한 방울 정도의 곡식기름에 바늘 끝만큼의 심지를 꽂아서 올리는 것이 유익한 공덕이 더 크며, 보리심에는 차이가 없지만 신분의 측면에서 역량이 더 크니 또한 지금의 비구인 보살의 이 신분으로 성취할 수 있다.

▪ 시기의 측면에서 더 큰 힘의 (선을 성취할 수 있는) 것은
북동 간방의 자재왕불의 국토에서 겁 동안 계율을 지킨 것보다 여기 사바세계의 국토[271]에서 계율 (가운데) 한 가지를 지키는 것이 유익한 공덕이 더 크며, 설법자의 가르침에 허물이 없는 시기[272]에 오랫동안 계율을 지키는 것보다 (부처님의) 가르침이 괴멸에 가까운 이 시기에 하루 오전 정도만이라도 계율을 지키는 것이 유익한 공덕이 더 크다. 그밖에 『돔충ཚོམས་འབྱུང་ 』[273]에서는

"삼대주[274]의 사람들은

---

271 사바세계는 예토인 남섬부주의 기세간을 가리키며 이것은 감인찰토堪忍刹土 라고도 한다. 그 이유는 법을 실천 수행하는 데에 두려워할 필요가 없는 주州 이며 가장 법을 실천하기 좋은 여건이기 때문이다.

272 청정한 법이 전승되고 출가자들이 정법을 청정히 지키는 시기다.

273 티벳장경 불설부 데게까규르 십만탄트라부와 장까규르 밀속부에 수록되어 있다.

274 남섬부주를 제외한 동불바제, 서구야니, 북구로주 이 세 가지를 가리킨다.

실제로 큰 재물을 가지고 생활하고
사리 판단을 하지 못하고 지혜가 없으며
우매하고 차이를 분간하지 못한다네"[275]

라고 했으며

"남섬부주의 사람들은 업(의 과보)가 크게 생기기에
업의 범주[276]로 매우 잘 알려져 있다네"

라고 (했으며) 남섬부주의 사람들은 업의 범주이기에 생애의 전반에
쌓은 업들이 생애의 후반에 성숙할 수 있기 때문에 탁세의 짧은 한
생에 완전한 깨달음을 이루는 몸으로는 남섬부주의 사람들이 으뜸
이라 찬탄한다. 그 이유 또한 그와 같다. 극락정토에 태어난 보살들
도 '이로부터 동쪽 표면의 사바세계의 국토에 탁세의 짧은 한 생에
완전한 깨달음을 이루는 특별한 몸이 있기에 그곳에 태어나지이다'
라는 서원을 심는다. 요약하면 이 몸에 세 가지 율의가 생겨 탁세의
짧은 한 생에 부처님의 경지도 쉽게 성취할 수 있기 때문이다. 따라
서 얻기도 어렵고, 만약 얻는다면 의미가 큰 유가와 원만을 구족한

---

275 선악, 시비 등에 대해 사리판단을 하지 못하고 선악, 시비 등에 대해 취사 선
택할 수 있는 지혜가 없으며, 우매하고 선악, 시비, 취사 등의 차이를 분간하지
못하는 것을 말한다.
276 남섬부주 중생들은 강한 세력의 선업과 불선업을 지을 수 있기 때문에 업의
범주라 한다.

이 몸을 의미없이 버리지 말고 정수 하나를 성취하고야 말겠다. 그와 같이 할 수 있도록 자신의 스승과 본성이 다를 바 없는 주된 본존께서 가피하소서.

라고 간청함에 따라

정수리의 자신의 스승과 본성이 다를 바 없는 주된 본존의 몸의 부분에서 다섯 가지 감로가 빛과 함께 흘러내린다. 자신과 자신이 아닌 일체중생의 몸과 마음에 흡수됨으로써 비롯함이 없는 때로부터 쌓은 모든 죄업과 장애, 특히 *유가와 원만이 의미가 더 큰 몸을 한 번 얻은 이것을 의미없이 버리지 말고 정수 하나를 얻는 것에* 방해가 되는 모든 죄업과 장애, 질병과 악귀가 함께 청정무구해졌다. 몸은 티 없이 맑은 빛의 본성을 지닌 것으로 바뀌었다. 수명과 복덕, 교법과 증법의 모든 공덕이 증장되고 광대해졌다. 특히 *유가와 원만이 의미가 더 큰 몸을 한 번 얻은 이것을 의미없이 버리지 말고 정수 하나를 얻는* 특별한 요해가 자신과 자신이 아닌 일체중생의 마음에 생겼다.

라고 관상해야 한다.

B. 얻기 어렵다고 관상하기는
정수리에 자신의 스승과 본성이 다를 바 없는 주된 본존을 수습하는 상태에서 이와 같이 관상할지니유가와 원만을 얻은 이것은 의미가 클 뿐만 아니라 얻는 것 또한 매우 어려우니 『율본사律本事འདུལ་བ་ལུང་གཞི།』[277]에서는 '악도와 선도에서 죽어 악도에 태어나는 것은 대지의 먼지와 같고, 선도에 태어나는 것은 손톱 끝으로 가져온 먼지와 같다'[278]고 말씀하신 그것에 대하여 『사백론』(「제7품」)에서는

"대부분의 사람들은
정직하지 않고 온통 편(가르기)를 고집하며[279]
따라서 범부들은
대부분 반드시 악도로 간다네"

라고 말씀하신 것과 같이, 인간 등 대부분 십불선 등을 많이 행하고 그러한 것들도 유가와 원만을 얻는 데에 방해가 된다. 특히 유가와 원만을 갖춘 청정한 몸을 얻는 데에는 ㉮ 청정한 계율로써 바탕을 삼는 것 ㉯ 보시 등을 겸하는 것 ㉰ 때가 없는 기도로써 결합하는 것 등이 필요하다. 그와 같은 원인〔㉮ ㉯ ㉰〕을 성취하는 이는 매우 드물어

---

277 사부비내야四部毘奈耶 가운데 하나다. 사부비내야는 『율본사律本事འདུལ་བ་ལུང་གཞི།』, 『율분별律分別འདུལ་བ་རྣམ་འབྱེད།』, 『율잡사律雜事འདུལ་བ་ཕྲན་ཚེགས་ཀྱི་གཞི།』, 『율상분律上分འདུལ་བ་གཞུང་དམ་པ།』이 네 가지다. 이 모두 티벳장경 불설부 데게까규르 율부와 장까규르 율부에 수록되어 있다.

278 매우 적다는 의미다.

279 자신의 측근에게는 애착하고 타인의 측근에게는 화내는 것 등 온통 차별적인 마음을 지니고 있다는 의미다.

보이기에 결실인 유가와 원만을 갖춘 몸을 얻는 이는 매우 드물다.[280] 동류인 선도를 의존해서 유가와 원만을 갖춘 이 몸을 얻는 이는 매우 드물다. 그 까닭은 수백 명의 사람들 가운데에서도 유가와 원만을 갖춘 몸을 얻는 이는 대낮의 별과 같이 매우 드물기 때문이다.[281]

▪ 비유의 측면에서 얻기 어려운 것은

『(쭝)가오〔난타〕입태경ᠨᡪᡅᡪᠠᡅᡪᠠᡅᡪᠠᡅ』[282]에서 '바늘 끝에 겨자씨를 두는 것 또는 유리집 표면에 콩을 뿌리면 그 표면에 콩이 붙어 있는 것보다 악도에서 선도에 태어나는 것이 더 얻기 어렵다'고 말씀하셨다. 『유정경有正經ᠠᡅᡪᠠᡅᡪᠠᡅᡪᠠᡅᡪᠠᡅ』[283]에서 '이 큰 땅이 하나의 큰 바다로 변해서 그 위에 한 개의 구멍이 있는 멍에 하나가 사방의 바람에 의해 온 방면을 둥둥 떠다니고, 그 바다 속에 눈먼 거북이가 백년마다 동글동글한 머리를 밖으로 내밀어 거북이의

---

280 원인의 측면에서 얻기 어렵다는 것이다.

281 본질의 측면에서 얻기 어렵다는 것이다.

282 석가모니의 성문제자 가운데 한 분인 '가오ᠨᡪᠠᡅ'는 『곰데대사전ᠠᡅᡪᠠᡅᡪᠠᡅᡪᠠᡅᡪᠠᡅᡪᠠᡅ』에 따르면 석가모니의 배 다른 형제라고 한다. 티벳어본 '경론'에서는 '쭝 가오ᠨᡪᠠᡅᡪᠠᡅ'라고도 하는데, 그 까닭은 여기서 '쭝'은 티벳어에서 남동생이라는 의미인 쭝ᠠᡅᡪᠠᡅ의 준말이다. 한역본 '경론'에서는 난타라고 번역하였다. 이 경은 티벳장경 불설부 데게까규르 보적부와 장까규르의 보적부에 수록되어 있다.

283 『유정경有正經』은 정확히 어느 경인지 근거를 찾을 수 없었다. 이와 유사한 내용이 티벳장경 불설부 데게까규르 경부와 장까규르 경부에 수록된 『성聖 대반열반대승경ᠠᡅᡪᠠᡅᡪᠠᡅᡪᠠᡅᡪᠠᡅᡪᠠᡅᡪᠠᡅ』 등에도 언급되어 있다.

목이 구멍 뚫린 멍에에 들어가는 것보다 악도에서 선도에 태어나는 것이 더 어렵다'고 말씀하셨다. 또한 예컨대 지금 이 냥추²⁸⁴를 높은 산의 정상으로 끌어 올리는 것보다 악도에서 선도에 태어나는 것이 더 어려우며, 그 이유 또한 악도에 태어난다면 선한 마음이 생기기 어렵고 죄업을 즉시 쌓기에 악도에서 선도에 태어나는 것은 매우 어렵기 때문이다.

▪ 숫자의 측면에서 얻기 어려운 것은

삼악도 가운데에서 축생은 적고 축생보다 아귀가 많고 아귀보다 지옥 중생이 많으며 축생 대부분은 큰 바다에 있고 천신계와 인간계에 있는 이들은 '옮겨 다니며 사는 이'다. 또한 여름의 쎄풍꽃나무 한 그루에 윤회하는 꿀벌의 수의 정도는 남섬부주 사람 전부(를 합쳐도 그만큼의 수는) 없다. 따라서 우리들이 얻기 어렵고, (만약) 얻는다면 의미가 더 큰 유가와 원만을 갖춘 몸을 한 번 얻은 이것을 의미없이 버리지 말고 정수 하나를 얻고야 말겠다. 정수를 얻는 방법 또한 부처님과 본성이 다를 바 없는 자신의 스승과 헤어짐 없이 의지해서 그가 (부처님의) 가르침의 최상승〔대승〕의 교계의 정수를 실천 수행해서 오직 한 생에 부처님의 경지를 쉽게 증득해야 한다. 그와 같이 할 수 있도록 자신의 스승과 본성이 다를 바 없는 주된 본존께서 가피하소서.

---

284 티벳의 짱지방에 있는 큰 호수의 이름이다.

268

라고 간청함에 따라

정수리의 자신의 스승과 본성이 다를 바 없는 주된 본존의 몸의 부분
에서 다섯 가지 감로가 빛과 함께 흘러내린다. 자신과 자신이 아닌
일체중생의 몸과 마음에 흡수됨으로써 비롯함이 없는 때로부터 쌓
은 모든 죄업과 장애, 특히 *정수를 얻는 방법 또한 부처님과 본성이
다를 바 없는 자신의 스승과 헤어짐 없이 의지해서 그가 (부처님의)
가르침의 최상승〔대승〕의 교계의 정수를 실천 수행해서 오직 한 생에
부처님의 경지를 쉽게 증득하는 것에* 방해가 되는 모든 죄업과 장
애, 질병과 악귀가 함께 청정무구해졌다. 몸은 티없이 맑은 빛의 본
성을 지닌 것으로 바뀌었다. 수명과 복덕, 교법과 증법의 모든 공덕
이 증장되고 광대해졌다. 특히 *정수를 얻는 방법 또한 부처님과 본
성이 다를 바 없는 자신의 스승과 헤어짐 없이 의지해서 그가 (부처
님의) 가르침의 최상승〔대승〕의 교계의 정수를 실천 수행해서 오직
한 생에 부처님의 경지를 쉽게 증득하는* 특별한 요해가 자신과 자
신이 아닌 일체중생의 마음에 생겼다.

라고 관상해야 한다.

③ 마무리 관상은
앞과 같다.[285]

---

[285] '도의 근본인 선지식을 의지하는 방법으로부터 상사도'까지의 각각의 수
    행과제마다 마무리 관상 역시 앞의 도의 근본인 선지식을 의지하는 방법

(2) 여가시간에는 어떻게 해야 하는가는

여가시간에도 유가와 원만의 법에 관하여 설하는 불경을 주석서와 함께 보는 것 등은 앞과 같다.

2) 정수精髓를 취하는 방법의 세 가지는
(1) 하사와 공통의 도차제에 마음을 익히기 (2) 중사와 공통의 도차제에 마음을 익히기 (3) 상사의 도차제에 마음을 익히기다.

〔p.252~253〕과 모두 동일하다.

(1) 하사와 공통의 도차제에 마음을 익히기의 두 가지는

① 일과시간에는 어떻게 해야 하는가 ② 여가시간에는 어떻게 해야 하는가의 방법이다.

① 일과시간에는 어떻게 해야 하는가에는

A. 관상 준비 B. 본 관상 C. 마무리 관상 (이) 세 가지가 있다.

A. 관상 준비는

"귀의처의 응집, 스승, 주된 본존,

능인왕, 금강지불 (등의 본성을 지닌 분)께 간청하나이다"

라는 이상은 앞과 같다. 그런 연후에

자신과 어머니인 일체중생이 윤회에 태어나서 오랫동안 갖가지 극심한 고통을 겪는 것은 죽음무상을 사유하지 않은 것 때문이며, 악도의 고통을 기억해서 그로부터 벗어나고자 하는 강렬한 마음이 생기지 않은 것과 악도의 고통으로 인해 두려워하여 삼보에 대하여 마음속 깊은 곳으로부터 귀의하지 않은 것, 업과에 대해 믿는 신심이 생기지 않음으로 인해 겪는 것이다. 따라서 지금 나와 어머니인 일체중생의 마음에 죽음무상을 기억하는 것과 악도의 고통을 기억하여 그로부터 벗어나고자 하는 강렬한 마음이 생기는 것과 악도의 고통을 두려워하여 삼보에 대하여 마음속 깊은 곳으로부터 귀의하는 것, 업

과에 대해 믿는 신심이 생겨서 죄업을 소멸하고 선근을 법답게 성취할 수 있도록 자신의 스승과 본성이 다를 바 없는 주된 본존께서 가피하소서.

라고 간청함에 따라

정수리의 자신의 스승과 본성이 다를 바 없는 주된 본존의 몸의 부분에서 다섯 가지 감로가 빛과 함께 흘러내린다. 자신과 자신이 아닌 일체중생의 몸과 마음에 흡수됨으로써 비롯함이 없는 때로부터 쌓은 모든 죄업과 장애, 특히 *죽음무상과 악도의 고통을 기억하는 것과 삼보에 대한 귀의와 업과에 대해 믿는 신심을 일으키는 것에* 방해가 되는 모든 죄업과 장애, 질병과 악귀가 함께 청정무구해졌다. 몸은 티없이 맑은 빛의 본성을 지닌 것으로 바뀌었다. 수명과 복덕, 교법과 증법의 모든 공덕이 증장되고 광대해졌다. 특히 *죽음무상과 악도의 고통을 기억하는 것과 삼보에 대한 귀의와 업과에 대해 믿는 신심을 일으키는* 특별한 요해가 자신과 자신이 아닌 일체중생의 마음에 생겼다.

라고 관상해야 한다.

B. 본 관상의 네 가지는
A) 죽음무상을 관상하기 B) 악도의 고통을 관상하기 C) 삼보에 대한 귀의를 익히기 D) 업과에 대해 믿는 신심을 일으키다.

A) 죽음무상을 관상하기는

정수리에 자신의 스승과 본성이 다를 바 없는 주된 본존을 수습하는 상태에서 이와 같이 관상할지니

○ ▪ 반드시 죽는다고 관상하기는

㉮ 얻기 어렵고, (만약) 얻는다면 의미가 더 큰 유가와 원만을 갖춘 이 몸은 속히 사라지고 염라대왕은 반드시 오며 또한 어떤 하나의 몸을 받더라도 죽음으로 인해 안절부절하지 않을 사람은 없으니, (『법구다발경』) 「무상다발품」에서는

> "모든 부처님과 연각과
> 부처님들의 성문도
> 이 몸을 버리셔야만 한다면
> 보통의 범부는 더 말할 필요가 있겠는가?"

라고 말씀하신 것과 같이, 선서께서 (불사不死의) 금강의 몸을 증득한 것들도 교화할 대상들을 위해 다른 세간으로 가신다면 우리 보통의 범부들은 더 말할 필요가 있겠는가? 어느 곳에 머물더라도 죽음으로 인해 안절부절하지 않을 수 없다. 그것에 대하여 『법구다발경』에서

> "그 어느 곳에 머물더라도 죽음으로 인해 안절부절하지 않을
> 그곳은 있지 않으니

허공 중에도 없고 바다 속에도 없으며

큰 산들의 골짜기에 들어가더라도 없다네"

라고 말씀하셨기 때문이다. 신속히 도망가거나 힘과 재물과 물질과 만
뜨라와 약 등 어느 것으로도 막을 수 없고 신속히 도망치는 것으로도
벗어날 수도 없다. 그것에 대하여 (『근심을 제거한 것ༀ་ངན་བསལ་བ།』[286]
에서)

"대선인이 오신통으로

허공을 멀리 날아가더라도

활동 범위 어디에도 죽지 않는

그곳으로 갈 수 없다네"

라고 말씀하셨기 때문이다. 힘과 재물과 물질과 만뜨라[진언]와 약
등 어느 것으로도 막을 수 없다. 또한 내외의 그 어떤 조건으로도 막
을 수 없다. 그리고

㉴ 수명은 보탤 수도 없고, 줄어드는 것을 막을 수도 없는 것이 함께
있는 까닭은 (다음과 같기 때문이다. 만약) 육십 세의 수명까지 살 수
있더라도 육십 세가 다 된 이들은 올해 죽거나 오늘 죽거나 내일이나
모레 죽는 것과 같다. 오십 세에 도달한 이들도 나머지 수명은 십년

---

286 아사리 따양[마명]의 저술로서 티벳장경 논소부 데게땐규르 서한부에 수록되
어 있다.

밖에 남지 않았다. 그와 같이 어떤 이는 삼분의 이, 어떤 이는 반 정도 지났다. 나머지 수명 또한 해는 달, 달은 날, 날은 밤낮 등으로 지나감으로써 소진된다. 또한 오전 등도 지나감으로써 소진된다. 오전 또한 시시각각 지나감으로써 소진된다. 그것에 대하여 『입보리행론』(「제2품」)에서

"밤낮은 기필코 머물러 있지 않고
금생은 언제나 소진되어 가며
보태더라도 쇠퇴하는 것 밖에 없다면
나와 같은 이가 어떻게 죽지 않게 되겠는가"

라고 말씀하셨기 때문이다.

㉲ 살아있을 때 법을 실천 수행할 시간은 없고 (죽음을) 반드시 맞이해야 한다. 그것에 대하여 『(쫑)가오〔난타〕입태경』에서 말씀하신 것과 같이 먼저 어린 아이일 때 십년은 법을 실천 수행할 생각을 못하고 마지막에 늙었을 때 이십 년은 법을 실천 수행할 기회가 없다. 그중간에도 수면이 반을 차지하고 질병 등으로도 많은 시간을 허비하여 법을 실천 수행할 기회는 조금 밖에 없다.

○▪죽음이 언제 찾아올지 모름을 관상하기는
죽을 뿐만 아니라 죽음이 확정적이지 않은 까닭은 일반적으로 북구로주 사람들의 수명은 천년으로 확정적인데 반해 다른 (두) 주洲[287]

는 (대부분) 각자의 수명이 확정적이지 않다. (그렇지만) 확정적인
사람들도 많다. 남섬부주의 사람들은 매우 확정적이지 않기 때문이
다. 그 까닭은 (겁)초에는 한량없는 수명을 얻기도 했으나 말세〔탁세〕
에는 가장 길게는 십년 밖에 살 수 없게 된다. 지금도 늙은이, 젊은이,
중년, 누구에게도 죽을 때가 확정적이지 않다. 그것에 대하여 『(아비
달마)구사론ㆍཆོས་མངོན་པ་བ་མཛོད།』(「제3품」)에서

　　"이곳에는[288] 확정적이지 않으며 겁말에는
　　십년이고 겁초에는 한량 없었다네"

라고 했으며, 『법구다발경』에서

　　"오전에는 많은 사람들이 보이다가
　　오후에는 몇몇은 보이지 않게 되며
　　오후에는 많은 사람들이 보이다가
　　(그 다음날) 오전에는 몇몇은 보이지 않게 된다네"

라고 했으며

---

287 동불바제, 서구야니를 가리킨다.

288 남섬부주를 가리킨다. 제1대 달라이라마 게뒨둡의 『(아비달마)구사론소 해탈
　　도를 명확히 밝히는 것མཛོད་འགྲེལ་ཐར་ལམ་གསལ་བྱེད།』「제3품」에 따르면 '남섬부주 이곳에
　　는 확정적이지 않으니'라는 문장이 있다. 이와 같이 이하의 '대열중생지옥〔팔열
　　지옥〕과 한냉지옥〔팔한지옥〕편'의 첫머리에 '이곳으로부터'라는 문구에서 '이곳
　　은' 남섬부주를 가리키며, 여러 경론에서도 이와 같이 알아야 할 부분이 있다.

"많은 장부와 부녀자들도 (죽게 되는 것과)
장년에 이르러서도 죽게 된다면
그런 (상황)에서 이 사람은 젊은이라 해서
(오래) 살 수 있다고 어떻게 장담할 수 있겠는가?

어떤 이는 자궁에서 죽게 되고
그처럼 어떤 이는 태어나자마자
그처럼 어떤 이는 기어다닐 때쯤에
그처럼 어떤 이는 완전히 뛰어다닐 때에

어떤 이는 늙어서, 어떤 이는 젊어서
어떤 이는 장년에 도달한 사람이
하나 둘씩 모두 떠나게 되는 것은
열매가 익으면 떨어지는 것과 같다네"

라고 했으며, 『법구다발경』에서

"내일과 다음 세간〔생〕 둘 중에
먼저 어느 것이 앞인지 가리키지 못하기에
내일의 계책에 힘쓰지 말고
다음 생의 가치에 힘쓰는 것이 마땅하다네"

라고 말씀하셨기 때문이다.

죽는 조건은 매우 많고 사는 조건은 적다. 그것에 대하여『중관보만론དབུ་མ་རིན་ཆེན་ཕྲེང་བ།』[289] (「제3품」)에서

"죽는 조건은 매우 많고
사는 (조건)은 적다네"

라고 말씀하신 것과 같이 '외적인 조건은 사람이 무기로 찌르는 것과 독을 뿌리는 것, 야차, 왕, 귀신, 귀녀 등이 목숨을 빼앗는 것 (등이 있다. 내적인 조건)은 자신의 사대四大[290]가 충돌하는 것과 음식이 맞지 않는 것, 약이 맞지 않는 것, 갑자기 낭떠러지에 떨어지는 것, 집이 무너지는 것, 큰 배가 침몰하는 것, 돛단배가 가라앉는 것, 갑자기 행성行星이 내리쳐서 맞아 죽는 것 등 (이 있다. 이와 같이 죽는 조건은 매우 많다. 예를 들어) 다른 사람이 갑자기 죽는 것들을 (사유하면서) 나도 그와 같은 성질을 가진 대상이다.'

라고 관상해야 한다.

(또한) 몸은 물거품과 같이 연약하기에 죽을 때가 확정적이지 않다.

---

289 본 역서의 저본에서의『보만론རིན་ཆེན་ཕྲེང་བ།』은 모두 성인 용수의『중관보만론དབུ་མ་རིན་ཆེན་ཕྲེང་བ།』을 가리킨다. 그렇지만 티벳어본 논서명 가운데 '~보만론'이라는 명칭이 더러 있기에 이들과 구분하기 위하여 본 역서에서는 모두『중관보만론』으로 옮겼다.

290 지地, 수水, 화火, 풍風이다.

그것에 대하여 『친우서』에서

　　"대지와 수미산과 바다와 일곱 개의 태양이
　　불로 태운 이러한 유색有色[291]들도
　　먼지마저도 남지 않게 된다면
　　매우 연약한 사람은 더 말할 필요가 있겠는가?"

라고 말씀하셨기 때문이다. 그리고 『중관보만론』(「제4품」)에서

　　"염라대왕의 영향권 속에 머물며
　　폭풍 속에 있는 연유등과 같다네"

라고 말씀하신 것과 같이 가시에 찔리는 것과 같은 것에 의해도 조건이 형성되어 갑자기 죽게 된다.

라고 관상해야 한다.

○▪죽을 때 법 이외는 다른 어떤 것도 도움이 되지 않는다고 관상하기는
죽을 때에 법 이외는 다른 어떤 것도 도움이 되지 않으니 아끼고 사랑하는 친척과 벗들이 아무리 많이 주위를 에워싸더라도 어느 한 사

---

[291] 색온이 있는 유정〔중생〕의 몸과 삼라만상의 무정물 이 두 가지다.

람도 데려 갈 수 없다. 마음에 드는 재물 더미가 아무리 (많이) 있더라도 티끌만큼도 가져갈 수 없다. 한꺼번에 생긴 살과 뼈마저도 흩어져야 한다면 금생의 두루 갖춘 모든 것에 애착할 것이 무엇이 있겠는가? 죽음이라는 원수는 반드시 오며 언제 올지는 확정적이지 않고 오늘 당장도 죽을 위험이 있기에 죽음의 준비를 해야만 한다. 죽음의 준비도 금생에 두루 갖춘 모든 것에 애착하지 않고 청정한 법을 지금 당장 실천해야 한다. 그와 같이 할 수 있도록 자신의 스승과 본성이 다를 바 없는 주된 본존께서 가피하소서.

라고 간청함에 따라

정수리의 자신의 스승과 본성이 다를 바 없는 주된 본존의 몸의 부분에서 다섯 가지 감로가 빛과 함께 흘러내린다. 자신과 자신이 아닌 일체중생의 몸과 마음에 흡수됨으로써 비롯함이 없는 때로부터 쌓은 모든 죄업과 장애, 특히 *금생에 두루 갖춘 모든 것에 애착하지 않고 청정한 법을 지금 당장 실천하는 것에* 방해되는 모든 죄업과 장애, 질병과 악귀가 함께 청정무구해졌다. 몸은 티없이 맑은 빛의 본성을 지닌 것으로 바뀌었다. 수명과 복덕, 교법과 증법의 모든 공덕이 증장되고 광대해졌다. 특히 *금생에 두루 갖춘 모든 것에 애착하지 않고 청정한 법을 지금 당장 실천하는* 특별한 요해가 자신과 자신이 아닌 일체중생의 마음에 생겼다.

라고 관상해야 한다.

B) 악도의 고통을 관상하기는

정수리에 자신의 스승과 본성이 다를 바 없는 주된 본존을 수습하는 상태에서 이와 같이 관상할지니

얻기 어렵고, (만약) 얻는다면 의미가 더 큰 유가와 원만을 갖춘 이 몸도 속히 사라지고 사라진 이후에는 없으니 한 인취〔인간〕의 생을 받아야 하며 태어나는 곳 또한 선도와 악도 두 가지 외에는 없다. 만약 악도에 태어난다면 지옥 중생들에게는 더운 것과 추운 것 등의 고통, 아귀들에게는 배고프고 목마른 것 등의 고통, 축생들에게는 우둔하고 어리석은 것과 하나가 하나를 잡아먹은 고통은 생각으로는 다 헤아릴 수 없을 만큼 많다. 그렇다면

(A) 지옥의 고통을 관상하기의 네 가지는

a. 대열중생지옥〔팔열지옥〕 b. 근변지옥 c. 한냉지옥〔팔한지옥〕 d. 잠깐씩 고통을 덜어 주는 지옥〔소허지옥少許地獄〕이다.

a. 대열중생지옥〔팔열지옥〕은

이곳〔남섬부주〕으로부터 삼만이천유순²⁹² 아래에 등활지옥이 있다. 그곳으로부터 사천유순 사천유순씩 떨어진 곳에 다른 일곱 개의 (지

---

292 1심류은 두 팔을 좌우로 벌린 전체의 길이, 즉 약 5척尺에 해당되는 길이다. 이는 소리를 들을 수 있는 거리라고도 한다. 1심류의 500배의 거리를 1구로사〔까로싸〕라 한다. 이것의 8배의 거리를 1유순〔요자낭〕이라 한다. 나머지는 유추하여 보기 바란다.

옥)이 있다.[293] 그 여덟 개의 (지옥 가운데)에서

▪ 등활지옥은

그러한 중생들이 서로서로 모여서 업으로 인해 생긴 갖가지 무기들로 하나가 하나를 찌른다. 그런 연후에 까무러쳐서 땅에 쓰러질 때 허공에서 그대들은 '되살아 나거라'라는 소리가 들린다. 그런 연후에 다시 일어나서 이전과 같이 찔림으로써 한량없는 고통을 겪어야만 한다.

▪ 흑승지옥은

그 중생들은 지옥지기들에 의해 네 모서리 등 여러 곳에 검은 선을 그어서 그 위를 무기로 쪼개는 것 등의 한량없는 고통을 겪어야만 한다.

▪ 중합지옥은

그러한 중생들이 서로서로 모여서 한 곳에 머물 때 염소의 얼굴과 양의 얼굴을 가진 산 사이에서 눌려 압착되는 것 등의 한량없이 고통을 겪어야만 한다.

▪ 호규지옥은

불이 활활 타는 쇠집 속에서 태운다.

---

293 대열중생지옥〔팔열지옥〕의 첫 번째 등활지옥을 시작으로 차례대로 아래로 각각 사천유순씩의 간격으로 떨어져 있다는 의미다.

282

■ 대호규지옥은
이중 쇠집²⁹⁴ 안에 (넣어서) 불태운다.

■ 염열지옥은
쇠로 된 땅과 많은 유순의 구리(솥) 안에 (집어 넣어) 불태우는 것과
쇠로 된 일지창을 던져 정수리를 찔러서 모든 감각 기관의 문으로부
터 불을 붙여서 태운다.

■ 극열지옥은
삼지창을 던져 찌르고 정수리와 두 어깨로 빠져 나오게 하는 것, 쇠
를 달구어 납작하게 만든 것으로 몸을 묶는 것, 쇠로 된 땅에 눕혀 쇠
도구로 입을 벌려 불에 달군 쇠덩이를 입에 집어 넣고 끓인 쇳물을
입에 부어 입과 목구멍과 창자들이 타서 하반신으로부터 흘러내
린다.

■ 무간지옥은
불타는 쇠집 속에 집어 넣으며 사방에서 세찬 바람이 몰아쳐 지옥 중
생의 몸과 불 두 가지가 구분이 되지 않는 것과 같이 태운다. 지옥의
불의 뜨거움의 차이는 인간(세상)의 불보다 괴겁 시기의 불이 일곱
배나 되기에 (매우) 뜨거우며 그(괴겁 시기의 불)보다 지옥의 불이 일
곱 배나 되기에 (매우) 뜨겁다. 지옥의 불에 비교하면 인간(세상)의

---

294 쇠집 속에 또 쇠집, 즉 속에 있는 쇠집이 불타고 있을 뿐만 아니라 그 바깥에
있는 쇠집도 불타 뜨겁기가 이루 말할 수 없는 이중구조의 쇠집이다.

불은 눈〔설雪〕 정도로 시원하다는 것에 대하여 '인간(세상)의 불이 몸의 급소 가운데 하나를 태우는 도중에 쩬덴고르씨싸 ཙན་ཅན་གོར་ཤི་ཤ²⁹⁵의 시원한 물 하나가 닿으면 서늘해진다. 그와 같이 지옥의 불이 태우는 도중에 인간(세상)의 불이 닿으면 시원해진다'고 말씀하셨다. 그 고통들도 얼마만큼 겪느냐 하면 『친우서』에서는

"그와 같은 고통은 매우 참기 어렵다네.
백천만년을 겪게 되더라도
그 불선(업)이 다하기 전까지
목숨을 버리지 못하게 된다네"

라고 말씀하신 것과 같거나 인간(세상)의 햇수로 계산하면 등활지옥 중생의 한 생의 수명의 한도에는 인간(세상)의 '1나유타 6대아유따²⁹⁶ 2아유따'이며 아래 (지옥)들은 두 배 두 배로 수명이 길다.

b. 근변지옥은

대열중생지옥〔팔열지옥〕의 고통에서 벗어나서 지나갈 때 무릎이 잠길 정도되는 뜨거운 잿더미에 발이 빠져서 살 전체를 태운다. 그곳으

---

295 쩬덴고르씨싸ཙན་ཅན་གོར་ཤི་ཤ는 『Monlam대사전』의 쩬덴고씨르카ཙན་ཅན་དན་གོ་ཤི와 동일한 낱말로 이것은 '마라야'라는 인도의 산맥에서 자생하는 백색 전단의 일종으로, 이 전단을 물에 담가두면 물이 시원해지는 성질이 있다고 한다.

296 1아유따〔1테르붐〕는 숫자로는 십억에 해당된다. 1아유따〔1테르붐〕×10=1대아유따〔1대테르붐〕이며 숫자로는 백억에 해당된다. 1대아유따〔1대테르붐〕×10=1틱탁〔1나유타〕이며 숫자로는 천억에 해당된다.

로부터 (더) 지나갈 때 똥무더기와 시체와 같은 악취를 풍기는 곳에 목 아래가 (다) 잠겨서 '부리가 날카로운 벌레'라는 것이 뼈와 골수가 맞닿는 곳까지 파먹어 들어가는 것, 그로부터 (더) 지나갈 때 날카로운 칼이 가득찬 길에서 살과 피부가 베이는 것과 잎이 있는 검劍으로 된 숲을 지나갈 때 검劍에 의해 사지와 사지의 사지가 잘리는 것, 쎌마리나무 둥치에 오르락 내리락할 때 가시에 살과 피부가 찢어지는 것, 쇠부리를 가진 까마귀가 어깨나 머리에 앉아서 안구를 파내는 것, 그곳〔근변지옥〕과 인접한 곳에 양잿물이 가득찬 얕은 물가가 없는 강물 속에 떨어져 오르락 내리락 하면서 태운다.

c. 한냉지옥〔팔한지옥〕은

대열중생지옥〔팔열지옥〕의 거주지에서 각각 만유순씩의 건너편에 있으며, 이곳〔남섬부주〕으로부터 삼만이천유순을 지나면[297]

▪ 알부타〔포지옥〕는

(이것의) 거주지 아래의 땅 전체가 얼음 덩어리고 위의 땅 전체가 눈

---

297 성인 톡메〔무착〕의 『유가행지瑜伽行地ཚལ་འབྱོར་སྤྱོད་པའི་ས།』에 따르면 '남섬부주에서 삼만이천유순 아래에 등활지옥이 있다. 이 아래로 사천유순의 거리에 두 번째 흑승지옥이 있다. 이와 같이 나머지 여섯 지옥도 아래로 사천유순씩의 거리에 각각 떨어져 있다. 한냉지옥〔팔한지옥〕도 이와 같다. 대열중생지옥〔팔열지옥〕의 전방 만유순의 건너편에 한냉지옥〔팔한지옥〕이 있다. 대열중생지옥〔팔열지옥〕의 첫 번째 등활지옥과 한냉지옥〔팔한지옥〕의 첫 번째 알부타〔포지옥〕와의 직선 거리는 만유순이다. 이와 같이 나머지 일곱 대열중생지옥과 일곱 한냉지옥도 차례로 전방 만유순의 건너편에 있다'고 한다.

보라가 치는 (그) 속에 집어 넣어서 몸에 물집이 생기는 것이다.

• 니랄부타〔포열지옥〕는

그보다도 더 춥기에 니랄부타〔포열지옥〕(라 하는 것)이다.

• 아추세르와〔확확파지옥〕

• 끼휘세르와〔호호파지옥〕는

고통을 부르짖는 소리조차도 크게 지를 수 없어 윗 잇몸 내부에서
(겨우) '끼휘'라고 하는 것이다.

• 아타타〔알찰타지옥〕는

소리조차도 낼 수 없는 것이다.

• 운빠라〔청련화지옥〕는

세찬 바람이 불기에 몸이 시퍼렇게 되는 것이다.

• 발특마〔홍련화지옥〕는

시퍼런 것보다 지나쳐 시뻘겋게 변해서 열 개의 입[298] 또는 그보다도
많이 갈라 터지는 것이다.

---

298 살이 입처럼 갈라지는 모양이다.

▪ 마하발특마〔대홍련화지옥〕는
백 개 또는 천 개의 입 등으로 갈라 터진다.

d. 잠깐씩 고통을 덜어 주는 지옥〔소허지옥少許地獄〕[299] 은

'대열중생지옥〔팔열지옥〕과 한냉지옥〔팔한지옥〕의 부근에 있고 인간
세상에도 있다'고 『(유가행지瑜伽行地 中) 본지本地སའི་དངོས་གཞི།』[300]에
서 말씀하셨으며, 나와제와리[301]의 전기와 계뙨쑹의 전기에서도 말
씀하셨기에 그러한 것들을 보도록 하라.

그것에 대하여 지옥에 태어나는 원인은 일반적으로 '대십불선을
지으면 지옥에 태어난다'고 말씀하셨으며, 특히 '오무간업을 지은
것, 사견을 낸 것, 사바라이를 지은 것, 별해탈계의 악작惡作〔돌길라突
吉羅〕[302]을 알면서도 대수롭지 않게 어기면 등활지옥에, 향피회向彼悔

---

299 고통이 끊임없는 것과 같은 것이 아닌, 일부의 시간대는 고통을 주고 일부의
시간대는 고통을 조금 풀어주는 지옥을 말한다.

300 티벳장경 논소부 데게뗀규르 유식부에 수록되어 있다.

301 『현우賢愚라는 경མཛངས་བླུན་ཞེས་བྱ་བའི་མདོ།』에 등장하는 인물이다. 티벳장경 불설부
데게까규르 경부와 장까규르 경부에 수록되어 있다.

302 여기서 '별해탈율의'의 악작惡作〔돌길라突吉羅〕은 비구와 비구니가 끊어야 할 타
죄 오편 가운데 하나다. 초나와 쎄랍상뽀의 『율경 초나와주소 햇빛』에서는 '제
대로 행하지 않고 잘못 행했기에 악작이라 하니 타죄 오편 모두 올바르게 행
하지 못한 것도 넓은 의미에서는 악작에 속한다'고 말씀하셨다. 이것은 타죄
오편 가운데 가장 가벼운 것으로, 예를 들면 출가자가 가사 등을 여법하게 수
하지 못한 것, 공양을 여법하게 하지 못하는 것 등이 여기에 속한다.

〔제사니提舍尼〕303를 알면서도 (어기면) 흑승지옥에 태어난다'고 말씀한 것도 있다. '보살계의 근본타죄〔18중대계〕를 훼범한 것과 보살을 상대로 분노를 일으키면 일으킨 분노의 찰나만큼의 수와 동등한 겁 동안 지옥에 머물러야 한다'고 『입보리행론』에서 말씀하셨다. 그리고 '밀교계의 근본타죄〔중대계重大戒〕를 훼범하고 회복되기 전까지 (지은) 찰나만큼의 수와 동등한 겁 동안을 무간지옥에서 머물러야 한다'고 '밀교부'에서 말씀하신 것과 '스승을 상대로 분노를 일으키면 일으킨 수와 동등한 겁 동안 쌓은 선근 모두를 무너뜨리고 그만큼의 겁 동안 지옥에 머물러야 한다'고 『뒤코르〔시륜〕 근본밀교경』에서 말씀하셨다. 또한 (이전에 자신이) 쌓은 지옥의 고통을 일으키는 힘이 강한 세력으로 바뀐 (불선업을 대치로써) 청결히 하지 못한 것이 생각으로는 다 헤아릴 수 없을 만큼 많이 자신에게 남아 있다. 그러한 업들을 임종하기 전에 청결히 할 수 없다는 것을 우리의 이 능력으로 알 수 있다. 그러한 업들을 가진 채 오늘 내일 갑자기 죽는다면 지옥에 태어날 수밖에 없다. '그곳에 태어난다면 그러한 고통을 내가 참을 수 있겠는가, 없겠는가?'라고 두려움에 떨려서 견디지 못하는 데에 이르기까지 수습해야 한다. 그런 연후에 두렵고 겁나는 마음이 저절로 일어날 때 법을 수행하는 유리한 조건인 음식과 의복, 목숨을 부지할 정도 외에 다른 모든 행위 전부를 그대로 놓아 두고 그러한

---

303 여기서 향피회向彼悔〔제사니提舍尼〕 역시 비구 비구니가 끊어야 할 타죄 오편 가운데 하나다. 초나와 쎄랍상뽀의 『율경 초나와주소 햇빛』에서는 '㉮ 타죄를 숨기거나 비밀로 하지 않고 명백히 드러내어 솔직하게 고백하고 나서 ㉯ 며칠 후에 비로소 참회해야 한다'고 말씀하신 바와 같이 제사니는 반드시 두 가지를 각각 참회해야 한다는 의미를 내포한 용어다.

죄업과 타죄를 청결히 하는 최상의 방편인 사력의 참계에 밤낮없이 힘써야 한다.

○(B) 아귀의 **고통을 관상하기**는

아귀들에게는 배고프고 목마른 고통과 (그밖의) 다른 고통들이 생각으로는 다 헤아릴 수 없을 만큼 많은 것에 대하여 『친우서』에서는

> "아귀들에게도 원하는 것〔의·식·주〕이 궁핍하여
> 일어나는 끊임없는 고통은 고칠 수 있는 것이 아니며
> 굶주림과 목마름, 추위와 더위, 고단함, 공포로 인해
> 일어나는, 매우 참기 어려운 (고통)을 감수해야만 한다네"
>
> — 모든 아귀의 일반적인 고통 —

라고 말씀하신 것과 같이 '자신이 보기 흉하고 매우 쇠약하며, (보는 사람마다) 공포에 질리게 되는 아귀가 되었다.'

라고 관상하고서

▪ 외적인 장애를 가진 아귀는

먹고 마시는 것 등을 발견하더라도 얻지 못한다. 얻더라도 강물과 열매가 달린 나무로 보여 먹으려고 갈 때 갖가지 무기를 든 감시자들이 지키거나 고름과 피로 보이거나 전혀 보이지 않게 되어서 수용할 수 없는 고통(이 있다.)

▪ 내적인 장애를 가진 아귀는

입은 바늘 구멍 정도이고 목구멍은 말 꼬리털 정도이며 띠풀〔모초〕
정도의 사지를 가지고 있고 먹고 마시는 것 등을 발견하더라도 얻지
못한다. 얻더라도 입에 넣지 못하고 입에 넣더라도 목구멍에 넘기지
못하며 목구멍에 넘기더라도 그것으로써 배를 채우지 못하는 것 등
의 고통(이 있다.)

▪ 먹고 마시는 자체에 장애가 있는 아귀[304]는

'불꽃 고리를 지닌 이'라는 (아귀)는 모든 먹고 마시는 것이 불이 활
활 붙어 타버린다. '구정물을 먹는 이'라는 (아귀)는 똥오줌을 먹고
마시는 것과 더럽고 악취를 풍기는 것과 해롭고 가장 형편없는 음식
정도를 먹고 마신다. 어떤 (아귀)는 자신의 살을 떼어 먹으며 깨끗하
고 좋은 음식을 수용할 수 없다. 어떤 (아귀)는 여름철의 달빛은 뜨
겁고 겨울철의 햇빛은 차가움으로 인해 (겪는) 고통이 있다. 어떤
(아귀)는 사지로써 몸을 일으키지도 못하고[305] 먹고 마실 것을 찾기
위해 온 사방을 찾아 헤맬 때 피로함으로 인한 고통이 있다. 권력이
더 센 아귀가 약한 이를 때리고 사람과 개 등으로 인해 두렵고 겁나
는 것에 의한 고통(이 있다.) 수명의 한도에 대하여 『(아비달마)구사
론』에서는

---

304 음식을 얻었더라도 먹고자 하는 순간 불로 변해서 목구멍과 뱃속이 타는 것
등을 말한다.

305 몸이 너무 무거워서 스스로 일어나지도 못하는 상태다.

"한 달을 하루로 오백 년"

이라고 말씀하신 것과 같이 '인간(계)의 한 달을 하루로 (계산)한 (아귀계의) 오백 세를 살 수 있다'고 말씀하셨으며,『정법념처경』에서는 '인간(계)들의 십년을 (아귀계의) 한 달로 (계산)한 오백 세를 살 수 있다'고 말씀하셨다. 이것을 인간(계)의 나이로 계산하면 백팔십만 세(를 살 수) 있다. 아귀로 태어나는 원인은 애착, 인색함, 탐하는 마음, 주지 않는 것을 취하는 것 등이기에 그 고통들을 원치 않는다면 그러한 것으로 태어나는 원인을 이전에 쌓은 것이라면 소멸하고 이후에는 경계하는 것에 힘써야 한다.

○(C) 축생의 고통을 관상하기는
축생들에게는 우둔하고 어리석은 것과 하나가 하나를 잡아 먹는 고통이 생각으로 헤아릴 수 없을 (만큼 많이) 있으니 대부분의 축생이 머무는 곳의 근거지는 대해大海의 수면과의 경계선[306] 아래의 매우 어두컴컴한 곳에서 갖가지 덩치와 빛깔과 모양새(의 축생)이 곡식더미가 쌓인 것과 같이 살고 있다. 그 속에서 자신이 태어났다고 관상하고 더 큰 축생들이 더 작은 무리들을 삼키는 것, 더 작은 것을 많이 모아서 큰 것이 잡아 먹고 몸에 구멍을 내는 것, 매우 어두컴컴함으로 인해 자신의 몸을 펴고 구부리는 정도도 보이지 않는 것, 더 큰 축생이 더 작은 것을 눌러서 숨을 내쉬고 들이키는 것조차도 할 수

---

306 수미산과 바다의 수면이 닿는 경계선을 말한다. 수미산의 반은 바닷물 속에 반은 바닷물 위에 있다고 한다.

없는 것(과 같은) 고통(이 있다.) 용류인 축생들에게는 가루따〔붕새〕
의 두려움, 뜨거운 모래비가 내리는 것 등으로 인해 날마다 (겪는) 고
통(이 있다.) 야수와 같은 축생들에게는 사냥꾼과 많은 개가 뒤쫓아
와서 도망가지만 벗어나지 못하고 죽임을 당하는 것, 맹수 등에게 잡
아 먹히는 것, 각종 새들에게 잡아 먹히는 것(과 같은 고통이 있다.)
주인이 관리하는 말, 황소, 당나귀와 돼지 등은 운반하는 것과 이용
당하는 것, 운반이 불가능함에도 불구하고 짊어지고 운반해야 하는
것, 채찍질 당하고 맞는 것, (논밭을) 가는 것, (젖을) 짜는 것, 털을
깎는 것, 죽임을 당하는 것 등의 한량없는 고통이 있다. 수명의 한도
에 대하여 『(아비달마)구사론』에서는

    "축생들(의 수명)은
    가장 긴 것은 겁 (동안 산)다네"

라고 한 것과 같이 수명이 더 긴 것은 겁 정도를 살 수 있고 더 짧은
것은 확정적이지 않다. 축생으로 태어나는 원인은 법을 부정한 것과
법과 법사를 공경하지 않은 것과 가르침에 입문한 이들끼리 서로서
로의 허물을 말한 것들이다. 따라서 이와 같은 악도의 고통을 참을
만한 계책이 없기에 얻기 어렵고, (만약) 얻는다면 의미가 더 큰 유
가와 원만을 갖춘 몸을 얻은 이때에 악도의 고통 전부를 소멸한 스승
이신 부처님의 한 경지를 증득해야 한다. 그와 같이 할 수 있도록 자
신의 스승과 본성이 다를 바 없는 주된 본존께서 가피하소서.

292

라고 간청함에 따라

정수리의 자신의 스승과 본성이 다를 바 없는 주된 본존의 몸의 부분에서 다섯 가지 감로가 빛과 함께 흘러내린다. 자신과 자신이 아닌 일체중생의 몸과 마음에 흡수됨으로써 비롯함이 없는 때로부터 쌓은 모든 죄업과 장애, 특히 *악도의 고통 전부를 소멸한 스승이신 부처님의 한 경지를 얻는 것에* 방해가 되는 모든 죄업과 장애, 질병과 악귀가 함께 청정무구해졌다. 몸은 티없이 맑은 빛의 본성을 지닌 것으로 바뀌었다. 수명과 복덕, 교법과 증법의 모든 공덕이 증장되고 광대해졌다. 특히 *악도의 고통 전부를 소멸한 스승이신 부처님의 한 경지를 얻는* 특별한 요해가 자신과 자신이 아닌 일체중생의 마음에 생겼다.

라고 관상해야 한다.

C) 삼보에 대한 귀의를 익히기는
『보리도차제 마르티 쉬운 길』의 귀의의 대상과 순서보다 좀 더 상세한 정도로 (해설)하면[307]

(A) 귀의의 원인은
자신이 윤회와 악도의 고통으로 인해 두려워하는 것과 삼보께 그러

---

[307] 아래의 단락의 명칭은 쫑카빠 대사의 『대보리도차제』의 본문 가운데 '귀의편'의 과목을 참고하였다.

한 것으로부터 구제하는 능력이 있다고 아는 것 (이) 두 가지가 귀의의 주된 원인이다. 그것에 대하여 『질문서 순백의 이타적 발원의 답변서 롭상(닥빠)가 미소 짓는 음성』에서

> "귀의의 실제 의미는
> 자신이 특히 두려워하는 것과
> 삼보께서 구제할 능력이 있다고
> 아는 것에서 생긴 것이 귀의라고
> 일체지자〔쫑카빠〕 당신께서 주장하셨다네"

라고 말씀하셨기 때문이다. 그 원인을 의지해서

(B) 귀의의 대상은

㉮ 자신이 모든 두려움에서 벗어난 것 ㉯ 다른 이들도 모든 두려움에서 벗어나게 하는 방편에 정통한 것 ㉰ 모든 이들을 친소가 없이 대연민심으로 보시는 것 ㉱ 도움을 준 이나 주지 않은 이 모두의 이익을 행하시는 것이 필요하다. 이러한 모든 공덕을 지닌 분은 오직 올바르게 구족하신 부처님뿐으로 용무勇武[308]와 변입천 등 대천신들에게는 그러한 공덕이 없다면 하물며 아귀인 토지신과 용 등에게는 없는 것은 더 말할 필요가 있겠는가? 따라서 삼보와 이교도의 교주 두 분 가운데에서 오직 삼보만이 구제하여 섭수할 수 있다. 그것에 대하

---

[308] 대자재천의 다른 명칭이다.

여 『귀의칠십송ब्युबब्बॅ་བঙঙ্রঙ্ग্রা』[309]에서

"부처님과 법과 승가는
해탈을 원하는 이들의 귀의처라네"

라고 말씀하셨기 때문이다.

○(C) 귀의의 방법은
(공덕을 아는 측면에서 귀의하는 방법에 있어서)
a. 귀의의 대상인 삼보의 공덕을 관상하는 것에는

▪불보의 공덕은
몸(의 공덕)은 (삼십이)상과 (팔십)종호로써 장엄되어 계시며 말씀
의 공덕은 육십네 가지를 지니셨기에 감미로운 음성 각각에 의해서
도 일체중생에게 각각의 말로 법을 설할 수 있으신 것과 마음의 공덕
에는 변지遍知[310]와 자비 (이) 두 가지 (가운데)에서 변지로써 진제眞
諦[311]와 속제俗諦[312]의 일체법을 동시에, 눈으로 사물을 보듯 직관적

---

309 아사리 다와닥빠(월칭)의 저술로서 티벳장경 논소부 데게뗀규르 중관부에 수
록되어 있다.
310 여기서의 변지遍知는 부처님께만 있는 일체종지를 말한다.
311 진제는 우리가 평소에 보고 듣고 아는 방식으로 존재하지 않는 법이다. 예컨
대 항아리가 자성으로 존재하는 것이 공한 것, 즉 항아리의 무자성과 같은 것
이다.
312 속제는 우리가 평소에 보고 듣고 아는 방식으로 존재하는 법이다. 예컨대 항

으로 요해하는 것과 자비의 공덕은 일체중생을 어머니가 외동자식을 사랑하듯 친소가 없이 대연민심으로 보시기에 교화하는 때에서 찰나도 지나치지 않으신다. 훌륭한 행의 공덕은 특별히 힘들이지 않고 자연성취하고 간단間斷이 없다.

▪ 법보의 공덕은
(모든 허물을 다하고) 끝없는 공덕을 지닌 불보는 ㉮ 교법과 ㉯ 증법인 ㉠ 모든 허물을 소멸한 본질을 지닌 멸성제滅聖諦를 실현한 것과 ㉡ 모든 공덕을 성취하도록 하는 본질을 지닌 도성제道聖諦를 수습한 것으로부터 이루셨다.

라고 관상한다.

▪ 승보의 (공덕)은
주로 성인[313]들이다. 또한 법의 공덕을 떠올려서 그것을 법답게 실천 수행하는 측면에서 떠올려야 한다.

b. 차이를 아는 측면에서 귀의하는 방법은

▪ 본질의 차이는
불보는 성등정각을 증득한 분의 본질을 지니는 것이다. 법보는 그것

아리, 책, 산 등과 같은 것이다.
313 삼승의 견도, 수도, 무학도에 오른 분들을 가리킨다.

[불보]의 결실이다. 승보는 다른 이[불보]의 긴요한 가르침에 의해 올바르게 실천 수행하는 본질을 지닌 것이다.

• 훌륭한 행의 차이[314]는

(불보는) 순서대로 교법을 전수하는 역할을 하는 분이다. (법보는) 소멸해야 할 바를 소멸한 (멸성제)와 소멸하게 하는 역할을 하는 (도성제)이다. (승보는 범부들이 해탈과 부처님의 경지를 실현하는 것에) 매우 기쁘게 실천 수행하도록 하는 훌륭한 행을 지닌 분이다.

• 확실한 믿음의 차이[315]는

(불보는) 받들어 모시는 (대상으로) 확실히 믿는 것이다. (법보는) 실현하는 (대상으로) 확실히 믿는 것이다. (승보는) 법과 일치되게 함으로써 조력자[본보기]인 것으로 확실히 믿는 것이다.

• 실천 수행의 차이[316]는

(불보는) 순서대로 공양 올리는 것과 공경히 섬겨야 하는 것이다. (법보는) 유가의 방편에 익숙하게 하는 것[317]이다. (승보는) 법과 재

---

314 삼보 각각의 역할을 서술한 것이다.

315 삼보 각각을 어떻게 보아야 하는가를 서술한 것이다.

316 삼보 각각에 귀의할 때 삼보 각각을 대상으로 어떻게 실천 수행해야 하는가를 서술한 것이다.

317 법보를 성취하기 위해 어떻게 해야 하는가의 내용이다. 사마타[止]와 위빠사나[觀]의 쌍운에 의해 무아를 수습하고 염리심과 공성을 요해하는 지혜를 닦는 것 등이다.

물의 향수를 공동으로 하는 것이다.

▪ 수념隨念의 차이는

  "이와 같이 불세존 그분은…³¹⁸"

이라는 등으로 각각의 공덕을 기억하는 것이다.

▪ 복덕이 증가하는 차이는
(불보와 승보는) 보특가라에 의해 복덕이 증가하며 (법보는) 법에 의
해 복덕이 증가하는 것이다.

c. 확실한 믿음의 측면에서 귀의하는 방법³¹⁹은
불보는 법을 설하시는 분, 법보는 실제적인 구제자, 승보는 법보를 실
천 수행하는 데 있어 조력자〔본보기〕로 인식하는 것이다.

---

318 『성聖 불수념경འཕགས་པ་སངས་རྒྱས་རྗེས་སུ་དྲན་པ།』의 첫 문장이다. 삼보에 대하여 이 경
에서 말씀하신 대로 실천하도록 한다. 이 경은 티벳장경 불설부 데게까규르 경
부와 장까규르 경부에 수록되어 있다.

319 귀의하는 여러 측면 중에서 확실한 믿음의 측면에서 귀의하는 것을 가장 중요
하게 꼽는다. 그 이유는 이로써 실제적 의미의 귀의가 생기며 이것이 없으면
실제적 의미의 귀의가 생기기 어렵다. 확실한 믿음의 측면에서 귀의가 자신에
게 생기면 부처님의 가르침인 선업과 불선업의 취사의 체계들을 올바르게 실
천하게 되면서 귀의하는 진정한 목적을 이룰 수 있게 되기 때문이다.

d. 이교도의 교주에게 귀의하지 않는 측면에서 귀의하는 방법은 내외〔불교도와 이교도〕의 교주와 가르침과의 차이를 알고서 귀의하는 것이다.

♠ 요약본『(보리도차제) 마르티 쉬운 길』에서 말씀하시는 방법은

'정수리에 자신의 스승과 본성이 다를 바 없는 주된 본존의 몸의 부분에서 스승, 본존, 삼보, 빠오, 빠모, 호법신, (이들 각각)의 집단들을 허공에 가득 나투어서 정수리에 자신의 스승과 본성이 다를 바 없는 주된 본존의 몸의 주변에 계시는 귀의의 대상들을 또렷하고 올바르게 (떠올린다.) 그러한 분들의 몸과 말씀과 마음의 공덕과 훌륭한 행(의 공덕)을 함께 기억하는 상태에서, 이전에 악도의 고통을 해설한 것들을 거듭거듭 또렷하게 떠올려서 두렵고 떨리는 측면에서 나와 어머니인 일체중생이 일반적인 윤회와 개별적인 악도의 두려움에서 지금 당장 구제하여 주소서'라고 염원함으로써 '스승, 본존, 삼보께 귀의합니다'라는 귀의를 백 번, 천 번, 만 번, 십만 번 등을 (읊조리고) 삼보께 귀의한 일시적인 것과 궁극적인 유익한 공덕을 아는 측면에서 귀의의 학처들을 법답게 실천해야 한다.

(D) 삼보에 귀의하는 유익한 공덕은

불교도에 속하는 것과 모든 율의의 바탕이 되는 것, 이전에 쌓은 죄업과 장애를 약화시켜서 소진되게 하는 것, 복덕을 광범위하게 쌓는 것, 악도에 떨어지지 않는 것이다. (이것은 마치) 돼지로 태어나게 될

천신의 아들³²⁰이 부처님께 귀의함으로써 악도의 두려움에서 벗어나 그보다 더 높은 천신들이 사는 곳에 태어난 것과 같다. 금생의 두려움에서 구제하는 것은 강뽀³²¹의 형인 조르덴 등이 바다에 큰 배를 전단으로 가득 채워 갔을 때 야차가 풍랑을 일으켜서 큰 배가 바다에 침몰하는 것과 맞닥뜨렸을 때 강뽀에게 귀의함으로써 그 두려움에서 벗어날 수 있었다. 성문아라한에게 귀의한 유익한 공덕이 그 정도로 생긴다면, 부처님께 귀의한다면 더 말할 필요가 있겠는가? 그밖에 모든 마음 먹은 것을 성취하며 속히 성불한다.

(E) 귀의의 학처에는
a. 개별적인 학처 b. 공통적인 학처 (이) 두 가지(가 있다.)

a. 개별적인 학처에는
a) 하지 말아야 할 학처 b) 해야 할 학처 (이) 두 가지(가 있다.)

a) 하지 말아야 할 학처는
부처님께 귀의하기에 다른 천신에게 예경과 공양을 해서는 안 되며, 법에 귀의하기에 중생에게 해를 입히는 것을 끊어야 하며, 승가에 귀의하기에 이교도의 벗과 사귀어서는 안 된다.

---

320 썬두뗀빠라는 도리천의 천신의 아들이다.
321 성문아라한의 한 분이다.

b) 해야 할 학처는

선서의 불상을 헐뜯지 않는 것 등이다.

b. 공통적인 학처는

삼보의 차이와 공덕을 수념하는 측면에서 거듭거듭 귀의한다. 큰 은혜를 수념함으로써 언제나 공양에 힘쓰고, 사와བཟའ་བ།와 짜와བཅའ་བ།[322]의 공봉[323]을 올리며 대연민심을 수념함으로써 다른 중생도 이와 같은 방식으로 알려 준다. 그 어떤 행위를 하더라도 삼보께 마음을 담아서 하고, (설사) 목숨(을 버리는 한이 있거나) 우스갯소리하기 위해서라도 삼보를 부정하지 않도록 해야 한다.

D) 업과에 대해 믿는 신심[324]을 일으키기는

정수리에 자신의 스승과 본성이 다를 바 없는 주된 본존을 수습하는 상태에서 이와 같이 관상할지니

---

322 『율분별』에 따르면 다섯 종류의 사와와 다섯 종류의 짜와에 대하여 열거하고 있다. 여기서 다섯 종류의 사와는 ㉮ 익힌 밥 ㉯ 버무린 따뜻한 보리가루 덩어리 ㉰ 수제비 등 국물류 ㉱ 고기 ㉲ 기름을 섞어 반죽해서 만든 빵과 튀긴 과자류와 같은 음식류이다. 또한 짜와는 ㉮ 감자 등 뿌리 ㉯ 콩나물 등 줄기 ㉲ 배추 등 잎파리 ㉱ 진달래 등 꽃 ㉲ 토마토 등 열매와 같은 식료품이라고 하였다.

323 먹고 거주하기 전에 먼저 불보살과 스승들께 공양 올리는 것을 말한다.

324 한역본 '경론'에서는 승해신심勝解信心이라 번역하였다. 이것은 부처님께서 말씀하신 그대로 이해하고 믿는 것을 말한다. 예컨대 업과와 삼보에 대한 믿음과 같은 것이다.

'승리자의 언교'에서 '(안락의) 원인인 선업을 짓는 것에서 오직 안락한 과보만이 생길 뿐 고통이 생기지 않으며, (고통의) 원인인 불선업을 지은 것으로부터는 오직 고통의 과보만 생길 뿐 안락은 생기지 않는다'고 말씀하셨으니, 무더위로 인해 괴로워하는 이에게 서늘한 바람이 분 것에 의해 생긴 그 안락 또한 이전에 선업을 쌓은 것에 의해 생긴 것이다. 가시에 찔리는 것과 같은 그 고통 또한 이전에 불선업을 쌓은 것에 의해 생긴 것이기에 (이는) 확정된 업이다. 작은 선업과 불선업 밖에 짓지 않았지만 방해하는 것과 부딪히지 않는다면 과보는 매우 크게 발생한다. 그 (예로,) 이전에 사미 均떼가 목소리가 듣기 싫은 한 비구에게 '그대의 음성이 개짖는 소리와 같다'라고 말함으로써 오백생 동안 개로 태어난 것과, 몸동작이 매우 뛰어난 한 비구에게 '그대는 원숭이와 같다'라고 말함으로써 원숭이로 태어난 것 등(과 같이) 업은 더욱 증장된다. 원인인 (작은) 선업과 죄업 두 가지를 짓지 않았다면 과보인 안락과 고통을 겪지 않기에 짓지 않는 (업)은 (과보와) 맞닥뜨리지 않는다. 원인인 선업과 불선업 두 가지를 지은 것이 방해하는 것과 부딪히지 않는다면 지은 업은 소진되지 않는다. 그것에 대하여 '경經'에서는

"중생들의 업들은

백겁 동안에도 헛되이 소진되지 않고

(조건이) 회합하여 시절이 도래할 때

오직 과보는 익게 된다네"

302

라고 말씀하셨기 때문이다.

여기에서 십업도의 체계를 조금 해설하면

(A) 흑업도〔불선업도〕는

▪ 살생의 ㉮ 대상은 자신 외에 심식의 흐름이 다른 상대방 중생이다.
㉯ 의도에는 세 가지(가 있다. 그 가운데)에서 인식은 그 대상을 그
것으로 인식하는 것이다. 번뇌는 삼독 가운데 하나다. 마음동기는 죽
이기를 원하는 것이다. ㉰ 가행은 독과 무기와 (삿된) 주문 등에 의
해 짓는 것이다. ㉱ 최후는 자신보다 앞에 죽는 것이다.

▪ 투도의 ㉮ 대상은 다른 이가 완전히 소유하고 있는 물건이다. ㉯ 의
도에는 세 가지가 있다. 인식과 번뇌는 앞(의 살생업)과 같다. 마음동
기는 주지 않지만 영원히 (주인과) 갈라놓고자 것이다. ㉰ 가행은 강
압적인 힘〔강도〕과 몰래 훔치는 것〔절도〕, 다른 교활한 방편을 동원해
서라도 주지 않는 것을 취하는 것이다. ㉱ 최후는 (이제 내것이) 되
었다고 생각하는 것이다.

▪ 사음[325]의 ㉮ 대상은 어머니 등 성교의 대상이 아닌 것, 입과 항문

---

[325] 사음에서의 ㉰ 가행은 본문의 저본에는 언급되어 있지 않지만 다른 보리도차
제 교본에서는 해설된 곳도 있다. 제5대 달라이라마 악왕롭상갸초의 『보리도
차제 잠뺄〔문수〕의 구전심요口傳心要ལམ་རིམ་འཇམ་དཔལ་ཞལ་ལུང་』에서는 '사음의 가
행은 음행을 하기 위해 애쓰는 것'이라 말씀하셨다.

등 길이 아닌 것, 임산부와 재계齋戒에 머무는 것 등 때가 (아닌 것), 불탑과 스승의 근처 등 장소가 아닌 것이다. ⓒ 인식은 (상대방을 바르게) 인지했거나 인지하지 못했거나 마찬가지다. ⓓ 최후는 두 사람이 서로 주고 받은 것이다.

▪거짓말의 ⓐ 대상은 '~보았다, ~들었다, ~낱낱이 구분한다, ~명백히 안다' 이 네 가지와 그것과는 상반되는 네 가지다. ⓑ 인식은 본 것을 못 보았다고 하는 것 등으로 (말을) 바꾸는 것이다. 번뇌는 삼독 가운데 하나다. 마음동기는 인식한 것과 바꾸어 말하고자 하는 것이다. ⓒ 가행은 말했거나 어떤 말도 하지 않고 용인하는 것이다.[326] ⓓ 최후는 상대방이 알아듣는 것이다.

▪이간질의 ⓐ 대상은 사이가 좋거나 사이가 좋지 못한 것 가운데 하나다. ⓑ 의도에는 세 가지(가 있다. 그 가운데)에서 인식과 번뇌는 앞과 같다. 마음동기는 사이가 좋은 이를 갈라 놓고자 하는 것과 사이가 좋지 못한 이를 화해하지 못하게 하고자 하는 것이다. ⓒ 가행은 듣기 좋은 말과 듣기 싫은 말 가운데 하나(를 하는 것이다.) ⓓ 최후는 이간질하는 말을 (상대방이) 알아듣는 것이다.

▪거친 말의 ⓐ 대상은 해치고자 하는 마음이 확실하게 생긴 상대방 중생이다. ⓑ 번뇌와 인식은 앞과 같다. 마음동기는 거친 말을 하고

---

326 침묵을 지키거나 표정을 짓거나 동작 등을 통해 묵시적으로 동의하는 것을 말하다.

304

자 하는 것이다. ㉐ 가행은 사실과 사실이 아닌 말 가운데 하나에 의
해 듣기 좋은 말을 하거나 듣기 싫은 말을 하는 것과, 자신을 위해서
또는 타인을 위해서 말하는 것이다. ㉑ 최후는 상대방이 알아듣는 것
이다.

▪ 허튼 말〔무의미한 말〕의 ㉮ 대상은 무의미함이 있다는 것이다. ㉯ 의
도에서 인식과 번뇌는 앞과 같다. 마음동기는 관련 없는 것을 아무렇
게나 함부로 말하고자 하는 것이다. ㉐ 가행은 허튼 말을 하기 시작
하는 것이다. ㉑ 최후는 허튼 말을 마친 것이다.

▪ 탐하는 마음의 ㉮ 대상은 타인의 재물과 자구資具다. ㉯ 의도에서
인식과 번뇌는 앞과 같다. 마음동기는 나의 소유로 만들고자 하는 것
이다. ㉐ 가행은 의도한 그것을 준비하는 것이다.³²⁷ ㉑ 최후는 '재물
등 그것이 나의 것이 되게 하소서'라고 생각하는 것이다.

▪ 해치고자 하는 마음의 ㉮ 대상과 ㉯ (의도에서) 인식과 번뇌는 (앞
의) 거친 말 그대로다. 마음동기는 때리는 것 등을 하고자 하는 것이
다. ㉐ 가행은 의도한 그것을 준비하는 것이다.³²⁸ ㉑ 최후는 죽이는
것, 감금하는 것, 때리는 것 등을 하려고 결정내린 것이다.

▪ 사견³²⁹의 ㉮ 대상은 존재하는 대상경계이다. ㉯ 의도에는 세 가지

___
327 상대방 소유의 물건 등을 나의 것으로 만들기 위해 준비하는 것이다.
328 상대방을 해치기 위해 준비하는 것이다.

(가 있다. 그 가운데)에서 인식은 말살〔왜곡〕하는 의미에 대하여 사실로 인식하는 것이다. 번뇌는 삼독 가운데 하나다. 마음동기는 말살하고자 하는 것이다. ㉓ 가행은 의도 그것이 (바로) 가행이 시작되는 것이다.[330] ㉕ 최후는 말살을 하려고 결정한 것이다.

(B) 백업도〔선업도〕는

살생을 끊는 선업과 같은 것을 예로 들면 ㉓ 대상은 다른 중생이다. ㉔ 의도는 허물을 보고 끊고자 하는 것이다. ㉓ 가행은 살생을 올바르게 단속하는 행위를 하는 것이다. ㉕ 최후는 올바르게 단속한 것이 구족된 신업身業이다. 그로써 나머지 백업도 아홉 가지에 대해서 (앞의 흑업도에) 대입하여 알도록 한다.[331] '또한 (복)전의 측면에서 힘이 더 강한 것은 삼보와 스승과 부모 등에 대하여 이익과 해침 어느 것을 짓더라도 힘이 강하다. 의도는 강렬한 연민심 등과 강렬한 성냄 등 의도의 측면에서 지은 것이 힘이 더 강하다. 사물의 측면에서 힘이 더 강한 것은 보시할 바의 법과 최상의 재물을 보시하는 것이 힘이 강하다. 몸의 측면에서 세 가지 율의를 지닌 것 등의 측면에서 선업과 죄업 어느 것을 짓더라도 힘이 더 강하다'고 말씀하신 것들에 대해 믿는 신심을 일으켜서 십선 등의 작은 선업부터 실천하고, 십불선 등의 작은 불선업에 의해서도 삼문을 물들이지 않는 취사에 힘써

---

329 사견에는 말살〔왜곡〕과 허구〔날조〕 두 가지가 있다. 그 가운데 십불선업의 사견에 속하는 것은 대부분 말살〔왜곡〕에 해당된다.

330 예컨대 사견이 생기고 그런 이유들을 생각하는 것이다.

331 살생업 등의 끊는 대상, 의도, 가행, 최후와 동일하지 않다는 뜻이다.

야 한다. 그와 같이 할 수 있도록 자신의 스승과 본성이 다를 바 없는 주된 본존께서 가피하소서.

라고 간청함에 따라

정수리의 자신의 스승과 본성이 다를 바 없는 주된 본존의 몸의 부분에서 다섯 가지 감로가 빛과 함께 흘러내린다. 자신과 자신이 아닌 일체중생의 몸과 마음에 흡수됨으로써 비롯함이 없는 때로부터 쌓은 모든 죄업과 장애, 특히 *업과에 대해 믿는 신심을 일으켜서 흑업〔불선업〕과 백업〔선업〕에 대하여 취사를 법답게 행하는 것에 *방해가 되는 모든 죄업과 장애, 질병과 악귀가 함께 청정무구해졌다. 몸은 티 없이 맑은 빛의 본성을 지닌 것으로 바뀌었다. 수명과 복덕, 교법과 증법의 모든 공덕이 증장되고 광대해졌다. 특히 *업과에 대해 믿는 신심을 일으켜서 흑업〔불선업〕과 백업〔선업〕에 대하여 취사를 법답게 행하는 것에 대한* 특별한 요해가 자신과 자신이 아닌 일체중생의 마음에 생겼다.

라고 관상해야 한다.

그와 같이 십불선을 끊는 계율을 지킨 것에 의지해서 선도의 한 몸을 받았다하더라도 여덟 가지 이숙과가 있는 특별한 하나의 몸을 얻는다면 일체종지를 이루는 것에 진행 속도가 다른 것과 같지 않기에 그것에 대하여 이숙과異熟果의 여덟 가지 공덕을 인지하기, 이숙과의 여덟 가지 공덕의 역할을 인지하기, 이숙과의 여덟 가지 공덕의 원인을 인지하기 (이 세 가지가 있다.)

(C) 이숙과異熟果의 여덟 가지 공덕을 인지하기는

㉮ 수명장수 ㉯ 안색〔수려한 외모〕 ㉰ 원만한 종성 ㉱ 자재 ㉲ 허물이 없는 말 ㉳ 위덕이 널리 알려진 것332 ㉴ 장부 그 자체인 것 ㉵ 역량이 있는 것이다. ─아래에서 이 여덟 가지의 역할과 이것을 성취하는 원인을 해설하고 있으니 연결해서 보기 바란다. ─

(D) 이숙과의 여덟 가지 공덕의 역할을 인지하기는

㉮ 수명장수함으로써 오랫동안 선근을 쌓는다. (위의) ㉯로써 교화할 대상이 모이고 말을 듣는다. ㉰로써 높은 종성으로 태어남으로써 훈계 그대로에서 벗어나지 않는다. ㉱로써 많은 중생을 모아 성숙하게 한다. ㉲로써 자신의 말을 진실하게 받아 지닌다. ㉳로써 훈계 그대로 속히 듣는다. ㉴로써 용기가 대단하고 장애가 적다. ㉵로써 어떤 것에도 희열이 넘치고 신통을 속히 얻는 원인을 짓는다.

(E) 이숙과의 여덟 가지 공덕의 원인을 인지하기는

㉮ 수명장수의 원인으로는 중생을 (실제로) 해치지 않고, (그) 해치지 않는 마음을 의지하는 것과 방생을 하는 것, 타인을 해치는 것으로부터 막아주는 것333, 약을 보시하는 것, 간병 등을 하는 것이다. ㉯

───────
332 타인들이 저절로 공경하는 것이다.
333 타인이 악행을 저지르는 것을 해서는 안 된다고 잘 타이르는 것을 말한다.

의 원인으로는 분노를 끊고 연유등과 꽃, 장신구, 새 의복을 베푸는 것이다. ㉮의 원인으로는 아만을 끊는 것이다. ㉱의 원인으로는 음식과 의복 등을 걸인에게 베풀며 구걸하지 않더라도 도움이 되었으면 하는 마음으로 베푸는 것이다. ㉲의 원인으로는 말의 허물을 끊는 것이다. ㉳의 원인으로는 삼보와 스승과 켄뽀와 롭뾘, 부모 등을 공경히 받들어 모시는 것이다. ㉴의 원인으로는 부녀자(의 몸)에 대해 허물을 보고 부녀자의 몸 (받기를) 원하는 (마음)으로부터 되돌리는 것과 수컷이 생식기가 잘리는 것으로부터 풀어 주는 것이다.[334] ㉵의 원인으로는 다른 사람이 할 수 없는 것을 자신이 하고 타인을 돕고 음식과 마실 것 등을 베푸는 것이다. 그 여덟 가지 원인을 마음 깊은 곳으로부터 실천하고 열성적으로 하는 것, 선근들을 정등보리(의 원인)으로 회향하는 것[335]과 가장 법과 일치하게 (행하는) 사람[336], 중간 정도의 사람, 낮은 정도의 사람 (이) 세 부류에 대하여 질투와 경쟁심과 멸시하는 마음을 끊고 수희하고 자신이 할 수 없더라도 날마다 또한 행하는 바를 살피고, (자신이) 실천하는 것들도 오랫동안 열

---

334 여기서는 남자로 태어나는 많은 원인 가운데 두 가지 비근한 예를 든 것이다. 하나는 여성의 몸은 남성의 몸에 비해 허물이 더 많다고 생각하여 남자의 몸 받기를 원하는 것이다. 다른 하나는 주로 유목으로 생계를 유지해 가는 티벳에서는 황소, 숫말, 숫양, 숫염소 등을 잘 부리기 위해 숫가축의 고환을 자르는 풍속이 있다고 한다. 이러한 상황에 직면한 가축들이 풀려 나도록 돕는 선행을 함으로써 다음 생에 남자의 몸을 받는 하나의 원인이 된다는 것이다. 이 두 가지는 그 당시 티벳의 생활 환경과 풍습 속에서 이해해야 할 부분이다.

335 '내가 지은 이 선근으로 나와 일체중생이 완전한 깨달음을 이루어지이다'라는 보리회향에 대한 해설이다.

336 법을 가장 잘 수행하는 자다.

성적으로 하고 그 원인들을 다른 사람이 실천하도록 하고 실천한 이들에게 '훌륭하십니다!'라고 찬탄하는 것이다. 이러한 것들은『푸른 빛 수지서』에서는

"금생에 모두 구족하고자 하는 바람을 일으키지 않고
다음 생의 성취들(을 위해) 실천해야 한다네"

라고 했으며, '제 린뽀체'〔쫑카빠〕께서는 (『보리도차제 깨달음의 노래』)에서

"최상의 도〔대승도〕를 실천 수행하는 데에 요건을 갖춘 몸"[337]

이라는 등을 말씀하신 취지가 있기에 바로바로 기꺼이 실천하는 것에 최선을 다해야 한다.

만약 불선을 끊고 선을 실천 수행하는 데 힘쓰더라도 대치의 힘[338]이 약하고 번뇌의 힘이 강한 것에 의해 만약 불선에 의해 물들게 되면 사력의 참계에 힘써야 한다.

♠ 사력의 참계를 행하는 방법은

거처를 쓸고 닦고, '몸〔불신佛身〕과 말씀, 마음(의 공덕을 수념하는) 토

---

[337] 이숙과의 여덟 가지 공덕을 갖춘 유가와 원만의 몸을 말한다.
[338] 여기서 대치의 힘은 신심, 정진, 억념, 정지 등을 말한다.

대(인 불단)을 장엄하고, 그러한 것들이 실제의 삼보다'라고 여긴다.
그밖에 '앞의 허공에 스승, 본존, 부처님, 보살, 빠오, 칸도, 호법신,
(이들 각각)의 집단들이 실제로 계신다'고 관상하고서 ─ 의지력依止力
─ '그러한 분들의 면전에서 이전에 지은 죄업과 타죄에 대하여 뱃속
에 독이 들어온 것과 같이 뉘우치는 마음(을 낸다.) ─ 능파력能破力 ─ 그
리고 이후에는 목숨을 버리는 한이 있더라도 짓지 않겠다'고 하는 경
계하는 마음을 마음속 깊은 곳으로부터 (거듭거듭) 낸다. ─ 방호력防
護力 ─ 틈이 날 때 『금광명경ʼᴹᴰᴱ』[339]에서 말씀하신
것과 같이 사력의 참계와 삼십오불을 의지하는 것과 세 가지 율의 각
각에 의해 참회하는 것과 『라마도르진마』 등을 행한다. ─ 현행대치
력現行對治力 ─

요약하면 귀의와 발보리심 (수행을) 하는 의지력依止力이다. 이전
에 지은 죄업에 대해 강하게 뉘우치는 능파력能破力이다. 현행대치
력現行對治力에는 심오한 경부經部[340]를 의지하는 것, 죄업의 삼륜三
輪을 가히 얻을 수 없는 (것으로 생각하는) 것 등[341] 심오한 공성(불가

---

339 티벳장경 불설부 데게까규르 십만탄트라부와 장까규르 밀속부에 수록되어
있다.
340 『화엄경』, 『반야심경』, 『금강경』, 『금광명경』, 『보살의 참죄』 등도 유익하다고
본다.
341 죄업의 삼륜은 예컨대 살생업의 경우 ㉮ 살생하는 자 ㉯ 살생의 대상인 중생
㉰ 살생하는 행위를 가리키는데, 이 세 가지가 자성으로 존재하지 않는다는
것을 말한다.

득공不可得空)을 의지하는 것,[342] 『금강살타의 수습과 염송 의궤ౖ◌ౖ ◌སེམས◌དཔའི◌སྒྲུབ◌བཀླགས◌』[343]에 의해 백자진언百字眞言[344]을 반복해서 염송하고 불상과 불탑을 건립하고 공양 올리는 것을 의지하는 것, 부처님과 보살의 수승한 명호를 읊조리는 것[345]들이다. '아주 작은 허물과 타죄에 의해서도 물들지 않겠다'고 하고 경계하는 마음을 많이 내는 것은 방호력防護力이다.[346]

C. 마무리 관상은

앞과 같다.

---

342 참회할 때 이 세 가지 모두 '자성으로 존재하지 않는다', 즉 공성을 수습하는 것이 죄업을 소멸하는 가장 좋은 방편이 된다는 의미다. 회향할 때도 선근의 삼륜 모두 자성으로 존재하지 않는다고 수습하면 선근이 증장하는 가장 좋은 방편이다.

343 『금강살타의 수습과 염송 의궤』를 맨처음 어느 분이 저술하였는지는 알 수는 없으나 파봉카 린뽀체의 『본존 도제직제빠오찍빠 자신현위본존 (수습 의궤) 상세본ౖ◌རྗེ◌འཇིགས◌བྱེད◌དཔའ◌བོ◌གཅིག◌པའི◌བདག◌བསྐྱེད◌རྒྱས◌པ◌』 등 여러 글들을 모아 편집한 상용 의범집 또는 염송집 속에 들어 있는 의궤의 하나다. 자세한 내용은 쫑카빠 대사의 전집 등에 해설되어 있다.

344 백자진언百字眞言에 관하여 '밀교 경론'에서는 죄업을 소멸하는 가장 좋은 방편이라고 하였다. 이것에 관하여 본서의 '부록 Ⅱ. 다라니와 만뜨라'편(p.463)을 참고하기 바란다. 천수경에 나와 있는 참회진언과 같은 맥락의 것으로 이해해야 한다.

345 한국 불교에서 많이 염송하고 행해지는 『백팔대참회문』, 『천불명호집』, 『만불명호집』, 『자비도량참법』 등과 같은 맥락의 참회법이라 할 수 있다.

346 중관귀류논증파에 따르면 사력대치 가운데 한 가지라도 모자라면 죄업을 완전히 청결히 하기 어렵다. 따라서 반드시 사력대치에 의해 참회하면 소멸하지 못할 죄업이 없다는 것이다.

② 여가시간에는 어떻게 해야 하는가는

여가시간에도 하사와 공통의 법에 관하여 설하는 불경을 주석서와
함께 보는 것 등은 앞과 같다.

그와 같이 하사와 공통의 도차제에 마음을 익힌 것에 의해[347] 그 마
음가짐이 생긴 판단 기준은 이전에는 금생의 목적을 이루고자 하는
것이 주가 되고 다음 생을 위해 법을 실천 수행하고자 하는 것이 부
수적인 정도에 지나지 않은 그것이 뒤바뀌어 금생을 부수적인 정도
로 하고 다음 생을 추구하는 것이 주가 된 것이 그것이다. 만약 마음
을 익혔다 하더라도 속히 죽는 것과 죽은 뒤에는 악도에 태어나서 그
것의 극심한 고통을 오랫동안 겪어야만 하는 것에 대하여 두려워하
고 겁내는 마음이 조금도 없다면 전생의 법의 습기가 얕거나 금생에
문·사·수 (이) 세 가지를 행했더라도 핵심이 되지 못하고 법에 나태
하기에 허물이 매우 크다. 그것에 대하여

> "부녀자가 세 명의 사내와 번갈아 교류하는 것
> 새가 올가미로부터 빠져 달아나는 것[348]
> 출가자가 법(으로써 마음을 조복 받지 못하고) 나태한 것
> (이) 세 가지는 간교奸巧한 것 가운데 나쁜 세 가지라네"

---

347 예컨대 보리심을 익힌다고 할 때 자신이 보리심을 수습해서 보리심의 마음동
기를 가지고 실천할 수 있기 위해 노력하는 것이다.

348 나쁜 습관은 좀처럼 고치기 어렵다는 하나의 비유이다.

라고 했으며, '마음에 사유하지 않는다면 많은 문장을 들어도 더더욱 악화되는 것과 같다.[349] 듣는 횟수는 많지만 수습하는 횟수가 적은 것은 마음이 나태한 것이 원인이다'라고 쌰오강빠께서 말씀하셨다. 법보다 밖으로 눈을 돌릴 줄 아는 것은 큰 손실[350]이라고 선대의 선지식들께서 말씀하신 것과 같이, 이전에 문·사·수 (이) 세 가지를 행하지 않은 것보다 그 허물이 더 크다. 따라서 '제 린뽀체'〔쫑카빠〕당신께서는『(대)보리도차제』에서

"들어서 알아야 하는 목적 또한 실천 수행을 하는 것이기에 들은 (그) 의미에 대하여 역량껏 실천하는 것이 핵심이 크다."

라고 말씀하셨다. 그리고 친척과 몸과 재물 등의 환경에 의해 끄달리지 않고 법을 실천하는 것에 많은 결심을 해야 한다. (쫑카빠 대사의『대보리도차제』에서는)

"따라서 생기기 어렵다고 생각되더라도 도[351]의 바탕이기에 힘써야 하는 까닭은…"

---

349 많이 듣기만 하고 마음에 거듭거듭 사유하지 않는다면 번뇌가 점점 늘어날 뿐이라는 의미다.

350 법의 의미를 모르거나 안다고 하더라도 문장 정도를 아는 데 그치고 그 뜻을 사유하고 수습하여 마음을 변화시키는 노력을 하지 않는 것은 큰 손실이라는 의미다.

351 여기서 도는 해탈과 부처님의 경지로 나아가는 방편인 중사도와 상사도를 말한다.

라고 말씀하신 것과 같이, 하사의 법과 관련된 이것들을 수습함으로
써 지금 생기지 않았다 하더라도 생기도록 자신의 스승과 본성이 다
를 바 없는 삼보께 강렬하게 간청하는 것과 (자량을) 쌓고 (죄업과
장애를) 소멸하는 것에 힘쓰는 것과 수습의 대상을 지속시켜 가는 것
을 이전보다 더욱 힘써 수습해야 한다. 다음 생들에 생기도록 서원을
심어야 한다. 그것에 대하여 '제 린뽀체'[쫑카빠]께서는 ([『'제 린뽀체'
[쫑카빠]의 전집 (中) 단편의 གླེགས་བ་དྲན་འདུལ་བཟོར་གྱ།』에서)

> "그분[아띠쌰]께서 친히 설하신 교계에서
> 말씀하신 유가와 원만이 의미가 크고, 얻기 어려운 것과
> 사라지기 쉬운 것과 악도의 고통과
> 그로부터 구제하는 귀의와 업과들을
>
> 잘 사유한 것에서 견고한 확정을
> 얻어 올바른 도의 바탕을 지니도록 하라"

라고 말씀하셨기 때문이다. 또한 어떤 이는 이러한 보리도차제를 수
습하더라도 (안 된다고) 포기하고는 공통적인 학문[352] 알기를 희망
하는 것, 염송하듯 하여 말재주가 생기기(를 바라는 것), 불보살[귀의
의 대상]의 존안을 (실제로) 뵙기를 바라는 것, 주심住心[353]을 수습해

---

352 문법, 의학, 과학 등 일반 학문 등과 같은, 즉 불교도와 이교도 할 것 없이 공통
으로 배우는 학문을 말한다.
353 삼매와 동의어이며 선정을 닦을 때 마음이 한 대상경계에 머물러 산란치 않도
록 하는 방편이다.

서 작은 신통이 나타나는가, 나타나지 않는가를 보는 것, 한 염송 정도만을 주로 하는 것에 대하여 푸충와가 쩬아와에게 '오신통을 성취하는 것과 오명五明[354]에 능통한 것과 여덟 가지 대성취[355]를 이루는 것과 조오(아띠쌰)의 이 도차제[356]가 마음에 생기는 것 (가운데) 어느 것을 선택하겠는가'라고 말씀하시자 '도차제가 마음에 생기는 것은 더 말할 것 없고 도차제가 이러하다고 아는 것을 또한 그로부터 선택하겠네. 그 까닭은 오신통을 얻는 것과 오명에 능통한 것과 여덟 가지 대성취를 이루는 것들을 수없이 행하더라도 윤회에서 벗어나지 못하고 뛰어 넘지 못하기 때문이라네. 도차제에 대한 확신을 얻는다면 윤회로부터 거슬러 (열반으로 간다네)'라고 말씀하신 것들의 핵심을 요해하지 못하고 도차제에 대한 확신을 얻지 못한 바른 근거로 알아야 한다.

---

354 오명五明은 오종의 학문을 말한다. ㉮ 내명內明은 불교 ㉯ 의방명醫方明은 의학 ㉰ 성명聲明은 문법학 ㉱ 인명因明은 인도 논리학 ㉲ 공교명工巧明은 여러 가지 기술학 등이다.

355 여덟 가지 대성취에 대하여 쫑카빠 대사의 전집에 수록되어 있는 『라마오십송 소 제자의 소망을 모두 충족시키는 것 བླ་མ་ལྔ་བཅུ་པའི་རྣམ་བཤད་སློབ་མའི་རེ་བ་ཀུན་སྐོང་།』에서는 '㉮ 눈으로 먼곳까지 볼 수 있는 능력 ㉯ 매우 빨리 걸을 수 있는 능력 ㉰ 효력을 불어 넣은 검劍을 손에 잡음으로써 날기도 하고 정토에까지도 이를 수 있는 능력 ㉱ 땅속으로 몸을 숨길 수 있는 능력 ㉲ 효력을 불어 넣은 환약을 입에 넣음으로써 어떤 모습, 예컨대 말, 사자 등으로도 나툴 수 있는 능력 ㉳ 새처럼 하늘을 날 수 있는 능력 ㉴ 다른 사람이 볼 수 없도록 몸의 자취를 감출 수 있는 능력 ㉵ 음식을 안 먹어도 약초, 꽃 등을 통해 살 수 있는 능력'이라 말씀하셨다.

356 아띠쌰 존자의 『보리도등론』에서는 광대한 행의 도와 심오한 견해의 도라는 용어로는 표현하지 않았지만 보리심과 육바라밀수행, 공성을 요해하는 지혜, 사마타를 성취하는 방법 등을 수습하는 방법에 관하여 해설하고 있다.

(2) 중사와 공통의 도차제에 마음을 익히기의 두 가지는
① 해탈을 희구하는 마음을 일으키기 ② 해탈로 나아가는 도의 자성을 확정하기다.

① 해탈을 희구하는 마음을 일으키기의 두 가지는
A. 일과시간에는 어떻게 해야 하는가 B. 여가시간에는 어떻게 해야 하는가의 방법이다.

A. 일과시간에는 어떻게 해야 하는가에는
A) 관상 준비 B) 본 관상 C) 마무리 관상 (이) 세 가지가 있다.

A) 관상 준비는

> "귀의처의 응집, 스승, 주된 본존,
> 능인왕, 금강지불 (등의 본성을 지닌 분)께 간청하나이다"

라는 이상은 앞과 같다. 그런 연후에

나와 어머니인 일체중생이 윤회에 태어나서 오랫동안 갖가지 극심한 고통을 겪는 이것은 윤회 전체가 고통 자체임을 알고서 그로부터 벗어나고자 하는 강렬한 마음이 생기지 않음으로 인해 겪는 것이기에, 따라서 나와 어머니인 일체중생의 마음에 윤회 전체가 고통 그 자체임을 알고 그로부터 벗어나고자 하는 강렬한 마음이 생기도록

자신의 스승과 본성이 다를 바 없는 주된 본존께서 가피하소서.

라고 간청함에 따라

정수리의 자신의 스승과 본성이 다를 바 없는 주된 본존의 몸의 부분에서 다섯 가지 감로가 빛과 함께 흘러내린다. 자신과 자신이 아닌 일체중생의 몸과 마음에 흡수됨으로써 비롯함이 없는 때로부터 쌓은 모든 죄업과 장애, 특히 *윤회 전체가 고통 자체임을 알고서 그로부터 벗어나고자 하는 강렬한 마음이 생기는 것에* 방해가 되는 모든 죄업과 장애, 질병과 악귀가 함께 청정무구해졌다. 몸은 티없이 맑은 빛의 본성을 지닌 것으로 바뀌었다. 수명과 복덕, 교법과 증법의 모든 공덕이 증장되고 광대해졌다. 특히 *윤회 전체가 고통 자체임을 알고서 그로부터 벗어나고자 하는 강렬한 마음이 생기는* 특별한 요해가 자신과 자신이 아닌 일체중생의 마음에 생겼다.

라고 관상해야 한다.

B) 본 **관상**의 두 가지는
(A) 윤회의 일반적인 고통을 관상하기 (B) 윤회 각각의 고통을 관상하기다.

(A) 윤회의 일반적인 고통을 관상하기는
정수리에 자신의 스승과 본성이 다를 바 없는 주된 본존을 수습하는

상태에서 이와 같이 관상할지니

내가 십불선을 끊는 지계를 법답게 익힌 것에 의해 악도의 고통으로
부터 뛰어 넘은 선도의 한 경지를 얻었다 하더라도 고통을 뿌리째 소
멸한 해탈을 증득하지 못하는 한 안락할 기회는 조금도 없다. 그 까
닭은 예컨대 한 범죄자가 한 달 후에 사형되는 것이 확정되고 나서
그 사이에도 날마다 형법에 의해 역청瀝青[357], 몽둥이로 두들겨 맞는
것 등의 심한 고통을 겪는다. 어떤 이의 뒷배경[358] 등으로 (비록) 지
금 몽둥이로 두들겨 맞는 고통은 없다 하더라도 그는 날마다 사형되
는 고통이 점점 가까워지기에 (마음) 편안할 사이는 조금 밖에 없는
것과 같이, 고통을 뿌리째 끊은 해탈을 증득하지 못하는 이상 어떤
안락의 경지[359]를 이루었더라도 이전에 지은 좋은 (업)력이 다해서
악도에 떨어지는 고통은 한량없다.

그밖에 이 윤회에서 업과 번뇌에 의해 한 생을 받은 이상 고통 자체
로부터 뛰어 넘지 못한다. 그 까닭은 원수가 친우[360]가 되거나 친우가
원수가 되기도 하기에 이롭게 하는 것과 해치는 것에 대해서 굳게 믿
을 수 없기 때문이다. 그것에 대하여 루둡(용수)께서는 (『친우서』
에서)

---

357 불에 녹인 아스팔트 또는 콜타르라는 뜨거운 액체 방울을 범죄자의 몸에 떨어
뜨리는 형벌을 말한다.

358 후견인, 후원자를 가리킨다.

359 명확히 더 높은 생인 천신과 인간의 좋은 생을 말한다.

360 친척과 친구를 포함한 말이다.

"아버지는 아들로 어머니는 아내로

원수가 된 사람 또한 친우로

뒤바뀌기에 그러므로

윤회에는 확정된 것은 아무것도 없다네"

라고 했으며

"아버지의 살을 먹고 어머니를 때리고

악업의 원수를 품에 안고 다니며

아내는 남편의 뼈를 씹으니

윤회의 법〔상황〕에 웃음만 난다네"³⁶¹

라고 말씀하신 것과 같이, 자신의 전생의 아버지가 금생의 아들이 되는 것과 전생의 어머니가 금생의 아내가 되는 것, 전생의 친우가 금생의 원수가 되는 것, 상반생의 원수가 하반생의 친우가 되는 것, 상반생의 친우가 하반생의 원수가 되는 것 등 이 윤회에는 확정된 것은 아무것도 없기 때문이다. 그것에 대하여 『성인 묘비가 청문請問한 경 དཔང་བཟང་གིས་ཞུས་པ།』³⁶²에서

---

361 이 게송은 '아버지의 살을 먹은 적 있는 한 가장의 이야기ཕའི་ཤ་ཟ་སྟོང་བའི་ཁྱིམ་བདག་ ཞིག་གི་གཏམ་རྒྱུད།에 실려 있는 일화로서, 부처님의 성문 제자인 아라한 까따야나〔가전연〕가 탁발을 갔을 때 한 가정집 주인이 아들을 안고 생선 한 마리를 맛있게 먹고 있는 광경을 보고 이와 같이 말씀하셨다고 한다. 이 일화는 용진 티장 린뽀체의 『손에 쥔 해탈의 보리도차제』 등에서도 언급되어 있다.

362 티벳장경 불설부 데게까규르 십만탄트라부와 장까규르 밀속부에 수록되어

"잠시 한 때에 원수 또한 친우가 되고
그 선우 자체도 원수도 되며
그와 같이 어떤 이 또한 보통 사이가 되고
그 보통 사이 자체도 원수도 되며

그와 같이 선우가 된다고 알고서
지성이 있는 이는 언제나 애착하지 말며
친우를 좋아하는 마음의 분별망상들을
돌이켜 선에 가장 편안하게 머물러야 한다네"

                    ─ 확정된 것이 없는 고통이 있음을 현시한 글 ─

라고 말씀하셨기 때문이다.

윤회의 안락을 아무리 누리더라도 만족의 끝이 없는 것에 대하여
『보요경普曜經རྒྱ་ཆེར་རོལ་པ་ཤེ་མདོ།』[363]에서는

"국왕이시여! 천신에게 있는 바 욕망의 대상(수용물)과
인간에게 있는 바 좋아하는 욕망의 대상 모두
그러한 욕망의 대상을 한 사람이 얻었다 하더라도
그것으로도 만족할 줄 모르고 다시 찾아 헤맨다네"

───────────

있다.
363 티벳장경 불설부 데게까규르 경부와 장까규르의 경부에 수록되어 있다.

라고 말씀하신 것과 같이, 천신과 인간의 모든 욕망의 대상을 한 사람이 얻었다 하더라도 만족의 끝은 없다. 만족의 끝이 없다면 만족의 끝이 없는 그 자체는 질병과 고통의 주된 (원인)이다. 그것에 대하여 아사리 빠오〔영웅〕께서는

"그러한 원하는 것들을 얻는 것과
날마다 사용하는 것과
많이 쌓아 둔 것에 의해서도 만족할 줄 모른다면
그보다 더 큰 병은 무엇이 있겠는가?"

라고 말씀하셨다. 아무리 좋은 몸을 받았다 하더라도 거듭거듭 버려야만 하기에 몸을 받은 것에 대해서도 굳게 믿을 수 없다. 그것에 대하여 『친우서』에서

"(중생)세간[364]의 공양을 받을 만한 제석천이 되어서
업에 의해 또 다시 지상에 떨어져
전륜왕 자체가 된다 해도
윤회의 노예의 노예가 된다네"

라고 했으며

---

364 여기서의 중생세간은 천신들을 말한다.

322

"천신계의 (누리는) 욕락은 매우 큰 것[365]과

범천의 애착에서 벗어나 안락을 얻고 또 다시

무간지옥의 불지피는 땔감이 되는

고통을 끊임없이 겪어야만 한다네"

라고 말씀하셨기 때문이다.

비롯함이 없는 때로부터 거듭거듭 입태하기에 태어남의 끝이 보이지 않는 것에 대하여 루둡[용수]께서는 (『친우서』에서)

"각자가 (사)방의 바다[366]보다 많은

젖을 먹고도 여전히 범부의

뒤를 따라 윤회하는 자가

그보다 매우 많은 양을 들이켜야만 한다네"

라고 말씀하신 것과 같이, 보통의 범부들이 서로서로 한 사람이 한 사람에게 어머니가 되어 젖을 먹은 것 또한 바닷물보다 많으며 여전히 도[방편]에 힘쓰지 않는다면 윤회에서 서로서로 한 사람이 한 사

---

365 게셰 롭상진빠의 『친우서소 성인의 고견을 명확히 밝히는 것』에 의하면 욕계 천신 가운데 야마천 이상의 욕계의 천신들은 아수라들과 투쟁할 필요가 없기에 욕망의 대상인 색경, 성경, 향경, 미경, 촉경 이 오경을 향수享受함으로써 오는 안락은 매우 크다고 한다.

366 수미산을 둘러싼 사방의 큰 바다를 말한다.

람의 젖을 먹는 것이 이전보다도 더 많이 먹어야 하기에 윤회에 태어나는 끝은 보이지 않는다.

그와 같이 서로서로 원수가 되어 하나가 하나의 머리를 자른 것을 쌓으면 범천의 세간[367]보다도 높으며 서로서로 친우가 되어서 한 사람이 죽은 비탄의 눈물을 모으면 바닷물보다도 많기에 윤회에 태어나는 끝은 보이지 않는다. 그것에 대하여 『근심을 제거한 것』[368]에서

"거듭거듭 지옥에서
끓인 구릿물을 마신 것 모두
바다 속의 물에도
그 정도의 양이 있지 않다네

개와 돼지가 되었을 때
더러운 것을 먹은 것 모두는
산의 왕 수미산의
크기보다 훌쩍 뛰어 넘는다네

친우와의 영원한 이별로
윤회 속에서 눈물 흘린 것 모두
눈물 방울의
그릇으로는 바다로도 (다) 담지 못한다네"

---

367 색계 초선천의 기세간을 가리킨다.
368 티벳장경 논소부 데게뗀규르 서한부에 수록되어 있다.

라고 했으며

"서로서로 둘이 시비로 인해
머리를 자른 것 모두
쌓으면 그와 같은 높이는
범천의 세간을 뛰어 넘는다네"

라고 말씀하셨기 때문이다. 윤회의 구족을 아무리 누리더라도 끝내
는 반드시 버려야 하기에 구족함을 얻은 것에 대하여 굳게 믿을 수
없다. 그것에 대하여 '경經'에서

"모든 쌓은 것은 결국은 다하고
높은 것들은 결국은 떨어지게 되며
만난 것은 결국은 이별하고
살아있는 것은 결국은 죽는다네"

라고 했으며, 『입보리행론』에서

'친우와 오랫동안 지내고 지내다가
죽음으로 인해 각각 이별하게 되어
큰 슬픔이 일어나게 되며
그것은 이 세간[369]에서 분명한 것이라네'[370]

라고 말씀하셨기 때문이다. 자신 혼자서 저 세간(다음 생)으로 가야 하기에 친구에 대해서도 굳게 믿지 못한다. 그것에 대하여 『입보리행론』(「제8품」)에서

"함께 생긴 살과 뼈마저도
사라져 각각 흩어지게 된다면
다른 친우는 더 말할 필요가 있겠는가?

태어나더라도 오직 자기 혼자 태어나고
죽게 되더라도 오직 자기 혼자 죽으며
고통의 몫을 타인이 받을 수 없다면
방해되는 친우가 무슨 소용이 있겠는가?"

라고 말씀하셨기 때문이다. 따라서 내가 얻기 어렵고, (만약) 얻는다면 의미가 더 큰 유가와 원만을 갖춘 몸을 한 번 얻은 이때에 윤회의 고통 전부를 소멸한 최상의 해탈인 보배와 같은, 올바르게 구족하신 부처님의 경지를 어떻게 해서라도 증득해야 한다. 그와 같이 할 수 있도록 자신의 스승과 본성이 다를 바 없는 주된 본존께서 가피하소서.

---

369 여기서의 세간은 인간들이 사는 기세간 가운데 예토인 남섬부주를 가리킨다.
370 이 게송은 아사리 시와하(적천)의 『입보리행론』의 문장을 확인해 본 결과 직접 인용문이 아닌 의미상 인용한 것으로 보여진다. 『본생담ﾓﾘ』 등에도 이와 비슷한 의미의 문장이 있다.

326

라고 간청함에 따라

정수리의 자신의 스승과 본성이 다를 바 없는 주된 본존의 몸의 부분에서 다섯 가지 감로가 빛과 함께 흘러내린다. 자신과 자신이 아닌 일체중생의 몸과 마음에 흡수됨으로써 비롯함이 없는 때로부터 쌓은 모든 죄업과 장애, 특히 *윤회의 고통 전부를 소멸한 최상의 해탈인 보배와 같은, 올바르게 구족하신 부처님의 경지를 어떻게 해서라도 증득하는 것에* 방해가 되는 모든 죄업과 장애, 질병과 악귀가 함께 청정무구해졌다. 몸은 티없이 맑은 빛의 본성을 지닌 것으로 바뀌었다. 수명과 복덕, 교법과 증법의 모든 공덕이 증장되고 광대해졌다. 특히 *윤회의 고통 전부를 소멸한 최상의 해탈인 보배와 같은, 올바르게 구족하신 부처님의 경지를 어떻게 해서라도 증득하는* 특별한 요해가 자신과 자신이 아닌 일체중생의 마음에 생겼다.

라고 관상해야 한다.

(B) 윤회 각각의 고통을 관상하기는
정수리에 자신의 스승과 본성이 다를 바 없는 주된 본존을 수습하는 상태에서 이와 같이 관상할지니

하나의 근취온近取蘊[371]을 받은 이상 고통 자체에서 벗어나지 못하는

---

371 여기서 근취近取는 번뇌를 말한다. 번뇌에 의해 태어난 무더기이기에 근취온近取蘊이라 한다. 즉 일체법이 자성으로 존재한다고 고집하는 실집무명에서

데 삼악도는 더 말할 필요가 있겠는가?

○a. **인간의 고통**은
인간의 근취온을 받은 것에 의해

▪ 배고프고 목마른 것과 (그것들을) 찾아 헤매는 고통[372]은
죄업과 고통, 나쁜 소리 어느 것에도 거리낌없이 갖가지 방편을 써서
재물을 얻는다면 자신에게 돌아오는 것이 조금 생길 때 모든 이들이
자신에게 부당한 세금을 엄청나게 부과하는 것, 빌려 가는 것, 절도
와 강도 등에 의해 잃고 싶지 않은 재물을 잃어야 하는 것 등의 고통
(을 겪어야만 한다. 또한) 재물을 지키기 위해 힘 센 사람에게 청탁
하는 것과 마음(의 결정권)을 쥔 사람 앞에서 (그의) 말에 눈치를 보
는 것, 다투는 것, 낮에 보초를 서는 것, 불침번을 서는 것 등으로 인
해 낮에는 음식을 잊고 밤에는 잠자는 것을 잊어야 하는 것 등의 고
통을 겪어야만 한다.

▪ 사랑하는 친우와 이별해야 하는 고통〔애별리고愛別離苦〕은
자신의 친속과 친구, 하인, 권속, 절친, 훌륭한 은사, 훌륭한 롭뾘, 훌

불합리한 분별망상이 생기고, 이로 인해 번뇌가 생기며, 번뇌에 의해 업을 지
어 윤회에 거듭거듭 태어나게 된다는 것이다.
372 의·식·주에 필요한 물품, 재물 등 생활하는 데 필요한 것들을 얻기 위해 생활
터전에서 고생을 해야 하는 것 등 여러 가지 방편들을 찾아야만 하는 고통을
말한다.

량한 스승들과 이별할 때 마음에 슬픔이 생기는 것, 입에서 비탄의 소리가 터져 나오는 것, 몸의 머리카락을 쥐어 뜯는 것 등의 몸의 고통을 겪어야만 한다.

▪ 싫어하는 원수와 만나야 하는 고통〔원증회고怨憎會苦〕은
그 원수와 만나는 정도만으로도 온 천지가 암흑으로 뒤덮힌 것과 같은 고통과 (원수가 있는) 그곳에서 다른 한 곳으로 가면 동이 트는 것과 같은 현상과 그 원수가 처벌하는 것과 처벌하지는 않을까 의심하는 등의 고통을 겪어야만 한다.

▪ 원하는 사물[373]을 찾아도 얻지 못하는 고통〔구부득고求不得苦〕은
전생에 복덕을 쌓지 못했기에 금생에 가난뱅이가 되어 의·식·주 등으로 궁핍하게 되는 것과, 농사를 짓더라도 수확물이 열리지 않는 것, 장사를 하더라도 이윤이 생기지 않는 것, 방목을 하더라도 가축이 늘지 않는 것, 빚을 준 것 등을 돌려주는 사람이 없는 것, 구걸을 하지만 베푸는 이가 없는 것. 이전에 진 빚의 엄청난 독촉을 받으면 속수무책이 되어 자신이 이전에 은혜로써 보호하여 준 이들과 자신보다 매우 하찮은 이들의 하인 노릇을 해야만 하는 것 등의 고통은 생각으로는 다 헤아릴 수 없을 만큼 많다.

---

373 여기서 사물은 의·식·주에 필요한 물질만이 아니라 명예 등 현실적으로 추구하는 것들 모두를 말한다. '원치 않는 사물이 닥치는 고통'에서의 사물도 이와 마찬가지다.

▪ 원치 않는 사물이 닥치는 고통은

국왕과 강도와 도적 등이 죽이거나 감금하는 것과 감금하지는 않을
까 의심하는 것 등의 고통이 있다. 그밖에

▪ 생³⁷⁴의 고통〔생고生苦〕은

사람의 더러운 자궁에서 더러운 냄새가 나고 더러운 (것이 든) 항아
리를 태우는 것(과 같은) 그 속에서 웅크리고 있는 것과 같이 구개월
에서 십개월에 접어드는 정도를 머물러야 하는 것과, 그로부터 태어
날 때 몸을 구멍이 있는 기계로 끌어 당기는 것과 같은 것, 상처를 손
으로 꽉 눌러 짜내는 것보다도 고통이 더 심하고 밖으로 나와서 첫
번째 주週에는 환幻(과 같은) 몸³⁷⁵에 사백네 가지 (병)이 침입하는
것³⁷⁶과 두 번째 주에는 천팔십 가지 마귀류와 세 번째 주에는 팔만
사천 가지 기생충류가 침입하며, 그러한 것들로 인해 이후에 흐물흐
물한 몸과 배고픔과 목마름, 마음이 편치 않는 것, 질병과 악귀들이
원인을 제공해서 태어난 이것은 모든 고통의 그릇이다. 그것에 대하
여 『친우서』에서

　　"윤회는 그와 같기에 천신과 인간과

---

374 흔히 태어난다는 것은 어머니 뱃속에서 세상 밖으로 나오는 것으로 생각하지
　　만 '불교 경론'에서 말하는 생生의 의미는 모태에서 부모의 정혈과 식이 만나
　　는 찰나에 형성되는 업과 번뇌로 받은 몸을 말한다.
375 이 몸은 태어나서 늙고 병들어 죽게 되어 잠시 머무는 것일 뿐 견고하지 못하
　　고 금방 사라지는 것이 마치 환幻과 같다는 의미다.
376 질병에 걸릴 조건이 모두 갖추어져 질병이 걸리기 직전의 상태다.

지옥과 아귀와 축생들에

좋은 생이 아닌 것으로 태어나는 것은

많은 재앙의 그릇이라고 아셔야 한다네"

라고 했으며

"머리나 옷에 갑자기 불이 붙었을 때

그러한 것을 끄는 일을 내버려 두고서라도

다시 (윤회의) 생을 받지 않기 위해 힘써야 하는 까닭은

이보다 더한 급선무는 달리 없기 때문이라네"

라고 말씀하셨기 때문이다.

▪ 늙음[377]의 고통[노고老苦]은

허리는 활처럼 굽은 것과 머리는 따와꽃[378]과 같이 흰 것, 이마는 도
마와 같이 주름[379]으로 가득한 것, 기력은 쇠약해져서 돌아다니고 머
물고 눕고 앉는 것이 힘겨운 것, 눈 등의 감각기관들이 점점 또렷하
지 못하게 되는 것, 원하는 수용물을 누릴 수 없게 되는 것, 수명은 거

---

377 '불교 경론'에서의 늙음의 범위는 입태한 제2 찰나로부터 죽음, 즉 몸과 의식
이 분리되는 일찰나 직전까지로 정의한다.

378 끝부분이 흰 꽃으로, 청명쑥이라고도 한다.

379 주름이 많은 것을 나무도마에 가죽, 채소 등을 놓고 썰 때 생기는 칼자국에 비
유한 것이다.

의 다해서 죽음을 향하는 것 등의 고통은 생각으로는 다 헤아릴 수 없을 만큼 많다.

▪ 병의 고통〔병고病苦〕은
몸의 살과 윤기는 시들해지고 마음은 편안하지 못한 것과, 원하는 음식 등을 수용할 힘도 없고 거친 치료[380]를 의지해야 하는 것, 죽지 않을까 의심하는 고통(이 있다.)

▪ 죽음의 고통〔사고死苦〕은
친우와 몸, 재물, 권속, 하인 등과 이별해야 하는 것 등의 고통이 있다. 그것에 대하여 『보요경』에서

  "죽음과 포와འཕོ་བ།[381]와 임종 시에
  아끼고 사랑하는 사람과 영원히 이별하고
  이후에는 영영 오지 못하고 만나지 못하게 되는 것은
  나무에서 잎이 떨어지는 것과 같고 기류氣流와 같다네"

라고 말씀하셨기 때문이다.

---

380 수술, 침, 피를 뽑는 것 등 고통스럽게 치료를 받아야 하는 것을 말한다.
381 죽음과 동시에 의식이 몸에서 빠져 나가 이동하는 것, 즉 의식의 전이轉移를 말한다.

○b. 아수라의 고통은

아수라의 근취온을 받은 것에 의해 천신의 부귀영화[382]에 대하여 참지 못하는 질투로 인해 근심스러운 고통과 그것에 의하여 몸에 갑자기 닥쳐오는 고통[383]을 겪어야만 한다.

○c. 욕계 천신의 고통은

욕계 천신의 근취온을 받은 것에 의해 아수라들과 투쟁할 때 사지와 사지의 사지가 잘리는 것과 몸이 갈기갈기 찢기는 것, 상처를 입는 것, 죽임을 당하는 고통을 겪어야만 한다. 원치 않음에도 죽음의 다섯 가지 징조[384]가 이르러 천신으로서의 부귀영화와 멀어져 악도의 고통을 겪지 않을 수 없다고 아는 고통을 겪어야만 한다. 그것에 대하여 『친우서』에서

> "㉮ 몸의 빛깔이 추하게 변하는 것
> ㉯ (평소 앉던) 자리를 좋아하지 않는 것 ㉰ 꽃목걸이가 시드는 것 ㉱ 옷에 냄새가 베이는 것 ㉲ 몸에는
> 이전에 없던 땀이 흐는 것이라고 하며

---

382 욕계와 색계의 천신의 부귀영화를 말한다.

383 예컨대 천신의 부귀영화에 대한 질투로 인하여 참지 못한 분노가 일어나 싸움을 하거나 전쟁을 일으켜 몸에 큰 상처를 입거나 죽게 되는 것 등의 고통이 있다는 것이다.

384 다섯 가지 징조는 색계와 무색계의 천신에게는 없으며 욕계 천신에게만 생기는 현상이다.

명확히 더 높은 생[385]이 임종을 부르는 다섯 가지 징조가

천신계에 머무는 천신들에게 생기는 것은

지상의 인간들이 죽게 되는 것과 같이

▶알려주는 죽음의 징조들과 같다네◀"

라고 했으며, 그밖에 (『정법념처경』)에서는

"천신들이 하계下界〔삼악도〕로 떨어지는

엄청난 고통이 생기는 것 모두

그것에 (비하면) 지옥 중생은

십육분의 일도 안 된다네"

라고 말씀하셨기 때문이다. 상계上界의 근취온[386]을 받았더라도 머무
는 데에 자유를 얻지 못했기에 이전에 지은 좋은 업력이 다해서 지옥
에 떨어지는 고통은 한량없다. '그뿐만 아니라 상계에 태어난 범부들
이 각각을 분별하는 지혜[387]의 흐름을 막아서 겁 등에 이르기까지 머
물러야 하기에, 욕계에 태어난다 하더라도 우둔하고 어리석은 부류
와 같은 이가 대부분이기에 해탈을 증득하는 것에 매우 더디다'고
『참회 ཆ་བ་བཤགས་པའི་བརྗོད་པ།』[388]에서 말씀하셨기 때문이다. 요약해서 말

---

385 여기서는 욕계 천신을 말한다.

386 색계, 무색계 천신의 몸을 말한다.

387 선악, 호오好惡, 취사取捨할 바를 틀림없이 아는 것이다.

388 인도 나렌다의 대학승인 아사리 쩬다고미께서 저술하였다. 주요 내용은 부처

334

하면 이 근취온에 의해 금생의 생·로·병·사 등의 토대가 되는 (고
통)³⁸⁹ '고통의 고통'〔고고苦苦〕과 '변하는 고통'〔괴고壞苦〕(이) 두 가지
가 금생과 다음 생 둘을 이끈다.³⁹⁰ 근취온을 받은 이상 업(과 번뇌)
에 의해 자유롭지 못한 것으로 태어난다. 그 까닭은 전생의 업과 번
뇌에 의존적인 일체 유위법은 변행고遍行苦³⁹¹이기 때문이다. 따라서
근취온의 본질을 지닌 윤회에서 벗어난 자신의 스승과 본성이 다를
바 없는 보배와 같은 부처님의 경지를 어떻게 해서라도 증득해야 한
다. 그와 같이 할 수 있도록 자신의 스승과 본성이 다를 바 없는 주된
본존께서 가피하소서.

라고 간청함에 따라

정수리의 자신의 스승과 본성이 다를 바 없는 주된 본존의 몸의 부분
에서 다섯 가지 감로가 빛과 함께 흘러내린다. 자신과 자신이 아닌

_____

님의 공덕을 찬탄함으로써 이전에 지은 죄업을 참회하는 방식에 대해 해설한
것이다. 티벳장경 논소부 데게뗀규르 예찬부에 수록되어 있다.
389 많은 종류의 고통이 있지만 다 열거하지 않고 간단히 요약해서 말하자면 유루
의 오취온을 받은 이상 받지 않을 수 없는 고통이라는 것이다.
390 태어나게 되는 원인이 된다는 의미다.
391 변행고遍行苦는 업과 번뇌에 의해 받은 유루의 오온은 고통 그 자체, 즉 업과
번뇌에 의해 생을 받은 이상 누구나 겪어야만 하는 고통이다. 이는 무간지옥
중생으로부터 무색계의 비상비비상처천非想非非想處天〔유정천有頂天〕의 천신에
이르기까지 누구나 겪어야만 하는 고통이기에 변행고遍行苦라 한다. 변행고는
고통의 고통〔고고苦苦〕과 변하는 고통〔괴고壞苦〕이 생겨나는 토대가 된다. '한역
본 경론'에서는 행고行苦라 번역하였다.

일체중생의 몸과 마음에 흡수됨으로써 비롯함이 없는 때로부터 쌓은 모든 죄업과 장애, 특히 *근취온의 본질을 지닌 윤회에서 벗어난 자신의 스승과 본성이 다를 바 없는 보배와 같은 부처님의 경지를 어떻게 해서라도 증득하는 것에* 방해가 되는 모든 죄업과 장애, 질병과 악귀가 함께 청정무구해졌다. 몸은 티없이 맑은 빛의 본성을 지닌 것으로 바뀌었다. 수명과 복덕, 교법과 증법의 모든 공덕이 증장되고 광대해졌다. 특히 *근취온의 본질을 지닌 윤회에서 벗어난 자신의 스승과 본성이 다를 바 없는 보배와 같은 부처님의 경지를 어떻게 해서라도 증득하는* 특별한 요해가 자신과 자신이 아닌 일체중생의 마음에 생겼다.

라고 관상해야 한다.

C) 마무리 관상은
앞과 같다.

B. 여가시간에는 어떻게 해야 하는가는
여가시간에도 윤회 전체가 고통〔허물〕 자체라고 설하는 불경을 주석서와 함께 보는 것 등은 앞과 같다.

② 해탈로 나아가는 도의 자성을 확정하기의 두 가지는
A. 일과시간에는 어떻게 해야 하는가 B. 여가시간에는 어떻게 해야 하는가의 방법이다.

A. 일과시간에는 어떻게 해야 하는가에는

A) 관상 준비 B) 본 관상 C) 마무리 관상 (이) 세 가지가 있다.

A) 관상 준비는

"귀의처의 응집, 스승, 주된 본존,
능인왕, 금강지불 (등의 본성을 지닌 분)께 간청하나이다"

라는 이상은 앞과 같다. 그런 연후에

나와 어머니인 일체중생이 윤회에 태어나서 오랫동안 갖가지 극심한 고통을 겪는 이것은 해탈을 희구하는 마음을 일으켜서 도道인 삼학을 법답게 익히지 않음으로 인해 겪는 것이기에, 지금 나와 어머니인 일체중생의 마음에 해탈을 희구하는 마음을 일으켜서 도道인 삼학을 법답게 익힐 수 있도록 자신의 스승과 본성이 다를 바 없는 주된 본존께서 가피하소서.

라고 간청함에 따라

정수리의 자신의 스승과 본성이 다를 바 없는 주된 본존의 몸의 부분에서 다섯 가지 감로가 빛과 함께 흘러내린다. 자신과 자신이 아닌 일체중생의 몸과 마음에 흡수됨으로써 비롯함이 없는 때로부터 쌓은 모든 죄업과 장애, 특히 *해탈을 희구하는 마음을 일으켜서 도道인 삼학을 법답게 익히는 것에* 방해가 되는 모든 죄업과 장애가 청정 무구해졌다. 몸은 티없이 맑은 빛의 본성을 지닌 것으로 바뀌었다. 수명과 복덕, 교법과 증법의 모든 공덕이 증장되고 광대해졌다. 특히 *해탈을 희구하는 마음을 일으켜서 도道인 삼학을 법답게 익히는* 특별한 요해가 자신과 자신이 아닌 일체중생의 마음에 생겼다.

라고 관상해야 한다.

B) 본 관상은

정수리에 자신의 스승과 본성이 다를 바 없는 주된 본존을 수습하는 상태에서 이와 같이 관상할지니

심식 그것의 측면에서는 무기無記[392]이고 먼저 '나'〔아我〕와 '나의 것' 〔아소我所〕[393]을 대상경계로 해서 자성으로 존재한다고 고집하는 마음이 생기고,[394] 그로써 '나'라고 고집하는 것에 의해 자신의 측근에게는 애착하고 타인의 측근에게는 성내는 것과 다른 이보다 뛰어나다고 고집하는 아만 등의 전도된 견해[395]가 생기고, 그것에 의해 무아를

---

392 무기無記라 하면 석가모니께서 '이것은 선이고 이것은 악이다'라고 말씀하지 않으신 법, 즉 선도 악도 아닌 법을 말한다. 예를 들면 항아리, 기둥 등과 같은 것이다.

393 보특가라의 손, 발, 머리 등이다.

394 '나'라는 것이 자성으로 존재한다고 고집하는 심식인 아집이 생긴다는 의미다.

395 ㉮ 살가야견 ㉯ 변집견 ㉰ 사견 ㉱ 견취견 ㉲ 계금취견 이 다섯 가지다.

설하시는 설법자와 그분께서 설하신 업과와 사성제와 삼보 등이 없
다고 고집하는 사견과 의심[396]이 생기며, 그것에 의해 다른 번뇌들이
늘어나고 그것에 의해 업을 쌓아서 윤회에서의 원하지 않는 갖가지
고통을 겪어야만 하는 것이 생겼다. 따라서 모든 고통의 뿌리는 궁극
에 이르면 무명이다. 그것에 대하여 『석량론釋量論ཚད་མ་རྣམ་འགྲེལ།』(「제
2품」)[397]에서

"모든 (윤회의) 허물은 그것[무명]이라는 뿌리를 가지고 있고
그것[무명] 또한 살가야견[유신견有身見][398]이라네"

라고 했으며

"보특가라가 자성으로 존재한다고 보는 그 어떤 이에게는
'나'라고 항상 고집하게 되며

---

396 여기서는 번뇌성을 지닌 의심을 말한다.
397 아사리 최닥(법칭)의 저술로서 티벳장경 논소부 데게뗀규르 인명부에 수록되
어 있다.
398 살가야견은 신견身見 또는 유신견有身見이라고도 한다. 살가야견의 개념에 대
해 겔찹 다르마린첸의 『대승아비달마집론 다르마린첸주소』에서는 '오온을 대
상으로 해서 다른 것에 의존하지 않는 '나' 또는 '나의 것'으로 고집하는 '번뇌
성을 지닌 지혜'[염오혜染汚慧]'라고 말씀하신 것과 같이 '나' 또는 '나의 것'을
대상으로 해서 그것이 자성으로 존재한다고 고집하는 '번뇌성을 지닌 지혜'
[염오혜染汚慧]를 말한다. 즉 인연화합에 의해 잠시 모였다가 사라지는 오온을
의지하여 이름 붙인 '나' 또는 '나의 것'을 대상으로 해서 전도되게 고집하는
번뇌성을 지닌 견해다.

고집함으로써 안락을 갈망하게 되고
갈망으로 인해 허물들이 덮힌다네.

공덕으로 봄으로써 온통 갈망하기에
'나의 것'이라는 것을 얻기 위해 온갖 수단을 동원하고
그로 말미암아 '자아〔나〕'에게 너무도 애착하는
그때까지 그는 윤회하게 된다네"[399]

라고 했으며

"'자아〔나〕'라는 것이 있으면 (그 나머지는) 남으로 알고
자신의 측근과 타인의 측근에 집착하고 성내며
이러한 것들과 완전히 얽힘으로써
모든 허물이 생기게 된다네"

라고 했으며, 『입중론དྦུ་མ་ལ་འཇུག་པ།』에서

"먼저 '나'라고 하는 자아〔나〕에 집착하게 되었고…"

---

[399] 일반적으로 '나'라는 것은 보특가라 자신을 말하며 '나의 것'이라는 것은 보특 가라의 자신의 사용할 바, 즉 자신의 행복을 가져다 주는 것이라 여기는 오온, 손발, 의·식·주 등을 말한다. 이 게송은 중생은 이것을 얻기 위해 애써 업을 지어 윤회에 돌고 돌게 된다는 것을 현시한 것이다.

340

라는 것 등을 말씀하셨기 때문이다. 따라서 윤회의 고통 전부를 소멸한 최상의 해탈인 보배와 같은 올바르게 구족하신 부처님의 경지를 어떻게 해서라도 증득해야 한다. 그렇게 하기 위해 도道인 보배와 같은 삼학을 법답게 익혀야 한다. 또한 지키면 이익이 크고 지키지 않으면 허물이 매우 크다. 그것에 대하여 『비구에게 지극히 소중한 경 དགེ་སློང་ལ་རབ་ཏུ་གཅེས་པའི་མདོ།』400에서

"어떤 이의 계율은 안락이고
어떤 이의 계율은 고통이며
계율을 지니는 것은 안락이고
계율을 범하는 것은 고통이라네"

라고 말씀하신 것과 같이, 한량없는 재물을 보시하는 것보다 부처님의 가르침이 괴멸에 가까운 이 시기에 청정한 계율을 하루 밤낮 정도만이라도 지키는 것이 더 이익이 크기 때문이다. 그것에 대하여 『삼매왕경』에서

"천만겁을 강가〔갠지스강〕의 모래 수만큼
기꺼운 마음으로 음식과 마실 것들과
보개寶蓋와 바덴བ་དན།401과 연유등의 행렬로
천만나유타의 부처님을 공경히 받드는 것보다

---

400 티벳장경 불설부 데게까규르 경부와 장까규르 경부에 수록되어 있다.
401 법당의 기둥 등에 천으로 만들어 길게 늘어뜨려 장식한 것이다.

어떤 이가 미묘법이 완전히 괴멸하거나

선서의 가르침이 유통되지 못하게 될 시기에

(하루) 밤낮 동안 한 가지 학처〔계율〕만이라도 실천하면

이 복덕이 그보다 특출하다네"

라고 말씀하셨기 때문이다. (계율을) 지키지 않으면 허물이 매우 큰 까닭은 '이전에 가섭불이 세간에 출현하셨을 때 한 비구가 부처님께서 제정하신 (율의)를 대수롭지 않게 여겨 한 나무 가지를 자른 것[402]으로 인해 용으로 태어나서 뇌의 중앙에서 매우 큰 한 그루의 따라나무〔다라수多羅樹〕 둥치가 생겨서 지금까지 한량없는 고통을 겪고 미래에도 오랫동안 겪어야만 한다'고 말씀하셨기 때문이다. 그것에 대하여 '경經'에서

"여기에 어떤 이가 국왕의 법령 또한

몇 번을 어겨도 처벌을 받지 않을 수 있지만[403]

능인의 교칙教勅[404]을 법답지 않게 어긴다면

축생으로 태어나게 되어 '에라잎 용'과 같이 (된다네.)"

라고 말씀하셨기 때문이다. 따라서 내가 그와 같이 (자신이) 서약한

---

402 이것은 경구죄輕垢罪에 해당된다.

403 뇌물을 주고 처벌을 안 받기도 한다는 의미다.

404 부처님께서 출가자가 행해야 할 것과 행하지 말아야 할 것에 대해 말씀하신 것을 말한다.

342

계율들을 목숨을 버리는 한이 있더라도 어기지 않고 법답게 익혀야
한다.

라고 관상해야 한다. 그 또한

▪ (학처를) 알지 못하는 것은 타죄가 생기는 문[405]이기에 그것의 대치
로는

학처〔율장〕들을 듣고 알아야 한다. 아는 방법은 정통한 이라는 구실
로 수행자답지 못한 분이 아니고, 수행자라는 구실로 정통한 이 답지
못한 분이 아닌 선지식의 자격을 갖춘 분을 법답게 의지하여, 가장
좋기로는 보리도차제 전체와 그와 같지 못하더라도 일반적인
(보살)행을 (익히는 방법) 이전 정도와, 그와 같지 못하더라도 하사
도와 중사도 (이) 두 가지에 대하여 (듣고 의미를) 알아서, 사미라면
『오십까리까〔오십송〕ᄀᆨ་ར་ᄀᆖ་ᄫ་ᄛ་ᄃᆄ』[406]와 사미의 학처인 『삼백송ᄉᆱ་
ᄇᆩᆪ་ᄇ』[407]과 그러한 주석서들을 보고서 알아야 한다. 비구라면 비구

---

405 타죄가 생기는 문〔원인〕은 ㉮ 학처〔율장〕를 알지 못하는 것 ㉯ 방일放逸한 것 ㉰
번뇌가 많은 것 ㉱ 공경하지 않는 것 이 네 가지다. 이것을 타죄사문墮罪四門
또는 타죄사인墮罪四因이라 한다.
406 티벳장경 논소부 데게뗀규르 율부에 수록되어 있다. 『오십까리까〔오십송〕』의
저자에 대하여 『뗀규르 목록བསྟན་འགྱུར་དཀར་ཆག』에 따르면 '아사리 루둡〔용수〕이
지었다고도 하며 까쉬미르 대학승 게뙨상뽀가 지었다고도 한다'고 밝히고 있
다. 까리까ᄀᆨ་ར་ᄁᆨ는 게송이라는 의미로 칙레우르제ᄤᄛ་ᄂ་ᄋ་ᄃ་ᄛ་ᄃᆄ라고도 한다.
407 아사리 싸꺄외의 『성聖 근본설일체유부 사미〔삼백송〕འཕགས་པ་གཞི་ཐམས་ཅད་ཡོད་པར་
ᄛ་ᄇᆇ་ᄃ་ᄀᆰ་ᄀ་ᄆᆫ་ᄛ་ᄋᆨᆷ་ᄒᆤ་ᄃᆄ』을 말한다. 티벳장경 논소부 데게뗀규르 율부에 수
록되어 있다.

의 학처들과 가장 적게는 뻰첸 일체지자[408]의 전집 가운데의 (비구
의) 학처 요약본 정도를 보도록 하는 것과 또는 '법왕 일체지자 큰 스
승'[409]께서 저술하신 비구의 학처 요약본들을 이해하도록 하는 것과
무상유가밀의 네 가지 관정[410]을 갖추어 받는다면『율의 이십송ষ্ঠিমাখ
ষিান্খামা』[411] 등 보살계[412]의 학처와 근본타죄〔18중대계重大戒〕와 중대타
죄重大墮罪[413]를 소멸하는 체계들을 알아서 실천에 이르는 데 있어서
없어서는 안 된다.

▪ 공경하지 않는 것은 타죄가 생기는 문이기에 그것의 대치로는
설법자와 그분이 제정하신 학처들과 그 학처를 법답게 익히는 도반
인 범정梵淨〔해탈〕(으로 나아가는 방편의 도)와 상응하게 행하는 이
들을 공경해야 한다.

▪ 방일放逸한 것은 타죄가 생기는 문이기에 그것의 대치로는
자신의 입장에서 부끄러움을 아는 것〔참慚〕과 타인의 입장에서 수치
스러움을 아는 것〔괴愧〕이니 억념과 정지와 참괴를 일으켜서 삼가해

---

408 제4대 뻰첸라마 롭상최끼겔첸을 가리킨다.

409 제5대 달라이라마 악왕롭상갸초를 가리킨다.

410 보병관정, 비밀관정, 지혜관정, 구의句義관정 이 네 가지다.

411 인도 나렌다의 대학승 쩬다고미의『보살율의 이십송ষ্ঠিনাৄয়ৼয়ৢৼয়ৢৼৣৢৼ৸ৄৼ৾』
    이다. 이 논서는 티벳장경 논소부 데게뗀규르 유식부에 수록되어 있다.

412 티벳어본 경론의 경우 근본타죄인 십팔중대계十八重大戒와 사십육경계四十六
    輕戒로 나누어져 있다.

413 여기서 중대타죄重大墮罪는 밀교계의 근본타죄와 유사한 것이다.

야 한다.

▪ 번뇌가 많은 것은 타죄가 생기는 문이기에 (그것의 대치로는)
탐착의 대치로는 아름답지 못한 것[미운 것]과, 성냄의 대치로는 자애
심과, 어리석음의 대치로는 '의지해서 상호 관련하여 발생하는 것'
[연기緣起] 등을 수습해서 허물에 의해 언제나 물들지 않는 청정한 계
율에 힘써야 한다. 그와 같이 할 수 있도록 자신의 스승과 본성이 다
를 바 없는 주된 본존께서 가피하소서.

라고 간청함에 따라

정수리의 자신의 스승과 본성이 다를 바 없는 주된 본존의 몸의 부분
에서 다섯 가지 감로가 빛과 함께 흘러내린다. 자신과 자신이 아닌
일체중생의 몸과 마음에 흡수됨으로써 비롯함이 없는 때로부터 쌓
은 모든 죄업과 장애, 특히 *해탈을 희구하는 마음을 일으켜서 보살
계의 학처와 근본타죄와 중대범계를 소멸하는 체계를 알아 실천하
는 것에* 방해가 되는 모든 죄업과 장애, 질병과 악귀가 함께 청정무
구해졌다. 몸은 티없이 맑은 빛의 본성을 지닌 것으로 바뀌었다. 수
명과 복덕, 교법과 증법의 모든 공덕이 증장되고 광대해졌다. 특히
*해탈을 희구하는 마음을 일으켜서 보살계의 학처와 근본타죄와 중
대범계를 소멸하는 체계를 알아 실천하는* 특별한 요해가 자신과 자
신이 아닌 일체중생의 마음에 생겼다.

라고 관상해야 한다.

C) 마무리 관상은
앞과 같다.

B. 여가시간에는 어떻게 해야 하는가는
여가시간에도 별해탈계에 의한 학처〔율장〕를 보는 것 등은 앞과 같
다. 중사와 공통의 도차제에 마음을 익히는 것에 대하여 해설하여 마
친다.

(3) 상사의 도차제에 마음을 익히기는

그와 같이 하사와 공통의 도와 중사와 공통의 도에 마음을 익혀서 도道인 삼학을 법답게 익히는 것에 의지해서 윤회에서 벗어나는 해탈 정도를 증득했다 하더라도 자리自利조차도 구족하지 못하기에 이타利他 또한 일부분 정도에 그치며 다시 부처님의 대연민심의 광명에 의한 권고로 대승에 입문해야 한다. 그러한 까닭에 얕은 여울을 한 번 건너는데 (옷을) 두 차례나 손대어 걷어 올리는 것과 같은 것이 아닌, 처음부터 대승도에 입문하는 것이 마땅하다. 그것에 대하여 『바라밀다요집ཕར་ཕྱིན་བསྡུས་པ།』[414]에서

"(중생)세간을 이롭게 하는 방법에 힘이 없는
이승二乘[415]은 영원히 끊고서[416]
능인이신 승리자의 승乘인 대연민심의 가르침에[417]
이타의 일미一味[418] 그 자체에 입문해야 한다네"

라고 했으며, 『푸른빛 수지서』에서

---

414 티벳장경 논소부 데게뗀규르 중관부에 수록되어 있다.

415 성문승과 연각승이다.

416 이타를 이룰 수 있는 힘이 모자라기에 이승에 입문하지 말라는 의미다.

417 연민심의 뿌리를 가진 대승에 입문해야 한다는 뜻이다.

418 일부 중생에게는 도움을 주고 일부 중생에게는 도움을 주지 못하는 것이 아닌 어떤 중생에게도 하나 같이 이익되게 하는 것을 말한다.

"얕은 여울을 한 번 건너는데 (옷을) 두 차례나 손대어 걷어 올
릴 필요가 없이 처음부터 대승도에 입문할지어다."

라고 말씀하셨기 때문이다.

따라서 상사의 도차제에 마음을 익히는 것의 두 가지는 ① 보리심
을 일으키는 방법 ② 보리심을 일으켜서 행을 익히는 방법이다.

① 보리심을 일으키는 방법의 두 가지는
A. 보리심을 일으키는 실제 B. 발보리심을 의궤에 의해 수지受持하는
방법이다.

A. 보리심을 일으키는 실제의 두 가지는
A) 인과칠요결因果七要訣에 의해 보리심을 일으키는 방법 B) 자타평
등상환법自他平等相換法에 의해 보리심을 일으키는 방법이다.

A) 인과칠요결因果七要訣에 의해 보리심을 일으키는 방법은
먼저 일체중생에 대하여 평등한 마음을 가지고 어머니로 아는 것으
로부터 보리심에 이르기까지 수습하는 것이기에 이것의 두 가지는
(A) 일과시간에는 어떻게 해야 하는가 (B) 여가시간에는 어떻게 해
야 하는가의 방법이다.

(A) 일과시간에는 어떻게 해야 하는가에는

a. 관상 준비 b. 본 관상 c. 마무리 관상 (이) 세 가지가 있다.

a. 관상 준비는

> "귀의처의 응집, 스승, 주된 본존,
> 능인왕, 금강지불 (등의 본성을 지닌 분)께 간청하나이다"

라는 이상은 앞과 같다. 그런 연후에

나와 어머니인 일체중생의 마음에 일체중생에 대하여 가깝고 먼 것과 애착과 성냄을 여읜 평등한 마음을 가지는 것과 ㉮ 어머니로 아는 마음 ㉯ 은혜를 기억하는 마음 ㉰ 은혜에 보답하고자 하는 마음 ㉱ 자애심 ㉲ 연민심 (㉳ 이타적 발원) ㉴ 보리심의 특별한 요해가 생기도록 자신의 스승과 본성이 다를 바 없는 주된 본존께서 가피하소서.

라고 간청함에 따라

정수리의 자신의 스승과 본성이 다를 바 없는 주된 본존의 몸의 부분에서 다섯 가지 감로가 빛과 함께 흘러내린다. 자신과 자신이 아닌 일체중생의 몸과 마음에 흡수됨으로써 비롯함이 없는 때로부터 쌓은 모든 죄업과 장애, 특히 *일체중생에 대하여 가깝고 먼 것과 애착과 성냄을 여읜 평등한 마음을 가지는 것과 ㉮ 어머니로 아는 마음

㉯ 은혜를 기억하는 마음 ㉰ 은혜에 보답하고자 하는 마음 ㉱ 자애심
㉲ 연민심 (㉳ 이타적 발원) ㉴ 보리심의 특별한 요해가 생기는 것
에* 방해가 되는 모든 죄업과 장애, 질병과 악귀가 함께 청정무구해
졌다. 몸은 티없이 맑은 빛의 본성을 지닌 것으로 바뀌었다. 수명과
복덕, 교법과 증법의 모든 공덕이 증장되고 광대해졌다. 특히 *일체
중생에 대하여 가깝고 먼 것과 애착과 성냄을 여읜 평등한 마음을 가
지는 것과 ㉮ 어머니로 아는 마음 ㉯ 은혜를 기억하는 마음 ㉰ 은혜
에 보답하고자 하는 마음 ㉱ 자애심 ㉲ 연민심 (㉳ 이타적 발원) ㉴
보리심의* 특별한 요해가 자신과 자신이 아닌 일체중생의 마음에 생
겼다.

라고 관상해야 한다.

b. 본 관상은

인과칠요결을 수습하는 첫머리에 먼저 일체중생에 대하여 평등한 마
음을 가져야 하는 까닭은, 그와 같이 가지지 못하면 자애심과 연민심
이 생기더라도 일부분 밖에 생기지 않으며, 일부분의 자애심과 연민
심은 자애심과 대연민심이 아니기 때문이다. 그 까닭은 자애심 또는
대연민심이라면 수습대상은 일체중생을 대상으로 해야 하기 때문이
다. 그것에 대하여

> "사무량심捨無量心의 토지와 자무량심慈無量心의 물로 습기를
> 머금고

►비무량심悲無量心의 씨앗이 끊어짐이 없는 것으로부터
원만구족한 보리심의 나무가 가장 좋은 열매를 맺은
일체지자(쫑카빠)의 존전에 간청하나이다◄ "419

라고 말씀하신 것과 같다. 따라서 정수리에 자신의 스승과 본성이 다를 바 없는 주된 본존을 수습하는 상태에서 이와 같이 관상할지니

이익과 해침 어느 것도 하지 않는 중간의 한 중생을 앞에 또렷하게 떠올려서 이들의 입장에서는 안락을 원하고 고통은 원하지 않기에 때때로 가깝다고 여겨서 도움을 주는 것과, 때때로는 멀다고 여겨 해치는 것 이 두 가지를 하지 않고 '가깝고 먼 것과 애착과 성냄을 여읜 평등한 마음을 가져야 한다. 그와 같이 할 수 있도록 자신의 스승과 본성이 다를 바 없는 주된 본존께서 가피하소서.

라고 간청함에 따라

정수리의 자신의 스승과 본성이 다를 바 없는 주된 본존의 몸의 부분에서 다섯 가지 감로가 빛과 함께 흘러내린다. 자신과 자신이 아닌 일체중생의 몸과 마음에 흡수됨으로써 비롯함이 없는 때로부터 쌓

419 겔찹 다르마린첸의 『본존 쌍와뒤빠(밀집密集)(의 관정 등)을 전승한 스승들에 대한 간청문གསང་བ་འདུས་པའི་བླ་བརྒྱུད་གསོལ་འདེབས།』의 문장이다. 『빼어난 쌍와뒤빠(밀집密集)의 근본밀교경과 본존 의궤 등 수행의 필수 강요서綱要書དཔལ་གསང་བ་འདུས་པའི་རྩ་རྒྱུད་དང་སྒྲུབ་ཐབས་སོགས་ཉམས་ལེན་ཉེར་མཁོ་གནད་བསྡུས།』에도 수록되어 있다.

은 모든 죄업과 장애, 특히 *중간의 중생들에게 가깝고 먼 것과 애착
과 성냄을 여읜 평등한 마음을 가지는 것에* 방해가 되는 모든 죄업
과 장애, 질병과 악귀가 함께 청정무구해졌다. 몸은 티없이 맑은 빛
의 본성을 지닌 것으로 바뀌었다. 수명과 복덕, 교법과 증법의 모든
공덕이 증장되고 광대해졌다. 특히 *중간의 중생들에게 가깝고 먼 것
과 애착과 성냄을 여읜 평등한 마음을 가지는* 특별한 요해가 자신
과 자신이 아닌 일체중생의 마음에 생겼다.

라고 관상해야 한다.

또한 예컨대 산골짜기와 같은 곳이면 먼저 자신의 오른쪽의 한 이
웃을 떠올려서 평등한 마음을 가지도록 한다. 그(들)에게 마음이 평
등해지면 자신의 왼쪽의 한 이웃을 떠올려서 수습하도록 한다. 그
런 연후에 그 둘을 동시에 떠올려서 수습하도록 한다. 그런 연후에
다른 사람들에 대해서도 하나하나 떠올려서 수습하도록 한다. 그
(들)에게 마음이 평등해지면 완전히 마음에 쏙 드는 한 중생을 떠
올려서 수습하도록 한다. 그 방법은 『동녀최상월 청문경請問經དུ་མོ་ཟླ་
མཆོག་གིས་ཞུས་པ།』[420]에서는

"내가 이전에 그대들 전부를 죽였고
나 또한 이전에 그대들이 쪼개고 베었으며

---

[420] 티벳장경 불설부 데게까규르 경부와 장까규르 경부에 수록되어 있다.

모든 이들도 서로서로 원수가 되고 죽였다.

그대들이 그와 같이 탐착하는 마음 또한 일으켰다네"

라고 말씀하신 것과 같이 그(들)에게 마음이 평등해지지 못하는 것은 애착에 의해서다. 이전에도 마음에 드는 이에게 탐애함으로 인해 윤회에 태어났다. 또한 자신의 친척과 친우, 하인과 권속과 선우 등은 시장이 열리는 날에 한 곳에 같은 볼일로 모인 사람들처럼 며칠 동안까지만 서로서로 벗처럼 대하다가 그리고 나서 오래 지체되지 않아 각각 흩어져가 버리기 때문에 누구에게도 집착하지 않도록 해야 한다. 그것에 대하여 『입보리행론』(「제2품」)에서

"일체를 버리고 죽어야 한다는 것을
내가 그와 같이 알지 못해서
친한 이와 친하지 않은 이의 이익을 위해서
온갖 종류의 죄업을 다 지었다네.

친한 이들도 사라지게 되고
친하지 않은 이들도 사라지게 되며
나 또한 사라지게 되고
그와 같이 모두가 사라지게 된다네"

라고 했으며, 『보리도차제 마음을 돌리는 네 부문ལམ་རིམ་བློ་སྦྱོང་བརྒྱག་པའི་པ།』[421]에서도

"금생의 부모, 아들, 손자와

7대 (이내)의 모든 친속 모두도

공공장소에 손님들이 모인 것과 같거늘

관계없는 상대에게 (탐연)하지 말지어다"

라고 말씀하셨기 때문이다. 그(들)에게 마음이 평등해지면 완전히 마음에 안 드는 한 중생을 앞에 또렷하게 떠올려서 그(들)에게 마음이 평등해지도록 수습해야 한다. 그(들)에게 마음이 평등해지지 않는 것은 자신의 마음에 철저히 맞지 않다고 여기기에 성냄이 일어났다. 이(들)에게 마음이 평등해지지 않으면 보리심이 생길 곳이 없다. 그밖에『입보리행론』(「제6품」)에서는

"천만겁 동안 쌓은

보시와 선서께 공양 올린 것 등

지은 바 모든 훌륭한 행 또한

한 번의 분노로써 무너뜨려 버린다네"

라고 했으며, 위덕을 갖춘 다와닥빠〔월칭〕께서는 (『입중론』「제3품」에서)

---

421 마음을 돌리는 데 있어 익혀야 할 수행과제로, 여기에서 네 부문은 ㉮ 유가와 원만이 의미가 크다고 관상하는 것 ㉯ 죽음무상을 관상하는 것 ㉰ 윤회의 고통을 관상하는 것 ㉱ 업과에 대해 믿는 신심을 일으키는 것이다.

354

"무엇 때문에 참지 못하는 것보다 다른 (더 큰) 죄업은 있지
않은가? 법왕자〔보살〕들께 분노함으로써
백겁 동안 쌓은 보시와 지계에서 생긴 선근을
일찰나에 무너뜨려 버리기 때문이라네"

라고 말씀하신 것과 같이, 성냄과 분노의 허물을 관상하여 성냄을 막
는 것과 그밖에 앞의 '중사도(편)의 확정된 것이 없는 고통에 대해 해
설한 것[422]' 중에 『성인 묘비가 청문請問한 경』에서 인용한 것[423]과 같
이 원수와 친우, 중간의 어느 누구도 분명하게 확정 지을 수 없기에,
무엇 때문에 성내는가라고 성냄을 막고 평등한 마음을 가지도록 한
다. 그(들)에게 마음이 평등해지면 어머니와 같은 매우 마음에 드는
한 중생과 원수와 같은 매우 마음에 안 드는 한 중생 둘을 앞에 또렷
하게 떠올려서 '이들 둘의 입장에서 안락을 원하고 고통을 원치 않는
것은 마찬가지다. 나의 입장에서 지금 친우로 여기는 이들도 비롯함
이 없는 윤회로부터 가장 주된 원수가 된 이들을 수로써 헤아리지 못
한다. 지금 원수로 여기는 이들도 비롯함이 없는 윤회로부터 어머니
가 되어 사랑으로써 돌본 것을 수로는 다 헤아리지 못하기에 어느 누
구에게 애착하겠는가? 어느 누구에게 성내겠는가? 가깝고 먼 것과
애착과 성냄을 여읜 평등한 마음을 가지겠다. 그와 같이 할 수 있도
록 가피하소서.

---

422 '중사도편'(p.318~320)에서 '원수가 친우가 되거나 친우가 원수가 되기도'로부
터 '가장 편안하게 머물러야 한다네'라는데 까지다.
423 '중사도편'(p.320)에서 '잠시 한 때에 원수'로부터 '머물러야 한다네'까지다.

라고 간청함에 따라

정수리의 자신의 스승과 본성이 다를 바 없는 주된 본존의 몸의 부분에서 다섯 가지 감로가 빛과 함께 흘러내린다. 자신과 자신이 아닌 일체중생의 몸과 마음에 흡수됨으로써 비롯함이 없는 때로부터 쌓은 모든 죄업과 장애, 특히 *원수와 친우 이 둘에 대하여 가깝고 먼 것과 애착과 성냄을 여읜 평등한 마음을 가지는 것에* 방해가 되는 모든 죄업과 장애, 질병과 악귀가 함께 청정무구해졌다. 몸은 티없이 맑은 빛의 본성을 지닌 것으로 바뀌었다. 수명과 복덕, 교법과 증법의 모든 공덕이 증장되고 광대해졌다. 특히 *원수와 친우 이 둘에 대하여 가깝고 먼 것과 애착과 성냄을 여읜 평등한 마음을 가지는* 특별한 요해가 자신과 자신이 아닌 일체중생의 마음에 생겼다.

라고 관상해야 한다. 그(들)에게 마음이 평등해지면

일체중생에 대하여 평등한 마음을 수습하도록 한다. 그 방법은 일체중생의 입장에서 안락을 원하고 고통은 원하지 않는 것은 마찬가지다. 자신의 입장에서는 일체중생이 친우이기에 몇몇에게는 가깝다고 여겨서 도움을 주는 것과 몇몇에게는 멀다고 여겨서 해치는 것 등, 양쪽 어느 것도 하지 않고 가깝고 먼 것과 애착과 성냄을 여읜 평등한 마음을 가져야겠다. 그와 같이 할 수 있도록 자신의 스승과 본성이 다를 바 없는 주된 본존께서 가피하소서.

356

라고 간청함에 따라

정수리의 자신의 스승과 본성이 다를 바 없는 주된 본존의 몸의 부분에서 다섯 가지 감로가 빛과 함께 흘러내린다. 자신과 자신이 아닌 일체중생의 몸과 마음에 흡수됨으로써 비롯함이 없는 때로부터 쌓은 모든 죄업과 장애, 특히 *일체중생에 대하여 가깝고 먼 것과 애착과 성냄을 여읜 평등한 마음을 가지는 것에* 방해가 되는 모든 죄업과 장애, 질병과 악귀가 함께 청정무구해졌다. 몸은 티없이 맑은 빛의 본성을 지닌 것으로 바뀌었다. 수명과 복덕, 교법과 증법의 모든 공덕이 증장되고 광대해졌다. 특히 *일체중생에 대하여 가깝고 먼 것과 애착과 성냄을 여읜 평등한 마음을 가지는* 특별한 요해가 자신과 자신이 아닌 일체중생의 마음에 생겼다.

라고 관상해야 한다. 그런 연후에 어머니로 알고 보리심에 이르기까지 수습하는 방법은

○a) 어머니로 아는 마음을 수습하는 방법은
정수리에 자신의 스승과 본성이 다를 바 없는 주된 본존을 수습하는 상태에서 이와 같이 관상할지니

『석량론』(「제2품」)에서는

    "모든 생을 받을 때마다

호흡을 내쉬고 들이쉬는 것과 감각기관과 심식들은

자신의 동류에 의존적이지 않은 것은 없으며

► 오직 몸 만으로는 태어나지 않는다네 ◄ "⁴²⁴

라고 말씀하신 것과 같이

▪ '자궁에 태어나는 순간의 심식은

▪ 자신의 근취인近取因⁴²⁵인 이전의 심식이 있어야 하는 까닭은

▪ 심식이기 때문이다.

예컨대 지금의 심식과 같이…'⁴²⁶라는 심식의 맨처음과 맞닿지 않는

다고 요해하는 논증〔바른 이유〕을 의지해서 윤회에는 맨처음이 없다

는 것을 알게 된다.⁴²⁷ 그것에 의해 '일체중생이 모두 나의 어머니뿐

이다'⁴²⁸라고 수습해야 한다. 그것에 대하여 『질문서 순백의 이타적

---

424 자궁에 태어나는 순간의 심식은 동류인 그 이전의 심식을 반드시 의존한다.
심식은 그 흐름을 이어오기 때문이다라는 의미다.

425 근친인近親因은 원인 가운데 가장 주된 원인이다. 예를 들면 새싹이 돋아나는
여러 원인들 가운데 씨앗이 주된 원인인 것과 같이 심식의 경우 그 직전의 심
식이 근친인이다.

426 '~까닭은 심식이기 때문이다'라는 이것은 '이전의 생이 있음을 알 수 있는 바
른 이유라는 논식'에 의해 심식의 흐름이 이어지는 것을 알 수 있게 된다. 따라
서 일찰나 이전의 심식의 흐름이 없다면 지금 이 순간의 심식이 있을 수 없다
는 의미다.

427 맨처음 시작점이 없다는 것을 알게 된다는 의미다.

428 자신의 어머니가 아닌 이는 단 한 사람도 없다는 의미다.

발원의 답변서 롭상(닥빠)가 미소 짓는 음성』에서

"어머니로 아는 것을 수습하는 방법은『석량론』
에서 모든 생을 받을 때마다
라는 것 등 심식의 맨처음과
맞닿지 않는다고 요해하는 경교와 논증의
환幻과 같은 선교방편을 써서 수습해야 한다고 아뢰겠나
이다"

라고 말씀하셨기 때문이다. 그렇다면 일체중생이 나의 친우인 이유
는 무엇인가 하면 윤회에는 비롯함이 없기에 나의 태어남에도 비롯
함이 없고, 한 생에서 한 생을 거쳐서 그 나라와 이 지역에 태어나지
않은 사람은 한 사람도 없다. 태어난 것에도 수로써 헤아리지 못한다.
이 중생의 몸을 받지 않았다고 할 사람은 한 사람도 없다. 받은 것에
도 수로써 헤아리지 못한다. 이 중생이 나의 어머니가 되지 않은 이
는 한 사람도 없다. 된 것에도 수로써 헤아리지 못한다. 중생 각각도
사람의 몸으로 나의 어머니가 되지 않은 이는 한 사람도 없다. 된 것
에도 수로써 헤아리지 못한다. 여전히 또 다시 되게 될 것이다. 따라
서 전부 은혜로써 보호하여 준 어머니뿐이다.

라고 관상해야 한다.

그렇다면 중생에는 수없이 많기에 일체중생이 나의 어머니가 아니

다라고 여기더라도 중생에는 수없이 많기에 나의 어머니가 아닌 것이 되지 않는다. 그 까닭은 중생에는 수없이 많은 것과 같이 나의 태어남도 한량없기 때문에 일체중생이 나의 어머니가 틀림없다.

라고 관상해야 한다.

'만약 나와 일체중생이 서로서로 알지 못한다는 이유로 나의 어머니가 아니다'라고 여긴다면 나와 일체중생이 서로서로 알지 못한다는 이유로 나의 어머니가 아닌 것이 되지 않는다. 그 까닭은 금생에도 어머니와 자식이 서로서로 알지 못하는 경우도 많기 때문이다. 또한 예컨대 비구니 운빠라이독[429]이 자신의 아들과 부부가 되고, 딸과 전처 후처가 되었지만 알아보지 못하는 것과 같으며, 그밖에 앞에서

　　"아버지의 살을 먹고 어머니를 때리고"

라는 것 등을 인용한 것과 같이 어떤 사람의 아버지가 죽어 물고기로 태어나서 그[아버지]의 살을 그[아들]가 먹으며, 어머니가 죽어 어미 개로 태어나서 생선뼈를 탐착한다. 그[아들]를 전생에 죽인 사람이 그의 아들로 태어났지만 알아 보지 못하는 것과 같다.

라고 관상해야 한다.

---

429 율장에 등장하는 석가모니의 비구니 제자로 한역본 '경론'에서는 연화색비구니蓮華色比丘尼 또는 우발라비구니라 번역하였다.

'만약 일체중생이 전생의 어머니였더라도 지나가 버렸기에 어머니인 것이 합당하지 않다'고 생각한다면, 그렇다면 어제의 어머니 그분 또한 오늘은 지나가 버렸기에 어머니가 아닌 것이 되어야 한다. 따라서 어제의 어머니와 오늘의 어머니 두 분이 어머니인 것에도 차이가 없다. 은혜로써 보호하여 준 것에도 차이가 없다. 그밖에 지난해에 왕과 같은 이가 나를 죽이려고 하는 것에서 곧바로 목숨을 보호해 준 것과 이듬해에도 목숨을 보호해 준 것 (이) 두 가지가 지난해, 이듬해 정도 이외에는 은혜는 크고 작은 차이가 없는 것과 같이 나의 전생의 어머니와 금생의 어머니 두 분이 어머니인 것에도 차이가 없다. 은혜로써 보호하여 준 것에도 차이가 없기에 일체중생이 나의 어머니가 틀림없다.

라고 관상해야 한다. 그와 같이 어머니로 알고

b) 은혜를 기억하는 마음을 수습하는 방법은
정수리에 자신의 스승과 본성이 다를 바 없는 주된 본존을 수습하는 상태에서 이와 같이 관상할지니

나의 이 어머니가 금생뿐만 아니라 비롯함이 없는 세세생생으로부터 수를 초월하여 나의 어머니가 되고 (또) 되었다. 특히 금생에도 처음에 자궁에서 사랑으로 보호하여 주었다. 낳았을 때에도 부드러운 자리에 눕히고 열 손가락 끝으로 들어 올렸다. 살의 따듯한 곳에 가까이 대고 사랑스러운 미소로 맞이하며, 사랑스런 눈빛으로 보고 콧

361

물을 입으로 닦아주며, 더러운 것을 손으로 닦아주고 어머니 당신이 목숨이 위태로운 고통이 생긴 것보다 내가 조금 아픈 것에 대하여 더 (마음) 아파하며, 그때에 아들의 그 병이 당신에게 옮겨 올 방도가 있다면 당신에게 가져오는 것에 대하여 (조금도) 망설임이 없고 자식이 죽는 것보다 당신이 죽기를 선택한다. 죄업과 고통과 나쁜 소리와 당신의 목숨 어느 것도 돌보지 않고 매우 힘들게 마련한 음식과 재물 모두를 나에게 사랑으로 베풀어 주었다. 또한 아들에게 물려주는 것과 딸을 결혼시켜 멀리 보내거나 아들이 불법을 공부하는 강원講院의 축하연 등을 위해[430] 당신이 이전에 먹을 수 없었고, 마실 수 없었으며, 입을 수 없었던 것을 모두 모아서 아낌없이 줄 수 있다. 요약하면 어머니 당신의 힘이 닿는 한, 한량없는 이익과 안락이 (나에게) 오도록 하였다. 한량없는 해침과 고통으로부터 (나를) 보호하여 주었기에 은혜가 매우 크다.

라고 관상해야 한다.

이러한 때에 각각[431]을 떠올려서 수습해야지 처음부터 전체〔일체중생〕를 떠올려서 수습함으로써 (자애심과 연민심이 마음에 생긴 듯하지만 각각을 떠올릴 때) 생기지 않는다면 (수습하는 방법의) 핵심이 잘못된 것이다.[432] 또한 이러한 것들은 기초〔토대〕와 같기 때문에 오

---

430 딸을 결혼시킬 때 혼수 비용과 아들이 출가해서 불교 공부를 하는 데 드는 비용을 베풀어 주시는 것을 말한다.
431 어머니, 아버지, 친척, 원수, 보통 사이 등 개별적으로 떠올려 수습한다.

래 걸린다고 생각하지 말고 경험이 생길 때까지 수습하는 것이 매우 중요하다. 또한 어머니의 은혜를 또렷하게 기억할 때 금생의 아버지의 선상으로 옮겨서 수습하도록 한다. 그와 같이 각각으로부터 옮겨서 수습하는 것이 매우 중요하다. 그런 연후에 중간의 중생들을 수습하도록 한다. 그 방법은 '중간의 중생들을 앞에 또렷하게 떠올려서 지금 나와 이 두 사람이 아무런 관계가 없는 듯하지만 이분들이 비롯함이 없는 세세생생으로부터 나의 어머니가 된 것이 수를 초월하며 어머니가 되었을 때마다 금생의 어머니가 이와 같이 은혜로써 보호하여 준 것과 같이 은혜로써 보호하여 주었기에 은혜가 매우 크다'라고 관상해야 한다. 그것에 대한 경험이 생기면 원수를 떠올려서 수습하도록 한다. 그 방법은 앞에 원수의 모습을 또렷하게 떠올려서

지금 이 사람을 원수로 여기는 것이 무슨 소용이 있겠는가? 이분(원수)이 비롯함이 없는 세세생생으로부터 나의 어머니가 된 것이 수를 초월하고 어머니가 되었을 때마다 한량없는 이익과 안락을 주었다. 한량없는 해침과 고통으로부터 보호하였다. 특히 나 또한 이분이 없으면 조금도 안정되게 머물 수 없고, 이분도 내가 없으면 조금도 안정되게 머물지 못하는 (사이)와 같은, 마음에 친근한 분이 수를 초월한다. 지금 잠시 이와 같이 된 것은 악업 때문에 받는 것이다. 사실은 모두 은혜로써 보호하여 준 어머니뿐이다.

---

432 이 부분은 문장이 생략되어 내용 파악이 어려운 점을 감안하여 쫑카빠 대사의 『대보리도차제』를 참고하여 첨가하였다.

라고 관상해야 한다.

그것에 대한 경험이 생기면 일체중생의 은혜를 관상해야 한다. 그와 같이 은혜를 관상하고서

c) 은혜에 보답하고자 하는 마음을 수습하는 방법은
정수리에 자신의 스승과 본성이 다를 바 없는 주된 본존을 수습하는 상태에서 이와 같이 관상할지니

비롯함이 없는 때로부터 은혜로써 보호하여 준 어머니들을, 번뇌의 악귀가 마음을 혼란스럽게 해서 (어머니로) 아는 것에 자유를 얻지 못하도록 착란케 하였다. 명확히 더 높은 생과 수승한 해탈의 도를 보는 안목이 없으며 맹인을 인도하는 선지식이 없고 찰나찰나마다 악행의 욕망에 사로잡혀 (어머니들이) 비틀거린다. 두려워할 만한 일반적인 윤회와 개별적인 악도의 낭떠러지를 떠도는 이들을 내버려 둔다면 부끄러움이라고는 거의 없기에 내가 은혜를 갚는 것으로 (일체중생이) 윤회의 고통에서 벗어나 해탈의 안락에 안착하도록 해야 한다. 그와 같이 할 수 있도록 자신의 스승과 본성이 다를 바 없는 주된 본존께서 가피하소서.

라고 간청함에 따라

정수리의 자신의 스승과 본성이 다를 바 없는 주된 본존의 몸의 부분

에서 다섯 가지 감로가 빛과 함께 흘러내린다. 자신과 자신이 아닌 일체중생의 몸과 마음에 흡수됨으로써 비롯함이 없는 때로부터 쌓은 모든 죄업과 장애, 특히 *어머니인 일체중생이 윤회의 고통에서 벗어나서 해탈의 안락에 안착하도록 하는 것에* 방해가 되는 모든 죄업과 장애, 질병과 악귀가 함께 청정무구해졌다. 몸은 티없이 맑은 빛의 본성을 지닌 것으로 바뀌었다. 수명과 복덕, 교법과 증법의 모든 공덕이 증장되고 광대해졌다. 특히 *어머니인 일체중생이 윤회의 고통에서 벗어나서 해탈의 안락에 안착하도록 하는* 특별한 요해가 자신과 자신이 아닌 일체중생의 마음에 생겼다.

라고 관상해야 한다. 그런 연후에

d) 자애심[433]을 수습하는 방법은

자신의 어머니와 같이 마음에 친근한 한 사람[434]을 떠올려서

이 사람에게 무루無漏의 안락은 고사하고 유루有漏의 안락 정도도 없다. 지금 안락하다고 허세부리는 이러한 것들도 고통으로 변해 가게 된다. 하나의 안락을 원해서 부지런히 노력하더라도 다음 생에 악도

---

433 일반적으로 자애심에는 두 가지가 있다. 하나는 일체중생을 어여삐 여기는 마음이고, 다른 하나는 일체중생이 안락하게 된다면 얼마나 좋을까 하는 마음이다. 인과칠요결에서의 자애심은 후자의 의미로, 안락하지 못한 중생을 대상으로 해서 그러한 중생이 안락하기를 원하는 마음이다.
434 잊지 못하고 늘 마음에 확실히 기억하고 있는 한 사람을 떠올린다.

의 고통의 원인이 된다. 금생에도 피로하고 고단하기에 고통(을 겪어야만) 하는 것 외에 진정한 안락은 영원히 없다. 따라서 이분들이 안락과 안락의 원인을 지닌다면 얼마나 좋을까? 안락과 안락의 원인을 지니도록 하여지이다. (내가) 안락과 안락의 원인을 지니도록 하겠다. 그와 같이 할 수 있도록 자신의 스승과 본성이 다를 바 없는 주된 본존께서 가피하소서.

라고 간청함에 따라

정수리의 자신의 스승과 본성이 다를 바 없는 주된 본존의 몸의 부분에서 다섯 가지 감로가 빛과 함께 흘러내린다. 자신과 자신이 아닌 일체중생의 몸과 마음에 흡수됨으로써 비롯함이 없는 때로부터 쌓은 모든 죄업과 장애, 특히 *어머니와 같은 친근한 이분들이 안락과 안락의 원인을 지니도록 하는 것에* 방해가 되는 모든 죄업과 장애, 질병과 악귀가 함께 청정무구해졌다. 몸은 티없이 맑은 빛의 본성을 지닌 것으로 바뀌었다. 수명과 복덕, 교법과 증법의 모든 공덕이 증장되고 광대해졌다. 특히 *어머니와 같은 친근한 이분들이 안락과 안락의 원인을 지니도록 하는* 특별한 요해가 자신과 자신이 아닌 일체중생의 마음에 생겼다.

라고 관상해야 한다. 그것에 대한 경험이 생기면 아버지 등의 친속들과 중간의 중생들과 원수들과 마지막에 일체중생에 이르기까지를 앞과 같이 수습하도록 한다.

♠ 자애심을 수습하는 이익은

'금생에 남섬부주(의 중생) 정도에 대하여 자애심을 수습하면 그곳을 관장하는 (철)륜왕이 되고, 이대주(의 중생 정도)에 대하여 생기면 그곳을 관장하는 동륜왕이 되며, 삼대주(의 중생 정도)에 대하여 생기면 그곳을 관장하는 은륜왕이 되고, 사대주(의 중생 정도)에 대하여 생기면 그곳을 관장하는 금륜왕이 되며, 삼천대천세계(의 중생 정도)에 대하여 생기면 천신의 왕인 범천이 되고, 소천세계〔제일천세계〕와 제이천세계인 중천세계(의 중생 정도)에 대하여 생기면 그곳을 관장하는 주인이 되며, 허공의 끝까지 가득찬 중생에 대하여 생기면 그것의 과보인 등각〔부처님의 경지〕이 아닌, 다른 것을 증득하는 것이 아니다'라고 말씀하셨다. '일반적으로 업은 자신이 지은 것에 대한 (과보를 자신이) 감수해야 한다. 그렇지만 자애심의 위력이 뛰어나기에 (자애심이) 진실로 생긴다면 타인을 이롭게 할 수 있으니 예컨대 잠뻬뚑왕[435]과 같다'고 말씀하셨다. 따라서 (이) 문장 정도 밖에 생기지 않더라도 자신을 지키는 최고의 방패막이다. 세존께서 천만억의 마구니를 자애삼매로써 조복시켰기에 쩬아와가 늑룸빠에게 말씀하시기를 '사실은 상대방을 제압하는 방편에는 자애심 밖에는 없다'고 말씀하시고 '따라서 자애심이라는 이름을 듣는 그 자체만으로

---

435 예전에 인도 와라나씨〔바라나시〕 지역에 '잠뻬뚑'이라는 한 국왕이 있었는데, 자신의 부하들에게 일체중생에게 자애심을 수습하는 방법에 관한 교계教誡를 내렸다. 모든 부하들은 국왕의 가르침대로 자애심을 수습한 힘으로써 타인이 해칠 수 없게 된 일화가 『율본사』에 나와 있다.

도 마음 깊은 곳에서 살아 움직이는 것'이라고 말씀하셨다. 이것의 유익한 공덕은

"천만, 나유타, 긍갈라만큼의 국토〔세간계〕에
있는 바 많은 종류의 한량없는 공양물을
수승한 성현들께 항상 공양하는 (복덕)이
(자애심을 수습하는) 그 복덕의 일 푼에도 미치지 못한다네"[436]

라고 했으며, 구호자 루둡〔용수〕께서도 (『중관보만론』「제3품」에서)

"마음이 안락하고 (몸의) 안락이 많은 것과
독과 무기에 의한 해침을 당하지 않는 것과

애써 힘쓰지 않아도 목적을 성취하는 것과
자애법의 여덟 가지 공덕을 갖추는 것과
만약 (금생에) 해방되지 못하게 되더라도
(다음 생에) 범천의 세간[437]에 태어나게 된다네"[438]

---

436 쫑카빠 대사의 『대보리도차제』의 본문 가운데 인용된 『삼매왕경དང་དེ་འཇིན་རྒྱལ་པོ』의 게송이다.

437 색계의 기세간이다.

438 겔찹 다르마린첸의 『중관보만론의 정수精髓의 뜻을 명확히 밝힌 것དབུ་མ་རིན་ཆེན་ ཕྲེང་བའི་སྙིང་པོའི་དོན་གསལ་བར་བྱེད་པ』「제3품」에서는 '자애심을 수습하는 여덟 가지 이익은 다음과 같다. ㉮ 현생에도 천신과 인간이 친애한다 ㉯ 비인非人들도 보호해 준다 ㉰ 마음의 안락이 많다 ㉱ 몸의 안락이 많다 ㉲ 독으로 인한 해침이 없

라고 했으며

> "지우쵀[439] 삼백 개의 음식들을
> 날마다 세끼씩 보시하는 (복덕)이
> 잠시 잠깐, 눈 깜빡할 사이 동안 자애심을 수습하는
> 그 복덕의 일 푼에도 미치지 못하다네"

라는 것 등을 말씀하셨다. 그런 연후에

e) 연민심을 수습하는 방법은
정수리에 자신의 스승과 본성이 다를 바 없는 주된 본존을 수습하는
상태에서 이와 같이 관상할지니

처음에는 백정에게 죽임을 당하는 도중의 양과 같은 고통으로 인해
비참한 중생들을 떠올려서 수습하도록 한다. 그 방법은 앞에 그들의
모습을 또렷하게 떠올려서 네 발을 묶고 가슴팍의 살가죽을 가르며,
백정의 손을 뱃속으로 집어 넣음으로 인해 목숨이 위태로운 것을 실

다 ⑭ 무기로 인한 해침이 없다 ⑮ 애써 힘쓰지 않아도 원하는 바의 뜻을 성취
한다 ⑯ 미래생에 범천의 세간에 태어나게 된다'라고 말씀하셨다. 여기서 ①부
터 ⑮까지 일곱 가지는 현생에 받는 공덕이며 마지막 ⑯는 미래생에 받는 공덕
이다.

439 '밥을 먹다'의 '밥'이 '식사'라는 전반적인 의미를 가지는 것처럼, '지우쵀'는 원
래 도자기로 된 냄비에 끓인 음식이라는 의미였던 것이 후대로 오면서 음식의
통칭으로 의미가 바뀌게 되었다.

제로 알아차리고 눈은 백정의 얼굴을 천천히 응시하며 고통으로 인
해 비참한 모습을 관상하고서 따라서 이들이 모든 고통과 고통의 원
인에서 벗어난다면 얼마나 좋을까? 모든 고통과 고통의 원인에서 벗
어날 지이다, 모든 고통과 고통의 원인에서 벗어나도록 하겠다. 그와
같이 할 수 있도록 자신의 스승과 본성이 다를 바 없는 주된 본존께
서 가피하소서.

라고 간청함에 따라

정수리의 자신의 스승과 본성이 다를 바 없는 주된 본존의 몸의 부분
에서 다섯 가지 감로가 빛과 함께 흘러내린다. 자신과 자신이 아닌
일체중생의 몸과 마음에 흡수됨으로써 비롯함이 없는 때로부터 쌓
은 모든 죄업과 장애, 특히 *백정에게 죽임을 당하는 도중의 양과 같
은 고통으로 인해 비참한 중생들이 모든 고통과 고통의 원인에서 벗
어나도록 하는 것에* 방해가 되는 모든 죄업과 장애, 질병과 악귀가
함께 청정무구해졌다. 몸은 티없이 맑은 빛의 본성을 지닌 것으로 바
뀌었다. 수명과 복덕, 교법과 증법의 모든 공덕이 증장되고 광대해졌
다. 특히 *백정에게 죽임을 당하는 도중의 양과 같은 고통으로 인해
비참한 중생들이 모든 고통과 고통의 원인에서 벗어나게 하는* 특별
한 요해가 자신과 자신이 아닌 일체중생의 마음에 생겼다.

라고 관상해야 한다. 그것에 대한 경험이 생기면 승가의 공양물을 함
부로 사용하는 이와, 계율을 훼범하는 이, 법을 부정하는 이, 사견을

370

지닌 이, 중생을 해치고 갖가지 죄업인 불선업을 재빠르게 짓는 중생들을 떠올려서 수습하도록 한다. 그 방법은 앞에 그러한 모습을 또렷하게 떠올려서

지금 이와 같은 이가 이와 같이 행한다면 금생에도 안락은 없다. 죽자마자 악도에 태어나는 것에 대하여 의심할 여지가 없다. 그곳에 태어난다면 오랫동안 갖가지 극심한 고통을 겪어야만 한다. 따라서 이러한 모든 고통과 고통의 원인에서 벗어난다면 얼마나 좋을까?(염원무량심念願無量心) 모든 고통과 고통의 원인에서 벗어나게 하소서(원무량심願無量心), 모든 고통과 고통의 원인에서 벗어나도록 하겠다(이타적 발원무량심利他的發願無量心). 그와 같이 할 수 있도록 자신의 스승과 본성이 다를 바 없는 주된 본존께서 가피하소서(간청무량심懇請無量心).**440**

라고 간청함에 따라

정수리의 자신의 스승과 본성이 다를 바 없는 주된 본존의 몸의 부분에서 다섯 가지 감로가 빛과 함께 흘러내린다. 자신과 자신이 아닌 일체중생의 몸과 마음에 흡수됨으로써 비롯함이 없는 때로부터 쌓은 모든 죄업과 장애, 특히 *승가의 공양물을 함부로 사용하는 이 등이 모든 고통과 고통의 원인에서 벗어나도록 하는 것에* 방해가 되

---

440 사무량심 각각마다 네 가지의 무량심이 있는 것에 의해 수습하는 것이다.

는 모든 죄업과 장애, 질병과 악귀가 함께 청정무구해졌다. 몸은 티 없이 맑은 빛의 본성을 지닌 것으로 바뀌었다. 수명과 복덕, 교법과 증법의 모든 공덕이 증장되고 광대해졌다. 특히 *승가의 공양물을 함부로 사용하는 이 등이 모든 고통과 고통의 원인에서 벗어나도록 하는* 특별한 요해가 자신과 자신이 아닌 일체중생의 마음에 생겼다.

라고 관상해야 한다. 그것에 대한 경험이 생기면 어머니 등 친속들을 앞에 또렷하게 떠올려서

이분들이 금생에 부지런히 노력함으로써 원수와 친척의 생계를 마련하고 마련하여 '고통의 고통'〔고고苦苦〕과 '변하는 고통'〔괴고壞苦〕(이) 두 가지에 의해 번민하여 안락한 마음은 조금도 없다. 금생에도 나쁜 행위로 분주하여 선한 마음이 생기지 못하기에 죽자마자 악도에 태어나는 것에 대하여 의심할 여지가 없다. 그곳에 태어나게 되면 오랫동안 갖가지 극심한 고통을 겪어야만 한다. 따라서 이러한 모든 고통과 고통의 원인에서 벗어난다면 얼마나 좋을까? 모든 고통과 고통의 원인에서 벗어나게 하소서, 모든 고통과 고통의 원인에서 벗어나도록 하겠다. 그와 같이 할 수 있도록 자신의 스승과 본성이 다를 바 없는 주된 본존께서 가피하소서.

라고 간청함에 따라

정수리의 자신의 스승과 본성이 다를 바 없는 주된 본존의 몸의 부분

에서 다섯 가지 감로가 빛과 함께 흘러내린다. 자신과 자신이 아닌 일체중생의 몸과 마음에 흡수됨으로써 비롯함이 없는 때로부터 쌓은 모든 죄업과 장애, 특히 *어머니 등 친속들이 모든 고통과 고통의 원인에서 벗어나도록 하는 것에* 방해가 되는 모든 죄업과 장애, 질병과 악귀가 함께 청정무구해졌다. 몸은 티없이 맑은 빛의 본성을 지닌 것으로 바뀌었다. 수명과 복덕, 교법과 증법의 모든 공덕이 증장되고 광대해졌다. 특히 *어머니 등 친속들이 모든 고통과 고통의 원인에서 벗어나도록 하는* 특별한 요해가 자신과 자신이 아닌 일체중생의 마음에 생겼다.

라고 관상해야 한다. 그것에 대한 경험이 생기면

중간의 중생들과 원수들과 마지막에 일체중생에 이르기까지는 앞과 같이 수습하도록 한다. 그런 연후에 자애심과 연민심에 대한 마음이 바뀌는 경험이 생기면

f) 이타利他적 발원을 수습하는 방법은
정수리에 자신의 스승과 본성이 다를 바 없는 주된 본존을 수습하는 상태에서 이와 같이 관상할지니

고통으로 핍박 당하고 안락이라고는 없는 일체중생이 고통과 고통의 원인에서 벗어나도록 하는 (행)을 내가 하겠다. 안락과 안락의 원인과 만나도록 하는 (행)을 내가 하겠다. 특히 어머니인 일체중생이

두 장애를 습기와 함께 소멸한 보배와 같은 올바르게 구족하신 부처님의 경지를 어떻게 해서라도 증득하도록 하는 (행)을 내가 하겠다. 그와 같이 할 수 있도록 자신의 스승과 본성이 다를 바 없는 주된 본존께서 가피하소서.

라고 간청함에 따라

정수리의 자신의 스승과 본성이 다를 바 없는 주된 본존의 몸의 부분에서 다섯 가지 감로가 빛과 함께 흘러내린다. 자신과 자신이 아닌 일체중생의 몸과 마음에 흡수됨으로써 비롯함이 없는 때로부터 쌓은 모든 죄업과 장애, 특히 *어머니인 일체중생이 두 장애를 습기와 함께 소멸한 보배와 같은 올바르게 구족하신 부처님의 경지를 증득하도록 하는 것에* 방해가 되는 모든 죄업과 장애, 질병과 악귀가 함께 청정무구해졌다. 몸은 티없이 맑은 빛의 본성을 지닌 것으로 바뀌었다. 수명과 복덕, 교법과 증법의 모든 공덕이 증장되고 광대해졌다. 특히 *어머니인 일체중생이 두 장애를 습기와 함께 소멸한 보배와 같은 올바르게 구족하신 부처님의 경지를 증득하도록 하는* 특별한 요해가 자신과 자신이 아닌 일체중생의 마음에 생겼다.

라고 관상해야 한다. 그런 연후에

g) 보리심을 수습하는 방법은
정수리에 자신의 스승과 본성이 다를 바 없는 주된 본존을 수습하는

상태에서 이와 같이 관상할지니

그렇다면 그대에게 일체중생을 올바르게 구족하신 부처님의 경지에 안착시킬 수 있는 능력이 있느냐 하면 지금은 한 중생도 올바르게 구족하신 부처님의 경지에 안착하도록 할 수 있는 능력이 없다. 그뿐만 아니라 두 아라한[441]의 경지를 증득했다 하더라도 중생의 일부분의 이익 정도 외에는 일체중생을 올바르게 구족하신 부처님의 경지에 안착시킬 수 있는 능력 밖에 없다. 그와 같은 능력은 누구에게 있는 가? (그것은) 올바르게 구족하신 부처님께 있는 까닭은 그분의 몸의 공덕은 (삼십이)상 (팔십)종호가 선명하고 (원만)구족된 것으로 장식되어 있다. 말씀의 공덕은 힘들이지 않고 육십 가지 공덕을 지닌 감미로운 음성 찰나찰나에 의해서도 일체중생 각자의 말로 법을 설하시는 능력이 있다. 마음의 공덕은 일체존재인 모든 진제와 속제를 눈으로 사물을 보듯 직관적으로 꿰뚫어 보시고 일체중생을 어머니가 외동자식을 사랑하는 것과 같은, 가깝고 먼 것이 없이 대연민심으로 보신다. 교화하는 때로부터 찰나도 지나치지 않고 훌륭한 행[442]을 애써 힘들이지 않고 자연성취하고 몸과 말씀과 마음의 빛 하나하나 정도가 방사放射되는 것에 의해서도 한량없는 일체중생을 일체지의 경지〔부처님의 경지〕에 안착시킬 수 있는 능력 등이 있다. 요약하면 모든 공덕의 종류를 지니고 모든 허물의 종류를 벗어난 분은 오직 올바

---

441 성문아라한, 연각아라한이다.
442 중생들이 일시적인 이익과 궁극적인 이익을 얻도록 하는 행위다.

르게 구족하신 부처님뿐이다. 따라서 자신과 타인 양쪽의 궁극적인 이익 하나를 행하려면 그와 같은 부처님의 한 경지를 얻어야 하기에 내가 어머니인 일체중생을 위해 보배와 같은 올바르게 구족하신 부처님의 경지를 어떻게 해서라도 증득해야 한다.[443] 그와 같이 할 수 있도록 자신의 스승과 본성이 다를 바 없는 주된 본존께서 가피하소서.

라고 간청함에 따라

정수리의 자신의 스승과 본성이 다를 바 없는 주된 본존의 몸으로부터, 한 개의 연유등에서 두 개로 분리되는 방식으로 나툰 제2의 몸 하나가 자신에게 흡수됨으로써 자신이, 여덟 마리 큰 사자가 받쳐 든 높고 넓은 보배 법좌(가 있고, 그) 위의 갖가지 (색) 연꽃좌대와 둥근 해방석과 달방석 (위)에, 몸 빛깔은 순금과 같고 (정수리에 육계정상이 있으며, 하나의 입과 두 손이 있으며, 오른손은 항마촉지인降魔觸地印을 하고, 왼손은 등인인等引印을 한, 바로 위에 감로가 가득찬 발우를 지녔으며, 몸에는 적황색을 띤 세 벌의 가사를 여법하게 수하고 삼십이상과 팔십종호로 장엄된 티없이 맑은 빛의 본성을 지닌 이 분의 몸에서 생긴 빛 무더기의 중앙에 양발은) 금강가부좌로 앉은, 승리자 쌰꺄능인[석가모니]의 (모습으로) 바뀌었다.

---

443 발보리심의 개념이다.

고 확실히 믿는다. 그리고 나서 '이전에 마음을 낸 것과 같이 일체중생을 위해 부처님의 경지를 증득했다'라는 환희와 강력한 자부심을 수습한다. (그 목적은) '이것에 특별한 징조[444]의 핵심이 있다'고 말씀하셨다. '능인왕으로 또렷하게 떠올린 자신의 몸에서 물이 흐르는 것과 같은 시원한 성질을 가진 한량없는 빛이 방사되어 대열중생지옥(팔열지옥)의 중생들과 거주지들에 (빛이) 닿음으로써 모든 뜨거운 고통이 쉬고 거주지들도 수승한 정토로 바뀌었다고 확실히 믿는다. 또한 불과 태양의 빛과 같은 한량없는 빛이 방사되어 한냉지옥寒冷地獄의 중생들과 거주지들에 (빛이) 닿음으로써 추운 고통과 기세간의 허물이 소멸되었다. 또한 한량없는 빛이 방사되어 아귀들과 그들의 거주지에 닿음으로써 배고픔, 목마름, 추위, 더위, 피로 등의 고통과 인색함과 그로써 쌓은 업장들과 기세간의 허물들도 소멸되었다. 또한 한량없는 빛이 방사되어 인간들과 험준한 절벽 등의 기세간의 허물들에 닿음으로써 생·로·병·사와 찾아 헤매는 등의 인간의 고통과 업장들도 소멸되어 기세간들도 정토로 바뀌었다. 또한 한량없는 빛이 방사되어 아수라들의 투쟁과 성냄, 질투들과 천신들의 임종과 하계로 떨어지는 고통과 변행고遍行苦가 소멸되었다.

라는 것 등을 떠올리면(확실히 믿으면) 자신이 성불할 국토가 어디인지를 닦는 징조도 된다고 말씀하셨다.

---

444 미래에 실제로 성불할 수 있다는 특별한 징조를 가리킨다.

『(보리도차제) 마르티 쉬운 길』에서 말씀한 것과 같이 간요簡要하게 하면 자신을 능인왕으로 또렷하게 떠올린 상태에서

몸과 재물과 선근과 함께 다섯 가지 감로가 빛과 함께 완전히 분출되어 일체중생에게 보냄으로써 일체중생이 명확히 더 높은 생과 수승한 해탈의 원만구족한 안락을 이루었다.

라고 확실히 믿는다.

c. 마무리 관상은
앞과 같다.

(B) 여가시간에는 어떻게 해야 하는가는
여가시간에도 자애심과 연민심, 보리심의 체계를 설하는 불경을 주석서와 함께 보도록 한다.[445]

B) 자타평등상환법自他平等相換法에 의해 보리심을 일으키는 방법은
먼저 일체중생에 대하여 평등한 마음을 가지는 중립과 어머니로 아는 마음, 은혜를 기억하는 마음 이 세 가지에 대하여 수습하는 것을 문장 정도가 아닌 앞의 '인과칠요결편'에서 해설한 것과 같이 각각으로부터 마음에 경험이 생길 때까지 수습하는 것을 선행하여 자신과

---

445 『화엄경』과 아사리 시와하[적천]의 『입보리행론』 등을 함께 보는 것도 유익하리라 본다.

자신의 주변의 일체중생을 또렷하게 떠올리도록 한다. 자타평등상환의 방법에 대하여 시와하(적천)께서는 (『입보리행론』「제8품」에서)

> "자신과 타인들을
> 속히 구제하기를 원하는 어떤 이는
> 자신과 타인을 교환하며
> 비밀한 가르침을 행해야 한다네"[446]

라고 말씀하신 것과 같이, 여기서의 자타평등상환의 의미는 자신은 타인으로 타인은 자신으로 수습하는 것이 아니고, 자신을 소중히 여기는 마음과 타인을 소중히 여기지 않는 두 마음이 있는 것을 (서로) 바꾸어서 자신을 소중히 여기지 않고 타인을 소중하게 여기는 마음을 일으키는 것이다. 따라서 자신의 마음에 '자신의 마음속에 자신과 타인 둘 중 누구를 소중히 여기고 누구를 소중히 여기지 않는가'라고 살펴본다면 자신을 소중히 여기고 타인을 소중히 여기지 않는 마음이 저절로 일어난다(는 것을 알아 차리게 된다). 그때 이와 같이 관상할지니

자신을 소중히 여기고 타인을 소중히 여기지 않는 것은 옳지 못하다. 그 까닭은 자신과 타인 두 사람 (모두) 안락을 원하고 고통은 원하지

---

[446] 남에게 소문내지 말고 비밀스럽게 자타평등상환법에 의해 익혀 나가야 한다는 의미다.

않는 것은 마찬가지이기 때문이다. 따라서 자신을 소중히 여기는 것과 같이 타인을 소중히 여겨야 하는 까닭은 타인이 자신을 소중히 여기면 자신이 기뻐하는 것과 같이 자신도 타인을 소중하게 생각한다면 타인이 기뻐하기 때문이다. 그밖에 자신이 좋은 조건을 두루 갖추기를 원해서 비롯함이 없는 윤회로부터 지금까지 자신을 소중히 여겼기에 자신과 타인의 이익 어느 것도 이루지 못한 것뿐만 아니라 갖가지 고통을 겪게 되었다. 따라서 『입보리행론』(「제8품」)에서는

"(중생)세간에 있는 바 모든 안락은
그것 모두 타인의 안락을 원하는 것에서 생겼고
세간에 있는 바 모든 고통은
그것 모두 자신의 안락을 원하는 것에서 생겼다네

많은 말을 할 필요가 무엇이 있겠는가?
범부는 자신을 이롭게 하는 것과
능인〔석가모니〕은 타인을 이롭게 하신 것
이 두 분의 차이를 살펴보라

자신의 안락과 타인의 고통들을
진실로 교환하지 않는다면
성불 자체를 이루지 못하고
윤회할 때에도 안락은 없다네"

라고 말씀하신 것과 같이, 자신을 소중히 여기는 것은 윤회와 악도의 고통 등의 모든 쇠락의 근원이기에 자신을 소중히 여기는 (마음)이 생기지 않은 것은 생기지 않도록 하고 (이미) 생긴 것들은 없애도록 한다. 타인을 소중히 여기는 것은 모든 공덕의 근원이기에 타인을 소중히 여기는 (마음)이 생기지 않은 것은 새롭게 생기도록 하고, 이미 생긴 것들은 더더욱 증장토록 해야 한다. 그와 같이 할 수 있도록 자신의 스승과 본성이 다를 바 없는 주된 본존께서 가피하소서.

라고 간청함에 따라

정수리의 자신의 스승과 본성이 다를 바 없는 주된 본존의 몸의 부분에서 다섯 가지 감로가 빛과 함께 흘러내린다. 자신과 자신이 아닌 일체중생의 몸과 마음에 흡수됨으로써 비롯함이 없는 때로부터 쌓은 모든 죄업과 장애, 특히 *내가 타인을 소중히 여기는 보배와 같은 보리심이 생기는 것에* 방해가 되는 모든 죄업과 장애, 질병과 악귀가 함께 청정무구해졌다. 몸은 티없이 맑은 빛의 본성을 지닌 것으로 바뀌었다. 수명과 복덕, 교법과 증법의 모든 공덕이 증장되고 광대해졌다. 특히 *내가 타인을 소중히 여기는 보배와 같은 보리심이 생기는* 특별한 요해가 자신과 자신이 아닌 일체중생의 마음에 생겼다.

라고 관상해야 한다.

요약하면 능인왕께서는 자신을 소중히 여기지 않고 타인을 소중히 여겨서 오직 타인의 이익만을 행하셨기에 성등정각을 이루셨다. 나 또한 그와 같이 했다면 이전에 벌써 성불했을 것이며 그와 같이 하지 않았기에 지금까지 윤회에 유랑하고 있다. 또한 우리들의 설법자 이 분께서 이전에 가장家長인 '자외부모'였을 때 자신의 어머니의 머리를 짓밟은 이숙과로 인해 잠깐씩 고통을 덜어 주는 지옥〔소허지옥少許 地獄〕에 이르러 머리에 쇠바퀴가 돌아갈 때 '나와 같은 어머니의 머리를 짓밟은 이들이 많기에, 그 모든 이들의 고통 또한 나에게 익어지이다' 라고 생각하자마자 바퀴가 허공으로 뛰어오른 것과 같은 것과 지금도 세간에 (있는 훌륭한) 왕과 같은 (분들이) 자신만의 이익을 중점적으로 행하지 않고, (부처님의) 가르침과 백성의 이익을 중점적으로 행하는 분들의 말씀을 진실한 것으로 여기고, 마음이 공정한 이들을 칭찬하고 수희하며 자신만의 이익을 중점적으로 행하는 이들을 뒤에서 비난하는 것과 같다. 그런 연후에 자신을 소중히 여기는 것이 남아 있는 이상은 타인을 소중히 여기는 것이 새롭게 생기지 않고, 생기더라도 흐름이 계속 이어지지 못하기에 자신을 소중히 여기고 타인을 소중히 여기지 않는 마음이 생기지 않도록 자신을 소중히 여기지 않고 타인을 소중히 여겨 타인의 모든 고통과 죄업을 나의 마음 선상에서 받아들이고 자신의 모든 안락과 선근을 타인에게 베풂으로써 자신이 아닌 일체중생이 고통에서 벗어나고 두루 갖춘 안락을 지니도록 내가 하겠다. 또한 지금 나에게 그와 같은 능력이 없다. 능력이 있다면 올바르게 구족하신 부처님께 있기에 내가 어머니인 일체중생을 위해 보배와 같은 올바르게 구족하신 부처님의 경지를 어떻게 해서라도 증득해야 한다. 그와 같이 할 수 있도록 자신의 스승과 본성이 다를 바 없는 주된 본존께서 가피하소서.

라고 간청함에 따라

정수리의 자신의 스승과 본성이 다를 바 없는 주된 본존의 몸의 부분에서 다섯 가지 감로가 빛과 함께 흘러내린다. 자신과 자신이 아닌 일체중생의 몸과 마음에 흡수됨으로써 비롯함이 없는 때로부터 쌓은 모든 죄업과 장애, 특히 *내가 능인왕과 세간의 훌륭한 왕과 같이 타인을 소중히 여기는 보배와 같은 보리심이 생기는 데에* 방해가 되는 모든 죄업과 장애, 질병과 악귀가 함께 청정무구해졌다. 몸은 티없이 맑은 빛의 본성을 지닌 것으로 바뀌었다. 수명과 복덕, 교법과 증법의 모든 공덕이 증장되고 광대해졌다. 특히 *내가 능인왕과 세간의 훌륭한 왕과 같이 타인을 소중히 여기는 보배와 같은 보리심이 생기는* 특별한 요해가 자신과 자신이 아닌 일체중생의 마음에 생겼다.

라고 관상해야 한다.447

---

447 보리심을 익히는 데 있어서 인과칠요결과 자타평등상환법 가운데 어느 쪽을 택하여도 무방하다.

B. 발보리심을 의궤[448]에 의해 수지하는 방법의 두 가지는

A) (보살)계를 수지하지 않은 이가 수지하는 방법 B) 수지하고 나서 쇠퇴하지 않도록 지키는 방법이다.

A) (보살)계를 수지하지 않은 이가 수지하는 방법은

『(대)보리도차제』에서는 원보리심과 보살계를 순서대로 받는 것에 의거하여 말씀하셨지만 시와하〔적천〕의 전통에 따라 동시에 받으면 번거롭지 않고 손쉽다.[449] 그 방법은 공통적인 기초수행도의 순서와 개별적인 순서로 선지식을 의지하는 방법으로부터 보리심에 이르기까지의 본 관상의 대상[450]을 반드시 마음과 합치되게 수습한 연후에 정수리에 자신의 스승과 본성이 다를 바 없는 주된 본존을 수습하는 상태에서

일체중생을 위해 속히 보배와 같은 올바르게 구족하신 부처님의 경지를 증득해야 한다. 그렇게 하기 위해 이 시간부터 시작하여 '보리의 정수精髓'〔부처님의 경지〕에 이르기까지 법왕자계〔보살계〕를 수지

---

448 삼문으로써 문장을 염송하고 마음으로 사유하기를 순서대로 행하는 것을 말한다.

449 『대보리도차제』 등에서는 먼저 원보리심을 의궤에 의해 수지한 다음, 보살계를 수지하는 방법을 해설하고 있으며 『입보리행론』 등에서는 원보리심과 보살계를 동시에 수지하는 방법에 대해 해설하고 있다. 여기서는 후자인 『입보리행론』에서 해설한 것과 같이 한 가지 의궤에 의해 원보리심과 보살계 이 두 가지를 동시에 수지하면 편리하다는 의미이다.

450 선지식을 의지하는 방법에서 사마타와 위빠사나〔觀〕에 이르기까지 각각을 사유하는 것이다.

384

해서 '위대한 행'〔보살행〕들을 익히고 '일체중생을 위해 성불하겠다'
라는 이 마음〔원보리심〕 또한 성불할 때까지 지니겠다.

라고 관상하여 자신의 스승과 본성이 다를 바 없는 능인왕을 따라 반
복해서 염송한다고 확실히 믿는다.

> "모든 부처님과 보살께서
> 저를 마음〔염두念頭〕에 두소서
>
> 예컨대 이전의 선서께서
> 보리심을 일으키는 것과
> 보살의 학처451에 대하여
> 그러한 것을 순서대로 의지하신 것과 같이
>
> 저 또한 중생을 이롭게 하기 위해
> 보리심을 일으키고
> 보살의 학처를
> 순서대로 익히겠나이다"452

---

451 보리심의 동기를 가지고 육바라밀수행과 사섭법수행 등의 보살행을 실천하는
것을 말한다.
452 '부록 Ⅰ. གསོལ་འདེབས་དང་སྨོན་ལམ།간청문과 서원문'의 주註(p.457 註 12)를 참고하기
바란다.

라고 세 번을 읊조림으로써 세 번째가 끝남과 동시에 보살계를 받았다는 확실한 믿음을 낸다.

그런 연후에 (『입보리행론』「제3품」에서는)

"현재 나의 생이 결실이 있고
인간의 생을 잘 성취하였으며
오늘 부처님의 종성으로 태어나
이제 법왕자[보살]가 되었다네

이제 제가 어떻게 해서라도
종성과 일치하는 행위를 시작하여
허물없는 이 성자聖者[대승보살]의 종성을
혼탁하게 하지 않고 그와 같이 행하겠나이다"

라는 환희심을 일으킨다.

B) 수지하고 나서 쇠퇴하지 않도록 지키는 방법은

정수리에 자신의 스승과 본성이 다를 바 없는 주된 본존을 수습하는 상태에서 이와 같이 관상할지니

어머니인 일체중생을 위해 속히 보배와 같은 올바르게 구족하신 부처님의 경지를 어떻게 해서라도 증득해야 한다. 그렇게 하기 위해 보리심의 유익한 공덕을 관상하여 낮에 세 번, 밤에 세 번을 보리심을

기억하고 중생의 입장에서 어떤 행동을 하더라도 나의 입장에서는 한 중생도 마음으로 버리지 않는다. 발보리심이 증장토록 하기 위해 삼보께 공양 올리는 것 등 두 자량을 쌓는 것에 힘써야 한다.

♠ 보리심의 유익한 공덕은

보리심을 마음에 지닌 그 존재에게는 전륜성왕을 호위하는 호법신이 두 배로 호위하는 것과 그에게 포악한 비인非人[453]이 기회를 엿보더라도 기회를 얻지 못하게 되는 것, 또한 다른 존재가 성취하지 못하는 밝은 주문[명주明呪]들도 보리심을 지닌 그 존재는 속히 성취하는 것, 그 존재가 있는 지역에 돌림병과 기근 등이 발생하지 않고 발생하더라도 속히 없어지게 되는 것, 그 보특가라 자신이 (중생)세간인 천신(과 인간)의 예경과 공양의 대상이 되는 것이다. 그것에 대하여 『입보리행론』(「제1품」)에서

"보리심이 생기게 되면 일찰나에
▶윤회의 감옥에 구속된 비참한 이들도
'선서들의 왕자'〔보살〕라고 불리고
(중생)세간인 천신과 인간이 모두 예경하게 된다네◀"

라는 것 등을 말씀하셨기 때문이다. 그밖에 ㉮ 스승 등에게 장난치고

---

453 축생류에 속하는 것과 아귀류에 속하는 것 두 종류가 있다.

웃기기 위해 거짓으로 잔머리를 굴리는 것 ⑭ 다른 이가 선업을 지은
것에 대해 싫어하는 마음을 일으키는 것 ⑮ 대승에 입문한 보살에게
성냄으로써 듣기 싫은 말을 하는 것 ⑯ 이타적 발원이 아닌 것으로써
교활한 행을 하는 것, 즉 사흑법四黑法〔사불선법⑦~⑭〕등의 발보리심
을 쇠퇴하게 하는 원인들을 끊어야 하는 것, 사백법四白法〔사선법〕[454]
을 의지하는 것 등의 발보리심을 증장시키는 원인들을 익혀야 한다.
요약하면 18근본타죄〔18중대계重大戒〕와 46악작〔46경계輕戒〕의 허물
에 의해 언제나 물들지 않는 청정한 보살계를 보리의 정수에 이르기
까지 목숨을 버리는 한이 있더라도 지켜야겠다. 그와 같이 지킬 수
있도록 자신의 스승과 본성이 다를 바 없는 주된 본존께서 가피하
소서.

라고 간청함에 따라

정수리의 자신의 스승과 본성이 다를 바 없는 주된 본존의 몸의 부분
에서 다섯 가지 감로가 빛과 함께 흘러내린다. 자신과 자신이 아닌
일체중생의 몸과 마음에 흡수됨으로써 비롯함이 없는 때로부터 쌓

---

[454] 쫑카빠 대사의 『대보리도차제』에서는 '⑦ 첫 번째 백법은 어떤 중생에게라도,
목숨을 버리는 일이 있거나 심지어 우스개소리를 하기 위해서이거나, 뻔히 알
면서도 거짓말 하는 것을 끊는 것 ⑭ 두 번째 백법은 어떤 중생에게라도 교활
함이 없이 이타적 발원으로써 정직하게 행하는 것 ⑮ 세 번째 백법은 모든 보
살이 부처님과 같다는 생각을 일으키고 그러한 진정한 찬탄을 사방에 알리는
것 ⑯ 네 번째 백법은 자신의 제자들이 대승의 도를 실천 수행하는 것에 들어
가게 하는 것'이라고 말씀하셨다.

388

은 모든 죄업과 장애, 특히 *원보리심과 행보리심을 일으켜서 보살의 학처를 익히는 것에* 방해가 되는 모든 죄업과 장애, 질병과 악귀가 함께 청정무구해졌다. 몸은 티없이 맑은 빛의 본성을 지닌 것으로 바뀌었다. 수명과 복덕, 교법과 증법의 모든 공덕이 증장되고 광대해졌다. 특히 *원보리심과 행보리심을 일으켜서 보살의 학처를 익히는* 특별한 요해가 자신과 자신이 아닌 일체중생의 마음에 생겼다.

라고 관상해야 한다.

② 보리심을 일으켜서 행을 익히는 방법의 두 가지는
A. 법왕자(보살)의 일반적인 행을 익히는 방법 B. 특히 (육)바라밀의 마지막 두 가지를 익히는 방법이다.

A. 법왕자(보살)의 일반적인 행을 익히는 방법의 두 가지는
A) 일과시간에는 어떻게 해야 하는가 B) 여가시간에는 어떻게 해야 하는가의 방법이다.

A) 일과시간에는 어떻게 해야 하는가에는
(A) 관상 준비 (B) 본 관상 (C) 마무리 관상 (이) 세 가지가 있다.

(A) 관상 준비는

"귀의처의 응집, 스승, 주된 본존,

능인왕, 금강지불 (등의 본성을 지닌 분)께 간청하나이다"

라는 이상은 앞과 같다. 그런 연후에

나와 어머니인 일체중생이 심오하고 광대한 법왕자(보살)의 위대한 행들을 법답게 익힐 수 있도록 자신의 스승과 본성이 다를 바 없는 주된 본존께서 가피하소서.

라고 간청함에 따라

정수리의 자신의 스승과 본성이 다를 바 없는 주된 본존의 몸의 부분에서 다섯 가지 감로가 빛과 함께 흘러내린다. 자신과 자신이 아닌 일체중생의 몸과 마음에 흡수됨으로써 비롯함이 없는 때로부터 쌓은 모든 죄업과 장애, 특히 *나와 어머니인 일체중생이 심오하고 광대한 법왕자(보살)의 위대한 행들을 법답게 익히는 것에* 방해가 되는 모든 죄업과 장애, 질병과 악귀가 함께 청정무구해졌다. 몸은 티 없이 맑은 빛의 본성을 지닌 것으로 바뀌었다. 수명과 복덕, 교법과 증법의 모든 공덕이 증장되고 광대해졌다. 특히 *나와 어머니인 일체중생이 심오하고 광대한 법왕자(보살)의 위대한 행들을 법답게 익힐 수 있는* 특별한 요해가 자신과 자신이 아닌 일체중생의 마음에 생겼다.

라고 관상해야 한다.

(B) 본 관상에는

a. 자신의 마음을 성숙[455]하게 하는 육바라밀수행 b. 타인의 마음을 성숙하게 하는 사섭법수행 (이) 두 가지가 있다.

a. 자신의 마음을 성숙하게 하는 육바라밀수행은

a) 보시수행은

정수리에 자신의 스승과 본성이 다를 바 없는 주된 본존을 수습하는 상태에서 이와 같이 관상할지니

어머니인 일체중생을 위해 속히 속히 보배와 같은 올바르게 구족하신 부처님의 경지를 어떻게 해서라도 증득해야 한다. 그렇게 하기 위해

(a) 법보시法布施는

재리와 공경과 명예 등을 돌아보지 않고 법이 부족한 중생들에게 미묘법을 능력이 닿는 한 힘껏 설하는 법보시와, 또한 자신이 법사로 임명된 것이 아니더라도 타인이 부처님의 언교의 문장과 의미를 질문할 때 좋은 마음을 가지고 문장을 가르치는 것과, 내용을 알기 쉽고 철저하게 설하는 것과, 상대방이 그릇이 될 만하다고 알 때에는 만담을 논하는 방식으로 상대방에게 문·사·수 삼혜三慧가 생기게 하고 타인에게 지혜를 얼마나 생기게 하였는가의 정도에 따라 다음

---

455 대치력을 직접 생기게 하고 소멸해야 할 바를 직접 소멸할 수 있는 상태다.

생에 자신에게 그 정도의 지혜가 생기게 된다. 지혜는 법신(을 증득하는) 것의 주된 원인(방편)이기에 성인 루둡(용수)께서는 (『중관보만론』「제1품」에서)

"이 두 가지 (가운데)에서 주된 것은 지혜이니"[456]

라고 말씀하셨다. 따라서 출가자들이 세 가지 보시 가운데에서 주로 법보시를 행해야지 문·사·수 (이) 세 가지와 계율들을 대수롭지 않게 내버리고 갖가지 교활함[457]과 아첨으로 재물을 얻어 보시해야 한다고 하지 않으셨다. 그것에 대하여 『보살별해탈계경དང་རྒྱབ་སེམས་དཔའི་སོ་ཐར་པའི་མདོ།』[458]에서

"사리부여! 선서께서는 출가자가 재물보시를 해야 한다고 하지 않으셨다."

라고 했으며, 쌰라와께서 말씀하시기를

---

456 여기서 두 가지는 신심과 지혜로, 이 두 가지 가운데 더 중요한 것은 지혜라는 의미다. 그 가운데에서도 공성을 요해하는 지혜인데, 그 까닭은 실제로 윤회에서 벗어날 수 있기 때문이라고 곌찹 다르마린첸의 『중관보만론의 정수의 뜻을 명확히 밝힌 것』「제1품」에 해설되어 있다.

457 자신의 허물은 숨기고 공덕을 드러내려고 잔꾀를 부리는 것이다.

458 하고 하지 말아야 할 보살율의에 대해 전도되지 않게 설한 경이다. 티벳장경 불설부 데게까규르 경부와 장까규르 경부에 수록되어 있다

"나는 (출가자) 그대에게 희사의 유익한 공덕을 말하지 않고
(보시)하는 허물을 말하였다"[459]

라고 말씀하셨기 때문이다. 그렇지만 문·사·수 (이) 세 가지와 자신의 계율 등(을 지키는 데)에 해가 되지 않고, 애써 노력하지 않고도 (재물 등이 자연스럽게) 생기면 (삼)보께 공양 올리고 걸인에게 보시하며 법다운 도반들에게 재물로써 도움을 준다면 자신에게 다음 생들에 법을 성취하는 유리한 조건인 의·식·주 등을 매우 어렵게 구할 필요도 없이 애써 노력하지 않고도 생기기 때문에 제지制止하는 핵심을 알아서 보시에 힘써야 한다.[460]

(b) 무외시無畏施는

국왕과 강도와 도적 등의 사람에 대한 두려움과 호랑이, 사자, 독뱀, 새, 맹수 등에 대한 두려움으로부터 보호하는 것과 화재와 수재 등이 발생하는 피해로부터 보호하는 것, 또한 심지어 개미 등이 물에 떠내려가는 것을 그곳으로부터 건져주는 것, 벌레 등이 태양과 불에 의해 불타기 시작하면 선교방편을 써서 그러한 두려움에서 보호하는 것

---

459 문·사·수와 계율을 지키는 일은 등한시하면서 재물 등을 얻기 위해 여러 좋지 못한 일을 도모하지 말라는 의미다.

460 제지制止하는 이유는 문·사·수 이 세 가지를 수습하고 계율을 지키는 일은 등한시하고 재물보시하는 데 힘쓰는 것과 보시하는 것이 상대에게 해가 되는 경우는 못하게 막는다는 의미다. 그러나 문·사·수 이 세 가지를 수습하는 것과 계율을 지키는 것에 방해가 되지 않고 재물 등이 자연스럽게 생긴 것을 보시하는 것은 도움이 된다는 의미다.

들이다.

(c) 재시財施는

빈곤하고 가난한 중생들에게 (이후에 더 많은) 보답과 이숙과에 대한 바람이 없이 인색함을 끊고 적합한 어떤 자구資具를 희사하는 것[461]이 재시다. '만약 재물을 희사한다면 자신이 가난하게 되기에 보시를 할 수 없다'고 생각한다면 '지금 보시하지 않더라도 모든 몸과 목숨과 재물은 물거품과 같이 무상하기에 어느 날 문득 반드시 버려야만 하고 (누구나) 버려야 하는 것은 마찬가지이다. (그렇지만) 지금 보시를 하면 (금생에) 희사한 것이 아무리 적더라도 자신이 다음 생들에서 백 배로 받기에 가난하고 빈곤하게 되지 않는다'고 생각하고 보시해야 한다. 그것에 대하여 『입보리행론』(「제3품」)에서

"일체를 희사하는 것과 더불어
중생들에게 보시하는 것이 으뜸이라네"

라고 했으며, 『본생담 স্লེས་རབས།』[462]에서

---

461 예컨대 출가자에게 술을 보시하는 것은 적합한 시물施物이 아니다. 즉 수행에 있어 도움이 되는 보시를 해야 한다는 의미다.

462 본문의 저본에는 སྐྱེས་པའི་རྣ་ཀྱི་སྐྱེང་པོ་ལེན་པར་གསུངས།으로 되어 있으나 데게뗀규르의 문장과 대조해 보니 སྐྱེས་པས།…로 되어 있었다. 따라서 본 역서에서는 데게뗀규르의 철자를 따랐다. 이 논서는 티벳장경 논소부 데게뗀규르 본생부에 수록되어 있다.

"보시로써 재물(의·식·주)의 진정한 핵심(의미)을 얻어야 한다'고 말씀하셨다네."[463]

라고 말씀하셨기 때문이다. 그밖에 조오(아띠쌰)께서는

"금생보다 다음 생이 길기에 다음 생의 도시락을 위해 재물들을 광산에 묻어 두어라."

라고 했으며, 파담빠[464]께서는

"다음 장소로 갈 때 기본적으로 친구는 도움이 되지 않으니 친구인 도시락[465]은 있는가? 딩리와여![466]"

라고 말씀하신 것과 같이 상사는 보리심의 동기를 가지고, 중사는 일반적인 윤회(의 고통)으로부터 벗어나고자 하는 염리심(의 동기를

---

463 재물보시를 의미있게 좋은 데에 잘 써야 한다는 의미다. 예컨대 구걸하는 자에게 음식을 베풀거나 학교와 병원 등을 건립하는 데 보시하는 것 등이다.

464 이분은 파담빠쌍계로 알려진 분이다. 『둥까르 장학대사전』에 따르면 12세기초 인도에서 티벳으로 오신 대성취자 가운데 한 분이다. 그분이 티벳에 오셔서 '시제ཞི་བྱེད་파'라는 한 법통을 창시하고 성행시킨 것 등의 공적과 명성을 크게 떨치신 분이라 기록되어 있다.

465 보시 등 지은 선업을 말한다.

466 '딩리와'는 주로 티벳의 짱지방에 거주하는 종족의 부류다. 먼 길을 나설 때 반드시 도시락을 지참해서 가는 것과 같이 다음 생의 행복을 위해 반드시 갖추어야 할 선업은 지었는가를 묻는 내용이다.

가지고), 하사는 명확히 더 높은 생의 몸뿐만 아니라 재물에 의한 빈곤함이 없기를 원하는 마음을 가지고 보시에 힘써야 한다. 요약하면 어머니인 일체중생을 위해 속히 보배와 같은 올바르게 구족하신 부처님의 경지를 어떻게 해서라도 증득해야 한다. 그렇게 하기 위해 몸과 재물(만이 아니라) 선근도 함께 음식을 원하는 이에게 음식을, 의복을 원하는 이에게는 의복을, 마실 것을 원하는 이에게는 마실 것을, 주거와 운반도구 등과 큰 배와 다리와 금, 은, 여의보주 등을 원하는 이들에게는 원하는 대로 그것과 그것을 마음으로 만들어서 아낌없이 희사해야 한다. 그와 같이 할 수 있도록 자신의 스승과 본성이 다를 바 없는 주된 본존께서 가피하소서.

라고 간청함에 따라

정수리의 자신의 스승과 본성이 다를 바 없는 주된 본존의 몸의 부분에서 다섯 가지 감로가 빛과 함께 흘러내린다. 자신과 자신이 아닌 일체중생의 몸과 마음에 흡수됨으로써 비롯함이 없는 때로부터 쌓은 모든 죄업과 장애, 특히 *세 가지 종류의 보시수행을 법답게 익히는 것에* 방해가 되는 모든 죄업과 장애, 질병과 악귀가 함께 청정무구해졌다. 몸은 티없이 맑은 빛의 본성을 지닌 것으로 바뀌었다. 수명과 복덕, 교법과 증법의 모든 공덕이 증장되고 광대해졌다. 특히 *세 가지 종류의 보시수행을 법답게 익히는* 특별한 요해가 자신과 자신이 아닌 일체중생의 마음에 생겼다.

라고 관상해야 한다.

희사하고자 하는 마음을 향상시키는 것이 보시수행인 까닭은『대보
리도차제』에서

"보시바라밀의 수행은 실제 물질적인 것을 타인에게 베풀지 못
하더라도 희사하고자 하는 마음을 여러 측면으로부터 일으켜
서 점점 증장시켜 희사해야 한다."

라고 말씀하셨기 때문이다. 그런 연후에

b) 지계수행[467]은
정수리에 자신의 스승과 본성이 다를 바 없는 주된 본존을 수습하는
상태에서

어머니인 일체중생을 위해 속히 보배와 같은 올바르게 구족하신 부
처님의 경지를 어떻게 해서라도 증득해야 한다. 그렇게 하기 위해

○(a) 섭율의계는
십불선 등 (자신이) 서약한 대로 율의와 어긋나는 악행들을 끊고 십

---

467 여기서의 지계수행은 대승보살이 지켜야 할 율의인 삼취정계에 대한 해설
이다.

선에 머무는 것은 섭율의계[468]의 주된 것이다. 그것에 대하여『율분별律分別གུང་རྣམ་འབྱེད།』[469]에서

"말들을 지키고 마음으로 잘 단속하여

몸으로 불선업들을 짓지 않고

이러한 삼업도들을 잘 익히면

선인〔석가모니〕께서 말씀하신 도를 성취하게 된다네"

라고 말씀하셨기 때문이다.

○ (b) 섭선법계는

그밖에 보시 등 육바라밀과 율의 등의 청정한 선이 자신의 마음에 생기지 않은 것은 생기게 하고 생긴 것들은 더욱 증장하도록 해야 한다.

○ (c) 섭중생계〔요익중생계〕는

일체중생도 계율 등의 청정한 선을 지어 성숙도와 해탈도에 안착하도록 해야 한다.[470] 그와 같이 할 수 있도록 자신의 스승과 본성이 다

---

468 계戒이면서 율의律儀인 것을 말한다. 예컨대 출가자의 별해탈계와 같은 것이다.

469 사부비내야 가운데 하나인『율분별』을 말한다. 이 경은 설일체유부의 전통에 따라 비구가 지켜야 할 바 253계와 비구니가 지켜야 할 바 364계에 관하여 해설하고 있다.

470 오도五道 중 자량도와 가행도는 성숙도에, 견도와 수도는 해탈도에 해당하고, 마지막 무학도는 번뇌에서 벗어나 해탈에 이른 도를 말한다. 따라서 성숙도는

를 바 없는 주된 본존께서 가피하소서.

라고 간청함에 따라

정수리의 자신의 스승과 본성이 다를 바 없는 주된 본존의 몸의 부분에서 다섯 가지 감로가 빛과 함께 흘러내린다. 자신과 자신이 아닌 일체중생의 몸과 마음에 흡수됨으로써 비롯함이 없는 때로부터 쌓은 모든 죄업과 장애, 특히 *보살의 삼취정계三聚淨戒인 섭율의계, 섭선법계, 섭중생계〔요익중생계〕를 법답게 익히는 것에* 방해가 되는 모든 죄업과 장애, 질병과 악귀가 함께 청정무구해졌다. 몸은 티없이 맑은 빛의 본성을 지닌 것으로 바뀌었다. 수명과 복덕, 교법과 증법의 모든 공덕이 증장되고 광대해졌다. 특히 *보살의 삼취정계三聚淨戒인 섭율의계, 섭선법계, 섭중생계〔요익중생계〕를 법답게 익히는* 특별한 요해가 자신과 자신이 아닌 일체중생의 마음에 생겼다.

라고 관상해야 한다. 그런 연후에

c) 인욕수행은
정수리에 자신의 스승과 본성이 다를 바 없는 주된 본존을 수습하는 상태에서

해탈도의 원인이며 해탈도는 해탈에 이른 도의 원인이라 할 수 있다.

어머니인 일체중생을 위해 속히 보배와 같은 올바르게 구족하신 부처님의 경지를 증득해야 한다. 그렇게 하기 위해

○(a) 베풂을 악행으로 갚는 이들에게 진에와 악심을 내지 않는 인욕은

일체중생이 원수로 나타나더라도 분노하는 마음을 찰나도 일으키지 않으며, (나를) 해치더라도 도리어 (상대가) 이익을 얻도록 하고, 자신과 자신이 아닌 이들의 마음에 인욕바라밀 등 부처님의 법들을 두루 구족하게 해야 한다. 그밖에

○(b) 어떤 고통이 와도 선행을 중단치 않는 인욕은
『입보리행론』(「제6품」)에서는

　　"한 사형수가 손만 잘려서
　　만약 (사형을) 면할 수 있다면 얼마나 좋을까
　　인간의 고통 정도로써
　　지옥을 면한다면 얼마나 좋을까"

라고 했으며

　　"그밖에 고통의 이로운 점은
　　번민으로써 거만을 쓸어 없애며
　　윤회하는 자에게 연민심이 생기며

죄악을 경계하고 선을 좋아한다네"

라고 말씀하신 것과 같이, 음식과 재물과 주거 등으로 인해 빈곤과 질병 등 원하지 않는 고통이 갑자기 닥쳤을 때 이와 같은 고통을 겪는 것은 이전의 악업을 쌓은 과보다. 이것에 의해 많은 악업이 소멸되어 가기에 싫어해야 할 필요는 없다. 특히 법을 위해 고통이 생기는 것에 인내심을 일으킴으로써 일체지의 도[471]에 가까워지기에 이러한 고통이 생기는 것에 대해 기꺼이 받아들여서 자신과 타인의 윤회와 악도의 고통의 흐름을 끊어야 한다.

○(c) 심오한 진리를 들을 때 두려워하지 않고 믿음과 환희심을 내는 인욕은

그밖에 취사처取捨處[취사의 대상]인 흑백의 업[선악업]의 이숙과와 신심의 대상인 삼보의 가피와 부처님과 보살성현[472]들의 역량은 생각으로는 다 헤아릴 수 없을 만큼 많다. 그리고 실현해야 할 대상은 위없는 보리와 멸성제와 도성제 (이) 두 가지와 두 종류의 무아[보특가라무아와 법무아]와 듣고 사유하는 대상인 십이부경[십이분교]과 보살의 학처들에 대해 확실한 믿음을 일으키면 결실이 매우 크기에 그것에 대하여 확실히 믿고 위없는 보리를 증득하기 위해 십이부경의 의미와 보살의 학처들을 법답게 익혀야 한다. 그와 같이 할 수 있도록 자신의 스승과 본성이 다를 바 없는 주된 본존께서 가피하소서.

---

471 부처님의 경지에 이르는 방편의 도를 말한다.
472 대승의 가행도 이상의 계위에 오른 분들을 말한다.

라고 간청함에 따라

정수리의 자신의 스승과 본성이 다를 바 없는 주된 본존의 몸의 부분에서 다섯 가지 감로가 빛과 함께 흘러내린다. 자신과 자신이 아닌 일체중생의 몸과 마음에 흡수됨으로써 비롯함이 없는 때로부터 쌓은 모든 죄업과 장애, 특히 *세 가지 종류의 인욕수행을 법답게 익히는 것에* 방해가 되는 모든 죄업과 장애, 질병과 악귀가 함께 청정무구해졌다. 몸은 티없이 맑은 빛의 본성을 지닌 것으로 바뀌었다. 수명과 복덕, 교법과 증법의 모든 공덕이 증장되고 광대해졌다. 특히 *세 가지 종류의 인욕수행을 법답게 익히는* 특별한 요해가 자신과 자신이 아닌 일체중생의 마음에 생겼다.

라고 관상해야 한다. 그런 연후에

d) 정진수행은
정수리에 자신의 스승과 본성이 다를 바 없는 주된 본존을 수습하는 상태에서

어머니인 일체중생을 위해 속히 보배와 같은 올바르게 구족하신 부처님의 경지를 어떻게 해서라도 증득해야 한다. 그렇게 하기 위해

○(a) **갑옷정진**[473]은

(삼십이)상과 (팔십)종호 등 부처님의 법[474] 각각을 성취하는 것과 보시 등의 보살의 법(보살행)을 성취하기 위해 팔십중겁을 일대겁, 일천대겁을 하루로 계산하여 삼십일을 한 달로 그와 같이 열두 달을 (한) 해로 계산하여 십만아승지대겁 각각 동안을 무간지옥에 머물러 부처님의 경지를 증득해야 하더라도 정진을 버리지 않고 환희를 일으킨다.

'그렇다면 내가 오랫동안 그 정도로 (윤회에) 머물러 갑옷정진을 실천할 수 없다'라고 생각한다면 우리들이 삼사의 도차제에 매우 힘씀으로써 마음을 익히고, 자타상환하는 마음을 잘 숙련하면 (고통의) 원인인 십불선을 소멸함으로써 과보인 몸에 고통이 생기지 않고 일체법이 자성이 없다는 의미에 정통하게 된다. 그러한 까닭에 마음에 고통이 생기지 않고 몸과 마음에 기쁨과 안락이 증장된다면 윤회에 오랫동안 머물더라도 주눅들거나 의기소침하게 되지 않기 때문이다. 그것에 대하여 『입보리행론』(「제7품」)에서

"죄업을 (완전히) 끊었기에 (몸의) 고통이 없으며

---

473 갑옷정진에 대하여 성인 톡메(무착)의 『보살지菩薩地བྱང་ས།』 등에서는 '정진과 상반되는(게으름) 마음의 두려움들을 잘 끊고서 보리를 증득하기 위해 한량없는 시간을, 끊임없는 자량과 한량없는 고행에 힘써야 하더라도 마음에 두려움이 없이 몸과 마음이 고통스럽지 않고 매우 기쁘게 실천하는 정진을 갑옷정진'이라 말씀하셨다.

474 부처님의 몸(불신佛身)의 공덕, 말씀의 공덕, 마음의 공덕 등을 말한다.

(일체법이 자성이 없다는 의미에) 정통하기에 (마음에) 기쁘지 않음이 없다네"

라고 했으며

"►따라서 모든 피로와 고단함을 없애는◄
보리심의 말을 타고
선도에서 선도로 가게 되는 것[475]에
지견이 있는 자가 (어찌) 의기소침하리요"

라고 말씀하셨기 때문이다. 그밖에 선근의 크기가 얼마가 되었건 일체중생에게 일시적인 이익과 궁극적인 안락을 광대하게 성취하도록 하기 위해 마음속 깊이 회향하면 중생 각각에게 그만큼의 복덕을 얻게 하고, 그것의 선상에서 부처님과 보살들이 가피함으로써 끝없이 증장되어 두 자량을 쉽게 구족하게 되기에 의기소침할 필요가 없다. 그것에 대하여 『중관보만론』(「제5품」)에서

"그와 같이 말한 모든 복덕이
만약 그것이 색성(물질)이라면
강가(갠지스강)의 모래수만큼의

---

[475] 금생에 선도인 인간 등의 몸을 받았을 때 선업을 지어 다음생에도 선도인 인간 등의 몸을 받아 태어나는 것을 말한다.

404

세간계⁴⁷⁶에도 (전부) 채우지 못한다네

그것에 대하여 세존께서 말씀하셨으며
바른 이유도 여기에 있으니
한량없는 중생을
이롭게 하고자 하는 그것도 그와 같다네"

라고 말씀하셨기 때문이다.

○ (b) **섭선법정진**은
따라서 심오하고 광대한 선법을 자신의 마음에 응집시킨다.

○ (c) **섭중생정진**〔요익중생정진〕은
그밖에 (중생을) 선법으로 이끌어서⁴⁷⁷ 위없는 보리를 얻도록 해야
한다. 그와 같이 할 수 있도록 자신의 스승과 본성이 다를 바 없는 주
된 본존께서 가피하소서.

라고 간청함에 따라

정수리의 자신의 스승과 본성이 다를 바 없는 주된 본존의 몸의 부분
에서 다섯 가지 감로가 빛과 함께 흘러내린다. 자신과 자신이 아닌

---

476 남섬부주와 같은 기세간이다.
477 예컨대 십불선과 출가자의 별해탈계를 잘 지키도록 하는 것 등이다.

일체중생의 몸과 마음에 흡수됨으로써 비롯함이 없는 때로부터 쌓은 모든 죄업과 장애, 특히 *세 가지 종류의 정진수행을 법답게 익히는 것에* 방해가 되는 모든 죄업과 장애, 질병과 악귀가 함께 청정무구해졌다. 몸은 티없이 맑은 빛의 본성을 지닌 것으로 바뀌었다. 수명과 복덕, 교법과 증법의 모든 공덕이 증장되고 광대해졌다. 특히 *세 가지 종류의 정진수행을 법답게 익히는* 특별한 요해가 자신과 자신이 아닌 일체중생의 마음에 생겼다.

라고 관상해야 한다. 그런 연후에

e) 선정수행은
정수리에 자신의 스승과 본성이 다를 바 없는 주된 본존을 수습하는 상태에서

어머니인 일체중생을 위해 속히 보배와 같은 올바르게 구족하신 부처님의 경지를 증득해야 한다. 그렇게 하기 위해 ㉮ 본질적인 측면에서 세간의 선정(범부의 선정)과 출세간의 선정(성인의 선정) ㉯ 방면의 측면에서 사마타(止) 방면의 선정과 위빠사나(觀) 방면의 선정 그 두 가지를 쌍운하는 선정[478] ㉰ 역할의 측면에서 금생에 몸과 마음이 안락하게 머무는 선정과 공덕의 토대가 되는 선정[479], 중생을 이롭게 하

---

[478] 사마타(止)와 위빠사나(觀)가 서로서로 힘을 북돋우어 줄 때와 같은 선정을 말한다.

[479] 초선근본정려, 이선근본정려, 삼선근본정려, 사선근본정려 등과 같은 것으로,

는 선정 등의 법왕자〔보살〕의 선정들 모두를 익혀야 한다. 그와 같이 할 수 있도록 자신의 스승과 본성이 다를 바 없는 주된 본존께서 가피하소서.

라고 간청함에 따라

정수리의 자신의 스승과 본성이 다를 바 없는 주된 본존의 몸의 부분에서 다섯 가지 감로가 빛과 함께 흘러내린다. 자신과 자신이 아닌 일체중생의 몸과 마음에 흡수됨으로써 비롯함이 없는 때로부터 쌓은 모든 죄업과 장애, 특히 *세 가지 종류의 선정수행을 법답게 익히는 것에* 방해가 되는 모든 죄업과 장애, 질병과 악귀가 함께 청정무구해졌다. 몸은 티없이 맑은 빛의 본성을 지닌 것으로 바뀌었다. 수명과 복덕, 교법과 증법의 모든 공덕이 증장되고 광대해졌다. 특히 *세 가지 종류의 선정수행을 법답게 익히는* 특별한 요해가 자신과 자신이 아닌 일체중생의 마음에 생겼다.

라고 관상해야 한다. 그런 연후에

f) 지혜수행은
정수리에 자신의 스승과 본성이 다를 바 없는 주된 본존을 수습하는 상태에서

오안, 육신통, 자량도, 견도, 수도 등을 성취하는 토대가 되는 선정을 말한다.

어머니인 일체중생을 위해 속히 보배와 같은 올바르게 구족하신 부처님의 경지를 증득해야 한다. 그렇게 하기 위해 ㉮ 실상〔공성〕을 아는 승의제를 요해하는 지혜 ㉯ 오명인 세속제를 요해하는 지혜 ㉰ 중생을 이롭게 하는 방법을 요해하는 지혜 등의 법왕자〔보살〕의 모든 종류의 지혜를 익혀야 한다. 그와 같이 할 수 있도록 자신의 스승과 본성이 다를 바 없는 주된 본존께서 가피하소서.

라고 간청함에 따라

정수리의 자신의 스승과 본성이 다를 바 없는 주된 본존의 몸의 부분에서 다섯 감로가 빛과 함께 흘러내린다. 자신과 자신이 아닌 일체중생의 몸과 마음에 흡수됨으로써 비롯함이 없는 때로부터 쌓은 모든 죄업과 장애, 특히 *세 가지 종류의 지혜수행을 법답게 익히는 것에* 방해가 되는 모든 죄업과 장애, 질병과 악귀가 함께 청정무구해졌다. 몸은 티없이 맑은 빛의 본성을 지닌 것으로 바뀌었다. 수명과 복덕, 교법과 증법의 모든 공덕이 증장되고 광대해졌다. 특히 *세 가지 종류의 지혜수행을 법답게 익히는* 특별한 요해가 자신과 자신이 아닌 일체중생의 마음에 생겼다.

라고 관상해야 한다.

b. 타인의 마음을 성숙하게 하는 사섭법수행은
정수리에 자신의 스승과 본성이 다를 바 없는 주된 본존을 수습하는

408

상태에서

어머니인 일체중생을 위해 속히 보배와 같은 올바르게 구족하신 부처님의 경지를 증득해야 한다. 그렇게 하기 위해『경장엄론』에서는

 "㉠ 보시수행과 상응하는 것〔보시섭布施攝〕 ㉡ 그것을 강설하는
 것〔애어섭愛語攝〕 ㉢ 실천 수행하도록 하는 것〔이행섭利行攝〕
 ㉣ 자신도 일치되게 실천하는 것〔동사섭同事攝〕을⁴⁸⁰
 애어섭과 이행섭과
 동사섭(의 의미)라 주장하신다네"

라고 말씀하신 것과 같이, 교화할 대상에게 필요한 자구資具를 보시함으로써 은혜 아래로 들어오게 하여 권속을 모아⁴⁸¹ 전도되게 말하는 이들을 경교와 논증으로써 굴복시켜 계승하는 측면에서 '애어섭'과 설법의 의미를 (타인으로 하여금) 실천 수행하게 하는 '이행섭'과 타인에게 설하는 것과 같이 자신도 실천 수행하는 '동사섭'이니 이타

---

480 제1, 2구의 의미에 대하여 웰망 꾄촉곌첸의『경장엄소 불교왕의 꽃짜짜즁ᇂ짜짜 ᇂᇫᇭᇭᇭᇭᇭᇭ짜짜짜ᇫᇭᇭᇭ』에 따르면 ㉠ '보시수행과 상응하는 것', 즉 보시섭布施攝은 앞의 육바라밀의 보시수행과 같은 의미이다. ㉡ '그것을 강설하는 것'은 보살행을 실천하는 방법 등을 전도되지 않게 강설하는 것으로, 애어섭愛語攝을 ㉢ '실천 수행하도록 하는 것'은 타인으로 하여금 선법을 실천 수행하도록 하는 것으로, 이행섭利行攝을 ㉣ '자신도 일치되게 실천하는 것'은 자신도 타인에게 설한 것과 일치되게 실천하는 것으로, 동사섭同事攝을 가리킨다고 한다.
481 은혜를 입은 것으로 인해 자연히 고분고분 따르게 된다는 의미다.

를 행하는 이 훌륭한 방편들을 의지하여 일체중생을 성숙도와 해탈도에 안착시켜야 한다. 그와 같이 할 수 있도록 자신의 스승과 본성이 다를 바 없는 주된 본존께서 가피하소서.

라고 간청함에 따라

정수리의 자신의 스승과 본성이 다를 바 없는 주된 본존의 몸의 부분에서 다섯 가지 감로가 빛과 함께 흘러내린다. 자신과 자신이 아닌 일체중생의 몸과 마음에 흡수됨으로써 비롯함이 없는 때로부터 쌓은 모든 죄업과 장애, 특히 *사섭법수행을 법답게 익히는 것에* 방해가 되는 모든 죄업과 장애, 질병과 악귀가 함께 청정무구해졌다. 몸은 티없이 맑은 빛의 본성을 지닌 것으로 바뀌었다. 수명과 복덕, 교법과 증법의 모든 공덕이 증장되고 광대해졌다. 특히 *사섭법수행을 법답게 익히는* 특별한 요해가 자신과 자신이 아닌 일체중생의 마음에 생겼다.

라고 관상해야 한다.

(C) 마무리 관상은
앞과 같다.

B) 여가시간에는 어떻게 해야 하는가는
여가시간에도 심오하고 광대한 법왕자〔보살〕의 위대한 행을 설하는 불경을 주석서와 함께 보는 것 등은 앞과 같다.

B. 특히 (육)바라밀의 마지막 두 가지를 익히는 방법의 두 가지는

A) 선정수행인 사마타(止)를 익히는 방법 B) 지혜수행인 위빠사나
(觀)를 익히는 방법이다.

A) 선정수행인 사마타(止)를 익히는 방법의 두 가지는

(A) 일과시간에는 어떻게 해야 하는가 (B) 여가시간에는 어떻게 해
야 하는가의 방법이다.

(A) 일과시간에는 어떻게 해야 하는가에는

a. 관상 준비 b. 본 관상 c. 마무리 관상 (이) 세 가지가 있다.

a. 관상 준비는

공통적인 기초수행의 차제와 개별적인 하사와 중사의 마음을 익히
는 것과 그밖에 『경장엄론』에서는

> "지견이 있는 이가 실천 수행할 곳이 어디인가
> 생필품을 구하기 용이한 좋은 장소와
> 지기地氣가 좋은 장소, 좋은 도반,
> 유가수행에 용이한 자구資具(생필품)가 있는 곳이라네"482

---

482 아사리 익볜(세친)의 『경장엄론經莊嚴論 해설서མདོ་སྡེའི་རྒྱན་གྱི་འགྲེལ་པ།』에서는 '㉮ 가
사와 탁발 등 생필품을 구하기 용이한 장소 ㉯ 도둑 등 나쁜 사람의 침입이 없

라고 말씀하신 것과 같이 지기가 좋은 장소와 좋은 도반, 마음에 드
는 좋은 장소와 청정한 계율에 머물러서, 많은 사람들과 매우 빈번하
게 친근회합하는 곳과 (오)욕락을 갈망하는 거친 분별망상들을 끊고
소욕지족하는 곳에 머물러서 편안한 방석에 몸(의 척추)를 펴서 곧
게 세우고, 다리는 금강가부좌와 두 손은 등인인等引印과 함께 기운
을 고르게 하는 것 등 사마타(止)를 성취하는 각종 원인(방편)들을 의
지하는 것을 선행해야 한다.

b. 본 관상은

사마타(止)를 성취하는 많은 수습의 대상들을 말씀하셨지만 주로 부
처님(의 공덕)을 수념하는 것이 으뜸인 것과 밀교의 본존유가[483]를
수습하는 그릇이 되는 것 등 여러 가지 목적이 있기에 부처님의 몸
(불신佛身)을 (수습)대상으로 하는 것이 좋다. 그 방법은 ㉮ 정수리의
자신의 스승과 본성이 다를 바 없는 주된 본존의 가슴에서 거미줄처
럼 뻗어나온 빛의 끝자락에, 갖가지 (색) 연꽃좌대와 둥근 해방석과
달방석(이 있다. 그 위)에, 몸 빛깔은 순금과 (같고 정수리에는 육계

는 거처 ㉯ 병에 걸리지 않는 지기가 좋은 장소 ㉰ 계율이 청정하고 견해가 바
른 도반 ㉱ 유가수행을 용이하게 할 수 있는 장소로서 낮에 소란스럽지 않고 더
럽지 않은 장소와 밤에 고성高聲이 없는 장소, 이러한 환경들이 수행에 유리한
조건이다'라고 말씀하셨다. 이 논서는 티벳장경 논소부 데게텐규르 유식부에
수록되어 있다.

483 본존유가는 쌍와뒤빠(밀집密集), 데촉(승락勝樂), 도제직제(대위덕大威德) 등 밀교
의 본존을 수습하는 삼매를 말한다. 자신이 본존의 본성으로 바뀌었다고 사유
하고 수습하는 것이다.

412

정상이 있으며, 하나의 입과 두 손이 있으며, 오른손은 항마촉지인을 하고, 왼손은 등인인을 한, 바로 위에 감로가 가득찬 발우를 지녔으며, 몸에는 적황색을 띤 세 벌의 가사를 여법하게 수하고 삼십이상과 팔십종호로 장엄된 티없이 맑은 빛의 본성을 지닌 이 분의 몸에서 생긴 빛 무더기의 중앙에 양발은) 금강가부좌로 앉은, 굵은 콩(크기) 정도의 승리자 쌰꺄능인〔석가모니〕께서 자신의 배꼽 정면의 허공에 나투어 계신다고 마음을 오롯이 집중시켜서 수습하도록 한다. 아니면 ⑭ 정수리의 자신의 스승과 본성이 다를 바 없는 주된 본존의 몸으로부터, 한 개의 연유등에서 두 개로 분리되는 방식으로 나툰 제2의 몸 하나가 자신에게 흡수됨으로써 자신이, 여덟 마리 큰 사자가 받쳐 든 높고 넓은 보배 법좌(가 있고 그) 위의 갖가지 (색) 연꽃좌대와 둥근 해방석과 달방석 (위)에, 몸 빛깔은 순금과 같고 (정수리에는 육계정상이 있으며, 하나의 입과 두 손이 있으며, 오른손은 항마촉지인을 하고, 왼손은 등인인을 한, 바로 위에 감로가 가득찬 발우를 지녔으며, 몸에는 적황색을 띤 세 벌의 가사를 여법하게 수하고 삼십이상과 팔십종호로 장엄된 티없이 맑은 빛의 본성을 지닌 이 분의 몸에서 생긴 빛 무더기의 중앙에 양발은) 금강가부좌로 앉은, 승리자 쌰꺄능인〔석가모니〕의 (모습으로 바뀌어), 허공의 무지개와 같이 현현하지만 자성이 없다고 마음을 오롯이 집중시켜 수습하도록 한다. 그때 노랑색을 수습하려 하나 빨강색 등이 떠오르는 것과 앉아 있는 모습을 수습하려 하나 서 있는 모습이 떠오르는 것과 하나를 수습하려 하나 여러 개가 떠오르는 것 등(의 현상)이 생기면 그러한 것들을 따라가지 말고 근본 수습대상에 마음을 오롯이 집중시켜 수습하도록 한다. 또한 처음부터 마음속에 티없이 맑은 빛의 본성을 지닌 그 자체를 또렷하게 떠올리지는 못하더라도 부처님의 몸〔불신佛身〕의 영상映像〔이미지〕[484]이 반쯤이라도 떠오르는 것에 오롯이 집중하여 수습하도록 한다. '또한 이 정도의 시간 동안에 혼침昏沈[485]과 도거掉擧[486]가 전혀 생기지 않도록 하고 만약 생긴다면 즉시 끊겠다'는 강한 염원을 내어서 마음이 수습대상에 오롯이 집중하는 그 자체를 마음의 대상경계라는 것을 잊어 버리지 않도록 때때로 떠올리고 떠올려서 그 심식의 흐름을 지속시켜 가는 것은 초학자가 주심住心〔사마타〕을 성취하는 수승한 방편이다. 굵은 콩 크기 정도의 '선서의 몸'〔불신佛身〕에 마음이 집중되지 못하면 엄지손가락 한마디 전체의 길이 정도와 (만약) 그것에도 마음이 집중되지 못하면 주먹 전체 크기 정도[487]에 마음이 집중되도록 한다. 또한 마음속에 우선 머리와 두 손과 양발과 몸의 복부 등의 부처님의 몸〔불신佛身〕의 영상映像〔이미지〕이 반쯤 떠오르는 것에 만족해서 마음이 집중되도록 한다. 그것에 마음이 집중된다면 때때로 머리의 정수리로부터 차례대로 아

---

484 마음속에 떠오르는 영상映像〔이미지〕이다. 예를 들면 자신이 예전에 자주 참배했던 사찰에 모셔진 불상 등이 마음에 떠오르는 것과 같은 것이다.

485 쫑카빠 대사의 『대보리도차제』에서는 '심식이 수습대상을 취할 때 지나치게 느슨하게 놓아서 수습대상이 선명하지 못한 것은 혼침의 개념'이라고 말씀하셨다.

486 곌찹 다르마린첸의 『대승아비달마집론 다르마린첸주소』에서는 '도거는 탐착의 범주에 속하며, 이전에 집착한 것과 즐겼던 놀이 등 심식이 대상경계로 치달리는 것은 도거의 개념이다. 이것은 사마타를 성취하는 것을 방해한다'고 말씀하셨다.

487 주먹을 쥔 상태, 즉 다섯 손가락을 붙인 전체 길이 정도다.

래로 떠올리고 때때로 연꽃좌대, 달방석으로부터 차례대로 위로 또
렷하게 떠올려서 마음을 들고 놓는 것을 알맞게 하여⁴⁸⁸ 수습대상을
선명하게 확정 지은 상태에서 오롯이 집중하여 두는 것이 매우 중요
하다. 그것에 대하여 (만약) 그와 같지 않으면 선대의 어떤 이는 (대
성취자) 싸라하께서

> "꼰 실로 묶은 마음 그 자체를 (조금)
> 느슨하게 하면 (혼침과 도거 등 삼매의 허물에서) 벗어나는 것
> 에 대해 의심의 여지가 없다네"

라고 말씀하신 것을 근거로 너무 지나치게 느슨하게 놓음으로써 미
세한 혼침에 든 것을 알아차리지 못했다. 후대의 어떤 이는 '제 닥니
첸뽀'〔쫑카빠〕께서

> "강한 억념과 (수습대상을) 힘있게 취하는 방식이 생기도록 해
> 야 한다."

고 말씀하신 것을 근거로 지나치게 들고 애씀으로써 안주분을 얻지
못했다. 그것에 대하여 아사리 쩬다고미⁴⁸⁹께서

---

488 지나치게 마음을 들고 애쓰거나 지나치게 마음을 느슨하게 놓지도 말고 마음
  을 편안하게 가져야 한다는 의미다.
489 인도의 나렌다의 대학승이다.

"너무 들고 애쓰게 되면 도거가 생기게 되고

그것을 느슨하게 놓으면 혼침이 생기며

이것의 알맞기를 균등하게 하기 어려우면

이것 때문에 마음이 혼란스럽게 되기에 어떻게 한단 말인가?"

라고 말씀하셨기 때문이다. 또한 몇몇 사람들의 부류는 '부처님의 몸〔불신佛身〕 등의 수습대상보다 마음을 수습대상으로 해서 수습하면 떠올리기가 쉽기 때문에 그러한 방법은 좋은 것이 오기를 바라는 것과 나쁜 것이 생길까 의심하는 모든 분별망상을 끊고 마음에서 어떤 조작도 하지 않고 억념을 아주 선명하게 일으켜서, 그것에 마음을 집중시켜 마음이 수습대상에 집중하겠다'고 생각해서 억념 그 자체 이외의 어떤 다른 대상경계에도 새롭게 분별하지 않고, 억념 그 자체를 선명하게 둔다. 다른 대상경계의 분별망상이 떠오르면 즉각즉각 끊고서 이전의 수습대상〔억념〕의 선상에서 하나의 억념 위에 하나를 더하여 두는 것은[490]

"또한 검劍을 잘 다루는 자와 같이

어떤 분별망상이 생기자마자 즉각즉각 끊고

끊고 난 뒤에 머무는 그때

억념을 놓치지 않고 편안하게 가지는 것과

---

[490] '마음이 수습대상에 집중토록 하겠다'라는 것 외에 다른 어떤 대상경계에도 마음이 흩어지지 않고 마음이 흩어지는지를 거듭거듭 떠올리고 떠올리는 것을 말한다.

온통 들고 애쓰는 것에서 편안하게 가지는 것
마음을 둘 곳은 거기에 있다네"

라고 말씀하신 고견高見이다. 이와 같이 초학자가 주심住心〔사마타〕을 성취하는 방편인 것과 마음의 세속제를 소개하는 것이지, 마음의 구경의 실상實相을 소개하는 방식이 아니다. 그것에 대하여

"초학자가 주심住心〔사마타〕을
성취하는 희유한 선교방편과
마음의 세속제를 소개하는 방식
이라고 최끼곌첸께서 말씀하셨다네"⁴⁹¹

라고 말씀하셨기 때문이다. 따라서 마음에 떠올려서 수습하는 방법이 자체는 『(대)보리도차제』에서도 말씀하셨다. 억념과 정지를 간단없이 의지하는 방법에 정통한 자체는 어떻게 삼매를 성취하더라도 가장 중요한데, 그것에 대하여 『보리도차제약론』(『중보리도차제』)에서 말씀하시기를

"부처님의 몸〔불신佛身〕 등의 다른 수습대상을 두지 않고 마음이 분별하지 않는 정도를 지속시키더라도, '마음이 어떤 대상경계에도 분별하지 않고 두겠다'라고 떠올려서 그런 연후에 마음이

---

491 제4대 뻰첸라마 롭상최끼곌첸의 『질문서 순백의 이타적 발원의 답변서 롭상(닥빠)가 미소 짓는 음성』의 게송이다.

흩어지지 않고 흔들리지 않도록 하며 흔들리지 않게 하는 것도 수습대상을 잊지 않는 억념과 같은 의미이기에 억념을 지속시켜 가는 방법에서 벗어나지 않기 때문이다. 그와 같이 수습하는 것에 의해서도 수습대상을 틀림없이 확정 짓는 분별심식[492]의 힘이 생기는 억념을 의지해야 한다."

라고 말씀하셨기 때문이다. 그렇다면 억념의 개념은 무엇인가라고 하면, 수습대상인 것 모두 그 자체를 잊지 않고 자신의 마음을 수습대상과 익숙하게 하거나[493] 부합하게 하는 것이다. 그것에 대하여 『대승아비달마집론』에서는

"억념은 무엇인가 하면 익숙한 사물에 대해 마음으로 잊지 않게 하는 것이니 역할은 조금도 산란하지 않게 하는 것이다."

라고 말씀하셨기 때문이다. 요약하면 청정한 삼매 하나를 수습하면 (지존 잠빠〔미륵〕의 『변중변론』에서는)

"다섯 가지 과실을 끊는 여덟 가지 대치를
의지하는 원인으로부터 생긴 것이라네"

---

492 분별심식은 의심을 여읜 측면에서 자신의 수습대상을 틀림없이 확정 짓는〔요해하는〕 심식을 말한다.
493 마음에 수습대상을 잊지 않고 거듭거듭 떠올리는 것이다.

418

라고 말씀하신 것과 같이 이것의 다섯 가지 과실은 ㉮ 게으름 ㉯ 교계를 잊어 버리는 것 ㉰ 혼침과 도거 (이) 두 가지를 하나로 (계산)하는 것 ㉱ 대치를 실행하지 않는 것 ㉲ 대치를 실행하는 것들이다. 그것에 대하여 (지존 잠빠(미륵)의)『변중변론』에서

> "게으름과 교계들을
> 잊어버리는 것과 혼침과 도거와
> 대치를 실행하지 않는 것과 대치를 실행하는 것,
> 이러한 것을 다섯 가지 과실로 든다네"

라고 말씀하셨기 때문이다. 또한 다섯 가지 과실을 끊는 대치를 실행하는 여덟 가지를 의지하는 측면에서 (사마타(止)를) 성취(하는 방편을 간구) 해야만 하는 까닭은 또한

㉮ 삼매를 (수습할) 준비를 할 때 게으름이 과실이기에 그것의 대치로는 네 가지니 ㉠ 삼매의 공덕을 보는 신심 ㉡ 삼매를 희구하는 염원 ㉢ 삼매에 힘쓰는 정진 ㉣ 힘쓴 결과인 경안이다.

㉯ 삼매에 정진할 때 교계를 잊어 버리는 것이 과실이기에 그것의 대치로는 억념이니, 억념 또한 수습대상을 잊어 버리지 않는 것 하나만으로는 충분하지 않으니 마음이 수습대상에 오롯이 집중하여 심식을 강하게 한 단단한 수습대상을 틀림없이 확정 짓는 분별심식을 지니도록 한다.[494]

㉰ 삼매에 균등하게 머물 때[495]에 혼침과 도거 (이) 두 가지가 과실이기에 그것의 대치로는 정지이니, 정지가 혼침과 도거가 생기는가, 생기지 않는가를 잘 관찰하기에 상근기는 혼침과 도거가 생기기 시작할 때 알아차리고 끊을 수 있으며, 중근기는 생기자마자, 하근기도 혼침과 도거가 생기고 나서 오래지 않아 알아차려서 끊어야 한다. 그렇다면 '혼미昏迷와 혼침昏沈' (이) 두 가지의 차이는 어떠한가 하면, 수습대상이 선명하지 않는, 몸과 마음이 무거운 성질을 지니는 것은 혼미다. 혼미라면 어리석음의 범주에 속한다. 마음에 어둠이 내린 것과 같은 것과 마음이 수습대상 외에 다른 데로 흩어지지 않더라도 청정분[496]과 선명분이 없는 억념의 힘이 약하게 된 것은 거친 혼침이며, 청정분과 또렷하게 현현하는 부분이 있더라도 단단한 수습대상을 틀림없이 확정 짓는 분별심식에서 조금 약하게 된 것은 미세한 혼침이다. 그러한 것들의 대치로는 삼보의 공덕을 수념하는 것과 떠오르는 표상[497]을 다른 대상경계에 흔들리지 않게 다잡는 것과 기운과 심식이 허공과 혼합된 교계들을 (수습해야) 한다.

---

494 마음이 자신의 수습대상에 기운을 지나치게 쓰는 정도가 있으면 그 마음에 용쓰는 정도가 있다고 한다. 여기서 용쓰는 정도는 느슨한 정도와 상반되는 개념이다.

495 마음이 보특가라무아와 법무아의 의미를 사유하여 마음이 오롯이 수습대상에 집중하는 것을 말한다.

496 청정분은 마음이 티없이 맑은 부분을 말하며, 심식이 흐리멍텅하지 않아서 혼침과 도거가 없는 상태를 말한다.

497 햇빛이 훤히 비칠 때 사물이 아주 선명해 보이는 것과 같은 것을 수습하는 것을 말한다.

♠ 기운과 심식이 허공과 혼합된 교계는

'자신의 배꼽 정면에 종달새 알만한 (위)백색과 (아래)붉은색 동글 동글한 것[498] 하나가 있는 것이 정수리로부터 완전히 벗어나서 텅빈 허공과 구분이 없는 것으로 바뀐 그것에 오롯이 집중하여 균등하게 머무는 것이 허공의 문을 여는 법성〔공성〕과 심식이 혼합된 것과 같 다'고 말씀하셨다. 심식이 수습대상에 흔들림 없이 머물지 않고 조금 흩어지는 것은 미세한 도거다. 그것의 대치로는 억념과 정지를 의지 해서 수습하는 것이다. 억념과 정지를 의지하더라도 머물지 못하고 집착의 대상경계들에 마음이 흩어지는 것은 거친 도거다. 그것의 대 치로는 무상과 삼악도와 윤회의 고통을 수습하는 것과 도거를 즉각 즉각 끊는 교계들을 수습하는 것이다. 도거를 즉각즉각 끊는 교계는 '호흡을 안팎으로 들이쉬고 내쉬는 것 하나하나를 호흡 하나하나로 (계산)하여 다섯 번 정도까지 흔들리지 않도록 수습한다. 그런 연후 에 열 번 정도와 열다섯 번 정도, 스물다섯 번 정도로 점점 더욱 늘려 서 흔들리지 않도록 수습하거나 아니면 백색 상행기운를 두 콧구멍 으로부터 끌어당겨서 아래로 지긋이 눌러 내린다. 노랑색 하행기운 은 위로 끌어당겨서 배꼽에 합쳐서 항아리를 간직한 (것과 같은) 방 식으로 수습한다'고 말씀하셨다.

㉡ 혼침과 도거 (이) 두 가지가 생길 때 대치를 실행하지 않는 것은

---

498 본성은 자신의 마음이고 드러나는 상은 빛과 같으며 색깔의 반은 흰색, 반은 붉은색인 동글동글한 알과 같은 것이다.

과실이기에 그것의 대치로는 혼침과 도거가 생기자마자 알아차려서 끊어야 하는 것이다. 또한 심식이 수습대상에 지나치게 심식이 강함이 있는 선명분이 있더라도 도거의 힘이 더 강하기에 안주분을 얻기 어렵다. 지나치게 들고 애쓰지 않고 조금 느슨하게 놓으면 안주분이 있더라도 혼침의 힘이 더 강하기에 선명분을 얻기 어렵다. 따라서 자신의 경험에 비추어서 '심식을 이 정도쯤 높이면 도거가 생기더라'라는 것에서 조금 느슨하게 놓는다. '심식을 이 정도쯤 느슨하게 하면 혼침이 생기더라'라는 것에서 조금 정도를 높이는 그것이 알맞게 한 것이다. 그 두 가지의 경계선에서 (마음이 오롯이 한 생각으로 집중되지 못하고 바깥 경계로) 흩어질 때 도거로부터 마음을 모아서 안주분을 찾아야 한다. 언제라도 안주분이 생길 때 혼침을 경계해서 심식이 강한 선명분을 이끌어야 한다. 그 두 가지[499]를 번갈아 지속시켜 허물이 없는 삼매를 얻어야지, 수습대상을 틀림없이 확정 짓는 분별심식(의 수습대상)을 취하는 방식을 강하게 한, 선명분이 없는 청정한 정도에 대하여 굳게 믿어서는 안 된다.[500]

㉲ 그와 같이 미세한 혼침과 도거마저 끊고서 마음이 삼매에 간단없이 집중되는데도 불구하고 대치를 실행하는 것은 과실이기에 그것의 대치로는 대치를 실행하지 않고 균등하게 두는 것이다.

---

499 안주분과 선명분을 가리킨다.
500 여기에서 오직 하나에 집중하여 머무는 정도면 되겠지 생각하고 그대로 수습해서는 안 된다는 의미이다.

그와 같은 방식으로 잘 지속시킴으로써 구주심을 순서대로 성취해서 몸과 마음의 경안이 있는 사마타[止]를 성취하게 된다.

c. 마무리 관상은
앞과 같다.

(B) 여가시간에는 어떻게 해야 하는가는
여가시간에도 사마타[止]의 체계를 설하는 불경을 주석서와 함께 보는 것 등은 앞과 같다.

B) 지혜수행인 위빠사나[觀]를 익히는 방법의 두 가지는
(A) 일과시간에는 어떻게 해야 하는가 (B) 여가시간에는 어떻게 해야 하는가의 방법이다.

(A) 일과시간에는 어떻게 해야 하는가에는
a. 관상 준비 b. 본 관상 c. 마무리 관상 (이) 세 가지가 있다.

a. 관상 준비는
'사마타[止]편'에서 해설한 것과 같다. ㉮ 특히 정통한 선지식을 법답게 의지하는 것으로부터 위빠사나[觀]의 교계를 듣는 것 ㉯ 자신의 스승과 본성이 다를 바 없는 주된 본존이라 여겨서 강한 염원으로써 간청하는 것 ㉰ (복덕을) 쌓고 (죄업과 장애를) 소멸하는 것에 힘쓰는 것 등 (이) 세 가지를 (하나로) 결합하는 것은 (공성의) 견해를 요해하는 준비〔가행加行〕에 있어 없어서는 안 되는 것과 같다.

b. 본 관상의 방법의 두 가지는

a) 보특가라무아를 확정 짓고 나서 수습하는 방법 b) 법무아法無我를 확정 짓고 나서 수습하는 방법이다.

a) 보특가라무아를 확정 짓고 나서 수습하는 방법은

'승리자의 언교'에서 '무아를 확정 짓는 여러 가지 바른 이유〔논증〕의 종류'를 말씀하셨지만 초학자들은 네 가지 핵심의 측면에서 확정 지으면 쉽게 떠오르기 때문에 그 방법은

○(a) 부정할 바의 현현顯現하는 방식을 요해하는 핵심은

우리들이 깊은 수면 상태에서도 '나' '나'라고 심장〔마음〕 한가운데에서 견고하게 마음으로 고집하는 것이 구생아집[501]이다. 또한 '자신이 그와 같은 잘못을 하지 않았는데도 다른 한 사람이 당신이 이러이러한 것과 같은 잘못을 했다'고 뒤집어씌우면 '내가 그와 같은 잘못을 하지 않았는데도 이와 같이 뒤집어씌운다'라고 ㉮ '나' '나'라고 심장〔마음〕 한가운데에서 견고하게 떠오를 때 구생아집이 '나'를 고집하

---

[501] 분석과 사유에 의존하지 않고 이전에 익숙한 것으로 인해 자신도 모르게 저절로, 자성으로 존재하는 '나'가 있다고 고집하는 것을 구생아집이라 한다. 예컨대 항아리가 자성으로 존재하는가, 존재하지 않는가를 분석과 사유에 의존하지 않고 이전부터 익숙해진 것으로 인해 자신도 모르게 자성으로 존재한다고 고집하는 것과 같은 것이다.

는 방식이 분명하게 있다. 그때 ⓘ 심식의 미세한 부분이 그 마음〔구
생아집〕이 '나'는 어디에 있다고 고집하는가, 어떤 방식으로 고집하는
가를 자세하게 살펴야 한다. 또한 그 후자가 힘이 더 강하면 그 전자
는 사라져서 텅빈 하나 외에 어떤 생각도 나지 않기에 (자신의) 심식
의 상당 부분이 나다라는 마음 그 자체를 연이어 일으켜서 심식의 한
미세한 부분을 세밀히 살펴야 한다. 그와 같이 세밀히 살폈을 때 구
생아집이 '나'가 있다고 고집하는 곳은 자신의 오온과, 몸과 마음
(이) 두 가지 외에 다른 것이 아니며 오온 각각과 몸과 마음 (이) 두
가지 각각의 선상에서도 아니고 오온의 무더기 정도와 몸과 마음
(이) 두 가지 무더기 정도가 아닌 밤메와[502]의 선상에서 분별로써 인
식한 정도가 아닌, 애당초부터 견고하게 존재하는[503] 하나의 '나'가
있다고 고집하는 것은 구생아집이 '나'를 고집하는 방식이다. 그것의
감수경의 '나' 그것[504]은 부정해야 할 부정할 바이기에 다른 이가 해
설한 것을 (대략적으로) 이해하는 것과 일반적인 문장 정도가 아닌
자신의 마음의 선상에서 (티끌만한 분별도 붙지 않는,) 있는 그대로
확정 지어야 한다. 그것은 첫 번째 부정할 바의 현현顯現하는 방식을
요해하는 핵심이다.

---

502 있기는 있지만 '이것'이라고 분명히 드러내어 말하기 어려운 것, 즉 '이것'이라
고 명확히 지목할 만한 것이 없는 것을 말한다.

503 '자성으로 존재하는'과 같은 의미다.

504 티벳의 논리학에서는 주요 논점이 되는 대상을 논할 때 그 대상에 「그것( )」과
같은 지시대명사가 필수적으로 붙는 경향이 있다. 본서에서는 그러한 티벳의
논리학적 특징을 되도록이면 그대로 살려 옮겼다.

(b) 충분(조건)을 요해하는 핵심은

나다라고 심장(마음) 한가운데에서 견고하게 고집하는 그 마음(구생아집)이 고집하는 것과 같은 '나' 그것이 오온의 선상에서 존재한다면(오온이 나라고 한다면) 오온과 하나로 존재하거나 다른 것으로 존재해야만 한다. 존재하는 방식은 그 두 가지 외에 다른 제3의 존재방식이 아예 있을 수 없다는 것은 어떤 어떤 법이라 하더라도 하나의 방식으로 존재하거나 아니면 다른 방식으로 존재해야만 한다. 존재방식 그것은 그 두 가지 외에 다른 제3의 존재방식은 아예 있을 수 없다.

라고 확정 지어야 한다.

(c) 자성으로 존재하는 하나가 아닌 것을 요해하는 핵심은

'그와 같이 고집하는 '나'[505] 그것이 오온과 하나로 존재한다'라고 생각한다면 『입중론』에서는

> "만약 오온이 자아(보특가라)라면 그런 까닭에 그것은
> 많기 때문에 그러한 자아도 많아지게 된다네"

라고 말씀하셨다. 그와 같이 '한 보특가라에게 오온이 있는 것과 같이 '나' 또한 (심식의) 흐름이 다른 다섯 가지가 존재해야 한다. 또한 '나'가 하나인 것과 같이 오온 또한 부분부분이 없는 하나가 되어야

---

505 '그와 같이 고집하는 '나'라는 것은 자성으로 존재하는 '나'를 말한다.

하는 것 등의 많은 허물이 있기 때문에 그와 같이 고집하는 '나' 그것
이 오온과 하나가 아니다'라고 생각해야 한다. 그밖에 '그와 같이 고
집하는 '나' 그것이 오온과 하나로 존재한다면 오온이 생멸하는 것과
같이, 그 마음이 고집하는 것과 같이 견고하게 존재하는 '나' 또한 생
멸해야 한다. 그것에 대하여 『(중관)근본송반야ㅊ제』에서

> "만약 오온이 자아(보특가라)라면
> 생멸하는 성질로 바뀐다네"

라고 말씀하셨기 때문이다. 오온이 생멸하는 것과 같이 그 마음이 고
집하는 것과 같이 견고하게 존재하는 '나' 그것 또한 생멸한다'라고
생각한다면 생멸하는 '나' 그것의 전후 찰나들이 하나로 존재하는가,
다른 것으로 존재하는가. 하나로 존재한다면 전후생의 '나'와 금생의
'나'는 각각이 없는 하나여야 한다. 다른 것으로 존재한다면 일반적
으로 다른 정도만으로 관련이 없는 다른 것이어야 할 필요는 없지
만[506] 자성으로 존재하는 다른 것이라면 전혀 관련이 없는 다른 것이
어야 한다. 그것에 대하여 『입중론』에서

> "어떤 (보특가라) 이들이 자상(자성)으로 존재하는 각각이라면

---

506 다르다는 정도만으로 관련없는 다른 것은 아니다. 예를 들면 씨앗과 새싹, 불
과 연기는 다른 것이다. 하지만 전혀 관련없는 다른 것은 아니다. 씨앗에 의지
해서 싹이 나고 열매를 맺는 것과 불을 지핌으로써 연기가 나는 것 등과 같은
정도의 관련은 있다.

> 그러한 (보특가라) 이들이 하나의 심식의 흐름에 속하는 것으
> 로 합당하지 않다네."

라고 말씀하셨기 때문이다. '전후생의 나와 금생의 나, 셋이 전혀 관
련이 없는 다른 것이다'라고 생각한다면 '그렇다면 업을 짓지 않고도
(과보를) 받고 업을 짓고도 (과보를) 받지 않는 것 등의 많은 모순이
있기에 그와 같이 고집하는 '나' 그것이 오온과 하나로 존재하지 않
는다.'

라고 관상해야 한다.

그밖에 그와 같이 고집하는 것과 같은 '나' 그것이 오온과 하나로 존
재한다면 자성으로 존재하는 하나이기에 모든 부분에서 모든 부분
까지 하나가 되어야 한다. 그렇다면 '나 또는 자아'(보특가라)는 오온
을 받는 자가 아닌 것과 오온은 자아(보특가라)의 받을 바가 아닌 것
등의 많은 모순이 된다. 그것에 대하여 『(중관)근본송반야』에서

> "받을 바(오온)가 자아(보특가라)라면
> 그대의 자아는 없는 것이 된다네"[507]

---

507 쫑카빠 대사의 『대보리도차제』에 따르면 '보특가라는 몸 또는 오온을 받는 자
이며 오온은 보특가라의 받을 바이기에 보특가라는 받는 자이며 오온은 받을
바'라고 말씀하셨다. 따라서 오온은 자아(보특가라)라고 이름 지어 붙이는 토

라고 말씀하셨기 때문이다. 그밖에 자아와 (오)온 (이) 두 가지가 부분부분이 없는 한 덩어리라면 장부〔보특가라〕의 몸 또한 부분부분이 없는 것이 되어야 한다. 그렇다면 장부〔보특가라〕의 오른손이 흔들릴 때 왼손도 흔들리게 되는가, 또는 그렇지 않게 되는가. 만약 (왼손도) 흔들리게 된다면 장부의 오른손이 흔들리는 것과 같이 왼손은 흔들리지 않는 것을 직관적 심식[508]이 요해하기 때문에 이와는 모순이 된다.[509] 흔들리지 않는다면, 장부의 그 몸에는 흔들리는 부분과, 흔들리지 않는 (부분 이) 두 부분이 있어야 하기에 부분부분이 있는 것이 되기 때문이다. 그것에 대하여 『석량론』에서

"손 등이 흔들리면 전체가
흔들려야 하기에 모순을 지닌
몸은 존재할 수 없다. 따라서
달리 다른 여러 부분으로 존재해야 한다네"[510]

대〔명명처命名處〕이며 자아〔보특가라〕는 오온을 의지해서 이름 붙인 법〔명명命名한 법〕, 즉 오온에 의해 인식되는 존재다.

508 일반적으로 직관적 심식은 티벳어 용어로는 མངོན་སུམ་ཚད་མ།으로 '심류학心類學'의 일곱 가지 심식 가운데 하나다. 이는 하나의 대상경계에 대하여 감성적인 느낌이나, 이전의 경험, 추론, 연상, 논리적인 바른 이유 등 간접적인 수단, 즉 분별적 사유 작용을 거치지 않고 직접 파악하는 심식을 말한다.

509 보특가라가 오온과 부분이 없는 한 덩어리라고 한다면 오른손이 흔들릴 때 왼손도 같이 흔들려야 이치에 맞지만 실제로는 오른손이 흔들린다고 해서 왼손이 흔들리지 않는다는 것을 직관적 심식이 눈으로 사물을 보듯 훤히 알기에 보특가라와 오온이 한 덩어리라는 것은 모순이라는 의미다.

510 이 게송의 의미는 몸이 사지 등 부분부분이 없는 한 덩어리라면 손 등 어느 한

라고 말씀하셨기 때문이다. 그밖에 부분부분이 없는 (한 덩어리라면) 중앙의 한 극미세먼지를 위, 아래, 사방 (이) 여섯 알갱이의 극미세먼지가 동시에 돌아갈 때 중앙의 극미세먼지의 동쪽 먼지를 마주 보는 표면 그것이 서쪽 먼지를 마주 보았는가, 마주 보지 않았는가. 마주 보지 않았다면 그 중앙의 극미세먼지의 동쪽 먼지는 마주 보았고, 서쪽 먼지는 마주 보지 않은, 두 부분이 있기에 그것은 부분이 없는 것이 아니어야 한다. 마주 보았다면 그러한 극미세먼지가 있는 곳이 한 곳이 되어야 하기 때문에 그러한 (많은) 극미세먼지를 하나로 뭉친 덩어리도 극미세먼지 (한 알갱이) 정도에 지나지 않게 된다. 그와 같다면 산과 담장 등의 모든 분류체계가 합당하지 않게 되기 때문(에 모순이) 된다. 그것에 대하여 『삼십송ষম་ত্চ্মা』[511]에서

    "여섯 (알갱이의 극미세먼지가) 동시에 돌아갈 때

부분이 흔들릴 때 몸 전체가 흔들려야 한다. 예컨대 로봇 또는 인형을 만드는 데 있어서 팔, 다리, 목 등 부분부분을 조립해서 하나의 완성품을 만드는 것이 아닌, 처음부터 기계로 한 번에 찍어낸 한 덩어리와 같은 것이다. 그러나 실제 우리 몸은 사지, 즉 여러 다른 부분으로 구성되어 있어 오른손이 흔들려도 왼손이 흔들리거나 그밖의 몸의 다른 부위가 반드시 함께 흔들리지 않는 것을 직관적 심식이 분명히 요해한다. 따라서 사지, 즉 부분부분이 없는 한 덩어리의 몸에 흔들리고 흔들리지 않는 두 부분이 있을 수 없다. 만약 하나의 몸에 흔들리는 부분과 흔들리지 않는 두 부분이 존재한다면 그 몸은 부분이 없는 한 덩어리로 존재해야 한다.

511 저본에는 『삼십송』로 제시되어 있지만 티벳장경 논소부 데게뗀규르를 자세히 살펴 본 결과 『이십송ཉི་ঝু་ঝ』에 수록되어 있는 게송이었다. 『이십송』은 아사리 익녠(세친)의 저술로서 티벳장경 논소부 데게뗀규르 유식부에 수록되어 있다.

극미세먼지가 여섯 부분이 되며[512]

여섯 부분들도 있는 곳이 하나이면

(하나로 뭉친) 덩어리도 극미세먼지 정도가 된다네"[513]

라고 말씀하셨기 때문이다.

(d) 자성으로 존재하는 다른 것도 아닌 것을 요해하는 핵심은

'그와 같이 고집하는 '나' 그것이 오온과 하나로 존재하지 않더라도 오온과 다른 것[514]으로 존재한다'라고 생각한다면 '오온 또한 색온 등 각각으로부터 없앤 뒤에 이것이 식온이다'라고 별달리 인식할 수 있어야 하는 것과 같이 '색온 등 각각으로부터 없앤 뒤에 그와 같이 고집하는 '나' 그것이 이것이다'라고 보여줄 수 있어야 하지만 보여줄 수 없기에 그와 같이 고집하는 '나' 그것이 오온과 다른 것으로 존재하지 않는다.

라고 관상해야 한다.

---

512 여섯 알갱이의 극미세먼지가 동시에 돌아갈 때 중앙의 극미세먼지의 동쪽 먼지를 마주 보는 쪽 그것이 서쪽 먼지도 마주 보았다면 동쪽 먼지를 마주 보는 표면이 여섯 부분이 되어야 한다는 의미이다.

513 자성으로 존재하는 하나라면 부분부분이 없는 한 덩어리여야 한다. 그러나 일체법은 부분과 부분이 잠시 모인 하나의 일시적인 결집체로 존재하는 것일 뿐 자성으로 존재하는 하나가 아니라는 것이다.

514 여기서 '오온과 다른 것'이라 하면 오온과 관련 없는 별개의 것, 각각의 것이라는 의미이다.

그와 같이 고집하는 '나' 그것이 오온과 다른 것으로 존재한다면 색
온 등 각각으로부터 없앤 뒤에 그와 같이 고집하는 '나' 그것을 보여
줄 수 있어야 한다. 그 까닭은 예컨대 말과 당나귀 둘이 관련이 없는
다른 것이기에 말을 다른 한 곳으로 몰아낸 뒤에 당나귀 그것이 '이
것이다'라고 보여줄 수 있어야 하는 것과 같기 때문이다. 그것에 대
하여 『(중관)근본송반야』에서

"자아(보특가라)는 '이름 붙이는 토대'(오온) 외에
자성이 다른 것으로 합당하지 않으며
만약 다른 것이라면 토대(오온)가 없이도
고집할 것이 있어야 하지만 고집할 것이 없기 때문이라네"515

라고 말씀하셨기 때문이다.

---

515 쫑카빠 대사의 『(중관)근본송반야의 대주석서ཚད་མ་འགྲེལ་ཆེན』에서 '자아(보특가라)
는 오온 밖에 자성으로 존재하는 다른 것이 아니다. 만약 자아(보특가라)가 오온
밖에 자성으로 존재하는 다른 것이라면 이 둘은 전혀 관련없는 다른 것이어야
한다. 그러나 자아(보특가라)와 오온 둘은 본질이 다른 것이 아니다'라고 말씀하
신 이유는 오온 각각을 제외하고는 자아(보특가라)라고 이름 붙일 곳이 없고 손
톱, 손가락, 손등, 손바닥을 제외하고 손이라 이름 할 수 없는 것과 같기 때문이
다. 따라서 이 둘은 자성으로 존재하는 다른 것이 아니다. 또한 자아(보특가라)
는 오온 밖에 자성으로 존재하는 하나가 아니다. 만약 자아(보특가라)가 오온 밖
에 자성으로 존재하는 하나라면 이 둘은 하나여야 한다. 즉 자아(보특가라)가 하
나인 것과 같이 오온도 하나의 덩어리여야 하고 오온이 많은 것과 같이 자아(보
특가라)도 많아져야 한다는 것이다.

그와 같이 네 가지 핵심을 (갖춘 측면에서) 분석한 것[516]에 의해 구생아집이 고집하는 것과 같은 '나'가 없다고 확정 지을 때 수습대상을 틀림없이 확정 짓는 분별심식 그 자체의 흐름이 혼침과 도거에서 벗어나도록 오롯이 집중하여 지속시켜 가야 한다. 또한 수습대상을 틀림없이 확정 짓는 분별심식 그 자체의 힘이 조금 약해질 때 초학자들은 앞과 같이 네 가지 핵심을 (갖춘 측면에서) 분석한 것에 의해 자성으로 존재하지 않는다고 틀림없이 확정 짓는 분별심식을 이끌도록 한다. 상근기들은 구생아집에 그와 같이 현현하는 것과 같이 존재하는가, 존재하지 않는가를 분석한 것에 의해 네 가지 핵심을 (갖춘 측면에서) 분석한 것과 같이 자성으로 존재하지 않는다고 틀림없이 확정 짓는 분별심식을 이끌 수 있다. 그와 같이 분석한 뒤에 초학자들에게 "'나' 또는 '자아'가 (오)온의 선상에서, 대상경계 (자체)의 선상에서 존재하는 것[517]은 조금도 없기에 '나'(라는) 덩어리가 없다'고 생각하는 엄청난 두려움이 생기는 하나가 필요하고, 그와 같이 엄청난 두려움이 생긴다면 '처음으로 중관中觀의 견해를 터득하게 된다'고 한다. 그때 ㉮ 본디의 모습〔실상實像〕에는 자성이 없다[518]고 수습대

---

516 (a) 부정할 바의 현현顯現하는 방식을 요해하는 핵심 등의 네 가지 핵심을 갖춘 측면에서 찍두델기뗀칙 등의 바른 이유〔논증〕로써 분석한 것이라는 의미이다.

517 일체법은 마음에 비쳐지는 현상일 뿐 대상 그 자체의 선상에서 자성으로 존재하는 것은 아니라는 의미다.

518 예컨대 한 마술사가 관객들에게 마술을 부려 말과 황소 등을 만들어 보일 때 본디의 모습〔실상實像〕에는 말과 황소가 아니지만 비쳐지는 모습〔현상現像〕에는 말과 황소로 현현하는 것과 같이, 일체법 또한 인연화합에 의해 잠시 현현하는 것일 뿐 본디의 모습에는 자성이 공하다는 것이다.

상을 틀림없이 확정 짓는 분별심식과 ⒂ 비쳐지는 모습〔현상現像〕에는 부정할 바인 자성으로 존재하는 것이 없는 텅빈 (이) 두 가지 특징을 지니도록 해서 오롯이 집중하여 지속시켜 가는 것은 허공과 같은 등인等引[519]을 지속시켜 가는 방법이다. 등인에서 나온 다음〔후득後得〕[520]에는 '나' 등의 일체법이 환幻과 같은 여러 가지 모습으로 현현한다고 수습한다. 또한 등인에 들 때에는 자성으로 존재하지 않는다고 틀림없이 확정 짓는 강한 분별심식을 이끄는 것에 의해 등인에서 나온 다음 현현하는 것 모두 그 어떤 방식으로 현현하더라도 자성으로 존재하는 것이 아닌 거짓이며, 환幻과 같은 여러 가지 모습으로 현현한 것으로 익혀야 한다.

b) 법무아法無我를 확정 짓고 나서 수습하는 방법의 두 가지는
(a) 유위법이 자성이 없다고 확정 짓고 나서 수습하는 방법 (b) 무위법이 자성이 없다고 확정 짓고 나서 수습하는 방법이다.

(a) 유위법이 자성이 없다고 확정 짓고 나서 수습하는 방법에는
ⓐ 색법 ⓑ 심법 ⓒ 불상응행법 (이) 세 가지가 있다.

---

519 등인等引은 싸마히따ᠵᠠᠷᠠᠱᠳᠢᡥᠠ라고도 하며 전력적 집중수습 또는 분별적 사유수습 가운데 하나에 의해 마음이 다른 곳으로 흩어지지 않고 하나의 수습대상에 오롯이 집중하여 혼침과 도거의 과실을 벗어나 그 흐름을 균등하게 지속시켜 가는 것을 말한다. 등인은 계위에 오르지 못한 일반 범부로부터 부처님에 이르기까지 존재한다.

520 본 수행에서 나온 뒤 먹고, 잠자고, 일하는 것 등 일상생활을 하는 여가시간을 말한다.

ⓐ **색법**은

몸과 같은 것을 예로 들면 '살과 뼈로 이루어진 걸림이 있는[521] 신체와 (같은) 다섯 부분[오지五肢: 사지와 머리]의 결합체 정도의 이 몸의 선상에서 분별로 이름 붙인[명명命名] 정도가 아닌 자기 쪽에서 존재하는[522], 하나의 몸이 있다면 살과 뼈로 이루어진 걸림이 있는 신체와 (같은) 다섯 부분의 결합체 정도의 이 몸과 하나로 존재하는가, 다른 것으로 존재하는가? 하나로 존재한다면 살과 뼈로 이루어진 걸림이 있는 신체와 (같은) 다섯 부분의 결합체 정도의 이 몸은 부모의 정혈에서 받았기에 식識이 들어가는 토대인 정혈의 방울 또한 다섯 부분의 결합체 정도의 몸이 되는 것과 다섯 부분이 있는 것과 같이 몸도 다섯 부분의 결합체 정도의 몸이 다섯이 되어야 한다. 다른 것으로 존재한다면 머리 등 각각으로부터 없앤 뒤에 '그 몸은 이것이다'라고 보여줄 수 있어야 하지만 보여줄 수 없기에 그와 같이 고집하는 몸은 아예 없다'라고 수습대상을 틀림없이 확정 짓는 분별심식을 이끌어서 이전과 같이 지속시켜 가야 한다.

---

521 여기서 걸림이 있다는 것은 그것이 있는 곳에 물건을 놓거나 걸어갈 때 막히거나 부딪힘이 있는 것으로서, 예를 들면 집, 산, 항아리, 오근, 색온 등과 같은 것이다. 반대로 걸림이 없는 것은 그것이 있는 곳에 물건을 놓거나 걸어갈 때 막히거나 부딪힘이 없는 것으로서, 예를 들면 공기와 허공, 수온受蘊 등의 심식心識, 바르도와[중유의 존재 또는 중음신] 등과 같은 것이다.

522 자기 쪽에서 존재한다는 것은 인과 연 그 어떤 것에도 의존하지 않고 대상경계 그 자체로 존재한다는 것, 즉 자성으로 존재한다는 것과 동의어이다.

435

ⓑ **심법**은

오늘의 심식과 같은 것을 예로 들면 '오늘 오전의 심식과 오후의 심식 (이) 두 가지의 선상에서 분별로 이름 붙인 정도가 아닌, 자기 쪽에서 존재하는 오늘의 한 심식이 있다면 오늘 오전의 심식과 오후의 심식 (이) 두 가지가 하나로 존재하는가, 다른 것으로 존재하는가. 하나로 존재한다면 오늘 오전의 심식의 선상에서 오후의 심식이 있는 것이 된다. 다른 것으로 존재한다면 오늘 오전의 심식과 오후의 심식 (이) 두 가지 각각으로부터 없앤 뒤에 '오늘의 그 심식은 이것이다'라고 보여줄 수 있어야 하지만 (그와 같이 보여 줄 수) 없기에 '그와 같이 고집하는 심식 그것은 아예 없다'라고 앞과 같이 수습대상을 틀림없이 확정 짓는 분별심식을 이끌어서 지속시켜 가야 한다.

ⓒ **불상응행법**은

일년의 시간과 같은 것을 예로 들면 '해〔년年〕'의 이름 붙이는 토대인 열두 달의 선상에서 분별로 이름 붙인 정도가 아닌, 자기 쪽에서 존재하는 한 해가 있다면 열두 달과 하나로 존재하는가, 다른 것으로 존재하는가? 하나로 존재한다면 열두 달이 있는 것과 같이 해 또한 열두 해가 있어야 한다. 그 까닭은 그렇다면 그 해는 열두 달 각각과 하나가 되고 그렇다면 일년의 시간에 열두 달이 있는 것과 같이 해 또한 열두 해가 있게 되기 때문이다. 그것에 대하여 (『입중론』에서)

"만약 (오)온이 자아〔보특가라〕라면 그러므로 그것〔오온〕은 많기 때문에 그러한 자아도 많아지게 된다네"

라고 했으며

> "만약 달(월)이 해(년)라면 그러므로 그것(달)은
> 많기 때문에 그러한 해(년)도 많아지게 된다네"

라고 말을 바꾸는 것이 합당하기 때문이다. 다른 것으로 존재한다면 열두 달 각각으로부터 없앤 뒤에 '그 해는 이것이다'라고 보여줄 수 있어야 하지만 보여줄 수 없기에 '그와 같은 그 해는 아예 없다'라고 앞과 같이 강한 수습대상을 틀림없이 확정 짓는 분별심식을 이끌어서 지속시켜 가야 한다. 그렇다면 열두 달 각각으로부터 없앤 뒤에 '그 해는 이것이다'라고 보여줄 수 없다면 해는 아예 없는 것이 된다고 해서는 안 된다. 그 까닭은 이름 붙인 사물을 찾아도 얻지 못하는 그것은 자성으로 존재하는 것이 없다는 의미이지 아예 없다는 의미는 아니기 때문이다. 그렇다면 해 그것이 존재하는 방식은 어떠한가 하면, 열두 달을 의지해서 이름 붙인 이름이나 명칭 정도로만 존재하고 명칭 정도로만 존재하기에 존재하는 것이 가능하다. '해'라는 이름 또한 이름 붙인 정도에 불과하기에 이름조차 찾아도 얻지 못한다. 그것에 대하여 『중관보만론』(「제1품」)에서

> "색법의 사물은 오직 이름뿐이기에
> 허공 또한 오직 이름 정도(뿐)이라네.
> 사대종색四大種色[523]이 (자성이) 없다면 사대종소생색四大種
> 所生色이 어떻게 (자성으로) 존재하겠는가.[524]

그러므로 오직 이름 정도조차도 없다네”

라고 말씀하셨기 때문이다.

(b) 무위법이 자성이 없다고 확정 짓고 나서 수습하는 방법은

허공과 같은 것을 예로 들면 ‘허공에는 방향, 간방, 중앙의 허공과 함께 여러 부분이 있기에 그것들의 선상에서 분별로 이름 붙인 정도가 아닌 견고하게 존재하는[525] 하나의 허공이 있다면 그것들과 하나로 존재하는가, 다른 것으로 존재하는가? 하나로 존재한다면 그것들과 부분부분이 없는 (덩어리로 된) 하나이기에 동쪽 허공과 서쪽 허공 둘이 또한 하나가 되어야 한다. 그렇다면 동쪽 허공에서 비가 내리면 서쪽 허공에서도 비가 내려야 하는 것 등의 많은 모순이 있기에 그것들과 하나로 존재하지 않는다. 다른 것으로 존재한다면 허공의 부분 그것들 각각으로부터 없앤 뒤에 ‘그 허공은 이것이다’라고 보여 줄 수 있어야 하지만 보여줄 수 없기에 자기 쪽에서 존재하는 허공은 아예 없다’라고 분석한 것에 의해 자성으로 존재하지 않는다고 틀림없이 확정 짓는 분별심식을 이끌어서 지속시켜 가야 한다. 요약하면 ㉮ 나와 오온, 산, 담장, 주택〔방사坊舍〕 등의 윤회와 열반의 일체법이 분별

---

523 사대종四大種은 지, 수, 화, 풍을 가리킨다.

524 사대종四大種은 사대종색四大種色이며 색경, 성경, 향경, 미경, 법경은 사대종소생색四大種所生色이다. 촉경에는 사대종색과 사대종소생색 두 가지가 있다. 사대종색이 자성이 없다면 사대종에서 파생된 색인 사대종소생색이 어떻게 자성이 있겠는가라는 의미다.

525 견고하게 존재한다는 것은 자성으로 존재한다는 것과 동의어이다.

로 이름 붙인 정도가 아닌, 자기 쪽에서 존재하는 것은 티끌만큼도 없다고 틀림없이 확정 짓는 분별심식 그 자체 하나에 오롯이 집중하여 지속시켜 가는 것은 '허공과 같은 등인의 유가'이다. ⑭ 등인에서 나온 뒤에 현현하는 모든 대상경계가 인因과 연緣의 화합에 의지해서 발생하는 자성으로 존재하지 않는, 거짓 그 자체로 아는 것은 '환幻과 같은 후득의 유가'이다. (그) 두 가지 유가를 잘 지속시켜 가는 것을 의지하여 분석한 힘으로써 이끈 몸과 마음의 경안의 안락을 지닌 등인 그 자체를 진정한 위빠사나(觀)로 든다.

c. 마무리 관상은

앞과 같다.

(B) 여가시간에는 어떻게 해야 하는가는

여가시간에도 위빠사나(觀)의 체계를 설하는 불경을 주석서와 함께 보는 것 등은 앞과 같다. -『보리도차제의 마르티 일체지로 나아가는 지름길』의 본문은 여기서 마친다. -

○ 도道[526](의 의미)를 전체적으로 요약하는 것은

이제 도(의 의미)를 전체적으로 요약해서 조금 말하고자 하니 또한 하위 (또 그) 하위의 도를 수습하면서 상위 (또 그) 상위의 (도)를 성취하고자 하는 (마음)이 커져 가며 상위 (또 그) 상위의 (도)를 들을

---

526 여기서 도道는 기초수행도로부터 상사도에 이르기까지, 즉 삼사의 수행과제 모두를 말한다.

때 하위 (또 그) 하위의 (도)를 성취하고자 하는 (마음)이 커져 가는 하나가 필요하다. 그것들을 수습할 때 또한 분별심을 끊고서 마음을 균등하게 해야 한다. 그것은 '이와 같은 도로 이끄는 선지식에 대한 공경심이 적다고 생각되면 이익과 안락의 무더기의 뿌리가 끊어지기에 (선지식을) 의지하는 방법에 힘써야 한다. 그와 같이 실천 수행하는 것에 희열의 힘이 약해지면 유가와 원만에 관한 것과, 금생에 대한 탐착[527]이 커지면 무상과 (삼)악도의 허물을 중점적으로 수습해야 한다. (자신이) 서약한 (부처님께서) 제정하신 지켜야 할 율의의 경계선[528]에 대하여 대수롭지 않게 생각되면 업과에 대하여 중점적으로 수습해야 한다. 윤회에 대한 염리심이 적으면 해탈을 희구한다는 말 정도에 지나지 않기에 윤회의 허물을 관상해야 한다. 무엇을 하더라도 중생을 위해 행하는 강렬한 마음이 생기지 않으면 대승의 근본이 끊어지기에 원보리심을 원인[529]과 함께 익혀야 한다. 법왕자계〔보살계〕를 수지해서 행을 익힐 때 실집의 속박이 강력하다고 생각되면 실집이 향하는 대상경계[530]를 바른 이유〔논증〕로써 (자성으로) 존재하지 않는다고 타파하여 허공과 같고, 환幻과 같은 공성을 익혀야 한다. 마음이 (수습) 대상에 머물지 못하고 산란의 노예로 전락한 것으로 생각되면 오롯이 집중하는 안주분을 중점적으로 익혀야 한

---

527 금생의 몸, 재물, 명예 등 눈앞의 이익에 강하게 탐착하는 것을 말한다.

528 부처님께서 제정하신 지켜야 할 율의를 지키겠다고 (자신이) 서약한 것이다.

529 인과칠요결 가운데 앞의 여섯 가지를 말한다.

530 실집이 취하는 대상경계, 즉 감수경, 탐착경이다. 실집이 고집하는 대상경계는 자성으로 존재한다고 고집하는 것이다.

다'고 선대(의 스승)들께서 말씀하셨으니, 그로써 예를 들어 해설하지 않는 것들도 알도록 해야 한다. 또한 법을 실천 수행하는 데 있어서 아는 것이 매우 중요하다고 생각하여 듣는 것〔聞〕 그 정도만을 중점적으로 하여 알지 못한 우매함을 들음으로써 쓸어 없앨 수 있더라도 탐욕과 성냄과 아만과 질투 등의 다른 번뇌들을 경계하지 않은 것이 마음동기가 되어 악업에 의해 악도로 가게 된다. '또한 법을 실천 수행하는 것에 마음을 길들이는 것이 더 중요하다'고 생각하여 알지 못하는 우매함을 경계하지 않고 오직 수습만을 중점적으로 행하면 잘못된 길로 빠질 우려가 매우 크고 (부처님께서) 제정하신 지켜야 할 세 가지 율의의 경계선들을 알지 못함으로써 마음이 타죄에 의해 물들게 된다. 요약하면 한 쪽 방면으로만 나아가지 말고 마음을 모든 선한 방면에 쏟을 수 있는 하나가 필요하다.

○ 금강승에 입문하기를 권고하는 것은
그와 같이 공통의 도[531]로써 마음을 잘 익혀서 자신의 입장에서 한 중생의 고통이라도 없애기 위해 겁에 이르도록 지옥에 머물 수 있는 갑옷정진이 있더라도 중생이 고통으로 핍박 당하는 모습을 생각할 때 '성등정각을 이룬다면 찰나찰나에도 한량없는 중생을 고통으로부터 해방시킬 수 있기에 지금 바로 성등정각을 이룬다면…'이라고 생각하는 강렬한 마음이 생길 때 반드시 금강승에 입문해야 한다. 그 까닭은 그 도를 의지하면 삼아승지겁을 의존하지 않고도 두 자량을 쉽

---

531 여기서의 공통의 도는 바라밀승과 금강승의 공통적인 수행과제, 즉 보리도차제 교본의 수행과제 전체를 말한다.

게 구족할 수 있기 때문이다.

○ 보리도차제의 가르침을 수행하는 방법은

또한 선지식을 의지하는 방법으로부터 사마타〔止〕와 위빠사나〔觀〕(를 익히는 방법)에 이르기까지의 (의미)들을 뇽티〔'보리도차제의 해제편' p.42 참조)를 전수 받아서 날마다 4회 또는 가장 적어도 1회(의 수습)을 해서 도차제들에 대해 마음이 바뀌는 경험을 이끌어 내는 것은 유가의 몸으로 핵심을 취하는 최상의 방편이다.

○ 저자 뻰첸라마 롭상예쎼의 회향 기원문

이르기를

　　모든 부처님의 언교의 핵심들을 한데 모은

　　보리도차제의 마르티 이것은

　　몇몇 지견 있는 이들의 간곡한 요청과

　　나 자신도 기억을 되살리기 위해 썼다네.

　　해설을 하지 않은 것, 잘못 해설한 것, 작문이 매끄럽지 못한

　　것, 전후가 연결되지 못한 것, 지나치게 자세한 것 등

　　잘못된 모든 것에 대하여 근본스승과 법맥의 스승과

　　칸도와 호법신들께서 인내하여 주소서.

442

(본문) 이것을 (저술하기) 위해 삼문으로 힘쓴 것으로부터
생긴 바 모든 복덕의 무더기로써
(방편의 도) 전체를 갖추고 틀린 바가 없고, (도의) 순서가 뒤
바뀜이 없는 까담의 가르침이 (시)방의 끝까지 성행하여지
이다.

그것의 힘으로부터 일체구생〔일체중생〕의 무리들을
그릇된 (방편의) 도로써 이끌 수 없고
대개창자의 도[532](의 순서에) 따라 입문하여
전지자全知者이신 승리자〔석가모니〕의 경지를 속히 얻어지
이다.

특히 법왕 쫑카빠 대사의
가르침을 호지하고 향상시키는 것과 수호하는 것에
정진하는 천신과 인간의 역량이 매우 증장되어
(온) 세간이 대복락으로 충만하여지이다.

○ 저자 뺀첸라마 롭상예쎼의 저술 기록문
이와 같이 서술한『보리도차제의 마르티 일체지로 나아가는 지름길』

---

[532] 대개창자 구호자 루둡〔용수〕과 성인 톡메〔무착〕의 저술에서 말씀하신 것과 같
이 확정 지은 도를 말한다.

이라고 하는 이것은 껠가첼[533]의 송경사誦經師[534]인 롭상껠첸 등으로부터 '보리도차제 마르티를 수사修辭적인 작문에 의해 얽매임 없이 매우 명확하고, 뻰첸라마 일체지자[535]께서 저술하신 『(보리도차제의) 마르티 (쉬운 길)』보다 (좀 더) 자세한 정도의 하나가 필요하다'고 매우 간곡한 전후의 요청에 따라 『(보리도차제의) 마르티 일체지로 나아가는 쉬운 길 [བྱང་ཆུབ་ལམ་གྱི་རིམ་པའི་དམར་ཁྲིད་ཐམས་ཅད་མཁྱེན་པར་བགྲོད་པའི་བདེ་ལམ།]』에다 경교와 논증으로써 보충하고, (선대의 스승들께서) 말씀하신 긴요한 가르침을 덧붙여서, 매우 명확하게 법을 설하는 출가자 롭상예쎼께서 까담궁전에서 저술한 (이)것이 선량하고 길상하여지이다. 이와 같이 (처음) 저술한 것에 오자 등 몇몇 곳에 오류가 있다고 지적한 것들을 거듭 『(보리도차제의) 마르티 일체지로 나아가는 쉬운 길』에 의거하여 교정하였으며 나 자신도 읽고 바로 잡았다. – 저본인 『보리도차제의 마르티 일체지로 나아가는 지름길』 전체의 문장은 여기까지이다. –

▪옮긴이의 회향 기원문

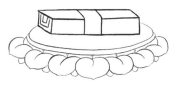

『보리도차제 마르티 지름길』을 한글로 옮긴 인연으로 현재보다는 미래가, 금생보다 다음 생에는 경론을 보는 눈이 더욱 밝아져서

---

533 티벳 짱지역에 있는 사원이다.

534 한국의 사찰에서 기도와 행사 등을 집전하는 법주스님과 비슷한 소임을 맡은 분이다.

535 제4대 뻰첸라마 롭상최끼껠첸이다.

태어날 때마다 불법을 바르게 배울 수 있는 선연善緣이 이어질 수 있기를 불보살님과 스승들께서 가피하여 주소서. 아울러 광대한 보리심과 심오한 공성의 견해를 자유자재로 설하여 주신 우리들의 근본 스승이신 석가모니의 마음 곁에 한 걸음 더 가까이 다가 설 수 있어지이다. 오랜 옛날로부터 오늘날에 이르기까지 각 나라와 각 시대에 적합한 방편으로 불법의 횃불을 밝혀주신 위대한 스승들의 위없는 공덕을 잊지 않겠나이다. 또한 오랜 옛날, 끝없는 모래사막을 걷고 또 걸으며 험난한 산을 넘고 강과 늪을 건너 인도로 오셔서 난행고행難行苦行 속에 불법을 배워 본국에 적합한 방편으로 불법의 등불을 밝혀 주신 구법 스승들과 본국의 언어로 바르게 전승하여 세간의 눈이 되어 주신 로짜와[역경사]들의 한량없는 은혜를 항상 제 마음 깊은 곳에 담아 두겠나이다. 이분들의 발자취를 따라 저 역시 태어나는 생마다 불법 전승에 신명을 바칠 수 있기를 두 손 모아 발원하옵니다.

끝으로 뻰첸라마 롭상예쎄의 『보리도차제 마르티 지름길』과 인연 닿는 모든 분들이 한 줄의 문장에도 심성을 정화하고자 하는 간절한 마음과, 해탈과 부처님의 경지로 나아가고자 하는 신심이 샘솟아 나고 원력이 견고해질 수 있기를 불보살님과 스승들께 간절히 발원하옵니다.

언제나 돌탑을 쌓는 마음으로 이 길을 가겠나이다!!!

▪ 옮긴이의 기록문

뻰첸라마의 『보리도차제 마르티 지름길』을 한글로 옮기게 된 것은 언제나 저에게 큰 가르침을 주시고 제가 가고자 하는 길에 장애 없기를 기도해 주시는 티벳의 게쎼하람빠 툽뗀남닥 스님의 은혜로부터 비롯되었습니다. 또한 본문의 저본 등에 대한 열성적인 강의와 지도, 질문에 대한 성실하고 정성스러운 답변은 물론 시종일관 용기를 북돋우어 주신 게쎼하람빠 잠양닥빠 스님의 은혜에 의해 법장法藏이 이해한 만큼 한글로 옮겼습니다. 옮김에 있어서의 모든 부족한 부분은 옮긴이 법장法藏의 허물임을 밝힙니다.

2019년 가을 어느날, 북인도 다람싸라의 히말라야 아랫 동네에서

쫑카빠 대사의 『대보리도차제』 저술 회향 서원문[1]

이 글은 쫑카빠 대사께서 『대보리도차제』의 저술을 원만성취하고 나서 쓰신 회향 서원문으로, 현재까지도 보리도차제 법문이 있을 때마다 대중이 함께 염송하는 기도문의 하나다.

〔1〕

དེར་ནི་རིང་དུ་འབད་ལས་ཚོགས་གཉིས་ནི།།

མཁའ་ལྟར་ཡངས་པ་གང་ཞིག་བསགས་པ་དེས།།

བློ་མིག་མ་རིག་གིས་ལྡོངས་འགྲོ་བ་ཀུན།།

རྣམ་འདྲེན་རྒྱལ་བའི་དབང་པོར་བདག་གྱུར་ཅིག།

---

1 이 글은 2012년 달라이라마 보리도차제법회〔람림법회〕준비위원회에서 보리도차제와 관련된 열여덟 가지 교본을 5권으로 묶어 발행한 것 가운데 제1권에 수록된 것이다.

448

그것에² 오랫동안 힘쓴 것으로부터 두 자량³을
허공과 같이 광대하게 쌓은 모든 것으로
지혜의 눈이 무명으로 눈먼 일체중생을
내가 인도하는 '승리자의 왕'〔佛〕이 되어지이다.

〔2〕

དེར་མ་སོན་པའི་ཚེ་རབས་ཀུན་དུ་ཡང་།།
འཇམ་པའི་དབྱངས་ཀྱིས་བརྩེ་བས་རྗེས་འཛུང་སྟེ།།
བསྟན་པའི་རིམ་པ་ཀུན་ཚང་(པའི་)ལམ་གྱི་མཆོག།
ཉིད་ནས་བསྒྲུབ་པས་རྒྱལ་རྣམས་མཉེས་བྱེད་ཤོག།༣

그곳에⁴ 가지 못한 세세생생에도 또한
잠뻬양〔문수〕께서 자비심으로 섭수하시어
(부처님의) 가르침(을 수행하는) 모든 순서가 갖추어진 최상
의 도⁵를
성취하고 실천 수행함으로써 승리자들을 기쁘게 하여지이다.

〔3〕

རང་གིས་ཇི་བཞིན་རྟོགས་པའི་ལམ་གྱི་གནད།།
ཤུགས་དྲག་བརྩེ་བས་དྲངས་པའི་ཐབས་མཁས་ཀྱིས།།

---

2 쫑카빠 대사께서 『대보리도차제』를 저술하신 것을 말한다.
3 복덕자량과 예쎼자량이다.
4 부처님의 경지를 말한다.
5 연민심, 보리심, 공성을 깨닫는 지혜 등 해탈과 부처님의 경지에 이르는 방편
   의 가르침을 말한다.

འགྲོ་བའི་ཡིད་ཀྱི་མུན་པ་བསལ་བྱས་ནས།།

རྒྱལ་བའི་བསྟན་པ་ཡུན་རིང་འཛིན་གྱུར་ཅིག།3

자신이 여실히 깨우쳐 요달了達한 도의 핵심을

강렬한 자비심으로 이끈 선교방편을 써서

중생의 마음의 어두움을 없애고

승리자의 가르침을 오랫동안 수지受持하여지이다.

〔4〕

བསྟན་པ་རིན་ཆེན་མཆོག་གིས་མ་ཁྱབ་པའམ།།

ཁྱབ་ཀྱང་ཉམས་པར་གྱུར་པའི་ཕྱོགས་དེར་ནི།།

སྙིང་རྗེ་ཆེན་པོས་ཡིད་རབ་བསྐྱོད་པ་ཡིས།།

ཕན་བདེའི་གཏེར་དེ་གསལ་པར་བྱེད་པར་ཤོག།4

최상의 보배와 같은 가르침이 충만하지 않거나

충만하더라도 쇠퇴하게 되는 그곳[6]에

대연민심으로 지극히 마음을 움직여서

이익과 안락의 그 (가르침의) 광산[7]을 명확히 밝힐지어다.

〔5〕

སྲས་བཅས་རྒྱལ་བའི་རྣད་བྱུང་འཕྲིན་ལས་ལས།།

ལེགས་གྲུབ་བྱུང་རྒྱབ་ལས་ཀྱི་རིམ་པས་ཀྱང་།།

---

6 부처님의 가르침이 전파되지 않는 곳과 전파되었다 하더라도 쇠퇴하게 되는 곳을 말한다.

7 〔4〕게송은 부처님의 가르침은 일시적인 이익과 궁극적인 이익 모두의 근원임을 찬탄한 것이다.

450

ཐར་འདོད་རྣམས་ཀྱི་ཡིད་ལ་དཔལ་སྟེར་ཞིང་།།

རྒྱལ་པའི་མཛད་པ་རིང་དུ་སྐྱོང་གྱུར་ཅིག།⁵

법왕자〔보살〕와 함께 승리자의 희유한 훌륭한 행⁸으로부터

훌륭한 성취인 『대보리도차제』가 또한

해탈을 원하는 이들의 마음에 행운을 주고

승리자의 행이 오랫동안 지켜지이다.

〔6〕

ལམ་བཟང་བསྒྲུབ་པའི་མཐུན་རྐྱེན་སྒྲུབ་བྱེད་ཅིང་།།

འགལ་རྐྱེན་སེལ་བྱེད་མི་དང་མི་མིན་ཀུན།།

ཚེ་རབས་ཀུན་ཏུ་རྒྱལ་བས་བསྔགས་པ་ཡི།།

རྣམ་དག་ལམ་དང་འབྲལ་བར་མ་གྱུར་ཅིག།⁶

훌륭한 도⁹를 실천 수행하는 유리한 조건을 획득하여

불리한 조건을 없애고 모든 사람과 '사람 아닌 존재'〔비인非人〕

가 세세생생 승리자께서 찬탄하신

청정한 도¹⁰를 여의지 않아지이다.

〔7〕

གང་ཚེ་ཐེག་པ་མཆོག་ལ་ཆོས་སྤྱོད་བཅུ།།

8 몸, 말, 뜻의 행위 또는 공덕을 말하며, 일체중생의 일시적인 이익과 궁극적인
이익을 얻게 하는 이타행을 말한다.

9 훌륭한 도는 해탈과 부처님의 경지로 나아가는 방편의 도를 말한다.

10 염리심, 보리심, 공성을 깨닫는 지혜, 또는 하사도, 중사도, 상사도를 실천 수
행하는 것을 말한다.

ཆུལ་བཞིན་བསྐྱབ་ལ་བརྩོན་པ་དེ་ཡི་ཚེ།།

མ་བྱུན་ལྱན་རྣམས་ཀྱིས་ཏུག་ཏུ་གྲོགས་བྱེད་ཅིང་།།

བཀྲ་ཤིས་རྒྱ་མཚོས་ཕྱོགས་ཀུན་ཁྱབ་གྱུར་ཅིག།།

어느 때 최상승[대승]을 십법행十法行[11]으로써

법답게 성취하는 것에 정진하는 그때

역량을 지닌 이들이 항상 도움을 주고

온 시방이 길상의 바다로 충만하여지이다.

ཅེས་པ་འདི་ནི་རྗེ་ཚོང་ཁ་པ་ཆེན་པོས་མཛད་པའོ།།

라는 이것은 제 린뽀체 쫑카빠 대사께서 저술하셨다.

---

11 신라의 원측圓測스님께서 당나라 서명사에서 저술하신 한문본『해심밀경소解
深密經疏』를 티벳어로 번역한『성聖 해심밀경광석འཕགས་པ་དགོངས་པ་ཟབ་མོ་ངེས་པར་
འགྲེལ་པའི་མདོ་རྒྱ་ཆེར་འགྲེལ་པ།』에 따르면, 십법행은 경문서사, 공양, 보시, 청법, 독송,
수지, 해설, 염송, 사유, 수습 이 열 가지다. 이 논서는 티벳장경 논소부 데게뗀
규르 경소부에 수록되어 있다.

I. 간청문과 서원문

> 부록 I, 부록 II의 한글 발음의 띄어쓰기는 티벳어의 단어 기준이 아닌 읽기 쉬운 음절 단위를 기준으로 하였다.

ༀ 뙯ब़द्पॊन्ग़ৢৢৢৢ৾৾ क्रैेेॢॢৢ롭뻰루둡끼쑹뻬뙨빠라 뙤착

- 아사리 루둡(용수)께서 말씀하신 설법자(석가모니)를 찬탄·예경하는 게송

म़ॸॺॖॻ॒॒॒ऀऀ 강기 툭쩨 네르숭네

क्ॺॖ॒॒॒ऀऀ 따와 탐쩨 빵뻬치르

ॸॺॖ॒॒ऀऀ 담뻬 최니 뙨제빠

ॻॖॖ॒॒ऀऀ 고땀 데라 착첼로

그분(고땀)의 자비심으로써 잘 섭수하시어

(일체중생의) 모든 (전도된) 견해를 끊도록 하기 위해

미묘법을 설하신

고땀〔석가모니〕 그분께 예경하나이다.

— 아사리 루둡〔용수〕의 『중관근본송반야』의 게송 —

༄ རྐྱབས་འགྲོ། 꺕도

▪ 귀의게

ༀ ་མ་ལ་སྐྱབས་སུ་མཆི་འོ། 라마라 꺕쑤치오

སངས་རྒྱས་ལ་སྐྱབས་སུ་མཆི་འོ། 쌍계라 꺕쑤치오

ཆོས་ལ་སྐྱབས་སུ་མཆི་འོ། 최라 꺕쑤치오

དགེ་འདུན་ལ་སྐྱབས་སུ་མཆི་འོ། 게뒨라 꺕쑤치오

(근본)스승께 귀의합니다.

부처님께 귀의합니다.

(미묘)법에 귀의합니다.

승가에 귀의합니다.

༄ སངས་རྒྱས་ཆོས་ཚོགས་མ། 쌍계 최 촉마

▪ 불 · 법 · 승송

སངས་རྒྱས་ཆོས་དང་ཚོགས་ཀྱི་མཆོག་རྣམས་ལ། 쌍계 최당 촉끼촉 남라

བྱང་ཆུབ་བར་དུ་བདག་ནི་སྐྱབས་སུ་མཆི། 장춥바르두 닥니 꺕쑤치

བདག་གིས་སྦྱིན་སོགས་བགྱིས་པའི་ཚོགས་རྣམས་ཀྱིས། 닥기 진쏙기뻬 촉남끼

འགྲོ་ལ་ཕན་ཕྱིར་སངས་རྒྱས་འགྲུབ་པར་ཤོག། 도라 펜치르 쌍계둡빠르쏙

부처님과 법과 승가에

보리에 이르기까지 제가 귀의합니다.

제가 보시 등을 지은 자량들로써

중생을 이롭게 하기 위해 성불하여지이다.

- 이 게송은 아띠쌰 존자의 말씀이라고 알려진 것으로, 제1, 2구는 귀의, 제3,
4구는 대승발보리심을 현시한 게송이다. -

༈ སློན་སེམས་བསྐྱེད་པ། 뇐쎔 꼐빠
- 발원보리십송

འགྲོ་ཀུན་སྲིད་ཞིའི་འཇིགས་པ་ལས་བསྐྱལ་ཕྱིར།། 도꾼 씨시이 직빠레 될치르
ཇིགས་པའི་བྱང་ཆུབ་ཐོབ་པར་འདོད་པའི་སེམས།། 족뻬 장춥 톱빠르 되뻬쎔
དེང་ནས་བཟུང་སྟེ་སངས་རྒྱས་མ་ཐོབ་བར།། 뎅네 숭떼 쌍계 마톱바르
སྲོག་གི་ཕྱིར་ཡང་མི་བཏང་བསྲུང་བར་བགྱི།། 쏙기 치르양 미땅 숭와르기

일체중생을 윤회와 (소승의) 열반의 두려움에서 벗어나도록
하기 위해
정등보리〔부처님의 경지〕를 성취하고자 하는 마음을
지금부터 성불할 때까지
목숨을 버리는 한이 있더라도 저버리지 않고 지키겠나이다.

- 낮에 3번, 밤에 3번 늘 마음에 떠올려 기억해야 하는 게송 -

456

ༀ སྐྱོན་འཛུག་ཅིག་ཅར་དུ་བཟུང་བའི་ཆོ་ག 뫤죽 찍짜르두 숭외초가
▪ 원보리심과 보살계를 동시에 수지하는 의궤

སངས་རྒྱས་བྱང་ཆུབ་སེམས་དཔའ་ཀུན༎ 쌍계 장춥 쎔빠꾼
བདག་ལ་དགོངས་པར་མཛད་དུ་གསོལ༎ 닥라 공빠르 제두쏠

모든 부처님과 보살께서
저를 마음(염두念頭)에 두소서.

ཇི་ལྟར་སྔོན་གྱི་བདེ་གཤེགས་ཀྱིས༎ 지따르 왼기데쎅끼
བྱང་ཆུབ་ཐུགས་ནི་བསྐྱེད་པ་དང་༎ 장춥 툭니 께빠당
བྱང་ཆུབ་སེམས་དཔའི་བསླབ་པ་ལ༎ 장춥 쎔뻬 랍빠라
དེ་དག་རིམ་བཞིན་གནས་པ་ལྟར༎ 데닥 림신 네빠따르

예컨대 이전의 선서善逝께서
보리심을 일으키는 것과
보살의 학처에 대하여
그러한 것을 순서대로 의지하신 것과 같이

དེ་བཞིན་འགྲོ་ལ་ཕན་དོན་དུ༎ 데신 도라 펜된두
བྱང་ཆུབ་སེམས་ནི་བསྐྱེད་བགྱི་ཞིང་༎ 장춥 쎔니 께기싱
དེ་བཞིན་དུ་ནི་བསླབ་པ་ལ་འང་༎ 데신 두니 랍빠라앙
རིམ་པ་བཞིན་དུ་བསླབ་པར་བགྱི༎ 림빠 신두 랍빠르기

그와 같이 중생을 이롭게 하기 위해

보리심을 일으키고

보살의 학처를

순서대로 익히겠나이다.[12]

꽃 སྨོན་སེམས་བཟུང་བའི་ཆོ་ག 묀쎔 숭외초가

▪ 원보리심을 수지하는 의궤[13]

འགྲོ་རྣམས་བསྐྱལ་འདོད་བསམ་པ་ཡིས།། 도남 델되 쌈빠이

སངས་རྒྱས་ཆོས་དང་དགེ་འདུན་ལ།། 쌍계 최당 게뒨라

བྱང་ཆུབ་སྙིང་པོར་མཆིས་ཀྱི་བར།། 장춥 닝뽀르 치기바르

རྟག་པར་བདག་ནི་སྐྱབས་སུ་མཆི།། 딱빠르 닥니 깝쑤치

중생들이 (모든 고통에서) 벗어나기를 원하는 마음을 가지고

불보, 법보, 승보에

보리의 핵심에 이르기까지

항상 제가 귀의하겠나이다.

---

12 원보리심과 보살계를 동시에 수지하는 의궤 2게송 2구는 원보리심을 일으키는 의궤이기도, 보살계를 수지하는 의궤이기도, 행보리심을 일으키는 의궤이기도 하다. 이 게송에 대하여는 용진 링 린뽀체의 『본존 뒤코르〔시륜〕와 결합된 육좌 구루유가 수행방법 여의수如意樹의 이삭དགས་འབོར་དང་འཇེར་བའི་བྱིན་དུག་སྐུ་མའི་རྣལ་འབྱོར་ ཉམས་སུ་ལེན་རྒྱལ་དགག་བསམ་ལོངས་འདུ་ཞེ་མ།』과 아사리 시와하〔적천〕의 『입보리행론』 「제3품」을 함께 대조해 본 결과 본문의 저본인 『보리도차제 마르티 지름길』의 일부 문구와 차이가 있음을 밝힌다.

13 위의 원보리심과 보살계를 동시에 수지하는 의궤와 보살계를 수지하는 의궤 가운데 하나인 원보리심을 수지하는 의궤는 보살계를 주시는 아사리를 따라 염송하도록 한다.

ཤེས་རབ་སྙིང་བརྗེ་དང་བཅས་པས།། 쎼랍 닝쩨당 쩨뻬

བརྩོན་པས་སེམས་ཅན་དོན་དུ་བདག། 쬐뻬 쎔쩬 된두 닥

སངས་རྒྱས་མདུན་དུ་གནས་བགྱིས་ནས།། 쌍곈 된두 네기네

རྫོགས་པའི་བྱང་ཆུབ་སེམས་བསྐྱེད་དོ།། 족뻬 장춥쎔 꼐도

(공성을 요해하는) 지혜와 (방편인) (대)자비에 의해

(육바라밀수행 등에) 정진함으로써 일체중생을 위해 제가

부처님의 존전에 머물러서[14]

원만 구족한 보리심을 일으키겠나이다.

– 까쉬미르 대학승 싸꺄씨라바다의 『입정법행칠지入正法行七支ᡄᠨᠠᢒᢆᢑᢒᡥᢆᢒᢆᢘᢄᢆᢑᡩ
ᢒᡄᢃᢒᢒᢆᢒᢆᢃᢒᡃ』[15]의 글로, 앞 게송은 귀의, 뒤 게송은 발원보리심을 현
시한 게송이다. –

༄ རྗེ་རིན་པོ་ཆེས་རྗེ་རེད་མདའ་བ་ལ་ཕུལ་བའི་གསོལ་འདེབས།

■ '제 린뽀체'〔쫑카빠〕가 제 레다와께 올린 간청의 글

དྲི་མེད་མཁྱེན་པའི་དབང་པོ་འཇམ་པའི་དབྱངས།། 디메 켼뻬 왕뽀 잠뻬양

ཚད་མེད་བརྩེ་བའི་གཏེར་ཆེན་སྤྱན་རས་གཟིགས།། 체메 쩨외 떼르첸 쩬레식

གངས་ཅན་མཁས་པའི་གཙུག་རྒྱན་རེད་མདའ་བ།། 강쩬 케뻬 쭉곈 레다와

གཞོན་ནུ་བློ་གྲོས་ཞབས་ཀྱི་པདྨོར་འདུད།། 숀누 로되 샵끼 뻬모르 뒤

ཐར་འདོད་བྱུང་བ་བདག་ཀུང་བསྐྱེད་དུ་གསོལ།། 타르되 붕와 닥꺙 꺙두쏠

---

14 자신이 모든 불보살님의 존전에 머물러 원보리심과 보살계를 의궤에 의해 수
지한다고 확실히 믿는다.

15 티벳장경 논소부 데게뗀규르 중관부에 수록되어 있다.

때가 없는 변지遍知의 왕이신 잠뻬양〔문수〕

한량없는 (중생을) 아끼시는 대광산이신 쩬레식〔관세음〕

설역〔티벳〕의 정통한 자의 정수리의 장엄구이신 '레다와

숀누로되'의 발의 연꽃에 정례하나이다.

해탈을 원하는 벌(에 불과한) 나 또한 보살펴 주소서.

     − 쫑카빠 대사께서 스승이신 '레다와 숀누로되'께 올린 간청의 글 −

꜈ དམིགས་བརྩེ་མ། 믹쩨마

■ 무연자비송

དམིགས་མེད་བརྩེ་བའི་གཏེར་ཆེན་སྤྱན་རས་གཟིགས།། 믹메 쩨외 떼르첸 쩬레식

དྲི་མེད་མཁྱེན་པའི་དབང་པོ་འཇམ་པའི་དབྱངས།། 디메 켄뻬 왕뽀 잠뻬양

བདུད་དཔུང་མ་ལུས་འཇོམས་མཛད་གསང་བའི་བདག། 뒤뿡 마뤼 좀제 쌍외닥

གངས་ཅན་མཁས་པའི་གཙུག་རྒྱན་ཙོང་ཁ་པ།། 강쩬 케뻬 쭉곈 쫑카빠

བློ་བཟང་གྲགས་པའི་ཞབས་ལ་གསོལ་བ་འདེབས།། 롭상 닥뻬 샵라 쏠와뎁

무연자비의 대광산이신 쩬레식〔관세음〕

때가 없는 변지遍知의 왕이신 잠뻬양〔문수〕

마군을 남김없이 물리치신 '밀교의 주인'〔금강수〕

설역〔티벳〕의 정통한 자의 정수리의 장엄구이신 '쫑카빠

롭상닥빠'의 존전에 간청하나이다.

− 후에 '제 레다와 숀누로되'께서 제자인 쫑카빠 대사에게 일부 문구를 바꾸어 다시 내려 주신 글[16] −

460

❀ བྱང་ཆུབ་སེམས་མཆོག 장춥쎔촉

▪ 수승한 보리심송

བྱང་ཆུབ་སེམས་མཆོག་རིན་པོ་ཆེ།། 장춥 쎔촉 린뽀체

མ་སྐྱེས་པ་རྣམས་སྐྱེ་གྱུར་ཅིག། 마꼐 빠남 꼐규르찍

སྐྱེས་པ་ཉམས་པ་མེད་པར་ཡང་།། 꼐빠 냠빠 메빠르양

གོང་ནས་གོང་དུ་འཕེལ་བར་ཤོག། 공네 공두 펠와르쏙

보배와 같은 수승한 보리심

(아직) 생기지 않은 것들은 생기게 하고

(이미) 생긴 것은 쇠퇴하지 않을 뿐만 아니라

또한 더욱더 향상되어지이다.

❀ ཏཱ་ལའི་བླ་མའི་གསུང་། 따레라메 쑹

▪ (현 제14대) 달라이라마의 말씀

བདེ་སྐྱིད་འདོད་དང་སྡུག་འདོད་རང་གཞན་ཀུན།། 데둑 되당 미되 랑쎈꾼

མཉམ་ཉིད་བདག་པས་གཞན་རྣམས་གཅོའི་ཕྱིར།། 냠니 닥뻬 쎈남 쪼외치르

གཞན་ཕན་བདེ་ལ་འགོད་པའི་བྱང་ཆུབ་སེམས།། 쎈펜 데라 괴뻬 장춥쎔

---

16 쪼네 닥빠쎼둡의 전집 中 카⟨ཀ⟩(한국어의 가, 나, 다...와 같은 순서매김의 하나)에 수
   록되어 있는『무연자비송의 석문釋文 아름다운 꽃목걸이དམིགས་བརྩེ་མའི་ཚིག་འགྲེལ་མེ་
   ཏོག་ཕྲེང་མཛེས།에 따르면 '처음에는 쫑카빠 대사께서 첫 번째 게송을 당신의 스승
   '제 레다와 숀누로되'께 올리자 그분께서 후에 이 찬탄송은 나에게 적합하지 않
   다. 오히려 자네에게 적합다고 말씀하시고, 문장 일부를 바꾼 믹쩨마(무연자비
   송)를 쫑카빠 대사에게 다시 내려 주셨다'는 내용이 언급되어 있다.

མཁའ་ཁྱབ་སྐྱེ་རྒུའི་སྙིང་ལ་འདུག་པར་ཤོག། 카캽 꼐구이 닝라 죽빠르쏙

안락을 원하고 고통을 원치 않는 것은 자신과 타인 모두 다
마찬가지이며 나보다 타인들이 더 소중하기에
다른 이들을 이익과 안락으로 안착하게 하는 보리심이
허공에 가득찬 구생九生〔중생〕의 마음에 (깊이) 새겨지이다.

༈ ཀུན་སློང་བཅོས་ཚུལ། 꾼롱쬐출
▪ 마음동기를 고치는 방법

ཉིན་ལྟར་ཞོགས་པ་ཡར་ལངས་ཏེ་བསམ་བློའི་ལྟར་གཏོང་དགོས།

ཡ༌༌༌དེ་རིང་ཡང་མ་ཤི་བར་ལང་རྒྱུ་བྱུང་བ་སྐལ་བ་བཟང་ལ་འཁྱོར་གྱི་ལུས་རྟེན་རྩ་བ་ཆེན་པོ་འདི་རྒྱུ་རྫས་སུ་གཏན་ནས་མི་གཏོང་ཞིང་། རང་གི་ནུས་པ་ཐམས་ཅད་རང་རྒྱུད་གོང་འཕེལ་གཏོང་བའི་ཆེད་དུ་བསྒྲུབ་རྒྱུ་དང་། རང་གི་བློ་རྒྱུ་བསྐྱེད་དེ་གཞན་སེམས་ཅན་ཐམས་ཅད་ལ་ཕན་པའི་ཆེད་དུ་བྱང་རྒྱུབ་ཀྱི་གོ་འཕང་འགྲུབ་པར་ཅི་ནས་ཀྱང་བྱ། གཞན་སེམས་ཅན་ལ་དམིགས་པའི་ཕན་སེམས་བསྐྱེད་པ་ལས། ཁོང་ཁྲོ་གཏན་ནས་མི་བྱ། རང་གི་ནུས་པ་གང་ཡོད་ཀྱིས་གཞན་སེམས་ཅན་རྣམས་ལ་ཕན་པར་བྱ།

날마다 아침에 일어나서 이와 같이 생각할지어다.

"와! 오늘 아침에도 죽지 않고 일어나게 되었으니 선연의 유가와 원만(을 구족한) 귀중한 이 몸을 절대로 헛되이 버리지 말지어다. 나 자신의 모든 역량과 마음이 향상되도록 하기 위해 다짐할 것이며 나 자

462

신의 마음을 넓게 가져서 (내가) 어떻게 해서라도 다른 일체중생을 이롭게 하기 위해 보리의 경지를 성취할지어다. 다른 중생에게 마음을 기울여 이타심을 일으킬 것이며 (그) 외에 화내는 것은 절대 하지 않을 것이며 나 자신에게 있는 모든 역량으로써 다른 중생을 이롭게 할지어다"

- 현 제14대 달라이라마의 말씀에서 -

ༀ གཟུངས་ཁ་ཤས།

Ⅱ. 다라니와 만뜨라

이하의 다라니와 만뜨라는 티벳에서 널리 염송되는 것 가운데 일부 발췌한 것이다. 이러한 것들을 산스크리트어에서 티벳어로 표기한 철자는 경론마다 다소 차이가 있었다. 본서에서는 주로 Varanasi Sarnath, Central University of Tibetan Studies에서 발행한 쭌빠·왕뽀 집록輯錄인 『현교·밀교경에서 발췌한 몇몇 다라니와 만뜨라를 티벳어로 해석한 것과 함께 수록한 것མདོ་རྒྱུད་ལས་བྱུང་བའི་གཟུངས་སྔགས་འགའ་ཞིག་བོད་སྐད་དུ་བཀྲོལ་བ་དང་བཅས་པ།』을 참고하여 표기하였다.

ༀ ཐུབ་དབང་གི་སྙིང་པོ། 능인의 왕〔석가모니〕만뜨라
ༀ་མུ་ནེ་མུ་ནེ་མ་ཧཱ་མུ་ན་ཡེ་སྭཱ་ཧཱ།། 옴 무네 무네 마하무나예 쏘하

ༀ སྤྱན་རས་གཟིགས་ཀྱི་སྙིང་པོ། 쩬레식〔관세음〕만뜨라
ༀ་མ་ཎི་པདྨེ་ཧཱུྃ།། 옴 마니 뻬메 훙

ༀ འཇམ་དབྱངས་ཀྱི་སྙིང་པོ། 잠양〔문수〕만뜨라
ༀ་ཨ་ར་པ་ཙ་ན་དྷཱིཿ།། 옴 와기쑈리 뭄

ༀ ཕྱག་རྡོར་གྱི་སྙིང་པོ། 착도르〔금강수〕 만뜨라

ༀ་བཛྲ་པཱ་ཎི་ཧཱུྃ།། 옴 벤자빠니 훙

ༀ འཇམ་དབྱངས་འགྲོ་བ་སྨིན་བྱེད། 중생을 성숙하게 하는 잠양〔문수〕의 만뜨라

ༀ་ཨ་ར་པ་ཙ་ན་དྷཱིཿ།། 옴 아라빠짜나 디디디…

ༀ སྒྲོལ་མའི་གཟུངས། 될마[17] 만뜨라

ༀ་ཏཱ་རེ་ཏུཏྟཱ་རེ་ཏུ་རེ་སྭཱཧཱ།། 옴 따레 뚠따레 뚜레 쏘하

ༀ རྡོ་རྗེ་སེམས་དཔའི་ཡི་གེ་བརྒྱ་པ། 도제 쎔빠〔금강살타金剛薩陀〕 백자진언百字眞言

ༀ་བཛྲ་སཏྭ་ས་མ་ཡ་མ་ནུ་པཱ་ལ་ཡ། བཛྲ་སཏྭ་ཏེ་ནོ་པ་ཏིཥྛ། དྲྀ་ཌྷོ་མེ་བྷ་ཝ། སུ་ཏོཥྱོ་མེ་བྷ་ཝ། སུ་པོཥྱོ་མེ་བྷ་ཝ། ཨ་ནུ་རཀྟོ་མེ་བྷ་ཝ། ས་རྦ་སི་དྡྷི་མྨེ་པྲ་ཡ་ཙྪ། ས་རྦ་ཀ་རྨ་སུ་ཙ་མེ་ཙི་ཏྟཾ་ཤྲཱི་ཡཿ་ཀུ་རུ་ཧཱུྃ། ཧ་ཧ་ཧ་ཧ་ཧོཿ བྷ་ག་ཝཱན། ས་རྦ་ཏ་ཐཱ་ག་ཏ། བཛྲ་མཱ་མེ་མུཉྩ། བཛྲཱི་བྷ་ཝ། མ་ཧཱ་ས་མ་ཡ་ས་ཏྭ་ཨཱཿ།།

옴 벤자쌛또 싸마야마누빠라야 벤자쌛또떼노빠띡타 디도 메 바와 쑤또카요 메 바와 쑤뽀카요 메 바와 아누락또 메 바와 싸르와씯딤 메 따얏차 싸르와까르마쑤 짜 메 찓땀 씨라야 꾸루 훙 하 하 하 하 호 반가왼 싸르와따타가따 벤자 마 메 뮌짜 벤지 바와 마하싸마야 쌛또 아

ༀ རྡོ་རྗེ་སེམས་དཔའི་གཟུངས། 요약 도제 쎔빠 다라니〔금강살타金剛薩陀 다라니多羅尼〕

ༀ་བཛྲ་སཏྭ་ཧཱུྃ།། 옴 벤자쌛또 훙

---

17 산스크리트어로는 따라둑찌라고 한다.

♠ 다라니와 만뜨라에 관하여

다라니는 총지總持라고도 하며 만뜨라는 진언眞言이라고도 한다. 어떤 이는 글자수가 긴 것을 다라니라 하고 글자수가 짧은 것을 만뜨라라고 하는 경우도 있다. 그러나 이것이 명확한 구분 기준은 아닌 것으로 보여진다. 이 두 가지의 의미에 대해 둥까르 롭상틴레의 『둥까르 장학대사전藏學大辭典དུང་དཀར་ཚིག་མཛོད་ཆེན་མོ།』에서는 '다라니는 이전에 들은 법의 의미들을 잊지 않고 기억한다는 의미다. 다라니에는 특별한 억념을 지닌 것과 특별한 지혜를 지닌 것 이 두 가지가 있다. 다라니의 역할은 선법을 잊지 않고 기억하며 불선법을 정화하는 힘을 지닌 것이다. 만뜨라는 자신의 마음을 평범한 범부의 시각[사고]과 고집으로부터 보호할 수 있다는 의미다. 즉 만뜨라는 마음을 지킨다는 의미가 있다'라고 한다.

참고 문헌

참고 문헌은 Ⅰ. 불경佛經 Ⅱ. 인도 대학승들의 논서 Ⅲ. 티벳 대학승들의 논서 Ⅳ. 사전류 Ⅴ. 기타로 구분하여 정리하였다. Ⅰ. 불경佛經의 경우는 경전의 한글명을, 나머지 Ⅱ~Ⅴ는 저자의 한글명을 기준으로 가나다순 으로 배열하였다.

Ⅰ. 불경佛經

『근본설일체유부비내야분별根本說一切有部毘奈耶分別འདུལ་བ་རྣམ་པར་འབྱེད་པ།』, (별)『율분별律分別འྱུང་རྣམས་འབྱེད།』, (통)『율분별律分別འདུལ་བ་རྣམ་འབྱེད།』, 티벳장 경 불설부 데게까규르 율부 ADARSHAH eBook d3, 장까규르 율부 ADARSHAH eBook J3.

『근본설일체유부비내야사根本說一切有部毘奈耶事/근본설일체유부비내야 출가사根本說一切有部毘奈耶出家事འདུལ་བ་གཞི།』, (통)『율본사律本事འདུལ་བ་ལུང་ གཞི།』, 티벳장경 불설부 데게까규르 율부 ADARSHAH eBook d1, 장까규르 율부 ADARSHAH eBook J1.

『묘법연화경妙法蓮華經』「관세음보살보문품」, 우리출판사, 불기 2557년〔서기 2013년〕.

『바르게 행한다라는 대밀교경ཡང་དག་པར་སྤྱོད་པ་ཞེས་བྱ་བའི་རྒྱུད་ཆེན་པོ།』, (통)『쌈뿌따이밀교경སཾ་པུ་ཊའི་རྒྱུད།』, 티벳장경 불설부 데게까규르 십만탄트라부 ADARSHAH eBook d381, 장까규르 밀속부 ADARSHAH eBook J371a.

『보살의 별해탈사법성취라는 대승경བྱང་ཆུབ་སེམས་དཔའི་སོ་སོར་ཐར་པ་ཆོས་བཞི་སྒྲུབ་པ་ཞེས་བྱ་བ་ཐེག་པ་ཆེན་པོའི་མདོ།』, (통)『보살별해탈계경བྱང་ཆུབ་སེམས་དཔའི་སོ་ཐར་གྱི་མདོ།』, (약)『별해탈경སོ་ཐར་གྱི་མདོ།』, 티벳장경 불설부 데게까규르 경부 ADARSHAH eBook d248, 장까규르 경부 ADARSHAH eBook J190.

『보살의 참죄བྱང་ཆུབ་སེམས་དཔའི་ལྟུང་བ་བཤགས།』, (통)『참죄ལྟུང་བཤགས།』, 『필수 염송집 일체를 이롭게 하는 햇빛ཉེར་མཁོའི་ཞལ་འདོན་ཀུན་ཕན་ཉི་འོད།』에 수록, 티벳정부 문화인쇄소, 2009년.

『빼어난 본존 데촉〔승락勝樂〕의 (도를 익히는 방법을) 현시한 것이라는 밀교의 대왕དཔལ་བདེ་མཆོག་འབྱུང་བ་ཞེས་བྱ་བའི་རྒྱུད་ཀྱི་རྒྱལ་པོ་ཆེན་པོ།』, (별)『본존 데촉〔승락勝樂〕의 밀교 주해경註解經, 본존 (코르로)돔빠〔데촉〕의 (도를 익히는 방법을) 현시한 것འདི་མཆོག་གི་བཤད་རྒྱུད་ʼཁོར་ལོ་ʼདོམ་ʼ པ་ʼ འབྱུང་ʼ བ།』, (통)『본존 (코르로)돔빠〔데촉〕의 (도를 익히는 방법을) 현시한 (밀교 주해경)ʼཁོར་ལོʼ ʼདོམʼ པʼ འབྱུང་ʼ བʼ 』, (약)『돔중རྡོམ་འབྱུང་།』, 티벳장경 불설부 데게까규르 십만탄트라부 ADARSHAH eBook d373, 장까규르 밀속부 ADARSHAH eBook J366.

『빼어난 쌍와뒤빠〔밀집密集〕의 근본밀교경과 본존 의궤 등 수행의 필수 강요서綱要書དཔལ་གསང་བ་འདུས་པའི་རྩ་རྒྱུད་དང་སྒྲུབ་ཐབས་སོགས་ཉམས་བཞེས་ཉེར་མཁོ་གཏན་བཟུས།』,
규뙤사원 도서관, 2015년.

『성聖 금광명최승왕이라는 대승경འཕགས་པ་གསེར་འོད་དམ་པ་མདོ་སྡེའི་དབང་པོའི་རྒྱལ་པོ་
ཞེས་བྱ་བ་ཐེག་པ་ཆེན་པོའི་མདོ།』, (통)『금광명경མདོ་སྡེ་གསེར་འོད་དམ་པ།』, 티벳장경 불설
부 데게까규르 십만탄트라부 ADARSHAH eBook d556, 장까규르 밀속부
ADARSHAH eBook J513.

『성聖 대반열반대승경འཕགས་པ་ཡོངས་སུ་མྱ་ངན་ལས་འདས་པ་ཆེན་པོ་ཐེག་པ་ཆེན་པོའི་མདོ།』, 티
벳장경 불설부 데게까규르 경부 ADARSHAH eBook d120, 장까규르 경부
ADARSHAH eBook J65.

『성聖 대승입능가경འཕགས་པ་ལང་ཀར་གཤེགས་པའི་ཐེག་པ་ཆེན་པོའི་མདོ།』한문장역漢文藏
譯, (통)『능가경ལང་ཀར་གཤེགས་པའི་མདོ།』, 티벳장경 불설부 데게까규르 경부
ADARSHAH eBook d107, 장까규르 경부 ADARSHAH eBook J52.

『성聖 대집지장십륜大集地藏十輪이라는 대승경འདུས་པ་ཆེན་པོ་ལས་སའི་སྙིང་པོའི་འཁོར་
ལོ་བཅུ་པ་ཞེས་བྱ་བ་ཐེག་པ་ཆེན་པོའི་མདོ།』, (별)『성聖 지장십륜경地藏十輪經འཕགས་པ་སའི་
སྙིང་པོ་འཁོར་ལོ་བཅུ་པའི་མདོ།』, (통)『지장십륜경地藏十輪經སའི་སྙིང་པོ་འཁོར་ལོ་བཅུ་པའི་མདོ།』,
티벳장경 불설부 데게까규르 경부 ADARSHAH eBook d239, 장까규르 경
부 ADARSHAH eBook J181.

『성聖 도제닝뽀〔금강장〕 장엄밀교경དཔལ་རྡོ་རྗེ་སྙིང་པོ་རྒྱན་གྱི་རྒྱུད།』, (통)『도제닝뽀
〔금강장〕 장엄밀교경རྡོ་རྗེ་སྙིང་པོ་རྒྱན་གྱི་རྒྱུད།』, 티벳장경 불설부 데게까규르 십만
탄트라부 ADARSHAH eBook d451, 장까규르 밀속부 ADARSHAH eBook
J428.

『성聖 동녀최상월 수기授記라는 대승경འཕགས་པ་བུ་མོ་རྣ་མཆོག་ལུང་བསྟན་པ་ཞེས་བྱ་བ་ ཐེག་པ་ཆེན་པོའི་མདོ།』, (약)『동녀최상월 청문경請問經བུ་མོ་རྣ་མཆོག་གིས་ཞུས་པ།』, 티벳 장경 불설부 데게까규르 경부 ADARSHAH eBook d191, 장까규르 경부 ADARSHAH eBook J135.

『성聖 미묘법념처경འཕགས་པ་དམ་པའི་ཆོས་དྲན་པ་ཉེ་བར་གཞག་པ།』, (별)『성聖 미묘법 념처경འཕགས་པ་དྲན་པ་ཉེ་བར་བཞག་པའི་མདོ།』, (통) 『정법념처경མདོ་དྲན་པ་ཉེར་གཞག』, (약)『정법념처경དྲན་པ་ཉེར་གཞག』, 티벳장경 불설부 데게까규르 경부 ADARS HAH eBook d287, 장까규르 경부 ADARSHAH eBook J228.

『성聖 반야바라밀다섭요송འཕགས་པ་ཤེས་རབ་ཀྱི་ཕ་རོལ་ཏུ་ཕྱིན་པ་སྡུད་པ་ཚིགས་སུ་བཅད་པ།』, (별)『반야바라밀다섭요송ཤེར་ཕྱིན་སྡུད་པ་ཚིགས་སུ་བཅད་པའི་མདོ།』, (통)『경섭송མདོ་སྡུད་པ།』, 티벳장경 불설부 데게까규르 제반야경부 ADARSHAH eBook d13, 장까규르 제반야경부 ADARSHAH eBook J14.

『성聖 방광대장엄方廣大莊嚴이라는 대승경འཕགས་པ་རྒྱ་ཆེར་རོལ་པ་ཞེས་བྱ་བ་ཐེག་པ་ཆེན་ པོའི་མདོ།』, (통)『보요경普曜經རྒྱ་ཆེར་རོལ་པའི་མདོ།』, 티벳장경 불설부 데게까규르 경부 ADARSHAH eBook d95, 장까규르 경부 ADARSHAH eBook J40.

『성聖 보현행원왕경འཕགས་པ་བཟང་པོ་སྤྱོད་པའི་སྨོན་ལམ་གྱི་རྒྱལ་པོ།』, (통)『보현행원왕경 བཟང་པོ་སྤྱོད་པའི་སྨོན་ལམ་གྱི་རྒྱལ་པོ།』, 티벳장경 불설부 데게까규르 다라니경부 ADA RSHAH eBook d1095, 장까규르 밀속부 ADARSHAH eBook J992.

『성聖 불수념경འཕགས་པ་སངས་རྒྱས་རྗེས་སུ་དྲན་པ།』, (별)『삼보수념경དཀོན་མཆོག་རྗེས་ དྲན་གྱི་མདོ།』中 독립된 경명, 티벳장경 불설부 데게까규르 경부 ADARSHAH eBook d279, 장까규르 경부 ADARSHAH eBook J220.

『성聖 비구에게 지극히 소중한 경འཕགས་པ་དགེ་སློང་ལ་རབ་ཏུ་གཅེས་པའི་མདོ།』, (약)『비구에게 지극히 소중한 경དགེ་སློང་ལ་རབ་ཏུ་གཅེས་པའི་མདོ།』, 티벳장경 불설부 데게까규르 경부 ADARSHAH eBook d302, 장까규르 경부 ADARSHAH eBook J242.

『성聖 비내야를 확정 짓는 것을 우바리優波離가 청문請問한 것이라는 대승경འདུལ་བ་རྣམ་པར་གཏན་ལ་དབབ་པ་ཉེ་བར་འཁོར་གྱིས་ཞུས་པ་ཞེས་བྱ་བ་ཐེག་པ་ཆེན་པོའི་མདོ།』, (통)『우바리優波離 청문경請問經ཉེ་བར་འཁོར་གྱིས་ཞུས་པའི་མདོ།』, (총)『대보적경དཀོན་མཆོག་བརྩེགས་པ།』「제24품」에 해당, 티벳장경 불설부 데게까규르 보적부 ADARSHAH eBook d68, 장까규르 보적부 ADARSHAH eBook J323.

『성聖 사제師弟가 만난다라는 대승경འཕགས་པ་ཡབ་དང་སྲས་མཇལ་བ་ཞེས་བྱ་བ་ཐེག་པ་ཆེན་པོའི་མདོ།』, (통)『사제師弟가 만나는 경ཡབ་སྲས་མཇལ་བའི་མདོ།』, (총)『대보적경དཀོན་མཆོག་བརྩེགས་པ།』「제16품」에 해당, 티벳장경 불설부 데게까규르 보적부 ADARSHAH eBook d60, 장까규르 보적부 ADARSHAH eBook J315.

『성聖 일체법의 자성이 동등한 (그) 자체를 훤히 비춘 삼매왕이라는 대승경འཕགས་པ་ཆོས་ཐམས་ཅད་ཀྱི་རང་བཞིན་མཉམ་པ་ཉིད་རྣམ་པར་སྤྲོས་པ་ཏིང་ངེ་འཛིན་གྱི་རྒྱལ་པོ་ཞེས་བྱ་བ་ཐེག་པ་ཆེན་པོའི་མདོ།』, (통)『삼매왕경ཏིང་ངེ་འཛིན་རྒྱལ་པོ།』, 티벳장경 불설부 데게까규르 경부 ADARSHAH eBook d127, 장까규르 경부 ADARSHAH eBook J72.

『성聖 장로 (쫑)가오〔난타〕에게 입태의 (방법을) 설한 것이라는 대승경འཕགས་པ་ཚེ་དང་ལྡན་པ་〔གཱུང་〕དགའ་བོ་ལ་མངལ་ལ་འཇུག་པ་བསྟན་པ་ཞེས་བྱ་བ་ཐེག་པ་ཆེན་པོའི་མདོ།』, (통)『(쫑)가오〔난타〕 입태경〔གཱུང་〕དགའ་བོ་མངལ་འཇུག་གི་མདོ།』, (총)『대보적경དཀོན་མཆོག་བརྩེགས་པ།』「제14품」에 해당, 티벳장경 불설부 데게까규르 보적부 ADARSHAH eBook d58, 장까규르 보적부 ADARSHAH eBook J313.

『성인 락나도제〔금강수〕 관정하사대밀교경འཕགས་པ་ལག་ན་རྡོ་རྗེ་དབང་བསྐུར་བའི་རྒྱུད་ ཆེན་པོ།』, (약)『락나도제〔금강수〕 관정하사대밀교경ལག་ན་རྡོ་རྗེ་དབང་བསྐུར་བའི་རྒྱུད་ ཆེན་པོ།』, 티벳장경 불설부 데게까규르 십만탄트라부 ADARSHAH eBook d496, 장까규르 밀속부 ADARSHAH eBook J470.

『성인 묘비가 청문請問한 것이라는 밀교경འཕགས་པ་དཔུང་བཟང་གིས་ཞུས་པ་ཞེས་བུ་བའི་ རྒྱུད།』, (약)『성인 묘비가 청문請問한 경དཔུང་བཟང་གིས་ཞུས་པ།』, 티벳장경 불설부 데게까규르 십만탄트라부 ADARSHAH eBook d805, 장까규르 밀속부 ADARSHAH eBook J736.

『성인 잠뻴〔문수〕사리 근본 (의궤) 밀교경འཕགས་པ་འཇམ་དཔལ་གྱི་རྩ་བའི་རྒྱུད།』, (통)『잠뻴〔문수〕사리 근본밀교경འཇམ་དཔལ་རྩ་རྒྱུད།』, 티벳장경 불설부 데게까 규르십만탄트라부 ADARSHAH eBook d543, 장까규르 밀속부 ADARSHAH eBook J500.

『성인 최승묘길상最勝妙吉祥 예쎼쎔빠의 진실명의경眞實名義經འཇམ་དཔལ་ཡེ་ ཤེས་སེམས་དཔའི་དོན་དམ་པའི་མཚན་ཡང་དག་པར་བརྗོད་པ།』, (별)『성묘길상진실명의경聖妙 吉祥眞實名義經འཕགས་པ་འཇམ་དཔལ་གྱི་མཚན་ཡང་དག་པར་བརྗོད་པ།』, (약)『잠뻴〔문수〕명의 경名義經འཇམ་དཔལ་མཚན་བརྗོད།』, 티벳장경 불설부 데게까규르 십만탄트라부 ADARSHAH eBook d360, 장까규르 밀속부 ADARSHAH eBook J349.

『수간장엄경樹幹莊嚴經སྡོང་པོ་བཀོད་པའི་མདོ།』, (총)『대방광불화엄경སངས་རྒྱས་པལ་པོ་ ཆེ་ཞེས་བུ་བ་ཤིན་ཏུ་རྒྱས་པ་ཆེན་པོའི་མདོ།』, (통)『화엄경 མདོ་ཕྲ་པལ་པོ་ཆེ།』,「제45품」에 해당, 티벳장경 불설부 장까규르 화엄부 ADARSHAH eBook J299g.

『용왕고성송경龍王鼓聲頌經ཀླུའི་རྒྱལ་པོ་རྔ་སྒྲའི་ཚིགས་སུ་བཅད་ཀྱི་མདོ།』, 티벳장경 불설부

데게까규르 경부 ADARSHAH eBook d325, 장까규르 경부 ADARSHAH eBook J265.

『이만오천송반야바라밀다경ཤེས་རབ་ཀྱི་ཕ་རོལ་ཏུ་ཕྱིན་པ་སྟོང་ཕྲག་ཉི་ཤུ་ལྔ་པ།』, (통)『이만오천송반야경ཤེར་ཕྱིན་སྟོང་ཕྲག་ཉེར་ལྔ་པའི་མདོ།』, 티벳장경 불설부 데게까규르 반야 이만송부 ADARSHAH eBook d9, 장까규르 제2반야양만오천송부 ADARSHAH eBook J10.

『일체 만달라의 일반적인 의궤 밀교경ཀྱི་ལ་འཁོར་ཐམས་ཅད་ཀྱི་སྤྱིའི་ཆོ་ག་གསང་བའི་རྒྱུད།』, (별)『필수 일체 만달라의 일반적인 의궤 밀교경དགོས་པ་ཀྱི་ལ་འཁོར་ཐམས་ཅད་ཀྱི་ཆོ་ག་གསང་བ་སྤྱི་རྒྱུད།』, (통)『일반적인 밀교경གསང་བ་སྤྱི་རྒྱུད།』, 티벳장경 불설부 데게까규르 십만탄트라부 ADARSHAH eBook d806, 장까규르 밀속부 ADARSHAH eBook J737.

『일체 선서의 몸 말씀 마음의 대비밀 쌍와뒤빠(밀집密集)라는 탐구의 (의궤) 대왕དེ་བཞིན་གཤེགས་པ་ཐམས་ཅད་ཀྱི་སྐུ་གསུང་ཐུགས་ཀྱི་གསང་ཆེན་གསང་བ་འདུས་པ་ཞེས་བྱ་བ་བརྟག་པའི་རྒྱལ་པོ་ཆེན་པོ།』, (통)『쌍와뒤빠(밀집密集)의 근본밀교경གསང་བ་འདུས་པའི་རྩ་རྒྱུད།』, 티벳장경 불설부 데게까규르 십만탄트라부 ADARSHAH eBook d442, 장까규르 밀속부 ADARSHAH eBook J422.

『현우賢愚라는 경མཛངས་བླུན་ཞེས་བྱ་བའི་མདོ།』, (통)『현우경賢愚經མདོ་མཛངས་བླུན།』, 티벳장경 불설부 데게까규르 경부 ADARSHAH eBook d341, 장까규르 경부 ADARSHAH eBook J281a.

II. 인도 대학승들의 논서

곌쎄, 『대승아비달마집론소མངོན་པ་ཆོས་ཀུན་ལས་བཏུས་པའི་རྣམ་པར་བཤད་པ།』, (통)『대승아비달마집론소 곌쎄본མངོན་ཀུན་བཏུས་ཀྱི་འགྲེལ་པ་རྒྱལ་སྲས་མ།』, 티벳장경 논소부 데게뗀규르 유식부 ADAR SHAH eBook D4054.

까마라씨라(연화계蓮華戒), 『수습차제སྒོམ་རིམ།』, 티벳정부 문화인쇄소, 2012년.

다르마미따, 『율경광주律經廣註འདུལ་བའི་མདོའི་རྒྱ་ཆེར་འགྲེལ་པ།』, (약)『율경광주律經廣註འདུལ་བ་རྒྱ་ཆེར་འགྲེལ་པ།』, 티벳장경 논소부 데게뗀규르 율부 ADARSHAH eBook D4120.

다와닥빠(월칭), 『삼귀의칠십송གསུམ་ལ་སྐྱབས་སུ་འགྲོ་བ་བདུན་ཅུ་པ།』, (통)『귀의칠십송སྐྱབས་འགྲོ་བདུན་ཅུ་པ།』, 티벳장경 논소부 데게뗀규르 중관부 ADARSHAH eBook D3971.

다와닥빠(월칭), 『입중론དབུ་མ་ལ་འཇུག་པ།』, 데뿡로쎌링사원 도서관, 2003년.

다와닥빠(월칭), 『입중론의 자주自註དབུ་མ་ལ་འཇུག་པའི་རང་འགྲེལ།』, 쎄라메사원 도서관, 2012년.

따양(마명), 『근심을 제거한 것སྐྱོན་བསལ་བ།』, 티벳장경 논소부 데게뗀규르 서한부 ADARSHAH eBook D4177.

따양(마명), 『라마오십송བླ་མ་ལྔ་བཅུ་པ།』, 티벳장경 논소부 데게뗀규르 밀부 ADARSHAH eBook D3721.

따양〔마명〕, 『팔무가八無暇의 담화談話མི་ཁོམ་པ་བརྒྱད་ཀྱི་གཏམ།』, 티벳장경 논소부 데게뗀규르 본생부 ADARSHAH eBook D4167.

렉덴제〔청변〕, 『중관심송དབུ་མའི་སྙིང་པོའི་ཚིག་ལེའུར་བྱས་པ།』, (통)『중관심요དབུ་མ་སྙིང་ པོ།』, 티벳장경 논소부 데게뗀규르 중관부 ADARSHAH eBook D3855.

렉덴제〔청변〕, 『중관심송과 그것의 자주自註, 논의論議의 성화盛火 합편서合編書དབུ་མའི་སྙིང་པོའི་ཚིག་ལེའུར་བྱས་པ་དང་དེའི་རང་འགྲེལ་རྟོག་གེ་འབར་བ་བཅས།』 中『논의論議의 성화盛火རྟོག་གེ་འབར་བ།』, 게덴데뿡따씨고망사원, 2011년.

렌나까라쎈띠, 『본존 다낙의 밀교경에 대한 난해한 곳 풀이དགྲ་ནག་གི་དཀའ་འགྲེལ།』, 티벳장경 논소부 데게뗀규르 밀부 ADARSHAH eBook D1919.

루둡〔용수〕, 『공성칠십론주空性七十論註སྟོང་པ་ཉིད་བདུན་ཅུ་པའི་འགྲེལ་པ།』, 티벳장경 논소부 데게뗀규르 중관부 ADARSHAH eBook D3831.

루둡〔용수〕, 『권계왕서 보만론རྒྱལ་པོ་ལ་གཏམ་བྱ་བ་རིན་པོ་ཆེའི་ཕྲེང་བ།』, (통)『중관보만론དབུ་མ་རིན་པོ་ཆེའི་ཕྲེང་བ།』, (약)『보만론རིན་ཆེན་ཕྲེང་བ།』, 티벳장경 논소부 데게뗀규르 본생부 ADARSHAH eBook 4158.

루둡〔용수〕, 『성聖 근본설일체유부의 사미(오십)송འཕགས་པ་གཞི་ཐམས་ཅད་ཡོད་ པར་སྨྲ་བའི་དགེ་ཚུལ་གྱི་ཚིག་ལེའུར་བྱས་པ་ (སྦྱ་བཅུ་པ།) །』, (별)『오십까리까〔오십송〕ཀཱ་རི་ཀཱ་ལྔ་ བཅུ་པ།』, 티벳장경 논소부 데게뗀규르 율부 ADARSHAH eBook D4127.

루둡〔용수〕, 『성聖 보현행원대왕普賢行願大王 본주합편서本註合編書འཕགས་པ་ བཟང་པོ་སྤྱོད་པའི་སྨོན་ལམ་གྱི་རྒྱལ་པོ་ཆེན་པོའི་བཤད་སྦྱར།』, 티벳장경 논소부 데게뗀규르 경

476

소부 제67권 중국장학출판사中國藏學出版社, 2007년.

루둡(용수), 『성聖 보현행원대왕普賢行願大王 본주합편서本註合編書འཕགས་པ་
བཟང་པོ་སྤྱོད་པའི་སྨོན་ལམ་གྱི་རྒྱལ་པོ་ཆེན་པོའི་འགྲེལ་ཚིག』, 티벳장경 논소부 데게뗀규르 경
소부 ADARSHAH eBook D4011.

루둡(용수), 『오차제 རིམ་པ་ལྔ་པ』, 티벳장경 논소부 데게뗀규르 밀부 ADARS
HAH eBook D1802.

루둡(용수), 『중관근본송반야དབུ་མ་རྩ་བའི་ཚིག་ལེའུར་བྱས་པ་ཤེས་རབ』, (통)『중관근
본송반야དབུ་མ་རྩ་བ་ཤེས་རབ』, (약)『(중관)근본송반야རྩ་ཤེ』, 티벳장경 논소부
데게뗀규르 중관부 ADARSHAH eBook D3824.

루둡(용수), 『친우서 བཤེས་པའི་སྤྱིང་ས་ཡིག』, (통)『친우서བཤེས་སྤྱིང』, 티벳장경 논
소부 데게뗀규르 서한부 ADARSHAH eBook D4182.

루둡(용수)/겔찹 다르마린첸, 『중관보만론의 정수精髓의 뜻을 명확히 밝힌
것 다르마린첸주소 본주소합편서དབུ་མ་རིན་ཆེན་ཕྲེང་བའི་སྤྱིང་པོའི་དོན་གསལ་བར་བྱེད་པ།
དར་ཊཱི་ཀ་འགྲེལ་སྤྱར་མ།』, Varanasi Sarnath, Central University of Tibetan
Studies, 2015년.

빠오(영웅), 『본생론本生論སྐྱེས་པའི་རབས་ཀྱི་རྒྱུད།』, (통)『삼십사품 본생담སྐྱེས་རབས་
སོ་བཞི་པ།』, (약)『본생담སྐྱེས་རབས།』, 티벳장경 논소부 데게뗀규르 본생부
ADARSHAH eBook D4150.

빠오(영웅), 『삼십사품 본생담སྐྱེས་རབས་སོ་བཞི་པ།』, 나렌다법회, 2008년.

빠오〔영웅〕, 『일반적인 참죄ᢀᡜᢅᢅᢅ᠋᠋᠋᠋᠋᠋᠋᠋᠋᠋᠋᠋᠋᠋᠋᠋᠋᠋᠋᠋᠋᠋᠋᠋᠋᠋᠋᠋᠋᠋᠋』, (별)『라마도르진마ᢀᢋᢋᢋᢅᢅᢅᢅᢅᢅᢅ』, 『필수 염송집 일체를 이롭게 하는 햇빛ᢀᢋᢋᢋᢅᢅᢅᢅᢅᢅᢅᢅᢅᢅᢅᢅ』에 수록, 티벳정부 문화인쇄소, 2009년.

뻰디따 싸꺄씨라바다, 『입정법행칠지入正法行七支ᢋᢋᢅᢅᢅᢅᢅᢅᢅᢅᢅᢅᢅᢅᢅᢅᢅᢅᢅ ᢋᢋᢅᢅᢅᢅᢅᢅᢅᢅ』, 티벳장경 논소부 데게뗀규르 중관부 ADARSHAH eBook D3980.

뻰디따 자야아렌다, 『입중론 해석ᢋᢅᢅᢅᢅᢅᢅᢅᢅᢅᢅᢅᢅᢅᢅ』, 티벳장경 논소부 데게뗀규르 중관부 ADARSHAH eBook D3870.

시와하〔적천〕, 『(보살의) 학처집론ᢋᢅᢅᢅᢅᢅᢅᢅᢅᢅᢅᢅᢅᢅ』, (통)『학처집론ᢋᢅᢅᢅᢅ ᢋᢅᢅᢅ』, 티벳장경 논소부 데게뗀규르 중관부 ADARSHAH eBook D3940.

시와하〔적천〕, 『(보살의) 학처집송ᢋᢅᢅᢅᢅᢅᢅᢅᢅᢅᢅᢅᢅᢅᢅᢅᢅᢅ』, 티벳 장경 논소부 데게뗀규르 중관부 ADARSHAH eBook D3939.

시와하〔적천〕, 『입보리행론ᢀᢋᢅᢅᢅᢅ』, 티벳정부 문화인쇄소, 2009년.

시와하〔적천〕/겔찹 다르마린첸, 『입보리행론소 법왕자〔보살〕의 나루터 다르마린첸주소 본주소합편서ᢋᢅᢅᢅᢅᢅᢅᢅᢅᢅᢅᢅᢅᢅᢅᢅᢅᢅᢅᢅᢅᢅᢅᢅᢅᢅᢅ ᢋᢅᢅᢅᢅᢅᢅᢅᢅᢅ』, (통)『입보리행론 대본주소ᢀᢋᢅᢅᢅᢅᢅᢅᢅᢅᢅᢅ ᢋᢅᢅ』, 가덴장쩨사원 발행/재단법인 불타교육기금회 인증印贈, 2000년.

싸꺄외, 『성聖 근본설일체유부의 사미(삼백송)ᢋᢅᢅᢅᢅᢅᢅᢅᢅᢅᢅᢅᢅᢅᢅᢅᢅᢅ ᢋᢅᢅᢅᢅᢅᢅᢅᢅᢅᢅᢅᢅᢅᢅᢅ』, (통)『율삼백송ᢋᢅᢅᢅᢅᢅᢅᢅᢅᢅ』, (약)

478

『삼백송སྱུམ་བརྒྱ་པ།』, 티벳장경 논소부 데게땐규르 율부 ADARSHAH eBook D4124.

싸꺄외/툽뗀장춥 편집, 『성聖 근본설일체유부의 사미(삼백송)འཕགས་པ་གནི་ཐམས་ཅད་ཡོད་པར་སྨྲ་བའི་དགེ་ཚུལ་གྱི་ཚིག་ལེའུར་བྱས་པ་ {སུམ་བརྒྱ་པ། }』, 티벳 종교와 문화 사무실, 2002년.

아띠쌰, 『보리도등론བྱང་ཆུབ་ལམ་གྱི་སྒྲོན་མ།』, (통)『도등론ལམ་སྒྲོན།』, 롭상공겐 아름다운 진주 목걸이 총서 제7권, 데뿡로쎌링사원 도서관, 1995년.

아라야쑤라, 『바라밀다요집ཕ་རོལ་ཏུ་ཕྱིན་པ་བསྡུས་པ།』, (약)『바라밀다요집ཕར་ཕྱིན་བསྡུས་པ།』, 티벳장경 논소부 데게땐규르 중관부 ADARSHAH eBook D3944.

욘뗀외(공덕광), 『근본율경론འདུལ་བའི་མདོ་རྩ་བ།』, (통)『율경론འདུལ་བའི་མདོ།』, 티벳장경 논소부 데게땐규르 율부 ADARSHAH eBook D4117.

익녠(세친), 『경장엄론經莊嚴論 해설서མདོ་སྡེའི་རྒྱན་གྱི་བཤད་པ།』, 티벳장경 논소부 데게땐규르 유식부 ADARSHAH eBook D4026.

익녠(세친), 『삼십송སུམ་ཅུ་པའི་ཚིག་ལེའུར་བྱས་པ།』, (통)『삼십송སུམ་ཅུ་པ།』, 티벳장경 논소부 데게땐규르 유식부 ADARSHAH eBook D4055.

익녠(세친), 『아비달마구사론ཆོས་མངོན་པ་མཛོད།』, (통)『구사론 མཛོད།』, 데뿡로쎌링사원 도서관, 2003년.

익녠(세친), 『아비달마구사론 해설서ཆོས་མངོན་པའི་མཛོད་ཀྱི་བཤད་པ།』, 티벳장경 논소부 데게뗀규르 아비달마부 ADARSHAH eBook D4090.

익녠〔세친〕, 『이십송ཉི་ཤུ་པའི་ཚིག་ལེའུར་བྱས་པ།』, (통)『이십송ཉི་ཤུ་པ།』, 티벳장경 논소부 데게뗀규르 유식부 ADARSHAH eBook D4056.

잠빠〔미륵〕, 『대승경장엄론이라는 게송ཐེག་པ་ཆེན་པོ་མདོ་སྡེའི་རྒྱན་ཞེས་བྱ་བའི་ཚིག་ལེའུར་བྱས་པ།』, (통)『경장엄론經莊嚴論མདོ་སྡེའི་རྒྱན།』, 티벳장경 논소부 데게뗀규르 유식부 ADARSHAH eBook D4020.

잠빠〔미륵〕, 『대승보성론ཐེག་པ་ཆེན་པོ་རྒྱུད་བླ་མའི་བསྟན་བཅོས།』, (통)『보성론寶性論རྒྱུད་བླ་མ།』, 티벳장경 논소부 데게뗀규르 유식부 ADARSHAH eBook D4024.

잠빠〔미륵〕, 『중변분별송中邊分別頌དབུས་དང་མཐའ་རྣམ་པར་འབྱེད་པའི་ཚིག་ལེའུར་བྱས་པ།』, (통)『변중변론辯中邊論དབུས་མཐའ་རྣམ་འབྱེད།』, 티벳장경 논소부 데게뗀규르 유식부 ADARSHAH eBook D4021.

잠빠〔미륵〕, 『현관장엄론現觀莊嚴論མངོན་རྟོགས་རྒྱན།』, 데뿡로쎌링사원 도서관, 2003년.

잠빠〔미륵〕/겔찹 다르마린첸, 『대승보성론의 다르마린첸주소 본주소합편서ཐེག་པ་ཆེན་པོ་རྒྱུད་བླ་མའི་དར་ཊིཀ་རྩ་འགྲེལ་ཟུར་མ།』, Sera IMI House, 2013년.

쩬다고미, 『보살율의 이십송བྱང་ཆུབ་སེམས་དཔའི་སྡོམ་པ་ཉི་ཤུ་པ།』, (통)『율의 이십송སྡོམ་པ་ཉི་ཤུ་པ།』, 티벳장경 논소부 데게뗀규르 유식부 ADARSHAH eBook D4081.

480

쩬다고미, 『참회찬 བཤགས་པའི་བསྟོད་པ།』, 티벳장경 논소부 데게뗀규르 예찬부 ADARSHAH eBook D1159.

최꿉〔법구法救〕 집성集成, 『법구다발경ཆེད་དུ་བརྗོད་པའི་ཚོམས།』, 『(법구)다발경 ཚོམས།』, 티벳장경 논소부 데게뗀규르 아비달마부 ADARSHAH eBook D4099.

최꿉〔법구法救〕 집성集成, 『법구다발경ཆེད་དུ་བརྗོད་པའི་ཚོམས།』, 나렌다법회, 2008년.

최닥〔법칭〕, 『석량론釋量論ཚད་མ་རྣམ་འགྲེལ།』, 와나벤자빙야〔སྒྲ་ཅན་འཛིན་བཅུ།〕 도서관, 2003년.

최닥〔법칭〕, 『석량론釋量論ཚད་མ་རྣམ་འགྲེལ།』, 티벳장경 논소부 데게뗀규르 인명부 ADARSHAH eBook D4210.

톡메〔무착〕, 『대승아비달마집론론ཆོས་མངོན་པ་ཀུན་ལས་བཏུས་པ།』, (통)『대승아비달마집론མངོན་པ་ཀུན་བཏུས།』, 티벳장경 논소부 데게뗀규르 유식부 ADARSHAH eBook D4049.

톡메〔무착〕, 『유가행지瑜伽行地རྣལ་འབྱོར་སྤྱོད་པའི་ས།』, (별)『유가행지瑜伽行地 中 본지本地의 많은 명칭རྣལ་འབྱོར་སྤྱོད་པའི་ས་ལས་དངོས་གཞིའི་ས་མང་པོ།』, (통)『(유가행지瑜伽行地 中) 본지本地སའི་དངོས་གཞི།』, 티벳장경 논소부 데게뗀규르 유식부 ADARSHAH eBook D4035.

톡메〔무착〕, 『유가행지瑜伽行地 中 보살지菩薩地རྣལ་འབྱོར་སྤྱོད་པའི་ས་ལས་བྱང་ཆུབ་སེམས་དཔའི་ས།』, (통)『보살지菩薩地བྱང་ས།』, 티벳장경 논소부 데게뗀규르 유식

부 ADARSHAH eBook D4037.

톡메〔무착〕, 『유가행지瑜伽行地 中 성문지聲聞地 ཚལ་འབྱོར་སྤྱོད་པའི་ས་ལས་ཉན་ཐོས་ཀྱི་ ས།』, (통)『성문지聲聞地ཉན་ས།』, 티벳장경 논소부 데게뗀규르 유식부 ADARS HAH eBook D4036.

팍빠하〔성천〕, 『사백론이라는 게송བསྟན་བཅོས་བཞི་བརྒྱ་ཞེས་བྱ་བའི་ཚིག་ལེའུར་བྱས་པ།』, (통)『사백론བཞི་བརྒྱ་པ།』, 티벳장경 논소부 데게뗀규르 중관부 ADARSHAH eBook D3846.

팍빠하〔성천〕/겔찹 다르마린첸, 『사백론소의 선설의 핵심 다르마린첸주소 본주소합편서བཞི་བརྒྱ་པའི་རྣམ་བཤད་ལེགས་བཤད་སྙིང་པོ། དར་ཊྀཀ་ཙ་འགྲེལ་སྦྱར་ས།』 中 본송, Varanasi Sarnath, Central University of Tibetan Studies, 2015년.

하쌍계 뻴기예쎼, 『이차제의 '오직 그것뿐'〔공성〕을 수습한다고 하는 구전 심요口傳心要རིམ་པ་གཉིས་པའི་དེ་ཁོ་ན་ཉིད་བསྒོམ་པ་ཞེས་བྱ་བའི་ཞལ་གྱི་ལུང་།』, (별)『이차제의 '오직 그것뿐'〔공성〕을 수습한다고 하는 문수보살의 구전심요口傳心要རིམ་པ་ གཉིས་པའི་དེ་ཁོ་ན་ཉིད་བསྒོམ་པ་ཞེས་བྱ་བ་འཇམ་དཔལ་སེམས་དཔའ་འཛམ་པའི་དབངས་ཀྱི་ཞལ་གྱི་ལུང་།』 (약) 『문수보살의 구전심요口傳心要འཛམ་ས་དཔལ་ཞལ་ལུང་།』, 티벳장경 논소부 데게뗀 규르 밀부 ADARSHAH eBook D1853.

III. 티벳 대학승들의 논서

『쎄라제승원의 법행སེར་བྱེས་གྲྭ་ཚང་གི་ཆོས་སྤྱོད།』 「상편」, 쎄라제사원 대학술창고 TBCZ333305 편집실, 2016년.

겔쎄〔법왕자〕톡메상뽀,『법왕자〔보살〕의 실천 삼십칠송རྒྱལ་སྲས་ལག་ལེན་སོ་བདུན་མ།』, 쎄라제사원 대학술창고 편집실 TBO139006, 2017년.

겔찹 다르마린첸,『대승아비달마집론주소의 선설, 아비달마바다의 핵심ཀུན་བཏུས་རྣམ་བཤད་ལེགས་པར་བཤད་པ་ཆོས་མངོན་རྒྱ་མཚོའི་སྙིང་པོ།』, (통)『대승아비달마집론 다르마린첸주소ཀུན་བཏུས་དར་ཊིཀ』, Sera IMI House, 2017년.

괴최둡,『성聖 해심밀경광석解深密經廣釋འཕགས་པ་དགོངས་པ་ཟབ་མོ་ངེས་པར་འགྲེལ་པའི་མདོ་རྒྱ་ཆེར་འགྲེལ་པ།』한문장역漢文藏譯, 티벳장경 논소부 데게뗀규르 경소부 ADARSHAH eBook D4016. ─신라 원측圓測 스님의 저술 한문본『해심밀경소解深密經疏』를 티벳어로 번역한 논서 ─

꾼켄ཀུན་མཁྱེན།〔일체지자〕직메왕뽀,『지도地道의 체계 삼승의 아름다운 목걸이ས་ལམ་གྱི་རྣམ་བཞག་ཐེག་གསུམ་མཛེས་རྒྱན།』, 꾼켄 직메왕뽀의 전집 자빠ཉ་ང་པ།에 수록, 데뿡따씨고망사원 도서관, 2019년.

닥뽀 잠뺄훈둡갸초 집록輯錄,『기초수행〔육〕법 선연의 목걸이སྔོར་ཆོས་སྐལ་བཟང་མགྲིན་རྒྱན།』, 규뙤사원 도서관, 2019년.

도룽빠 로되중네,『대교차제བསྟན་རིམ་ཆེན་མོ།』, Germany Edition Tibethaus Deutschland, 2014년.

롭상진빠,『친우서소 성인의 고견高見을 명확히 밝히는 것བཤེས་པའི་སྤྲིངས་ཡིག་གི་རྣམ་བཤད་འཕགས་པའི་དགོངས་པ་ཀུན་གསལ།』, 티벳정부 문화인쇄소, 1999년.

링 린뽀체,『본존 뒤코르〔시륜〕와 결합된 육좌구루유가 수행방법 여의수如

意樹의 이삭དས་འཕེར་དང་འཇིག་པའི་ཕུན་དུག་ཚ་བའི་རྣལ་འབྱོར་ཉམས་སུ་ལེན་ཆུལ་དཔལ་བསམ་ ལྷེངས་འདུའི་སྐེ་མ།』,『필수 염송집 일체를 이롭게 하는 햇빛ཉིར་མཐོའི་ཞལ་འདོན་ཀུན་ཕན་ ཉི་འོད།』에 수록, 티벳정부 문화인쇄소, 2009년.

뻰첸 롭상최끼곌첸,『보리도차제의 마르티 일체지로 나아가는 쉬운 길ཅང་ ཆུབ་ལམ་གྱི་རིམ་པའི་དམར་ཁྲིད་ཐམས་ཅད་མཁྱེན་པར་བགྲོད་པའི་བདེ་ལམ།』, (통)『보리도차제 마 르티 쉬운 길ལམ་རིམ་དམར་ཁྲིད་བདེ་ལམ།』, 보리도차제 교본 3권에 수록, 달라이 라마 보리도차제법회〔람림법회〕준비위원회 발행, 2012년.

뻰첸 롭상최끼곌첸,『스승께 공양 올리는 의궤ཀླ་མ་མཆོད་པའི་ཆོ་ག』,『쌍와뒤빠 〔밀집密集〕・데촉〔승락勝樂〕・도제직제〔대위덕大威德〕세 분 등 본존류의 자신 현위본존광약총집གསང་བདེ་འཇིགས་གསུམ་སོགས་ཡི་དམ་ཁག་གི་བདག་བསྐྱེད་རྒྱས་བསྡུས་སྤྱོགས་ བསྡུས།』에 수록, 티벳정부 문화인쇄소, 2006년.

뻰첸 롭상최끼곌첸,『질문서 순백의 이타적 발원의 답변서 롭상(닥빠)가 미소 짓는 음성ངི་བ་ལྔག་བསམ་རབ་དཀར་གྱི་ངིས་ལན་ཀློ་བཟང་བཞད་པའི་སྒྲ་དངངས།』, 롭상공 곈 아름다운 진주 염주 총서 제39권에 수록, 데뿡로쎌링사원 도서관, 1999년.

용진ཡོངས་འཛིན། 예쎼곌첸,『스승께 공양 올리는 교본 비밀의 핵심을 명료하 게 해석한 이전耳傳의 긴요한 가르침의 보고寶庫ཀླ་མ་མཆོད་པའི་ཁྲིད་ཡིག་གསང་བའི་ གནད་རྣམས་པར་ཕྱེ་བ་སྙན་བརྒྱུད་མན་ངག་གི་གཏེར་མཛོད།』, 쎄라메사원 잠양쏘남 스님이 제 작한 PDF ebook.

웰망 꾄촉곌첸,『경장엄론소 불교왕의 꽃མདོ་སྡེའི་རྒྱན་གྱི་འགྲེལ་པ་ཐུབ་བསྟན་རྒྱལ་པའི་མེ་ ཏོག』, 롭상공곈 아름다운 진주 염주 총서 제16권에 수록, 데뿡로쎌링사원 도서관, 1996년.

484

제1대 달라이라마 게뒨둡,『아비달마구사론소 해탈도를 명확히 밝히는 것ཆོས་མངོན་པ་མཛོད་ཀྱི་རྣམ་བཤད་ཐར་ལམ་གསལ་བྱེད།』, (통)『(아비달마)구사론소 해탈도를 명확히 밝히는 것མཛོད་ཐར་ལམ་གསལ་བྱེད།』, Varanasi Sarnath, Central University of Tibetan Studies, 2016년.

제5대 달라이라마 악왕롭상갸초,『보리도차제 잠뺄[문수]의 구전심요口傳心要ལམ་རིམ་འཇམ་དཔལ་ཞལ་ལུང་།』, (통)『잠뺄[문수]의 구전심요口傳心要འཇམ་དཔལ་ཞལ་ལུང་།』, 보리도차제 교본 3권에 수록, 달라이라마 보리도차제법회[람림법회] 준비위원회 발행, 2012년.

제쭌 최끼곌첸,『(四)정려와 (四)무색등지의 변석辨析བསམ་གཟུགས་མཐའ་དཔྱོད།』, 쎄라제사원 도서관, 2004년.

제쭌 최끼곌첸,『(四)정려와 (四)무색등지의 총의總義བསམ་གཟུགས་སྤྱི་དོན།』, 쎄라제사원 도서관, 2004년.

제쭌 최끼곌첸,『아비달마구사론의 난점難點을 바르게 설한 보배 창고མཛོད་ཀྱི་དཀའ་གནད་ལེགས་བཤད་ནོར་བུའི་བང་མཛོད།』, 쎄라제 도서관, 2004년.

제쭌 최끼곌첸,『중관의 총의 선설善說 선연善緣의 목걸이དབུ་མའི་སྤྱི་དོན་ལེགས་བཤད་སྐལ་བཟང་མགུལ་རྒྱན།』, 쎄라제사원 도서관, 2004년.

제쭌 최끼곌첸,『현관장엄론現觀莊嚴論མངོན་རྟོགས་རྒྱན། 「제1품」의 총의總義 선연용왕유희해善緣龍王遊戲海 སྐལ་བཟང་ཀླུ་དབང་གི་རོལ་མཚོ།』, (통)『라마 제쭌빠의 「제1품」의 총의總義བླ་མ་རྗེ་བཙུན་པའི་སྐབས་དང་པོའི་སྤྱི་དོན།』, (약)『현관장엄론現觀莊嚴論의 총의總義པར་ཕྱིན་སྤྱི་དོན།』「제1품」, 쎄라제사원 도서관, 2003년.

제쭌 최끼겔첸, 『현관장엄론現觀莊嚴論མངོན་རྟོགས་རྒྱན། 「제8품」의 총의總義 선연용왕유희해善緣龍王遊戯海སྐལ་བཟང་ཀླུ་དབང་གི་རོལ་མཚོ།』, (통)『라마 제쭌빠의 「제8품」의 총의總義རྗེ་བཙུན་པའི་སྐབས་བརྒྱད་པའི་སྤྱི་དོན།』, (약)『현관장엄론現觀莊嚴論의 총의總義སྤར་ཐེན་སྤྱི་དོན།』「제8품」, 쎄라제사원 도서관, 2003년.

쪼네 닥빠쎄둡, 『무연자비송의 석문釋文 아름다운 꽃목걸이དཀྱིལ་ཆོས་ལེགས་བཤད་མཛོད།』, 쪼네 닥빠쎄둡의 전집 中 카〔ཁ〕에 수록, 대만 재단법인 불타교육기금회 인증印贈, 2009년.

쫑카빠, 『제 린뽀체 일체지자 쫑카빠 대사의 전집 中 단편의 글རྗེ་ཐམས་ཅད་མཁྱེན་པ་ཙོང་ཁ་པ་ཆེན་པོའི་བཀའ་འབུམ་ཐོར་བུ།』, (통)『'제 린뽀체'〔쫑카빠〕의 전집 (中) 단편의 글རྗེའི་གསུང་འབུམ་ཐོར་བུ།』, (약)『전집 (中) 단편의 글བཀའ་འབུམ་ཐོར་བུ།』, 쫑카빠 대사의 전집에 수록, ADARSHAH eBook JTs19.

쫑카빠, 『동등함이 없는 쫑카빠 대사께서 저술하신 대보리도차제མཉམ་མེད་ཙོང་ཁ་པ་ཆེན་པོས་མཛད་པའི་བྱང་ཆུབ་ལམ་རིམ་ཆེན་མོ།』, (통)『대보리도차제 བྱང་ཆུབ་ལམ་རིམ་ཆེན་མོ།』, (약)『대보리도차제ལམ་རིམ་ཆེན་མོ།』, (별)『보리도차제광론ལམ་རིམ་ཆེན་མོ།』, 보리도차제 교본 1권, 달라이라마 보리도차제법회〔람림법회〕준비위원회 발행, 2012년.

쫑카빠, 『라마오십송소 제자의 소망을 모두 충족시키는 것བླ་མ་ལྔ་བཅུ་པའི་རྣམ་བཤད་སློབ་མའི་རེ་བ་ཀུན་སྐོང་།』, 쫑카빠 대사의 전집에 수록, ADARSHAH eBook JTs12.

쫑카빠, 『보리도차제 깨달음의 노래ལམ་རིམ་ཉམས་མགུར།』, 목판 인쇄본, 1993년.

486

쫑카빠, 『보리도차제 깨달음의 노래ལམ་རིམ་ཉམས་མགུར།』, (별)『도차제섭의ལམ་
རིམ་བསྡུས་དོན།』, 보리도차제 교본 2권에 수록, 달라이라마 보리도차제법회〔람
림법회〕준비위원회 발행, 2012년.

쫑카빠, 『세 가지 긴요한 도ལམ་གཙོ་རྣམ་གསུམ།』, 『필수 염송집 일체를 이롭게
하는 햇빛ཉེར་མཁོའི་ཞལ་འདོན་ཀུན་ཕན་ཉི་འོད།』에 수록, 티벳정부 문화인쇄소, 2009년.

쫑카빠, 『연기찬탄송རྟེན་འབྲེལ་བསྟོད་པ།』, 『필수 염송집 일체를 이롭게 하는 햇
빛ཉེར་མཁོའི་ཞལ་འདོན་ཀུན་ཕན་ཉི་འོད།』에 수록, 티벳정부 문화인쇄소, 2009년.

쫑카빠, 『중관근본송반야라는 논소 논증의 바다དབུ་མ་རྩ་བའི་ཚིག་ལེའུར་བྱས་པ་ཤེས་
རབ་ཅེས་བྱ་བའི་རྣམ་བཤད་རིགས་པའི་རྒྱ་མཚོ།』, (통)『(중관)근본송반야의 대주소 논증
의 바다ཤེ་ཊི་ཁེན་རིགས་པའི་རྒྱ་མཚོ།』, (약)『(중관)근본송반야의 대주석서རྩ་ཤེ་
ཊིཀ་ཆེན།』, 게덴데뿡따씨고망사원, 2002년.

쫑카빠, 『입중론의 광석 (중론의) 고견을 매우 명확히 밝힌 것དབུ་མ་ལ་འཇུག་
པའི་རྒྱ་ཆེར་བཤད་པ་དགོངས་པ་རབ་གསལ།』, (통)『중론의 고견을 매우 명확히 밝힌 것
དབུ་མ་དགོངས་པ་རབ་གསལ།』, 데뿡로쎌링도서관, 2005년.

쫑카빠, 『중보리도차제ལམ་རིམ་འབྲིང་པོ།』, (별)『보리도차제약론ལམ་རིམ་ཆུང་བ།』,
보리도차제 교본 2권에 수록, 달라이라마 보리도차제법회〔람림법회〕준비
위원회 발행, 2012년.

초나와 쎄랍상뽀, 『근본율경론주소 햇빛의 선설, 경교 (인용)의 바다འདུལ་
བ་མདོ་རྩ་བའི་རྣམ་བཤད་ཉི་མའི་འོད་ཟེར་ལེགས་བཤད་ལུང་གི་རྒྱ་མཚོ།』, (통)『율경律經 초나와주
소 햇빛འདུལ་བ་མཚོ་ཊིཀ་ཉི་མའི་འོད་ཟེར།』, 가덴장쩨사원 도서관, 2007년.

티장 린뽀체,『대승포살계를 수지하는 의궤를 명료하게 서술한 주석서, 대보살〔부처님〕의 무량궁에 오르는 사다리ཐེག་ཆེན་གསོ་སྦྱོང་གི་སྡོམ་པ་ལེན་པའི་ཆོ་ག་ནས་འགྲོས་སུ་བཀོད་པ་ཡང་རྩེ་ཆེན་ཁང་བཟང་འཛེགས་པའི་ཐེམ་སྐས།』,『상용의범집རྒྱུན་མཁོའི་ཆོ་ག་ཕྱག་ལེན་སྙ་ཚོགས།』에 수록, 북경 민족출판사, 2001년.

티장 린뽀체,『손에 쥔 해탈의 보리도차제ལམ་རིམ་རྣམ་གྲོལ་ལག་བཅངས།』, (통)『해탈의 보리도차제རྣམ་གྲོལ་ལག་བཅངས།』, 간덴쌰르쩨사원 도서관, 1999년.

파봉카 린뽀체,『본존 도제직제빠오찍빠 자신현위본존 (수습 의궤) 상세본རྡོ་རྗེ་འཇིགས་བྱེད་དཔའ་བོ་གཅིག་པའི་བདག་བསྐྱེད་རྒྱས་པ།』,『구루유가 등 필수 염송 정선집精選集 བླ་མའི་རྣལ་འབྱོར་སོགས་ཞལ་འདོན་ཉེར་མཁོ་གཅེས་བཏུས།』에 수록, 쎄라제 도서관, 2006년.

푸르쬑빠 출팀잠빠갸초,『섭류학攝類學བསྡུས་གྲྭ།』,『논리학의 (문을 여는) 신통한 열쇠རིགས་ལམ་འཕྲུལ་གྱི་ལྡེ་མིག』에 수록, 쎄라제사원 도서관, 1999년.

푸르쬑빠 출팀잠빠갸초,『심류학心類學བློ་རིག』,『논리학의 (문을 여는) 신통한 열쇠རིགས་ལམ་འཕྲུལ་གྱི་ལྡེ་མིག』에 수록, 쎄라제사원 도서관, 1999년.

IV. 사전류

곰데 툽뗀쌈둡,『곰데대사전གོམ་སྡེ་ཚིག་མཛོད་ཆེན་མོ།』, 쎄라제사원 대학술창고 편집실, 2016년.

둥까르 롭상틴레,『둥까르 장학대사전藏學大辭典དུང་དཀར་ཚིག་མཛོད་ཆེན་མོ།』(상・하 2권), 중국장학출판사中國藏學出版社, 2002년.

『법이문집法異門集ཆོས་ནམ་གྲངས་བཏུས།』(상・중・하 3권), 중국장학출판사中國藏學出版社, 2008년.

『장한대사전藏漢大辭典བོད་རྒྱ་ཚིག་མཛོད་ཆེན་མོ།』(상・중・하 3권), 장한대사전편찬조藏漢大辭典編纂組, 타이베이台北 신문풍유한공사新文豊有限公司, 1984년.

『Monlam대사전སྨོན་ལམ་ཚིག་མཛོད་ཆེན་མོ།』, 묀람 티벳통신망정보교환연구소སྨོན་ལམ་བོད་ཀྱི་བརྡ་འཕྲིན་ཞིབ་འཇུག་ཁང་།, 2018년.

외 다수의 사전류를 참고하였다.

V. 기타

도후쿠제국대학법문학부편東北帝國大學法文學部編, 『서장대장경총목록西藏大藏經總目錄』, 도후쿠제국대학장판東北帝國大學藏版, 1934년. - 데게까규르རྡེ་དགེ་བཀའ་འགྱུར།, 데게뗀규르རྡེ་དགེ་བསྟན་འགྱུར།의 목록 -

똥꼬르로왕 편집, 『뗀규르 목록བསྟན་འགྱུར་དཀར་ཆག』PDF.

『집론』 편집 소모임 편집, 『불교도의 과학과 관점・교의 집론ནང་པའི་ཚན་རིག་དང་ལྟ་གྲུབ་ཀུན་བཏུས།』하권, 간덴궁전사무실, 2014년.

쥰빠왕뽀 집록輯錄, 『현교・밀교경에서 발췌한 몇몇 다라니와 만뜨라를 티벳어로 해석한 것과 함께 수록한 것མདོ་རྒྱུད་ལས་འབྱུང་བའི་གཟུངས་སྔགས་འགའ་ཞིག་བོད་སྐད་དུ་བཀྲལ་བ་དང་བཅས་པ།』, Varanasi Sarnath, Central University of Tibetan Studies, 2012년.

체뗀샵둥, 『삼십송과 음세론音勢論의 해설 퇸미(쌈보따)의 교언敎言སུམ་རྟགས་ཀྱི་བཤད་པ་བློན་མིའི་ཞལ་ལུང་།』, New Light Publications Tibetan Monastery Sarnath, Varanasi, 1989년.

초펠 (스님) 편역, 『티벳 스승들에게 깨달음의 길을 묻는다면』, 하늘호수, 2005년.

♠ 까규르 བཀའ་འགྱུར།(불설부)와 뗀규르བསྟན་འགྱུར།(논소부)에 대하여

옮긴이가 본문과 주註 등의 역주 작업을 함에 있어 상당 부분, 티벳
장경 까규르བཀའ་འགྱུར།(불설부)와 뗀규르བསྟན་འགྱུར།(논소부)에 수록된
경론들을 참고하였다. 이러한 티벳장경의 명칭 및 분류, 판본의 종
류가 독자들에게 다소 생소할 수 있기에, 다음과 같이 간략히 소개
하고자 한다.

일반적으로 티벳장경은 까규르བཀའ་འགྱུར།(불설부)와 뗀규르བསྟན་འགྱུར།
(논소부)로 나눈다. 까규르བཀའ་འགྱུར།(불설부)는 석가모니께서 설하신
현교와 밀교의 경·율·론 삼장을 산스크리트어에서 티벳어로 번역
한 불경들을 집대성한 것이다. 한편 뗀규르བསྟན་འགྱུར།(논소부)는 불설
부의 경·율·론 삼장을 주석한 논서들과 각종 학문들을 집대성한
것이다. 참고로 뗀규르བསྟན་འགྱུར།(논소부)에는 한역본漢譯本을 티벳어
로 번역한 몇 편을 제외하고는, 대부분 성인 루둡(용수)과 톡메(무착)
를 비롯한 인도 대학승들의 논서들이 수록되어 있다.

티벳장경 까규르བཀའ་འགྱུར།(불설부)의 목판인쇄본에는 ㉮ 데게སྡེ་དགེ།
㉯ 욤로གཡུང་ལོ། ㉰ 장འཇང་། 또는 리탕ལི་ཐང་། ㉱ 캉씨ཁང་ཤི། 또는 뻬찡
པེ་ཅིང་། ㉲ 나르탕སྣར་ཐང་། ㉳ 쪼네ཅོ་ནེ། ㉴ (외몽골) 쿠레ཁུ་རེ།ཕྱི་སོག་ཀུ་རེ། ㉵
하씨ཧ་ཤི། 또는 숄ཞོལ་དག། 판본 등이 존재한다. 티벳장경 뗀규르བསྟན་འགྱུར།
(논소부)의 목판인쇄본에는 ㉮ 데게སྡེ་དགེ། ㉯ 캉씨ཁང་ཤི། 또는 뻬찡པེ་
ཅིང་། ㉰ 나르탕སྣར་ཐང་། ㉱ 쪼네ཅོ་ནེ། 판본 등이 존재한다. 이 중에서 옮
긴이가 참고한 판본은, 최근 대만에서 만든 ADARSHAH eBooks에
등재된 장까규르འཇང་བཀའ་འགྱུར།와 데게까규르སྡེ་དགེ་བཀའ་འགྱུར།, 데게 뗀
규르སྡེ་དགེ་བསྟན་འགྱུར།이다.

뻰첸라마 롭상예쎼

1663년 티벳의 짱지방에서 탄생하였다. 그 이듬해에 제5대 달라이라마 악왕롭상갸초로부터 제4대 뻰첸라마 롭상최곈의 환생자로 인정을 받아 제5대 뻰첸라마가 되었다. 8세가 되던 해 악왕롭상갸초로부터 사미계 등을 수지하였으며, 22세에 밀종사 꾄촉곌첸으로부터 비구계를 수지하였다. 1670년부터 열반에 든 1737년까지 68년간 따시훈뽀 대사원을 수호하였다. 상수제자로 제6대 달라이라마 창앙갸초와 제7대 달라이라마 롭상곌상갸초를 비롯한 수많은 제자들이 있었다. 선설善說의 저술로는 『보리도차제 마르티 지름길』과 자서전 등 목판본 경서 4권이 있다.

법장法藏

1994년 희유 스님을 은사로 출가한 이래로, 조계종 단일계단에서 사미니계와 비구니계를 수지하였고, 운문사승가대학과 운문사승가대학원을 졸업하였다. 운문사에서 5년간 중강, 강사소임을 맡았으며, 2007년 명성 강백으로부터 강맥을 전수 받았다. 또한 2007년 동국대학교 경주캠퍼스에서 티벳의 보리도차제에 관한 8대 논서 가운데 하나인 제4대 뻰첸라마 롭상최곈의 '『데람』과 『데람닝뽀』에 관한 연구'[『쉬운 길』과 『쉬운 길의 핵심』]로 석사학위를 취득하였다. 2008년에 인도 다람싸라로 건너가 12년 가까이 주로 '게덴최링'이라는 티벳 게룩빠 여성 출가자 강원의 단체수업과 그밖에 개인수업을 병행하여, 티벳어를 비롯한 불교의 기본교리와 불교논리학, 반야부 논서, 중관 논서, 아비달마구사론과 보리도차제론 등 수행의 지침서들을 수학하였다. 현재에도 티벳어본 경론을 연구하는 데 전념하고 있다.

보리도차제의
마르티 일체지로 나아가는 지름길

초판 1쇄 발행 2020년 5월 25일 | 초판 3쇄 발행 2022년 4월 16일
지은이 뻰첸라마 롭상예셰 | 옮긴이 법장 | 펴낸이 김시열
펴낸곳 도서출판 운주사

     (02832) 서울시 성북구 동소문로 67-1 성심빌딩 3층

     전화 (02) 926-8361 | 팩스 0505-115-8361

ISBN 978-89-5746-610-0 93220 값 25,000원

http://cafe.daum.net/unjubooks 〈다음카페: 도서출판 운주사〉